Das Übereinkommen über die
Umweltverträglichkeitsprüfung
im grenzüberschreitenden Rahmen
(Espoo-Übereinkommen)

Europäische Hochschulschriften
Publications Universitaires Européennes
European University Studies

Reihe II
Rechtswissenschaft

Série II Series II
Droit
Law

Bd./Vol. 3142

PETER LANG
Frankfurt am Main · Berlin · Bern · Bruxelles · New York · Oxford · Wien

Ute Stiegel

Das Übereinkommen über die Umweltverträglichkeitsprüfung im grenzüberschreitenden Rahmen (Espoo-Übereinkommen)

Inhalt, Bedeutung und Durchführung

PETER LANG
Europäischer Verlag der Wissenschaften

Die Deutsche Bibliothek - CIP-Einheitsaufnahme

Stiegel, Ute:

Das Übereinkommen über die Umweltverträglichkeitsprüfung im grenzüberschreitenden Rahmen (Espoo-Übereinkommen) : Inhalt, Bedeutung und Durchführung / Ute Stiegel. - Frankfurt am Main ; Berlin ; Bern ; Bruxelles ; New York ; Oxford ; Wien : Lang, 2001
(Europäische Hochschulschriften : Reihe 2, Rechtswissenschaft ; Bd. 3142)
Zugl.: Heidelberg, Univ., Diss., 2000
ISBN 3-631-37574-3

D 16
ISSN 0531-7312
ISBN 3-631-37574-3

www.peterlang.de

Vorwort

Die vorliegende Arbeit wurde im Wintersemester 2000/2001 von der Juristischen Fakultät der Ruprecht-Karls-Universität Heidelberg als Dissertation angenommen.

Mein besonderer und herzlicher Dank gilt meinem Doktorvater, Herrn Prof. Dr. Ulrich Beyerlin, für die hervorragende Betreuung der Arbeit. Dem Zweitgutachter, Herrn Prof. Dr. Rüdiger Wolfrum danke ich für die rasche Zweitkorrektur.

Vielen Dank auch meinen Eltern und Michael, ohne deren Ermutigung und Unterstützung diese Arbeit nicht hätte geschrieben werden können.

Bonn, Januar 2001 *Ute Stiegel*

Inhaltsverzeichnis

Abkürzungsverzeichnis

a.F.	alte Fassung
AbfG	Abfallgesetz
ABl.	Amtsblatt
ABl. EG	Amtsblatt der Europäischen Gemeinschaften
AEC	Atomic Energy Commission
AETR	Europäisches Übereinkommen über die Arbeit des im internationalen Straßenverkehr beschäftigten Fahrpersonals vom 1. September 1970
AJIL	American Journal of International Law
AöR	Archiv des öffentlichen Rechts (Zeitschrift)
ASEAN	Association of South East Asian Nations
AtG	Atomgesetz
AtVfV	Atomrechtliche Verfahrensverordnung
AVR	Archiv des Völkerrechts (Zeitschrift)
Bay	Bayern
BBergG	Bundesberggesetz
BerDGVR	Berichte der Deutschen Gesellschaft für Völkerrecht
BGBl.	Bundesgesetzblatt
BImSchG	Bundes-Immissionsschutzgesetz
BImSchV	Verordnung zur Durchführung des Bundesimmissionsschutzgesetzes
BR-Drucks.	Bundesrats-Drucksachen
BT-Drucks.	Bundestags-Drucksachen
BVerwG	Bundesverwaltungsgericht
BVerwGE	Entscheidungen des Bundesverwaltungsgerichts
BYIL	British Yearbook of International Law
C.F.R.	Code of Federal Regulations
CEQ	Council on Environmental Quality
Cir.	Circuit
CMLR	Common Market Law Review
D.C.	District of Columbia
Dec.	Decision
DÖV	Die öffentliche Verwaltung (Zeitschrift)
DVBl.	Deutsches Verwaltungsblatt
ECE	Economic Commission for Europe
ed(s).	editor(s)
EEA	Einheitliche Europäische Akte
EG	Europäische Gemeinschaft/en

EGV	Vertrag über die Europäische Gemeinschaft
EIA	Environmental Impact Assessment
Einl.	Einleitung
EIS	Environmental Impact Statement
endg.	endgültig
EPIL	Encyclopedia of Public International Law
EPL	Environmental Policy and Law (Zeitschrift)
EU	Europäische Union
EuGH	Europäischer Gerichtshof
EurEnvLRev	European Environmental Law Review
EUV	Vertrag über die Europäische Union
EuZW	Europäische Zeitschrift für Wirtschaftsrecht (Zeitschrift)
EWG	Vertrag über die Europäische Wirtschaftsgemeinschaft
F.2d	Federal Reporter Second Series
GA-Res.	General Assembly Resolution
GATS	General Agreement on Trade and Services
GATT	General Agreement on Tariffs and Trade
GBl.	Gesetzblatt
GG	Grundgesetz
GMBl.	Gemeinsames Ministerialblatt
GVBl.	Gesetz- und Verordnungsblatt
GYIL	German Yearbook of International Law
HdUR	Handwörterbuch des Umweltrechts
HdUVP	Handbuch der Umweltverträglichkeitsprüfung
ICJ	International Court of Justice
ICJ-Rep.	Reports of Judgements, Advisory Opinions and Orders of the ICJ
IGH	Internationaler Gerichtshof
ILM	International Legal Materials
IVU-RL	Richtlinie über die integrierte Vermeidung und Verminderung der Umweltverschmutzung
Jahrbuch UTR	Jahrbuch des Umwelt und Technikrechts
Jura	Juristische Ausbildung (Zeitschrift)
JuS	Juristische Schulung (Zeitschrift)
JZ	Juristenzeitung (Zeitschrift)
KKW	Kernkraftwerk
KOM	Kommission
KrW-/AbfG	Kreislaufwirtschafts- und Abfallgesetz
LPlG	Landesplanungsgesetz
MBl.	Ministerialblatt
n.F.	neue Fassung

NEPA	National Environmental Policy Act
NJW	Neue Juristische Wochenschrift
NuR	Natur und Recht (Zeitschrift)
NVwZ	Neue Zeitschrift für Verwaltungsrecht
NW	Nordrhein-Westfalen
OECD	Organization for Economic Co-operation and Development
ÖJZ	Österreichische Juristen Zeitung (Zeitschrift)
Res.	Resolution
RIAA	Reports on International Arbitral Awards
ROG	Raumordnungsgesetz
Rs.	Rechtssache
Slg.	Sammlung
Sp.	Spalte
TRIPS	Agreement on Trade-related Aspects of Intellectual Property Rights
UGB-KomE	Entwurf der Unabhängigen Sachverständigenkommission zum Umweltgesetzbuch beim Bundesministerium für Umwelt, Naturschutz und Reaktorsicherheit
UN-Doc.	United Nations Document
UN-GA	United Nations-General Assembly
UNEP	United Nations Environment Programme
UPR	Umwelt- und Planungsrecht (Zeitschrift)
UVP	Umweltverträglichkeitsprüfung
UVP-report	UVP-report (Zeitschrift)
UVP-RL	Richtlinie über die Umweltverträglichkeitsprüfung bei bestimmten öffentlichen und privaten Projekten
UVP-V Bergbau	Verordnung über die Umweltverträglichkeitsprüfung bergbaulicher Vorhaben
UVPG	Gesetz über die Umweltverträglichkeitsprüfung
UVPVwV	Allgemeine Verwaltungsvorschrift zur Ausführung des Gesetzes über die Umweltverträglichkeitsprüfung
VBlBW	Verwaltungsblätter für Baden-Württemberg (Zeitschrift)
Vorbem.	Vorbemerkung
WCED	World Commission on Environment and Development
WTO	World Trade Organization
ZaöRV	Zeitschrift für ausländisches öffentliches Recht und Völkerrecht
ZAU	Zeitschrift für angewandte Umweltforschung
ZfU	Zeitschrift für Umweltpolitik und Umweltrecht

A. Einleitung

Die Umweltverträglichkeitsprüfung (UVP) wird als ein innerstaatliches Verfahren zur Beurteilung der voraussichtlichen Auswirkung eines geplanten Projekts auf die Umwelt definiert.[1] Im Rahmen des UVP-Verfahrens werden vor der Durchführung von öffentlichen und privaten Projekten, die erhebliche Auswirkungen auf die Umwelt haben können (z.B. Erdölraffinerien, Wärmekraftwerke, Abfallbeseitigungsanlagen), Art und Umfang dieser Umweltauswirkungen ermittelt.[2] Ziel der UVP ist, Umweltschäden dadurch zu vermeiden, daß die voraussichtlichen Umweltauswirkungen eines Projekts in der Entscheidung darüber, ob und in welcher Weise das Vorhaben durchgeführt wird, berücksichtigt werden. Die UVP bezweckt also eine wirksame Umweltvorsorge.[3]

Im nationalen Bereich dient die UVP schon seit den siebziger Jahren als Instrument der Umweltvorsorge.[4] Die Verpflichtung, für bestimmte Projekte eine UVP durchzuführen, bevor sie zugelassen werden, ist heute in der nationalen Gesetzgebung zahlreicher Staaten, insbesondere der westlichen Industriestaaten, verankert.[5] Die Staaten der Europäischen Gemeinschaft wurden durch die UVP-Richtlinie von 1985 und die UVP-Änderungsrichtlinie von 1997, die die UVP vorrangig für den nationalen Bereich regeln, zur Einführung der UVP verpflichtet. Das 1997 in Kraft getretene Übereinkommen über die Umweltverträglichkeitsprüfung im grenzüberschreitenden Rahmen von 1991 (Espoo-

---

1 Vgl. die Definition in Art. 1 Nr. 6 Espoo-Übereinkommen.

2 Vgl. A. Epiney/M. Scheyli, Strukturprinzipien des Umweltvölkerrechts (1998), S. 94.

3 T. Bunge, Umweltverträglichkeitsprüfung, in: O. Kimminich/H. v. Lersner/P.-C. Storm, HdUR, Bd. II (1994), Sp. 2478.

4 Vgl. W. Schrage, Die ECE-Konvention über die Umweltverträglichkeitsprüfung im grenzüberschreitenden Rahmen, in: P.-C. Storm/T. Bunge, HdUVP, Kennziffer 1905 (Stand: 2000), S. 2; Economic Commission for Europe, Current Policies, Strategies and Aspects of Environmental Impact Assessment in a Transboundary Context (1996), S. vii; C. Wood, Environmental Impact Assessment, A Comparative Review (1995), S. 1; P. D. McHugh, The European Community Directive - An Alternative Environmental Impact Assessment Procedure, Natural Resources Journal 1994, S. 592; vgl. auch die Präambel des Espoo-Übereinkommens, 6. Erwägungsgrund, in dem die laufenden Bemühungen der Staaten, durch innerstaatliche Vorschriften die Durchführung der UVP sicherzustellen, anerkannt werden.

5 T. Bunge, Umweltverträglichkeitsprüfung, in: O. Kimminich/H. v. Lersner/P.-C. Storm (Anm. 3), Sp. 2478, schätzt die Zahl der Staaten, die die Verpflichtung zur Durchführung einer UVP kennen, auf dreißig bis vierzig.

Übereinkommen) ist das erste verbindliche völkerrechtliche Instrument, das die UVP speziell für grenzüberschreitende Auswirkungen geplanter Projekte auf die Umwelt regelt.[6] Von Bedeutung ist das Espoo-Übereinkommen nicht nur, weil mit ihm auf internationaler Ebene für den Bereich der grenzüberschreitenden UVP erstmals eindeutige Rechtspflichten der Staaten geschaffen werden, sondern auch weil es die UVP als ein Mittel nutzt, um erhebliche grenzüberschreitende Umweltbeeinträchtigungen zu minimieren,[7] die UVP also für den grenzüberschreitenden Umweltschutz einsetzt. Das Übereinkommen wurde von 29 Mitgliedstaaten der UN-Wirtschaftskommission für Europa (ECE)[8] sowie der Europäischen Gemeinschaft unterzeichnet und steht allen ECE-Mitgliedstaaten zum Beitritt offen, so daß sich sein Anwendungsbereich über den gesamten europäischen Raum erstreckt.

Die vorliegende Arbeit untersucht den Inhalt und die Bedeutung des Espoo-Übereinkommens sowie die Durchführung des Übereinkommens im Recht der Europäischen Gemeinschaft, im nationalen deutschen Recht und in völkerrechtlichen Vereinbarungen. Dabei ist zu klären, inwieweit das Übereinkommen bereits implementiert wurde und welche Implementierungsdefizite bestehen.

Nach einer kurzen Erläuterung von Begriff und Zweck der UVP (Kapitel B) werden in Kapitel C zunächst Entstehungsgeschichte, Aufbau sowie wesentliche Bestimmungen des Espoo-Übereinkommens dargestellt. Im Anschluß wird der Zusammenhang zwischen den Regelungen des Espoo-Übereinkommens und der völkergewohnheitsrechtlichen Grundregel des grenzüberschreitenden Umweltschutzes, dem Verbot erheblicher grenzüberschreitender Umweltbeeinträchtigungen, untersucht sowie die Frage erörtert, in welchen Bereichen das

---

6 Text in: 30 ILM (1991), S. 800. Das Übereinkommen ist am 10.9.1997 in Kraft getreten, dem neunzigsten Tage nach der Hinterlegung der sechzehnten Ratifikations-, Annahme-, Genehmigungs- oder Beitrittsurkunde (Art. 18 Abs. 1). Es wurde bislang von folgenden 29 Staaten ratifiziert: Albanien, Armenien, Aserbaidschan, Österreich, Belgien, Bulgarien, Kanada, Kroatien, Dänemark, Finnland, Griechenland, Ungarn, Italien, Liechtenstein, Litauen, Luxemburg, Niederlande, Norwegen, Polen, Republik Moldau, Mazedonien, Slowenien, Slowakei, Spanien, Schweden, Schweiz, Ukraine, Großbritannien, Zypern (Stand: 1.11.2000).

7 Vgl. den 7. Erwägungsgrund der Präambel des Espoo-Übereinkommens.

8 Das Espoo-Übereinkommen wurde bis zum 2.9.1991 von folgenden Staaten unterzeichnet: Albanien, Belgien, Bulgarien, Dänemark, Deutschland, Finnland, Frankreich, Griechenland, Island, Italien, Kanada, Luxemburg, Niederlande, Norwegen, Österreich, Polen, Portugal, Rumänien, Schweden, Spanien, Ukraine, Ungarn, Vereinigte Staaten, Großbritannien, Weißrußland, Irland, Russische Föderation und Tschechoslowakei (im Wege der Staatensukzession wurden die Slowakei und Tschechien Unterzeichner des Übereinkommens).

Espoo-Übereinkommen den Bereich geltenden Völkergewohnheitsrechts verläßt, indem es die UVP und andere verfahrensrechtliche Pflichten (die Pflichten zur Information und Warnung, zur Konsultation und zur Gleichbehandlung der in- und ausländischen Öffentlichkeit) als Mittel zur Verwirklichung des Verbots erheblicher grenzüberschreitender Umweltbeeinträchtigungen nutzt. Dabei ist deutlich zu machen, wo das Espoo-Übereinkommen Völkergewohnheitsrecht positiviert und wo es Völkergewohnheitsrecht weiterentwickelt.

Kapitel D bis F befassen sich mit der Durchführung des Espoo-Übereinkommens. Wie das Übereinkommen in der Europäischen Gemeinschaft umgesetzt wird, ist an drei Richtlinien zu untersuchen: an der UVP-Richtlinie von 1985, der UVP-Änderungsrichtlinie von 1997, die nicht zuletzt im Hinblick auf die Unterzeichnung des Espoo-Übereinkommens verabschiedet wurde, und der IVU-Richtlinie von 1996, die sich teilweise mit den UVP-Richtlinien überschneidet (Kapitel D). Ob und inwieweit das nationale deutsche Recht Regelungen des Espoo-Übereinkommens implementiert, zeigt sich im Vergleich mit dem Gesetz über die Umweltverträglichkeitsprüfung (UVPG), den einschlägigen Fachgesetzen und den UVP-Gesetzen der Länder. Eingegangen wird in diesem Zusammenhang auch auf die Frage, ob das deutsche Recht den Regelungen der UVP-Änderungsrichtlinie entspricht, die das Espoo-Übereinkommen auf EG-Ebene umsetzt (Kapitel E). Schließlich wird die Implementierung des Übereinkommens in - insbesondere bilateralen - völkerrechtlichen Vereinbarungen zwischen der Bundesrepublik Deutschland und anderen Vertragsparteien analysiert. Diese Implementierungsmethode erscheint zur Durchführung des Espoo-Übereinkommens schon deshalb besonders geeignet, da an einem grenzüberschreitenden UVP-Verfahren in der Regel zwei Nachbarstaaten beteiligt sind (Kapitel F).

In Kapitel G werden die Ergebnisse der Arbeit in neun Punkten zusammengefaßt.

B. Begriff der Umweltverträglichkeitsprüfung

Die Definition des Espoo-Übereinkommens, "(i)m Sinne dieses Übereinkommens bedeutet ... 'Umweltverträglichkeitsprüfung' ein innerstaatliches Verfahren zur Beurteilung der voraussichtlichen Auswirkung eines geplanten Projekts auf die Umwelt",[1] sagt nichts über den Grundgedanken der UVP und den Zweck, den sie erfüllen soll, aus. Grundgedanke und Zweck der UVP sollen in diesem Kapitel vor dem Hintergrund der Entstehungsgeschichte der UVP erörtert werden.

I. Entwicklung der UVP

1. Einführung im National Environmental Policy Act (NEPA) in den USA

Eine Umweltverträglichkeitsprüfung wurde mit Erlaß des National Environmental Policy Act (NEPA) in den USA im Dezember 1969 erstmals eingeführt. Eigentliches Ziel des NEPA war die Formulierung einer nationalen Umweltpolitik. Während des Gesetzgebungsverfahrens erkannte man, daß die Formulierung umweltpolitischer Ziele allein nicht ausreichen würde, diese Ziele tatsächlich in die Entscheidungspraxis der Behörden einzuführen. Daher wurde die zwingende ("action forcing") Bestimmung geschaffen, allen Vorhaben der Bundesbehörden, bei denen mit erheblichen Folgen für die Umwelt zu rechnen ist, eine detaillierte Stellungnahme zu den möglichen Umweltauswirkungen beizufügen.[2] Diese Umweltverträglichkeitsprüfung wird im NEPA als "Envi-

---

1 Art. 1 Nr. 6 Espoo-Übereinkommen. Die Formulierung der Definition der UVP wurde mehrfach überarbeitet. Eine Vorfassung von Mai 1989 weist noch eine umfassendere Definition auf, die wie folgt lautet: "Environmental impact assessment (EIA) means the procedure to be applied ... during the planning, preparation, construction and decommissioning of an activity and/or its alternatives under the jurisdiction of any Party, which is likely to have transboundary impacts, prior to the decision on the planned activity in order to determine, examine analyse, assess and monitor the transboundary impacts of the planned activity on the environment of any affected party." Vgl. ECE, Senior Advisers to ECE Governments on Environmental and Water Problems, 26.5.1989, UN-Doc. ENVWA/AC.3/4, S. 3.

2 Vgl. M. Bothe/L. Gündling, Neuere Tendenzen des Umweltrechts im internationalen Vergleich (1990), S. 101; G. Mezger, Umweltverträglichkeitsprüfung, Umweltschutz und räumliche Nutzung in den USA (1989), S. 89; W. V. Kennedy/R. Lummert, Umweltverträglichkeitsprüfung in der Fernstraßenplanung, ZfU 1981, S. 455.

ronmental Impact Statement" (EIS) bezeichnet. Sie ist in § 102 (2) (C) geregelt. Nach dieser Vorschrift sind alle Bundesbehörden verpflichtet,

> "den Vorschlägen für Gesetzgebungsvorhaben und sonstigen bedeutenden Maßnahmen des Bundes, welche signifikante Auswirkungen auf die Umwelt haben, eine ins einzelne gehende Darstellung der zuständigen Behörde beizufügen über:
>
> i. die Auswirkung der vorgeschlagenen Maßnahme auf die Umwelt;
>
> ii. alle nachteiligen Auswirkungen auf die Umwelt, die sich nicht vermeiden ließen, falls der Vorschlag durchgeführt würde;
>
> iii. Alternativen zu der vorgeschlagenen Maßnahme;
>
> iv. das Verhältnis zwischen der örtlichen kurzfristigen Nutzung der menschlichen Umwelt und der Wahrung und Hebung der langfristigen Produktivität;
>
> v. jede sich bei der Durchführung der vorgeschlagen Maßnahme ergebende irreversible und nicht ausgleichbare Bindung von Ressourcen."[3]

Damit auch Umweltauswirkungen, die außerhalb der Zuständigkeit der das EIS vorbereitenden Behörde liegen, in das Verfahren einbezogen werden, sieht § 102 (2) (C) NEPA weiter vor, daß die das EIS vorbereitende Bundesbehörde sich mit anderen Bundesbehörden beraten bzw. Stellungnahmen von anderen Bundesbehörden einholen soll, die in Umweltfragen zuständig sind oder Sachkenntnis besitzen. Diese Stellungnahmen sowie Stellungnahmen von anderen einzelstaatlichen oder lokalen Behörden, die mit Umweltfragen befaßt sind, sollen dem Präsidenten, dem Council on Environmental Quality (CEQ) sowie der Öffentlichkeit zugänglich gemacht werden und das EIS im nachfolgenden Entscheidungsprozeß begleiten.[4]

Damit legt der NEPA genau fest, welche Informationen das EIS enthalten muß und wer an dem Verfahren beteiligt ist. In verfahrensrechtlicher Hinsicht sind die Regelungen im NEPA selbst dünn, obwohl bei der Idee des NEPA der

---

3 42 U.S.C. §§ 4321 ff.; deutsche Übersetzung bei G. Mezger, Umweltverträglichkeitsprüfung, Umweltschutz und räumliche Nutzung in den USA (1989), S. 90. Vgl. zum NEPA auch ausführlich J. Jörissen/R. Coenen/P. Franz, Die Umweltverträglichkeitsprüfung in den USA (1988).

4 Vgl. G. Mezger (Anm. 2), S. 90.

Verfahrensaspekt im Vordergrund steht.[5] Der durch den NEPA errichtete CEQ verabschiedete eine Anzahl von Richtlinien und Verordnungen, die das Verfahren regeln.[6] Die US-amerikanischen Bundesgerichte gaben dem NEPA die notwendigen Konturen und sicherten seine Wirksamkeit, indem sie streng auf die Einhaltung der Verfahrensvorschriften achteten.[7]

Die UVP des NEPA erschöpft sich aber nicht in ihrer verfahrensrechtlichen Funktion, sondern beinhaltet auch die materielle Verpflichtung, die Ergebnisse der UVP im Rahmen der Entscheidung über die Zulassung eines Vorhabens zu beachten. Die Entscheidung über das Vorhaben wird durch die UVP zwar nicht präjudiziert. Die zuständige Behörde hat aber eine offene Abwägung zwischen Umweltbelangen und gegenläufigen Interessen vorzunehmen. Richtungweisend ist die Entscheidung "Calvert Cliffs Coordinating Committee versus Atomic Energy Commission" aus dem Jahr 1970.[8] Das zuständige Bundesgericht entschied in diesem Fall unter anderem, daß der NEPA eine sorgfältige Entscheidungsfindung und einen fein abgestimmten und systematischen Abwägungsprozeß verlangt.[9] Nach dieser Entscheidung ist die zuständige Behörde verpflichtet, die Umweltauswirkungen in "good faith" mit technischen und wirtschaftlichen Faktoren abzuwägen, um eine angemessene Berücksichtigung der Umweltbelange sicherzustellen.[10]

Im Zusammenhang mit § 102 (A) und (B) NEPA, wonach alle Bundesbehörden verpflichtet sind, ihren umweltrelevanten Entscheidungen einen systematischen, interdisziplinären Ansatz zugrundezulegen (Buchstabe A) sowie Methoden und Verfahren zu entwickeln, um den Umweltbelangen eine angemessene Bedeutung im Rahmen des Abwägungsvorgangs mit wirtschaftlichen und technischen

5 Vgl. U. Hundertmark, Die Durchführung der Umweltverträglichkeitsprüfung (1988), S. 42.

6 Bereits 1971 verabschiedete der CEQ Richtlinien über die Durchführung der UVP, 36 F.R. 7724 (April 23, 1971). Eine Überarbeitung der Richtlinien folgte im Jahr 1973, 38 F.R. 20549 (August 1, 1973). 1978 wurden diese als verbindliche "regulations" erlassen, Council on Environmental Quality, NEPA, Implementation of Procedural Provisions, Final Regulations, 40 C.F.R. § 1500 ff.

7 Nachweise bei M. Bothe/L. Gündling (Anm. 2), S. 118.

8 Calvert Cliffs Coordinating Committee versus Atomic Energy Commission (AEC), 449 F.2d 1109 (D.C. Cir. 1971).

9 W. A. Tilleman, Public Participation in the Environmental Impact Assessment Process: A Comparative Study of Impact Assessment in Canada, the United States and the European Community, Columbia Journal of Transnational Law 1995, S. 398.

10 G. Mezger (Anm. 2), S. 217.

Belangen zu sichern (Buchstabe B), zeigen sich die Charakteristika des UVP-Konzepts des NEPA:

- interdisziplinärer Ansatz;
- Analyse der Umweltauswirkungen eines Projekts;
- Erwägung von Alternativen;
- Beteiligung von Behörden, deren Kompetenzbereich betroffen ist, sowie der Öffentlichkeit;
- Fertigstellung des EIS vor der endgültigen Entscheidung;
- Berücksichtigung des EIS bei der endgültigen Entscheidung.

2. Weiterentwicklung durch die UVP-Richtlinie der EG

Die Stockholmer Umweltkonferenz der Vereinten Nationen vom 5. bis 15.6.1972 bildete den Ausgangspunkt für eine neue Entwicklung im internationalen Umweltrecht: Im Mittelpunkt steht nicht mehr die wirtschaftliche Nutzung der Umwelt, sondern deren Schutz.[11] Die auf der Konferenz verabschiedete Stockholm-Deklaration bezeichnet den Schutz und die Verbesserung der Umwelt als dringende Anliegen und Pflichten der Staaten der ganzen Welt.[12] Inspiriert vom NEPA und unter dem Eindruck der Stockholmer Umweltkonferenz von 1972 wandte die Europäische Gemeinschaft (EG) ihr Interesse dem Umweltschutz und dabei insbesondere der UVP zu. Nach fünfjährigen Beratungen verabschiedete sie 1985 eine Richtlinie, die die UVP für bestimmte Kategorien von Projekten vorschreibt.[13] Diese Richtlinie ist inzwischen in allen Mitgliedstaaten umgesetzt worden.[14]

---

11 Vgl. H. Hohmann, Präventive Rechtspflichten und -prinzipien des modernen Umweltvölkerrechts (1992), S. 59; ders., Ergebnisse des Erdgipfels von Rio, NVwZ 1993, S. 311.

12 Prinzip 2, Erklärung vom 16.6.1972, 11 ILM (1972), S. 1416.

13 Richtlinie über die Umweltverträglichkeitsprüfung bei bestimmten öffentlichen und privaten Projekten, ABl. EG vom 5.7.1985, L 175, S. 40.

14 Vgl. auch Kommission der Europäischen Gemeinschaften, Bericht der Kommission über die Durchführung der Richtlinie 85/337/EWG über die Umweltverträglichkeitsprüfung bei bestimmten öffentlichen und privaten Projekten, KOM (93) 28 endg. Inzwischen wurde der Bericht aktualisiert; vgl. D. Wagner, Concise Revision of the Re-

Der UVP-Richtlinie der EG liegt das Vorsorgeprinzip zugrunde, das auch in den Bestimmungen des NEPA zum Ausdruck kommt.[15] Dieses bereits 1973 im Ersten Aktionsprogramm der Gemeinschaft für den Umweltschutz formulierte Prinzip besagt:

> "1. Die beste Umweltpolitik besteht darin, Umweltbelastungen von vornherein zu vermeiden, statt sie erst nachträglich in ihren Auswirkungen zu bekämpfen ...
>
> 2. Bei allen fachlichen Planungs- und Entscheidungsprozessen müssen die Auswirkungen auf die Umwelt so früh wie möglich berücksichtigt werden."[16]

Nach der UVP-Richtlinie ist die UVP wie nach den Bestimmungen des NEPA vorwiegend ein Verfahrensinstrument, das der Entscheidungsvorbereitung dient. Im Unterschied zum NEPA, dessen Anwendungsbereich jedes Gesetzgebungsvorhaben und jede sonstige bedeutende Maßnahme der Bundesbehörden umfaßt, bezieht sich die UVP-Richtlinie der EG ausschließlich auf abschließend aufgezählte Projekte.[17]

---

port of the Commission of the Implementation of Directive 85/337/EEC on the Assessment of the Effects of Certain Public and Private Projects on the Environment, Update 1995/96, Final Report (1997).

15 Diskutiert wird, ob dem Vorsorgeprinzip bereits völkergewohnheitsrechtlicher Charakter wegen seiner Betonung in Prinzip 15 Rio-Deklaration von 1992 und Erwähnung in einigen völkerrechtlichen Verträgen zukommt; vgl. dazu A. Epiney/M. Scheyli, Strukturprinzipien des Umweltvölkerrechts (1998), S. 103 ff.; A. Epiney, Das "Verbot erheblicher grenzüberschreitender Umweltbeeinträchtigungen": Relikt oder konkretisierungsfähige Grundnorm, AVR 1995, S. 331, Fußnote 99; U. Beyerlin, Rio-Konferenz 1992: Beginn einer neuen globalen Umweltrechtsordnung?, ZaöRV 1994, S. 134.

16 ABl. EG vom 20.12.1973, C 112, S. 1, S. 6; vgl. auch die Präambel der UVP-Richtlinie, 1. Erwägungsgrund.

17 Auf gemeinschaftsrechtlicher Ebene ist jedoch eine separate Richtlinie zur UVP für Pläne und Programme geplant; vgl. Vorschlag der Kommission vom 4.12.1996 für eine Richtlinie des Rates über die Prüfung der Umweltauswirkungen bestimmter Pläne und Programme, ABl. EG vom 25.4.1997, C 129, S. 14 ff. und geänderter Vorschlag für eine Richtlinie des Rates über die Prüfung der Umweltauswirkungen bestimmter Pläne und Programme, ABl. EG vom 25.03.1999, C 83, S. 13 ff.; dazu: J. Ziekow, Strategische Umweltverträglichkeitsprüfung - ein neuer Anlauf, UPR 1999, S. 287 ff.; R. J. Cerny/W. R. Sheate, Strategic Environmental Impact Assessment: Amending the EA Directive, EPL 1992, S. 154 ff.

Die nach der UVP-Richtlinie vorgesehene UVP läßt sich verfahrensmäßig in drei Stufen gliedern.[18] Der Projektträger muß vor der Realisierung von Projekten mit möglicherweise erheblichen Auswirkungen auf die Umwelt der zuständigen Behörde gegenüber detaillierte Angaben über deren Umweltfolgen machen. Die danach eingeholten Angaben und der Genehmigungsantrag sind dann zu veröffentlichen. Den möglicherweise in ihrem umweltbezogenen Aufgabenbereich betroffenen Behörden und der betroffenen Öffentlichkeit ist anschließend Gelegenheit zur Stellungnahme zu geben.

Wie die UVP des NEPA enthält die UVP-Richtlinie der EG auch ein materielles Element.[19] Nach der Richtlinie sind die Ergebnisse der UVP bei der Entscheidung über die Zulassung des Projekts durch die zuständige Behörde zu berücksichtigen. Das in der Richtlinie beschriebene Verfahren soll also wie im NEPA sicherstellen, daß den Umweltbelangen prinzipiell die gleiche Bedeutung zukommt wie anderen Gesichtspunkten, etwa solchen ökonomischer Art.[20]

3. Deutscher Begriff der UVP

Der deutsche Begriff Umweltverträglichkeitsprüfung ist eine unpräzise Übersetzung des US-amerikanischen Terminus "Environmental Impact Statement (EIS)" bzw. "Environmental Impact Assessment (EIA)", wie der US-amerikanische NEPA-Prozeß später in einer allgemeineren Terminologie bezeichnet wurde.[21] Während der US-amerikanische Begriff wörtlich etwa mit "Einschätzung der Umweltauswirkungen"[22] übersetzt werden kann und deutlich

---

18 J. Cupei, Die Richtlinie über die Umweltverträglichkeitsprüfung (UVP) bei bestimmten öffentlichen und privaten Projekten, NuR 1985, S. 298.

19 Dazu umfassend G. Püchel, Die materiell-rechtlichen Anforderungen an die EG-Richtlinie zur Umweltverträglichkeitsprüfung (1989).

20 J. Cupei, Umweltverträglichkeitsprüfung - Ein Beitrag zur Strukturierung der Diskussion, zugleich eine Erläuterung der EG-Richtlinie (1986), S. 174.

21 Vgl. W. Erbguth/A. Schink, Gesetz über die Umweltverträglichkeitsprüfung, Kommentar (1996), Einl. Rn. 24; T. Bunge, Zweck, Inhalt und Verfahren von Umweltverträglichkeitsprüfungen, in: P.-C. Storm/T. Bunge, HdUVP, Kennziffer 0100 (Stand: 2000), S. 3; J. Schoeneberg, Umweltverträglichkeitsprüfung (1993), Rn. 4; Rat von Sachverständigen für Umweltfragen, Stellungnahme des Rates von Sachverständigen für Umweltfragen zur Umsetzung der EG-Richtlinie über die Umweltverträglichkeitsprüfung in das nationale Recht, DVBl. 1988, S. 21-22; J. Cupei (Anm. 20), S. 3 ff.

22 So T. Bunge, Zweck, Inhalt und Verfahren von Umweltverträglichkeitsprüfungen, in: P.-C. Storm/T. Bunge (Anm. 21), S. 3.

macht, daß es um eine Beurteilung der Umweltfolgen der untersuchten Aktivität geht, verspricht der deutsche Terminus Umweltverträglichkeitsprüfung durch die Verwendung des Begriffsteils "Verträglichkeit" mehr, als er halten kann.[23] Die deutsche Bezeichnung fördert die Erwartung, bei entsprechendem Untersuchungsergebnis sei die Aktivität "verträglich" für die Umwelt.[24] Praktisch jede Maßnahme, für die eine genaue Prognose und Bewertung der Umweltfolgen sinnvoll erscheint, hat selbst in ihrer ökologisch günstigsten Variante negative Konsequenzen und verschlechtert damit, wenn sie verwirklicht wird, den Zustand der Umwelt.[25] Die UVP kann umweltverträgliches Handeln nicht gewährleisten, sondern nur fördern. Es ist durchaus möglich, daß sich die zuständige Behörde trotz umfassender Informationen über erhebliche schädliche Umweltauswirkungen eines Vorhabens für dessen Durchführung entscheidet.[26]

Die Professorenkommission, die in den Jahren 1990 und 1994 Entwürfe für ein Umweltgesetzbuch veröffentlichte,[27] schlug deshalb vor, dem Begriff "Umweltfolgenprüfung" den Vorzug zu geben, weil er nicht die Fehlvorstellung suggeriere, allein durch die Prüfung der Umweltauswirkungen einer Maßnahme könne deren Umweltverträglichkeit gewährleistet werden.[28] Inzwischen war der

---

23 Vgl. C. Landel, Die Umweltverträglichkeitsprüfung in parallelen Zulassungsverfahren (1995), S. 16; Rat von Sachverständigen für Umweltfragen (Anm. 21), S. 22; J. Cupei (Anm. 20), S. 7.

24 T. Bunge, Zweck, Inhalt und Verfahren von Umweltverträglichkeitsprüfungen, in: P.-C. Storm/T. Bunge (Anm. 21), S. 4; vgl. auch M. Durst, Die UVP in parallelen und konzentrierten Verfahren (1998), S. 36.

25 W. Vallendar, Die UVP-Novelle zur 9. BImSchV, UPR 1992, S. 212.

26 Vgl. T. Bunge, Die Umweltverträglichkeitsprüfung im Verwaltungsverfahren (1986), S. 11.

27 Vgl. die Entwürfe von M. Kloepfer/E. Rehbinder/E. Schmidt-Aßmann/P. Kunig, Umweltgesetzbuch: Allgemeiner Teil (1991) und H. D. Jarass/M. Kloepfer/P. Kunig/ H.-J. Papier/F. J. Peine/E. Rehbinder/J. Salzwedel/E. Schmidt-Aßmann, Umweltgesetzbuch: Besonderer Teil (1994).

28 Vgl. M. Kloepfer/E. Rehbinder/E. Schmidt-Aßmann/P. Kunig (Anm. 27), S. 223. In Deutschland wird eine Kodifikation des Umweltrechts in einem Umweltgesetzbuch (UGB) angestrebt, um das Umweltrecht zu harmonisieren. Nach den Entwürfen der Professorenkommission wurde eine weitere Kommission aus Wissenschaftlern und Praktikern, die sogenannte Unabhängige Sachverständigenkommission zum Umweltgesetzbuch beauftragt, einen weiteren Entwurf eines UGB auszuarbeiten, der Ende 1997 fertiggestellt wurde; vgl. Bundesministerium für Umwelt, Naturschutz und Reaktorsicherheit, Umweltgesetzbuch (UGB-KomE), Entwurf der Unabhängigen Sachverständigenkommission zum Umweltgesetzbuch beim Bundesministerium für Umwelt, Naturschutz und Reaktorsicherheit (1997). Vgl. zum UGB-KomE Kapitel E VI.

Begriff der UVP im deutschsprachigen Raum jedoch so gebräuchlich geworden, daß der Versuch, ihn durch eine andere Bezeichnung zu ersetzen, aussichtslos sein dürfte.[29] Im Entwurf der Unabhängigen Sachverständigenkommission zum Umweltgesetzbuch von 1997 wird denn auch nicht mehr der Versuch unternommen, den Begriff zu ändern.[30]

II. Zweck der UVP

Die grundsätzliche Erwartung an die UVP ist, daß die Umweltauswirkungen eines Projekts frühzeitig so umfassend abgeschätzt werden, daß die Genehmigungsentscheidung dadurch auf eine tragfähigere Grundlage gestellt wird und die Umweltauswirkungen auf diese Weise besser in die Entscheidung eingehen können.[31] Manche Kritiker deuten die gängige Abkürzung UVP zwar als "unheimlich viel Papier".[32] Aber nur was ausreichend identifiziert und beschrieben wurde, kann auch angemessen berücksichtigt werden.

Im Rahmen der UVP soll eine Aktivität, die nachteilige Auswirkungen auf die Umwelt haben kann, bevor sie realisiert wird, sorgfältig auf ihre Folgen für alle Umweltbelange, also Boden, Wasser, Luft, Flora, Fauna, Klima und sonstige Elemente untersucht werden, um eine fundierte Grundlage für die Entscheidung über die Zulässigkeit dieser Aktivität zu gewinnen.[33] Durch die Abkehr von der sektoriellen Betrachtung der Umweltgüter und die Hinwendung zu einem integrativen Umweltgüterschutz sollen nicht nur die Einzelauswirkungen eines Vorhabens auf einen bestimmten Umweltsektor, sondern auch mögliche Belastungsverlagerungen von einem Umweltsektor auf den anderen und die Gesamtbelastung identifiziert, beschrieben und bewertet werden.[34]

---

29 So auch T. Bunge, Zweck, Inhalt und Verfahren von Umweltverträglichkeitsprüfungen, in: P.-C. Storm/T. Bunge (Anm. 21), S. 4.

30 Bundesministerium für Umwelt, Naturschutz und Reaktorsicherheit (Anm. 27), §§ 111, 112.

31 Vgl. C. Wood, Environmental Impact Assessment (1995), S. 2; A. Schink, Auswirkungen des EG-Rechts auf die Umweltverträglichkeitsprüfung nach deutschem Recht, NVwZ 1999 S. 11 ff.

32 J.-P. Schneider, Nachvollziehende Amtsermittlung bei der Umweltverträglichkeitsprüfung (1991), Vorwort.

33 Vgl. T. Bunge (Anm. 26), S. 11.

34 So T. Bunge (Anm. 26), S. 11.

Eine möglichst weitgehende Beteiligung betroffener Behörden und der Öffentlichkeit bei der UVP soll die Informationsbreite weiter verbessern.[35] Die Prüfung von Alternativen soll sicherstellen, daß die Umweltbelange nicht nur bei Detailfragen, sondern auch bei Grundsatzfragen wie Standortwahl, Durchführung des Projekts mit einer anderen Konzeption oder völliger Verzicht auf das Projekt (Null-Alternative) berücksichtigt werden.[36] In den Regulations des US-amerikanischen CEQ wird die Alternativenprüfung sogar als das Herzstück der UVP bezeichnet.[37]

Die UVP kann und soll aber die abschließende Entscheidung nicht präjudizieren, sondern lediglich Gesichtspunkte liefern, die mit anderen Gesichtspunkten technischer und wirtschaftlicher Art abgewogen werden müssen. Sie dient der Entscheidungsvorbereitung und stellt nicht die Entscheidung über das Vorhaben selbst dar.[38] Voraussetzung für ihre Effektivität ist aber, daß sie vor der Entscheidung über die Zulässigkeit des Projekts durchgeführt wird und diese Entscheidung beeinflussen kann. Es muß möglich sein, die Zulassung des Projekts aus Gründen der Umweltunverträglichkeit zu verweigern oder mit Auflagen zu versehen.[39]

---

35 Vgl. M. Ritter, Umweltverträglichkeitsprüfung und konzentriertes Genehmigungsverfahren nach dem UVP-G (1995), S. 51.

36 A. Eberhardt, Das Konzept der deutschen Umweltverträglichkeitsprüfung im Lichte der Arbeit internationaler Organisationen, NuR 1991, S. 2.

37 Vgl. W. A. Tilleman (Anm. 9) , S. 387; T. Bunge, Die Umweltverträglichkeitsprüfung von Projekten: Verfahrensrechtliche Erfordernisse auf der Basis der EG-Richtlinie vom 27. Juni 1985, DVBl. 1987, S. 820.

38 Rat von Sachverständigen für Umweltfragen (Anm. 21), S. 22.

39 Vgl. W. Frenz, Europäisches Umweltrecht (1997), S. 145.

C. Übereinkommen über die Umweltverträglichkeitsprüfung im grenzüberschreitenden Rahmen (Espoo-Übereinkommen)

Das Espoo-Übereinkommen stellt das erste verbindliche völkerrechtliche Instrument dar, das die UVP speziell für grenzüberschreitende Umweltauswirkungen regelt,[1] nachdem sich verbindliche UVP-Regelungen bislang vornehmlich auf den nationalen Bereich bezogen.[2] Den Entscheidungsträgern sollen durch die Einbeziehung grenzüberschreitender Umweltauswirkungen in die UVP vollständige Informationen über die voraussichtlichen Umweltauswirkungen eines Projekts zur Verfügung gestellt werden. Umweltbelastende Auswirkungen halten ja nicht an der Staatsgrenze.[3] Durch Berücksichtigung der grenzüberschreitenden Umweltauswirkungen bei der endgültigen Entscheidung sollen grenzüberschreitende Umweltbeeinträchtigungen vermindert oder vermieden werden.[4] Das Übereinkommen dient also dem grenzüberschreitenden Umweltschutz. In diesem Kapitel werden Entstehung und Inhalt des Espoo-Übereinkommens dargestellt sowie untersucht, welche Zusammenhänge zwischen den Regelungen des Espoo-Übereinkommens und der völkergewohnheitsrechtlichen Grundregel des grenzüberschreitenden Umweltschutzes, dem Verbot erheblicher grenzüberschreitender Umweltbeeinträchtigungen, bestehen.

---

1 So P. W. Birnie/A. E. Boyle, International Law and the Environment (1992), S. 107.

2 Zwar sind im Rahmen des UVP-Verfahrens des NEPA grenzüberschreitende Auswirkungen, wenn auch nicht ohne Ausnahmen, z.B. bei Maßnahmen des Präsidenten oder Maßnahmen der nationalen Sicherheit, einzubeziehen; vgl. dazu M. Bothe/L. Gündling, Neuere Tendenzen des Umweltrechts im internationalen Vergleich (1990), S. 185. Auch die UVP-Richtlinie sieht eine Einbeziehung solcher Auswirkungen vor. Ihr Hauptaugenmerk richten diese Instrumente jedoch auf das UVP-Verfahren bei innerstaatlichen Auswirkungen.

3 Vgl. T. Oppermann, Grenzüberschreitende Umweltbelastungen in: O. Kimminich/ H. v. Lersner/P.-C. Storm, HdUR, Bd. I (1994), Sp. 906; A. Randelzhofer, Umweltschutz im Völkerrecht, Jura 1992, S. 1; D. Rogalla/C. Schulz, Umweltgefährdende Anlagen in Grenznähe aus völkerrechtlicher Sicht, NuR 1987, S. 193.

4 Vgl. 4. Und 7. Erwägungsgrund der Präambel sowie Art. 2 Abs. 1 Espoo-Übereinkommen.

I. Entstehungsgeschichte des Espoo-Übereinkommens

Das Espoo-Übereinkommen wurde unter der Schirmherrschaft der UN-Wirtschaftskommission für Europa (ECE) ausgearbeitet, die sich schon zuvor eingehend mit grenzüberschreitenden Umweltproblemen und insbesondere mit der UVP beschäftigt hatte. Im folgenden soll auf die Initiierung des Espoo-Übereinkommens durch die ECE, auf den Inhalt der Beratungen der ad-hoc Arbeitsgruppe, die von der ECE zur Ausarbeitung des Espoo-Übereinkommens eingesetzt wurde, sowie auf die Unterzeichnung, die Parteien und das Inkrafttreten des Espoo-Übereinkommens eingegangen werden.

1. Initiierung durch die UN-Wirtschaftskommission für Europa (ECE)

Die ECE, deren Sitz Genf ist, wurde 1947 als eine der fünf Regionalkommissionen der Vereinten Nationen gegründet, die nach dem Zweiten Weltkrieg als Nebenorgane des Wirtschafts- und Sozialrats der Vereinten Nationen eingerichtet wurden, um die wirtschaftliche Entwicklung in verschiedenen Regionen zu fördern.[5] Zu ihren derzeit 55 Mitgliedstaaten zählen die west- und die osteuropäischen Staaten sowie die Vereinigten Staaten und Kanada. Die ursprüngliche Aufgabe der ECE bestand vor allem darin, zum wirtschaftlichen Wiederaufbau in Europa nach Ende des Zweiten Weltkriegs beizutragen. Nach und nach wandte sie ihr Interesse neuen Fragen zu, so auch dem Umweltschutz.[6] 1968 wurde zu diesem Zweck das "Committee on Water Problems" eingerichtet. Dieses wurde 1987 mit den "Senior Advisers to ECE Governments on Environmental Problems" zu einem gemeinsamen Gremium mit dem Namen "Senior Advisers on Environmental and Water Problems" (Höhere Regierungsberater für Umwelt- und Wasserfragen) verschmolzen. Unter der Schirmherrschaft der ECE wurden neben dem Espoo-Übereinkommen noch andere bedeutende Umweltschutzabkommen ausgearbeitet, so das Übereinkommen über weiträumige grenzüberschreitende Luftverschmutzung von 1979,[7] das Übereinkommen zum Schutz und zur Nutzung grenzüberschreitender Wasser-

5 Vgl. F. Schmidt-Bleek, Economic Commission for Europe, in: O. Kimminich/H. v. Lersner/P.-C. Storm (Anm. 3), Sp. 424.

6 H. Hohmann, Präventive Rechtspflichten und -prinzipien des modernen Umweltvölkerrechts (1992), S. 166.

7 Übereinkommen vom 13.11.1979, Text in: 18 ILM (1979), S. 1442, in Kraft seit 16.3.1983.

läufe und Seen von 1992,[8] das Übereinkommen über die grenzüberschreitenden Auswirkungen von Industrieunfällen von 1992[9] und das Übereinkommen über den Zugang zu Informationen, die Öffentlichkeitsbeteiligung bei Entscheidungsverfahren und den Zugang zu Gerichten in Umweltangelegenheiten von 1998.[10]

Die ECE befaßte sich ab Anfang der achtziger Jahre, vor allem auf regionaler Ebene, mit der UVP.[11] 1983 beschlossen die "Senior Advisers to ECE Governments on Environmental Problems", eine Studie über die praktische Anwendung der UVP in den ECE-Mitgliedsländern anzufertigen, und veröffentlichten diese 1987.[12] 1987 entwickelte das Umweltprogramm der Vereinten Nationen (UNEP)[13] "Goals and Principles of Environmental Impact Assessment".[14] Schließlich wurde im April 1987 der Report der Weltkommission für Umwelt und Entwicklung (WCED), der sogenannten Brundtland-Kommission, veröffentlicht. Diese Kommission empfahl den Regierungen unter anderem, regionale und subregionale Kooperationsübereinkommen zum Schutz und zur

---

8 Übereinkommen vom 17.3.1992, Text in: 31 ILM (1993), S. 1312, in Kraft seit 6.10.1996.

9 Übereinkommen vom 17.3.1992, Text in: 31 ILM (1992), S. 1330, in Kraft seit 19.4.2000.

10 Übereinkommen vom 25.6.1998, Text in: W. E. Burhenne, Internationales Umweltrecht 998:48, noch nicht in Kraft (Stand: 1.11.2000). Das Übereinkommen wurde von vierzig ECE-Mitgliedstaaten unterzeichnet.

11 Vgl. P. Kunig, Nachbarrechtliche Staatenverpflichtungen bei Gefährdungen und Schädigungen der Umwelt, in: BerDGVR 32 (1992), S. 42; A. Eberhard, Das Konzept der deutschen Umweltverträglichkeitsprüfung im Lichte der Arbeit internationaler Organisationen, NuR 1991, S. 2; T. Bunge, Internationale und europäische Regeln über die Umweltverträglichkeitsprüfung - die Arbeiten der OECD, der EG, des UNEP und der ECE -, ZAU 1990, S. 364.

12 Economic Commission for Europe, Application of Environmental Impact Assessment: Highways and Dams (1987). Im Jahr 1990 veröffentlichte die ECE die Studie "Post-project analysis in environmental impact assessment", im Jahr 1992 die Studie "Application of Environmental Impact Assessment Principles to Policies, Plans and Programmes".

13 Zum UNEP vgl. P. Sand, Internationales Umweltrecht im Umweltprogramm der Vereinten Nationen, NuR 1985, S. 170.

14 UNEP/GC.14/17, Annex III, teilweise (nur die Prinzipien) in: EPL 17 (1987), S. 36 ff. Die EIA-Principles, wurden am 17.6.1987 vom UNEP-Verwaltungsrat durch Beschluß 14/25 angenommen, Text in: EPL 17 (1987), S. 155 ff.; vgl. zu den UNEP EIA Principles J. E. Bonine, UNEP: Environmental Impact Assessment - Principles developed, EPL 17 (1987), S. 5 ff.

nachhaltigen Nutzung grenzüberschreitender ökologischer Systeme zu entwickeln.[15] In Anbetracht dieser Entwicklungen veranstaltete die ECE im September 1987 in Warschau ein Seminar zu Fragen der UVP.[16] Im Rahmen des Seminars wurde festgestellt, daß im Falle grenzüberschreitender Auswirkungen von Projekten die Zusammenarbeit verbessert werden müsse.[17] Den "Senior Advisers to ECE Governments on Environmental Problems" wurde als Ergebnis dieses Seminars empfohlen, ein Rahmenabkommen über die Umweltverträglichkeitsprüfung im grenzüberschreitenden Rahmen zu entwickeln.[18] Im Oktober 1988 begannen die konkreten Beratungen einer eigens hierfür eingesetzten ad-hoc Arbeitsgruppe.[19] Die endgültige Fassung des Übereinkommens wurde auf insgesamt sechs Treffen der Arbeitsgruppe zwischen Oktober 1988 und September 1990 ausgearbeitet.[20] Die Arbeiten der ECE an dem Übereinkommen waren inhaltlich beeinflußt von dem US-amerikanischen UVP-Modell des NEPA und der UVP-Richtlinie der EG, wobei die EG federführend an der Entwicklung des Übereinkommens beteiligt war.[21]

---

15 World Commission on Environment and Development (WCED), Our Common Future (1987), S. 315 f.

16 Vgl. auch die Präambel des Espoo-Übereinkommens, 8. Erwägungsgrund.

17 Vgl. E. Mayer-Rutz, Das Übereinkommen der ECE über die Umweltverträglichkeitsprüfung im grenzüberschreitenden Rahmen, UVP-report 1992, S. 68; M. Bothe/L. Gündling (Anm. 2), S. 178.

18 Vgl. R. G. Conelly, The United Nations Convention on Environmental Impact Assessment in a Transboundary Context (The Espoo Convention), A Historical Perspective, Paper for the Seminar on The History, Effectiveness and Practical Application of the UN ECE Convention on Environmental Impact Assessment in a Transboundary Context, held on May 16, 1998 in Oslo, Norway, S. 10. Die Empfehlung an die Senior Advisers lautete danach, (to) "develop a framework agreement on environmental impact assessment in a transboundary context aimed at enhancing international cooperation in this field and providing guidance - taking into account national sovereignty over natural resources - to member governments when formulating, revising and applying bilateral or multilateral treaties or agreements, taking into account the UNEP Goals and Principles of environmental impact assessment."

19 Vgl. M. Ritter, Umweltverträglichkeitsprüfung und konzentriertes Genehmigungsverfahren nach dem UVP-G (1995), S. 129 Fußnote 343; E. Mayer-Rutz (Anm. 17), S. 68; A. Eberhardt (Anm. 11), S. 2.

20 Vgl. die Dokumente ECE, Senior Advisers to ECE Governments on Environmental and Water Problems vom 27.10.1988, UN-Doc. ENVWA/AC.3/2, vom 26.5.1989, UN-Doc. ENVWA/AC.3/4, vom 19.12.1989, UN-Doc. ENVWA/AC.3/6, vom 23.2.1990, UN-Doc. ENVWA/AC.3/8, vom 28.6.1990, UN-Doc. ENVWA/AC.3/10 und vom 15.10.1990, UN-Doc. ENVWA/AC.3/12.

21 Vgl. M. Ritter (Anm. 19), S. 130.

2. Ausarbeitung durch eine ad-hoc Arbeitsgruppe

Anhand der vom ECE-Sekretariat vorbereiteten "Elemente für den Entwurf eines Rahmenabkommens über die Umweltverträglichkeitsprüfung im grenzüberschreitenden Rahmen" diskutierte die Arbeitsgruppe auf ihrem ersten Treffen im Oktober 1988 in Genf, ob das Übereinkommen rechtlich bindend sein sollte, ob es als Rahmenabkommen konzipiert werden sollte, das durch bi- oder multilaterale Abkommen umgesetzt werden muß, oder als eigenständiges Abkommen, ob Voraussetzung sein sollte, daß in den Parteien UVP-Verfahren existieren, ob UVP und Nachkontrolle gemeinschaftlich von der Partei, auf deren Hoheitsgebiet das Projekt geplant wird, und der betroffenen Partei durchgeführt werden sollten, ob sich die Anwendung des Übereinkommens nur auf Projekte oder auch auf Pläne und Programme beziehen sollte. Sie erörterte ferner, ob Konsultationen mit der anderen Partei obligatorisch sein sollten, und diskutierte die Rolle der Öffentlichkeit sowie das Problem der Bestimmung der Erheblichkeit der voraussichtlichen Umweltauswirkungen. Einigkeit bestand darüber, daß Regelungen über Streitbeilegungsmöglichkeiten in das Übereinkommen aufgenommen werden sollten.[22]

Auf dem zweiten Treffen im Mai 1989 in Genf beschloß die Arbeitsgruppe, den Anwendungsbereich des Übereinkommens durch eine Liste von bestimmten Projekten mit voraussichtlich erheblichen Umweltauswirkungen zu bestimmen. Es bestand innerhalb der ad-hoc Arbeitsgruppe aber darüber Konsens, daß das Übereinkommen auch auf Projekte Anwendung finden sollte, die nicht in der Liste enthalten sind. Bei entsprechender Einigung der Parteien sollten solche Projekte so behandelt werden, als wären sie in der Liste enthalten. Endgültige Regelungen beschloß die Arbeitsgruppe noch nicht. Die Arbeitsgruppe diskutierte während dieses Treffens auch die Frage der Beteiligung der Öffentlichkeit der betroffenen Partei. Dabei ging es insbesondere darum, ob die Öffentlichkeit der betroffenen Partei wie die Öffentlichkeit der Ursprungspartei behandelt werden sollte. Dieser Punkt blieb Diskussionsstoff bis zum letzten Treffen der Arbeitsgruppe. Ferner besprach die Arbeitsgruppe die Verpflichtung der Ursprungspartei, das Ergebnis der UVP bei der endgültigen Entscheidung zu berücksichtigen. Es wurde auch vorgeschlagen, daß für den Fall, daß sich bei der UVP erhebliche Umweltauswirkungen des Projekts ergeben sollten, die Durchführung des Projekts unzulässig sein sollte. Diese Idee wurde jedoch in

---

22 Vgl. R. G. Conelly (Anm. 18), S. 11-13; vgl. hierzu auch den Report der Arbeitsgruppe über das erste Treffen: ECE, Senior Advisers to ECE Governments on Environmental and Water Problems, 27.10.1988, UN-Doc. ENVWA/AC.3/2 mit den vorläufigen Elementen für den Entwurf des Rahmenabkommens über die UVP im grenzüberschreitenden Rahmen als Anhang.

den nachfolgenden Treffen aufgegeben und taucht in der endgültigen Fassung nicht mehr auf. Die Arbeitsgruppe erkannte weiter die Wichtigkeit des Konzepts der Nachkontrolle an. Sie legte jedoch noch nicht fest, unter welchen Voraussetzungen die Nachkontrolle durchgeführt werden sollte. Weiterhin versuchte sie den Inhalt der bi- und multilateralen Übereinkommen, mit denen das Übereinkommen umgesetzt werden sollte, zu definieren. Endgültige Regelungen wurden jedoch noch nicht verabschiedet.[23]

Beim dritten Treffen der Arbeitsgruppe im November/Dezember 1989, das als einziges Treffen nicht in Genf, sondern in Den Haag abgehalten wurde, machte die Arbeitsgruppe maßgebliche Fortschritte im Hinblick auf die Hauptprinzipien und den Text des Übereinkommens. Auf diesem Treffen beschloß sie, das Übereinkommen nicht als bloßes Rahmenabkommen zu konzipieren, das die Parteien durch bi- und multilaterale Übereinkommen umsetzen müssen, sondern als ein unmittelbar anwendbares Übereinkommen. Die Arbeitsgruppe beschloß aber, daß die Möglichkeit der Umsetzung durch bi- und multilaterale Verträge bestehen bleiben sollte. Jedoch verloren die Regelungen über den Inhalt der bi- und multilateralen Übereinkommen an Bedeutung. Die Arbeitsgruppe übernahm sie in einen Anhang. Auf diesem Treffen entschied sich die Arbeitsgruppe auch dafür, das Übereinkommen so zu konzipieren, daß Länder, in denen noch keine nationalen UVP-Verfahren existieren, Parteien des Übereinkommens werden können. So sollte die Akzeptanz des Übereinkommens auch in diesen Staaten erreicht werden. Während des dritten Treffens machte die Arbeitsgruppe auch Fortschritte im Hinblick auf die Entwicklung der Projektliste. Dabei war man sich einig, daß das Übereinkommen auf bestimmte Aktivitäten mit voraussichtlich erheblichen grenzüberschreitenden Auswirkungen Anwendung finden sollte. Diese Projekte sollten in einen Anhang zu dem Übereinkommen aufgenommen werden. Weiter sollte das Übereinkommen auch auf Aktivitäten Anwendung finden, bei denen sich die Parteien aufgrund der voraussichtlichen erheblichen grenzüberschreitenden Auswirkungen im Einzelfall auf die Anwendung des Übereinkommens einigen. Zur Unterstützung der Parteien bei der Bestimmung der erheblichen grenzüberschreitenden Auswirkungen entwickelte die Arbeitsgruppe bestimmte Kriterien. Sie nahm bei dem Treffen Regelungen zur Streitbeilegung in den Entwurf auf, so die Regelungen zur Streitbeilegung durch Verhandlung, durch andere von den Parteien akzeptierte Mittel, durch die Möglichkeit, sich der Gerichtsbarkeit des IGH zu unterwerfen, und durch

---

23 Vgl. R. G. Conelly (Anm. 18), S. 13-15; vgl. hierzu auch den Report der Arbeitsgruppe über das zweite Treffen: ECE, Senior Advisers to ECE Governments on Environmental and Water Problems, 26.5.1989, UN-Doc. ENVWA/AC.3/4 mit den vorläufigen Elementen für den Entwurf des Rahmenabkommens über die UVP im grenzüberschreitenden Rahmen als Anhang.

Durchführung eines Schiedsverfahrens. Die Regelung des Schiedsverfahrens fand Aufnahme in einen weiteren Anhang des Übereinkommens. Zusätzlich schlug man ein Verfahren zur Änderung des Übereinkommens vor.[24]

Beim vierten Treffen der Arbeitsgruppe im Februar 1990 in Genf kam in der Arbeitsgruppe die Idee auf, ein Untersuchungsverfahren einzuführen, um die Erheblichkeit von Umweltauswirkungen eines Projekts bei Uneinigkeit der Parteien zu bestimmen. Die Arbeitsgruppe war der Ansicht, daß es bei Bestimmung der Erheblichkeit der Umweltauswirkungen eines Projekts am häufigsten zu Streit zwischen den Parteien kommen würde. Die Frage, ob das Untersuchungsverfahren ein besseres Mittel als das Schiedsverfahren oder die Anrufung des IGH sei, wurde aufgeworfen, jedoch noch nicht diskutiert. Während dieses Treffens diskutierte die Arbeitsgruppe die Rolle des Sekretariats. Die Einrichtung eines eigenen Sekretariats sah sie als überflüssig an. Statt dessen beschloß sie, daß das ECE-Sekretariat diese Funktion übernehmen sollte. Weiter besprach man die Hauptziele und -funktionen der Konferenzen der Parteien. Die Arbeitsgruppe einigte sich darauf, daß die erste Konferenz ein Jahr nach Inkrafttreten des Übereinkommens stattfinden sollte. Auch beschloß sie, daß das Übereinkommen in Kraft treten sollte, wenn 16 Länder ihre Ratifikationsinstrumente bei der UN hinterlegt haben.[25]

Beim fünften Treffen der Arbeitsgruppe im Juni 1990 in Genf wurden Fortschritte in bezug auf die Definitionen gemacht. Von der Aufnahme der Definition des sogenannten "Scoping" hatte die Arbeitsgruppe schon während ihres vierten Treffens abgesehen, da im Übereinkommen das Scoping-Verfahren nicht geregelt werden sollte.[26] Die Arbeitsgruppe beschloß, die Parteien dazu aufzufordern, die UVP auch auf Maßnahmen, Pläne und Programme anzuwenden. Diese Formulierung sollte der Anstoß für zukünftige Arbeiten der ECE sein. Die Arbeitsgruppe einigte sich auf diesem Treffen darauf, daß die Ergeb-

---

24 Vgl. R. G. Conelly (Anm. 18), S. 15-17, vgl. hierzu auch den Report der Arbeitsgruppe über das dritte Treffen: ECE, Senior Advisers to ECE Governments on Environmental and Water Problems, 19.12.1989, UN-Doc. ENVWA/AC.3/6 mit dem Entwurf des Übereinkommens über die UVP im grenzüberschreitenden Rahmen im Anhang.

25 Vgl. R. G. Conelly (Anm. 18), S. 17-18; vgl. hierzu auch den Report der Arbeitsgruppe über das vierte Treffen: ECE, Senior Advisers to ECE Governments on Environmental and Water Problems, 23.2.1990, UN-Doc. ENVWA/AC.3/8 mit den Änderungen des Entwurfs der Konvention über die UVP im grenzüberschreitenden Rahmen im Anhang.

26 Im Rahmen des Scoping-Verfahrens legen die zuständige Behörde und der Projektträger fest, was bei der UVP in welcher Weise zu untersuchen ist, also die Reichweite ("scope") der Untersuchung.

nisse der UVP im Rahmen der endgültigen Entscheidung über das Projekt von der zuständigen Behörde zu berücksichtigen sind. Sie beschloß, zusätzlich aufzunehmen, daß eine Partei der anderen Partei Informationen über erhebliche grenzüberschreitende Umweltauswirkungen zu übermitteln hat, die nach der Entscheidung über das geplante Projekt, aber noch vor seiner Ausführung bekannt werden. Die Arbeitsgruppe führte diese Regelung zusammen mit dem Erfordernis ein, daß in diesem Fall auf Ersuchen einer Partei Konsultationen darüber aufzunehmen sind, ob die Entscheidung revidiert werden muß.[27]

Bei ihrem sechsten Treffen in Genf im September 1990 verabschiedete die Arbeitsgruppe die umstrittenste Definition, nämlich die der "Auswirkung". Sie faßte die Definition sehr weit und bezog Auswirkungen auf die natürliche und auf die vom Menschen geschaffene Umwelt (z.B. Bauwerke) wie auch auf die Gesundheit sowie Auswirkungen auf das kulturelle Erbe und sozioökonomische Gegebenheiten ein. Während dieses Treffens beschloß die Arbeitsgruppe, in das Übereinkommen die Regelung aufzunehmen, daß eine Partei, die der Auffassung ist, von einer Aktivität betroffen zu sein, aber nicht benachrichtigt wurde, die Durchführung von Konsultationen und die Einleitung des Untersuchungsverfahrens verlangen kann, um so eine Entscheidung über die Erheblichkeit der Umweltauswirkungen herbeizuführen. Auch einigte sich die Arbeitsgruppe beim sechsten Treffen darauf, die Regelung über den Ausschluß von Vorbehalten aus dem Entwurf herauszunehmen, so daß nun Vorbehalte zulässig sind. Die Arbeitsgruppe verabschiedete auf diesem Treffen schließlich den endgültigen Text des Übereinkommens.[28]

3. Unterzeichnung, Parteien und Inkrafttreten

Das Übereinkommen wurde am 25.2.1991 von den "Senior Advisers to ECE Governments on Environmental and Water Problems" anläßlich einer Sitzung in Espoo bei Helsinki, Finnland - daher der Name des Übereinkommens - ange-

---

27 Vgl. R. G. Conelly (Anm. 18), S. 19; vgl. hierzu auch den Report der Arbeitsgruppe über das fünfte Treffen: ECE, Senior Advisers to ECE Governments on Environmental and Water Problems, 28.6.1990, UN-Doc. ENVWA/AC.3/10 mit den Änderungen des Entwurfs der Konvention über die Umweltverträglichkeitsprüfung im grenzüberschreitenden Rahmen im Anhang.

28 Vgl. R. G. Conelly (Anm. 18), S. 20; vgl. hierzu auch den Bericht der Arbeitsgruppe über das sechste Treffen, ECE, Senior Advisers to ECE Governments on Environmental and Water Problems, 15.10.1990, UN-Doc. ENVWA/AC.3/12.

nommen.[29] Gemäß Art. 16 stand das Espoo-Übereinkommen vom 25.2.1991 bis zum 2.9.1991 den Mitgliedstaaten der ECE, den Staaten, die den Status beratender Mitglieder bei der ECE haben, und regionalen Wirtschaftszusammenschlüssen, die von souveränen Mitgliedstaaten der ECE gegründet wurden, zur Unterzeichnung offen.[30] Bis zum 2.9.1991 wurde es von 29 ECE-Mitgliedstaaten, darunter den damals 12 Mitgliedstaaten der Europäischen Gemeinschaft, und der Europäischen Gemeinschaft selbst unterzeichnet.[31] Zum Beitritt zu dem Übereinkommen sind nach Art. 17 seit 3.9.1991 die in Art. 16 Espoo-Übereinkommen genannten Staaten und Wirtschaftszusammenschlüsse berechtigt.[32] Nach dieser Vorschrift traten am 4.1.1994 die Republik Moldau, am 16.9.1996 die Schweiz, am 8.7.1996 Kroatien, am 5.8.1996 Slowenien, am 21.2.1997 Armenien, am 31.8.1998 Litauen, am 9.7.1998 Liechtenstein, am 25.2.1999 Aserbaidschan, am 31.8.1999 Mazedonien und am 2.7.2000 Zypern bei.[33] Das Übereinkommen beansprucht damit Anwendung für den gesamten europäischen Raum sowie in den USA und Kanada.

Die Unterzeichnerstaaten der Konvention beschlossen in einer Resolution vom 25.2.1991, die baldmöglichste Inkraftsetzung des Übereinkommens anzustreben und sich darum zu bemühen, das Übereinkommen schon vor seinem Inkrafttreten in größtmöglichem Umfang durchzuführen.[34] Damit gaben sie ihrer Entschlossenheit Ausdruck, das Übereinkommen bis zu dessen Inkrafttreten

---

29 Das Übereinkommen ist abgedruckt in ILM 30 (1991), S. 800; in deutscher Übersetzung in ABl. EG vom 24.4.1992, C 104, S. 8. Nach Art. 20 ist aber nur der englische, russische und französische Wortlaut des Übereinkommens verbindlich.

30 Die ECE hat derzeit 55 Mitgliedstaaten (Stand: 1.11.2000).

31 Vgl. ECE, Senior Advisers to ECE Governments on Environmental and Water Problems, 18.3.1991, UN-Doc. ECE/ENVWA/18, S. 31 (Annex VI Nr. 1). Das Übereinkommen wurde am 25./26.2.1991 von folgenden Staaten unterzeichnet: Albanien, Belgien, Bulgarien, Dänemark, Deutschland, Finnland, Frankreich, Griechenland, Island, Italien, Kanada, Luxemburg, Niederlande, Norwegen, Österreich, Polen, Portugal, Rumänien, Schweden, Spanien, Ukraine, Ungarn, Vereingte Staaten, Großbritannien und Weißrußland. Am 27.2.1991 unterzeichnete Irland das Übereinkommen, am 6.6.1991 die Russische Föderation und am 30.8.1991 die Tschechoslowakei. Im Wege der Staatensukzession wurden am 28.5.1993 die Slowakei und am 30.9.1993 Tschechien Unterzeichner des Übereinkommens.

32 Gemäß Art. 16 sind die Mitgliedsstaaten der ECE, Staaten mit Konsultativstatus bei der ECE und regionale Organisationen zur wirtschaftlichen Integration zur Unterzeichnung eingeladen.

33 Stand: 1.11.2000.

34 ECE, Senior Advisers to ECE Governments on Environmental and Water Problems, 11.3.1991, UN-Doc. ECE/ENVWA/19.

freiwillig anzuwenden. In den Jahren 1991, 1992, 1994 und 1995 fanden vier Tagungen der Signatarstaaten der Konvention statt, die allen ECE-Mitgliedstaaten offenstanden. Auf diesen Tagungen nahmen die Teilnehmer die Schritte der Unterzeichnerstaaten zur Umsetzung des Übereinkommens vor Inkrafttreten zur Kenntnis und behandelten rechtliche, administrative und methodische Aspekte der praktischen Anwendung des Übereinkommens.[35] Eine 1996 veröffentlichte Studie der ECE mit dem Titel "Current Policies and Aspects of Environmental Impact Assessment in a Transboundary Context" befaßt sich mit verschiedenen Aspekten des Espoo-Übereinkommens. Die Studie präsentiert den Wissensstand bis Mitte 1995 und soll die Parteien bei der Durchführung des Übereinkommens unterstützen.[36]

Das Übereinkommen ist gemäß Art. 18 Abs. 1 nach Hinterlegung der 16. Ratifikations-, Annahme-, Genehmigungs- oder Beitrittsurkunde am 10.9.1997 in Kraft getreten. Bisher haben 29 Staaten[37] sowie die Europäische Gemeinschaft ihre jeweiligen Urkunden beim Generalsekretär der Vereinten Nationen hinterlegt. Eine erste Konferenz der Vertragsparteien fand vom 18. bis zum 20.5.1998 in Oslo statt. Dort begrüßten die Parteien das Inkrafttreten des Übereinkommens und betonten, daß die UVP einen wichtigen Beitrag zu einer nachhaltigen Entwicklung leistet. Auf der Konferenz wurde eine Arbeitsgruppe zur UVP eingerichtet. Diese soll die Parteien bei der Implementierung des Übereinkommens unterstützen.

---

35 W. Schrage, Die ECE-Konvention über die Umweltverträglichkeitsprüfung im grenzüberschreitenden Zusammenhang, in: P.-C. Storm/T. Bunge, HdUVP, Kennziffer 1905 (Stand: 2000), S. 13 ff.

36 Economic Commission for Europe, Current Policies, Strategies and Aspects of Environmental Impact Assessment in a Transboundary Context (1996), S. vi. Die Studie besteht aus vier Teilen: Der erste Teil befaßt sich mit der praktischen Durchführung des Übereinkommens, der zweite Teil mit rechtlichen und administrativen Aspekten der praktischen Anwendung des Übereinkommens, der dritte Teil mit spezifischen methodologischen Aspekten des Übereinkommens und der vierte Teil mit der bilateralen und multilateralen Kooperation bei der grenzüberschreitenden UVP. Die ECE hat im Jahr 1998 noch einen allgemeinen Ratgeber mit dem Titel "Economic Commission for Europe, Protecting our Environment, How environmental impact assessment can help" herausgegeben, der über die UVP und insbesondere über das Espoo-Übereinkommen informieren soll.

37 Albanien, Armenien, Aserbaidschan, Österreich, Belgien, Bulgarien, Kanada, Kroatien, Dänemark, Finnland, Griechenland, Ungarn, Italien, Liechtenstein, Litauen, Luxemburg, Niederlande, Norwegen, Polen, Republik Moldau, Mazedonien, Slowenien, Slowakei, Spanien, Schweden, Schweiz, Ukraine, Großbritannien, Zypern (Stand: 1.11.2000).

II. Aufbau und Inhalt des Espoo-Übereinkommens

Das Übereinkommen besteht aus einer Präambel und 20 Artikeln, die von sieben Anhängen ergänzt werden.

1. Präambel

Die Präambel spricht die Wechselwirkungen zwischen wirtschaftlichen Aktivitäten und ihren Umweltfolgen[38] sowie die Notwendigkeit an, Umweltfaktoren frühzeitig bei der Entscheidungsfindung zu berücksichtigen.[39] Die internationale Zusammenarbeit bei der UVP soll durch das Espoo-Übereinkommen gefördert[40] und die UVP als ein Mittel benutzt werden, um die Informationsbasis der Entscheidungsträger zu verbessern.[41] In der Präambel betonen die Parteien auch, daß es notwendig und wichtig ist, Vorsorgemaßnahmen zu treffen sowie erhebliche nachteilige Umweltauswirkungen zu vermeiden, zu vermindern und zu überwachen.[42] Hingewiesen wird schließlich auf die Bemühungen internationaler Organisationen, die Anwendung der UVP auf nationaler und internationaler Ebene zu fördern, insbesondere auf die vom Verwaltungsrat des UN-Umweltprogramms (UNEP) verabschiedeten Ziele und Grundsätze für die Umweltverträglichkeitsprüfung[43] und die im Mai 1990 auf der zur Vorbereitung Rio-Konferenz von der ECE durchgeführten Regionaltagung in Bergen verabschiedete Erklärung.[44]

---

38 1. Erwägungsgrund.

39 7. Erwägungsgrund.

40 3. Erwägungsgrund.

41 7. Erwägungsgrund.

42 4. Erwägungsgrund

43 8. Erwägungsgrund.

44 Bergen Ministerial Declaration on Sustainable Development in the ECE-Region, 16. May 1990, Text in: EPL 20 (1990), S. 100 ff. Die Erklärung betont vor allem die Notwendigkeit einer nachhaltigen Entwicklung.

2. Art. 1 - Definitionen

Art. 1 des Übereinkommens enthält insgesamt zehn Definitionen. Definiert werden in Art. 1 die Begriffe "Parteien" (Nr. 1), "Ursprungspartei" (Nr. 2), "betroffene Partei" (Nr. 3), "beteiligte Parteien" (Nr. 4), "geplantes Projekt" (Nr. 5), "Umweltverträglichkeitsprüfung" (Nr. 6), "Auswirkung" (Nr. 7), "grenzüberschreitende Auswirkung" (Nr. 8), "zuständige Behörde" (Nr. 9) und "die Öffentlichkeit" (Nr. 10).[45]

3. Art. 2 - Allgemeine Bestimmungen

Art. 2 Abs. 1 regelt, daß die Parteien alle zweckmäßigen und wirksamen Maßnahmen zur Vermeidung, Verminderung und Überwachung erheblicher grenzüberschreitender nachteiliger Auswirkungen eines geplanten Projekts zu ergreifen haben. Art. 2 Abs. 2 verpflichtet die Parteien zur Ergreifung der erforderlichen rechtlichen, administrativen und sonstigen Maßnahmen zur Durchführung des Übereinkommens. Dazu gehört nach Art. 2 Abs. 2 die Schaffung eines UVP-Verfahrens für die in Anhang I des Übereinkommens angeführten Projekte, die erhebliche grenzüberschreitende Umweltauswirkungen zur Folge haben können, das eine Beteiligung der Öffentlichkeit sowie die Ausarbeitung der in Anhang II des Übereinkommens beschriebenen Dokumentation zur UVP ermöglicht. Aus dieser Regelung ergibt sich unter Berücksichtigung der Entstehungsgeschichte des Übereinkommens, daß das Übereinkommen nicht voraussetzt, daß in den Parteien bereits UVP-Verfahren existieren oder bestehende UVP-Verfahren den Standards des Espoo-Übereinkommens entsprechen.

Art. 2 Abs. 3 regelt, daß die Ursprungspartei sicherstellen muß, daß die UVP durchgeführt wird, bevor über die Genehmigung oder Durchführung eines in Anhang I angeführten Projekts entschieden wird. Nach Art. 2 Abs. 4 hat die Ursprungspartei ferner sicherzustellen, daß die betroffenen Parteien von einem in Anhang I angeführten geplanten Projekt mit voraussichtlich erheblichen grenzüberschreitenden Auswirkungen in Kenntnis gesetzt werden. Die Benachrichtigung der betroffenen Parteien wird in dem Übereinkommen in ihren Einzelheiten in Art. 3 geregelt.[46] Über die in Anhang I angeführten Projekte hinaus können die Parteien gemäß Art. 2 Abs. 5 vereinbaren, das Übereinkom-

---

45 Vgl. auch Kapitel C III. 1. a).

46 Vgl. hierzu Kapitel C II. 3.

men auch auf Vorhaben anzuwenden, die nicht in Anhang I enthalten sind, bei denen aber eine erhebliche grenzüberschreitende Beeinträchtigung der Umwelt zu erwarten ist. Nach Art. 2 Abs. 6 muß die planende Partei ihre Öffentlichkeit am UVP-Verfahren beteiligen und sicherstellen, daß die ausländische Öffentlichkeit gleichwertige Möglichkeiten zur Mitwirkung an der UVP erhält wie die eigene Öffentlichkeit. Einzelheiten der Öffentlichkeitsbeteiligung der betroffenen Partei regelt das Übereinkommen in Art. 3 Abs. 8 und Art. 4 Abs. 2.[47] Das Übereinkommen bezieht sich nach Art. 2 Abs. 7 auf die UVP, die im Rahmen der Projektplanungsphase durchgeführt wird. Es fordert die Parteien in Art. 2 Abs. 7 auf, die Grundsätze der UVP auch auf Maßnahmen, Pläne und Programme anzuwenden.[48] Art. 2 Abs. 8 ermöglicht es den Parteien, Gesetze, Verordnungen, Verwaltungsvorschriften oder geltende Rechtspraktiken zum Schutz von Informationen anzuwenden, deren Weitergabe der Wahrung von Betriebs- und Geschäftsgeheimnissen oder der nationalen Sicherheit abträglich wäre. Nach Art. 2 Abs. 9 berührt das Übereinkommen nicht das Recht einzelner Parteien, durch bi- oder multilaterale Übereinkommen strengere als die in diesem Übereinkommen festgelegten Maßnahmen zu ergreifen, soweit dies zweckmäßig ist. Schließlich berührt das Übereinkommen nach Art. 2 Abs. 10 nicht die völkerrechtlichen Verpflichtungen der Parteien in bezug auf Projekte, die grenzüberschreitende Auswirkungen haben oder wahrscheinlich haben werden.

4. Art. 3 bis 7 - Verpflichtungen der Parteien

Das Übereinkommen regelt in den nachfolgenden Artikeln die Verpflichtungen der Parteien im einzelnen. Gemäß Art. 3 Abs. 1, Abs. 2, Abs. 4 ist die betroffene Partei frühzeitig mittels geeigneter Unterlagen über das Vorhaben und seine möglichen Umweltauswirkungen zu informieren. Für den Fall, daß eine Partei

---

47 Vgl. hierzu Kapitel C II. 3.

48 Die Anwendung der UVP auf Maßnahmen, Pläne und Programme ist heute ein zentrales Thema der Diskussion. Die Kommission der Europäischen Gemeinschaft hat nunmehr einen Vorschlag einer Richtlinie des Rates über die Prüfung der Umweltauswirkungen bestimmter Pläne und Programme vorgelegt, die für die innerstaatliche Raumordnung maßgeblich sind; vgl. Vorschlag der Kommission vom 4.12.1996 für eine Richtlinie des Rates über die Prüfung der Umweltauswirkungen bestimmter Pläne und Programme, ABl. EG vom 25.4.1997, C 129, S. 14. Dieser Vorschlag wurde inzwischen nach Anhörung des Europäischen Parlaments geändert; vgl. geänderter Vorschlag für eine Richtlinie des Rates über die Prüfung der Umweltauswirkungen bestimmter Pläne und Programme, ABl. EG 25.3.1999, C 83, S. 13 ff.

nicht informiert wurde, kann sie nach Art. 3 Abs. 7 einen Informationsaustausch verlangen. Darüber hinaus kann nach Art. 3 Abs. 7 bei Streitigkeiten zwischen den Parteien darüber, ob ein Projekt erhebliche grenzüberschreitende Umweltauswirkungen haben wird, eine Untersuchungskommission eingeschaltet werden, die diese Frage klärt. Die Öffentlichkeit und die Behörden der betroffenen Partei sind bei der Untersuchung und der Bewertung der Umweltauswirkungen einzubeziehen (Art. 3 Abs. 8, Art. 4 Abs. 2). Die zu erstellende Dokumentation zur UVP ist an den betroffenen Staat zu übersenden, der die Verteilung der Dokumentation an die eigenen Behörden und die Öffentlichkeit zu veranlassen hat (Art. 4 Abs. 2). Nach Art. 5 sind Konsultationen über Vorhabensalternativen und Maßnahmen zur Minderung der Umweltauswirkungen mit dem betroffenen Staat aufzunehmen. Schließlich muß die getroffene endgültige Entscheidung des verursachenden Staats unter Beifügung der zugrundeliegenden Erörterungen und Gründe an den betroffenen Staat übersandt werden (Art. 6 Abs. 1 und Abs. 2). Nach Realisierung des Vorhabens ist eine Nachkontrolle durchzuführen (Art. 7 i.V.m. Anhang V).[49]

5. Art. 8 bis 11 - Durchführung und Überwachung der Durchführung

Das Übereinkommen enthält in Art. 8 die Erlaubnis, das Übereinkommen durch bestehende oder neue bi-, multilaterale oder sonstige Vereinbarungen, in denen beispielsweise Grenz- und Schwellenwerte festgelegt werden können, durchzuführen.[50] Art. 9 empfiehlt den Parteien ohne rechtliche Verpflichtung die Einführung und Intensivierung von Forschungsprogrammen. Sofern Forschungsprogramme bestehen, sind die Parteien unter anderem verpflichtet, Ergebnisse auszutauschen, um zu einer Weiterentwicklung der UVP beizutragen. Die Parteien kommen nach Art. 11 Abs. 1 nach Möglichkeit jährlich zu einer Konferenz zusammen, können sich allerdings auf längere Abstände einigen. Von dieser Möglichkeit haben die Parteien Gebrauch gemacht und die zweite Konferenz der Parteien erst für den 26. bis 27. Februar 2001 in Sofia anberaumt.[51] Auf Antrag einer Partei ist eine Konferenz einzuberufen, wenn dieser Antrag innerhalb von sechs Monaten seit seiner Übermittlung an das Sekretariat von mindestens einem Drittel der Parteien befürwortet wird. Nach Art. 11 Abs. 2 überprüfen die Parteien ständig die Durchführung des Übereinkommens. Zu diesem Zweck müssen sie unter anderem die von ihnen ergriffe-

---

49 Vgl. zu den Verpflichtungen der Parteien näher Kapitel C IV. 1. bis 6.

50 Vgl. Kapitel F.

51 Stand: 1.11.2000.

nen Maßnahmen und methodischen Konzepte überprüfen und Informationen über Erfahrungen mit dem Abschluß und der Durchführung völkerrechtlicher Übereinkommen über die Anwendung der UVP im grenzüberschreitenden Rahmen, denen eine oder mehrere Parteien beigetreten sind, austauschen. Dem Übereinkommen fehlen jedoch Regelungen über detaillierte Berichtspflichten der Parteien etwa gegenüber dem Sekretariat oder der Vertragsstaatenkonferenz, wie sie z.B. im Wiener Übereinkommen zum Schutz der Ozonschicht von 1985 zu finden sind.[52]

6. Art. 12 - Stimmrecht der Parteien

Das Stimmrecht der Parteien ist in Art. 12 geregelt. Nach Art. 12 Abs. 1 hat jede Partei des Übereinkommens eine Stimme. Nach Art. 12 Abs. 2 entspricht das Stimmrecht der regionalen Wirtschaftszusammenschlüsse der Zahl ihrer Mitgliedstaaten, die Partei des Übereinkommens sind. Die Wirtschaftszusammenschlüsse üben ihr Stimmrecht jedoch nicht aus, wenn ihre Mitgliedstaaten jeweils für sich das Stimmrecht wahrnehmen und umgekehrt.

7. Art. 13 - Sekretariat

Gemäß Art. 13 Espoo-Übereinkommen nimmt der Exekutivsekretär der ECE die Sekretariatsaufgaben wahr, zu denen die Einberufung und Vorbereitung der Konferenzen der Parteien, die Weitergabe von entsprechend dem Übereinkommen übermittelten Berichten und Informationen an die Parteien und die Wahrnehmung sonstiger Aufgaben gehören.

8. Art. 14 - Verfahren zur Änderung von Vorschriften des Übereinkommens

Art. 14 betrifft das Verfahren zur Änderung der Vorschriften des Übereinkommens. Nach Art. 14 Abs. 3 kann eine Änderung des Übereinkommens mit

---

52 Vgl. Art. 5 Wiener Ozon-Übereinkommen, Text in: 26 ILM 1987, S. 1516 ff., in Kraft seit 22.9.1988; die Parteien sollen nach dieser Vorschrift dem Sekretariat Informationen über die von ihnen zur Durchführung des Übereinkommens und etwaiger Protokolle getroffenen Maßnahmen übermitteln; vgl. dazu auch H. E. Ott, Umweltregime im Völkerrecht (1998), S. 224 ff.

Dreiviertel-Mehrheit angenommen werden. Allerdings tritt eine solche Änderung nur für die Parteien in Kraft, die sie ratifiziert, genehmigt oder angenommen haben. Mit dieser Regelung wird das schwerfällige Einstimmigkeitsprinzip vermieden, die Souveränität der Vertragsparteien jedoch respektiert.

9. Art. 15 - Regelungen zur Streitbeilegung

Fragen der Streitbeilegung regelt Art. 15. Nach Art. 15 Abs. 1 bemühen sich die Parteien bei Streitigkeiten über die Auslegung und Anwendung des Übereinkommens um eine Lösung auf dem Verhandlungswege oder mit anderen annehmbaren Mitteln zur Streitbeilegung. Nach Art. 15 Abs. 2 können die Parteien schriftlich gegenüber dem Depositar erklären, daß sie sich im Fall einer Streitigkeit, die nicht nach Art. 15 Abs. 1 beigelegt wird, der Gerichtsbarkeit des IGH unterwerfen. Die Parteien können zusätzlich oder alternativ das Schiedsverfahren nach Anhang VII als Mittel der Streitbeilegung anerkennen.

10. Art. 16 bis 20 - Organisatorische Belange

Art. 16 bis 20 regeln organisatorische Belange wie Beitritt, Inkrafttreten, Kündigung. Art. 16 bestimmt, wem das Übereinkommen zur Unterzeichnung offen steht. Dies sind die 55 ECE-Mitgliedstaaten und die Staaten, die den Status beratender Mitglieder bei der ECE haben, sowie die von ECE-Mitgliedstaaten gegründeten regionalen Wirtschaftszusammenschlüsse. Nach Art. 17 Abs. 1 bedarf das Übereinkommen der Ratifikation, Annahme oder Genehmigung der Unterzeichner. Der Beitritt steht nach Art. 17 Abs. 2 den in Art. 16 genannten Staaten und Wirtschaftszusammenschlüssen offen. Nach Art. 17 Abs. 3 sind die Ratifikations-, Annahme-, Genehmigungs- oder Beitrittsurkunden beim Generalsekretär der UN zu hinterlegen. Art. 17 Abs. 4 und Abs. 5 regeln die Verbindlichkeit des Übereinkommens für die genannten Wirtschaftszusammenschlüsse.[53] Art. 18 Abs. 1 regelt das Inkrafttreten des Übereinkommens nach Hinterlegung der sechzehnten Ratifikations-, Annahme-, Genehmigungs- oder Beitrittsurkunde, wobei nach Art. 18 Abs. 2 eine von einem regionalen Wirtschaftszusammenschluß hinterlegte Urkunde nicht zusätzlich zu den von seinen Mitgliedstaaten hinterlegten Urkunden gezählt wird. Nach Art. 19 kann eine Partei jederzeit nach einem Zeitraum von vier Jahren, nachdem das

---

53 Vgl. Kapitel E I. 3. zur Verbindlichkeit des Übereinkommens für die Europäische Gemeinschaft.

Übereinkommen für sie in Kraft getreten ist, durch eine schriftlich Mitteilung an die Verwahrstelle von dem Übereinkommen zurücktreten. Gemäß Art. 20 sind der englische, französische und russische Wortlaut des Übereinkommens gleichermaßen verbindlich.

11. Anhänge

Das Übereinkommen enthält sieben Anhänge, die nach Art. 10 Espoo-Übereinkommen Bestandteil des Übereinkommens sind. Anhang I enthält die Liste der Projekte, auf die das Übereinkommen Anwendung findet,[54] Anhang II regelt umfassend den Inhalt der UVP-Dokumentation[55] und Anhang III enthält Kriterien für die Festlegung der Umweltsignifikanz von Aktivitäten, die nicht in der Liste der Projekte in Anhang I enthalten sind.[56] Anhang IV regelt das bereits angesprochene Untersuchungsverfahren bei Streit über die Erheblichkeit der voraussichtlichen grenzüberschreitenden Umweltauswirkungen.[57] Anhang V zählt die Ziele der Nachkontrolle auf, nämlich die Kontrolle der Einhaltung der in der Genehmigung gestellten Bedingungen, die Beurteilung der Auswirkungen der Aktivität und die Überprüfung früherer Vorhersagen. Anhang VI regelt Bereiche für die bilaterale und multilaterale Zusammenarbeit, bleibt allerdings recht allgemein, da die Durchführung des Übereinkommens auf diese Weise nicht mehr von großer Bedeutung war, nachdem das Übereinkommen nicht, wie ursprünglich beabsichtigt, als Rahmenabkommen, sondern als unmittelbar anwendbares Übereinkommen konzipiert wurde.[58] Anhang VII beinhaltet Bestimmungen über das in Art. 15 Abs. 2 angesprochene Schiedsgerichtsverfahren bei Meinungsverschiedenheiten.

III. Anwendungsbereich des Espoo-Übereinkommens

Zunächst soll der Anwendungsbereich des Espoo-Übereinkommens definiert werden, d.h. es ist zu klären, wann die Parteien nach dem Übereinkommen

---

54 Vgl. dazu Kapitel C III. 1. a).

55 Vgl. dazu Kapitel C IV. 1. c).

56 Vgl. dazu Kapitel C III. 1 b).

57 Vgl. dazu Kapitel C III. 2 a).

58 Vgl. dazu Kapitel F.

rechtlich verpflichtet sind, eine bestimmte Aktivität nach den Vorgaben des Übereinkommens auf seine Umweltfolgen hin zu untersuchen.

Voraussetzung für die Entstehung der Verpflichtung zur Durchführung einer UVP nach dem Espoo-Übereinkommen ist zunächst, daß ein bestimmtes Projekt geplant ist, da die nach dem Übereinkommen erforderliche UVP grundsätzlich auf Projektebene durchzuführen ist.[59] Unter einem Projekt versteht das Übereinkommen dabei jedes Projekt oder jede größere Änderung eines Projekts, das der Entscheidung einer zuständigen Behörde nach dem jeweils geltenden innerstaatlichen Verfahren unterliegt.[60] Weiteres Kriterium dafür, ob eine UVP nach dem Übereinkommen durchzuführen ist oder nicht, ist die potentielle Erheblichkeit der Umweltauswirkungen des geplanten Projekts. Der Begriff der Erheblichkeit wird in Art. 1 nicht definiert.

1. Spezifizierung des Anwendungsbereichs

a) Anhang-I-Projekte

Zur Spezifizierung des Erheblichkeitsbegriffs enthält das Übereinkommen in Anhang I eine Liste von 17 Projekten, von denen angenommen wird, daß sie in der Regel erhebliche grenzüberschreitende Auswirkungen auf die Umwelt haben werden. Viele der aufgeführten Vorhaben sind klar durch die Angabe bestimmter Schwellenwerte definiert, z.B. Anlagen zur Vergasung und Verflüssigung von täglich mindestens 500 Tonnen Kohle (Nr. 1), Wärmekraftwerke mit einer Leistung von mindestens 3000 MW (Nr. 2), Anlagen zur Asbestförderung mit einer Jahresproduktion von mehr als 20.000 Tonnen (Nr. 3). Allerdings werden in Anhang I auch unpräzise Begriffe wie "größere", "große" und "integrierte" verwendet, um Schwellenwerte für Vorhaben anzugeben, z.B. größere Anlagen für das Erschmelzen von Gußeisen und Stahl (Nr. 3), integrierte chemische Anlagen (Nr. 6), Öl- und Gaspipelines großen Durchmessers (Nr. 8) sowie große Talsperren und Stauseen (Nr. 11). Den Parteien verbleibt damit insoweit ein Beurteilungsspielraum hinsichtlich der Anwendung des Übereinkommens.

Art. 2 Abs. 3, der bestimmt, daß die Ursprungspartei sicherstellt, "daß eine UVP entsprechend dem Übereinkommen durchgeführt wird, bevor über die Genehmigung oder Durchführung eines in Anhang I aufgeführten geplanten Projekts,

---

59 Art. 2 Abs. 7 Espoo-Übereinkommen.

60 Art. 1 Nr. 5 Espoo-Übereinkommen.

das voraussichtlich eine erhebliche grenzüberschreitende Auswirkung zur Folge hat, entschieden wird", ist auslegungsbedürftig. So bleibt unklar, ob das Übereinkommen schon anwendbar ist, wenn ein Projekt, das in Anhang I enthalten ist, durchgeführt werden soll oder ob hinzukommen muß, daß das Projekt voraussichtlich erhebliche grenzüberschreitende Auswirkungen hat. Die Systematik des Übereinkommens, das für innerstaatliche Umweltauswirkungen keine Anwendung findet, spricht dafür, daß die Parteien nur dann verpflichtet sind, eine UVP durchzuführen, wenn ein Doppeltest ergibt, daß das Projekt in Anhang I aufgeführt ist und erhebliche negative grenzüberschreitende Umweltauswirkungen zur Folge haben kann.[61] Allerdings sind bei den in Anhang I aufgeführten Projekten erhebliche Umweltauswirkungen im Hinblick auf die Größe der dort genannten Projekte in aller Regel wahrscheinlich. Zur Verbesserung der Effektivität des Übereinkommens sollte die Ursprungspartei eine UVP daher schon durchführen, wenn Projekte in Anhang I geplant sind und nicht offensichtlich ist, daß keine erheblichen Auswirkungen in anderen Staaten zu erwarten sind.[62]

Der Begriff "Auswirkung" wird in Art. 1 Nr. 7 Espoo-Übereinkommen sehr weit definiert als "jede Wirkung eines geplanten Projekts auf die Umwelt, u.a. auf die Gesundheit und Sicherheit des Menschen, auf Flora und Fauna, auf Boden, Luft und Wasser, auf das Klima, die Landschaft und auf Denkmäler oder sonstige bauliche Anlagen oder die Wechselwirkungen zwischen diesen Faktoren; hierzu gehören auch Wirkungen auf das kulturelle Erbe oder sozioökonomische Gegebenheiten infolge Veränderungen an diesen Faktoren". Das Übereinkommen macht damit deutlich, daß es unter Auswirkungen Folgen für alle Umweltgüter versteht, also von einem integrativen Umweltgüterschutz ausgeht.

Die "grenzüberschreitende Auswirkung" ist in Art. 1 Nr. 8 als "jede nicht nur globale Auswirkung eines geplanten Projekts innerhalb des Zuständigkeitsbereichs einer Partei, deren realer Ursprung ganz oder teilweise im Zuständigkeitsbereich einer anderen Partei liegt" definiert. Das bedeutet, daß für grenz-

---

61 So W. Schrage, Übereinkommen über die UVP im grenzüberschreitenden Rahmen, UVP-report 1997, S. 212; ders., ECE-Konvention über die Umweltverträglichkeitsprüfung im grenzüberschreitenden Zusammenhang, in: P.-C. Storm/T. Bunge (Anm. 35), S. 5; A. Nollkaemper, The Legal Regime for Transboundary Water Pollution: Between Discretion and Constraint (1993), S. 185-186;

62 So J. Ebbesson, Innovative Elements and Expected Effectiveness of the EIA Convention, Paper for the Seminar on The History, Effectiveness and Practical Application of the UN ECE Convention on Environmental Impact Assessment in a Transboundary Context, held on May 16, 1998 in Oslo, Norway.

überschreitende Auswirkungen im Sinne des Übereinkommens nicht das Überschreiten gemeinsamer Grenzen maßgeblich ist. "Nachbar" im Sinn des Espoo-Übereinkommens ist nicht nur jeder "echte" Nachbar, dessen Territorium unmittelbar angrenzt, sondern jeder potentiell betroffene Staat. Ein solches Verständnis der grenzüberschreitenden Auswirkungen entspricht dem in der neueren Literatur vertretenen umweltvölkerrechtlichen Nachbarbegriff, der auf alle Fälle ausgedehnt ist, in denen sich Beeinträchtigungen vom Gebiet eines Staates aus über die unmittelbaren Nachbarstaaten hinweg auch in dritten Staaten auswirken können.[63]

b) Nicht in Anhang I enthaltene Projekte

Das Übereinkommen kann nach Art. 2 Abs. 5 auch auf Vorhaben angewandt werden, die nicht in Anhang I enthalten sind. Das Kriterium ist wiederum, ob anzunehmen ist, daß ein Projekt wahrscheinlich erhebliche grenzüberschreitende Umweltauswirkungen zur Folge haben wird. Um dies zu entscheiden, kann die Ursprungspartei nach Art. 2 Abs. 5 mit der betroffenen Partei in Konsultationen treten. Wenn die beteiligten Parteien sich darüber einig sind, daß ein Vorhaben erhebliche grenzüberschreitende Auswirkungen haben könnte, dann wird es so behandelt, als sei es in Anhang I aufgeführt. Kriterien für die Feststellung der Erheblichkeit nachteiliger Auswirkungen von Vorhaben, die in Anhang I aufgeführt sind, bietet Anhang III des Übereinkommens an. Nach Anhang III Nr. 1 sind Beurteilungskriterien die Größe des Projekts, sein Standort, z.B. ob es nahe einem empfindlichen oder für die Umwelt besonders wichtigen Gebiet gelegen ist, und seine Auswirkungen, z.B. ob es ein Projekt darstellt, das ernste Folgen für den Menschen oder für wertvolle Arten oder Organismen hat. Anhang III Nr. 2 führt weiter aus, daß insbesondere Projekte, die in der Nähe einer Staatsgrenze durchgeführt werden sollen, geprüft werden sollten, aber auch weiter entfernte Projekte, die erhebliche grenzüberschreitende Wirkungen in großer Entfernung vom Standort auslösen könnten.

---

63 Vgl. A. Epiney, Das "Verbot erheblicher grenzüberschreitender Umweltbeeinträchtigungen": Relikt oder konkretisierungsfähige Grundnorm?, AVR 1995, S. 332; C. Hinds, Das Prinzip "sic utere tuo ut alienum non laedas" und seine Bedeutung im internationalen Umweltrecht, AVR 1992, S. 310; U. Beyerlin, Grenzüberschreitender Umweltschutz und allgemeines Völkerrecht, in: Festschrift für K. Doehring (1989), S. 46; L. Gündling, Verantwortlichkeit der Staaten für grenzüberschreitende Umweltbeeinträchtigungen, ZaöRV 1985, S. 267; E. Klein, Umweltschutz im völkerrechtlichen Nachbarrecht (1976), S. 24.

2. Rechte der voraussichtlich betroffenen Partei

Voraussichtlich betroffene Vertragsparteien haben nach dem Espoo-Übereinkommen Möglichkeiten, ein UVP-Verfahren bei der Ursprungspartei in Gang zu setzen. Das Espoo-Übereinkommen unterscheidet insoweit zwischen Projekten, die in Anhang I aufgelistet sind, und Projekten, die nicht aufgelistet sind.

a) Anhang-I-Projekte

Glaubt ein Staat, daß er von einer erheblichen grenzüberschreitenden nachteiligen Auswirkung eines in Anhang I aufgeführten Projekts möglicherweise betroffen sein wird, und ist er von der Ursprungspartei nicht benachrichtigt worden, so kann er nach Art. 3 Abs. 7 verlangen, daß ausreichende Informationen ausgetauscht werden, um die Frage der Wahrscheinlichkeit einer erheblichen grenzüberschreitenden nachteiligen Auswirkung zu erörtern.

Für den Fall, daß die Parteien sich nicht darüber einigen, ob eine erhebliche grenzüberschreitende nachteilige Auswirkung wahrscheinlich ist, führt das Espoo-Übereinkommen ein spezielles Verfahren ein. Jede der Parteien kann die Angelegenheit nach Art. 3 Abs. 8 i.V.m. Anhang IV einer Untersuchungskommission zwecks Stellungnahme zu der Wahrscheinlichkeit einer erheblichen grenzüberschreitenden nachteiligen Auswirkung vorlegen. Das abschließende Gutachten der Untersuchungskommission wird dann den beteiligten Parteien übermittelt. Die einzusetzende Untersuchungskommission besteht aus drei Mitgliedern. Die ersuchende Partei sowie die andere an dem Untersuchungsverfahren beteiligte Partei benennen jeweils einen technischen oder wissenschaftlichen Sachverständigen. Diese bestimmen dann einvernehmlich einen dritten Sachverständigen, der den Vorsitz in der Kommission führt. Dieser darf weder Staatsangehöriger einer der an dem Untersuchungsverfahren beteiligten Parteien sein noch seinen gewöhnlichen Wohnsitz im Gebiet einer dieser Parteien haben noch bei einer der Parteien beschäftigt sein noch in irgendeiner anderen Eigenschaft mit der Sache befaßt gewesen sein.[64] Sofern keine besondere Regelung getroffen wird, sind die Kosten der Untersuchungskommission von den beteiligten Parteien zu gleichen Teilen zu tragen.[65]

---

64 Anhang IV Nr. 2 Espoo-Übereinkommen.

65 Anhang IV Nr. 10 Espoo-Übereinkommen.

Das Untersuchungsverfahren ("inquiry") stellt ein Mittel zur friedlichen Streitbeilegung dar. Ziel ist, die Streitbeilegung durch eine unparteiische Tatsachenfeststellung zu fördern, nachdem eines der Hindernisse für die friedliche Streitbeilegung häufig die unterschiedliche Beurteilung der dem Streit zugrundeliegenden Tatsachen ist. Kennzeichnend für das Untersuchungsverfahren ist neben der Einschaltung einer dritten Partei, daß die Streitparteien bei Einsetzung einer Untersuchungskommission über deren Besetzung entscheiden und das Ergebnis der Untersuchungskommission die Parteien nicht bindet.[66] Ebenso ist das Untersuchungsverfahren über die Erheblichkeit grenzüberschreitender Umweltauswirkungen nach dem Espoo-Übereinkommen geregelt. Über die rechtliche Bindungswirkung des Ergebnisses der Untersuchungskommission trifft das Übereinkommen keine Regelung. Nachdem in einem Vorentwurf zu dem Übereinkommen noch eine bindende Wirkung vorgesehen war,[67] die im Laufe der Beratungen der ad-hoc Arbeitsgruppe aus dem Entwurf gestrichen wurde, soll das Gutachten offensichtlich rechtlich nicht bindend sein.[68]

Ein Vorstufe zu der Regelung in Art. 3 Abs. 7 ist in dem 1972 verabschiedeten Nordischen Umweltschutzabkommen[69] zu finden, das vorsieht, daß bei geplanten Projekten mit erheblichen Umweltauswirkungen, über deren Genehmigung die Regierung eines Vertragsstaats entscheiden muß, auf Verlangen jeder Partei eine Kommission einzurichten ist, die eine Stellungnahme ("opinion") zu dem Fall abgeben soll (Art. 11 und 12), also nicht ausschließlich zur Erheblichkeit der grenzüberschreitenden Umweltauswirkungen. Das ebenfalls von der ECE initiierte Übereinkommen über die grenzüberschreitenden Auswirkungen von Industrieunfällen von 1992[70] enthält in Anlehnung an die Regelung des Espoo-Übereinkommens in Art. 4 Abs. 2 i.V.m. Anhang II Vorschriften über ein vergleichbares Verfahren im Zusammenhang mit der Bestimmung gefährlicher Aktivitäten, die grenzüberschreitende Folgen haben können. Zur Bedeutung des Espoo-Übereinkommens gehört, daß es der erste völkerrechtliche Vertrag ist,

---

66 Vgl. H. Fischer, in: K. Ipsen, Völkerrecht (1999), S. 1019.

67 ECE, Senior Advisers to ECE Governments on Environmental and Water Problems, 23.2.1990, UN-Doc., ENVWA/AC.3/8, Anhang. Dort heißt es in Anhang VII Nr. 15: "The decisions of the inquiry commission ... shall be binding upon the parties to the inquiry procedure ...".

68 So auch A. Nollkaemper (Anm. 61), S. 187.

69 Abkommen vom 19.2.1974, Text in: 13 ILM (1974), S. 591, in Kraft seit 10.5.1974; vgl. zum Nordischen Umweltschutzabkommen J. Ebbesson, Svensk tillämpning av den nordiska mijöskyddskonventionen (1992), S. 14-71.

70 Übereinkommen vom 17.3.1992, Text zitiert in Anm. 9.

der ein spezielles Untersuchungsverfahren zur Klärung der Frage der Erheblichkeit grenzüberschreitender Umweltauswirkungen einführt.

b) Nicht in Anhang I enthaltene Projekte

Für nicht in Anhang I aufgeführte Projekte gibt das Espoo-Übereinkommen den betroffenen Staaten ein vergleichbares Recht.[71] Wie bereits angesprochen können sie gemäß Art. 2 Abs. 5 - unter Zuhilfenahme der Kriterien des Anhangs III - in Konsultationen mit der Ursprungspartei treten, ob solche Projekte eine erhebliche grenzüberschreitende Auswirkung haben können, und übereinkommen, daß das Projekt so behandelt wird, als sei es ein in Anhang I aufgeführtes Projekt. Nach dem Wortlaut des Übereinkommens bezieht sich das Untersuchungsverfahren gemäß Anhang IV nur auf Anhang-I-Projekte. Es findet bei möglichen Streitigkeiten hinsichtlich der nicht in diesem Anhang enthaltenen Projekte keine Anwendung.[72]

IV. UVP-Verfahren nach dem Espoo-Übereinkommen

Ist das Übereinkommen anwendbar, findet das im Übereinkommen beschriebene UVP-Verfahren statt, das nun im einzelnen dargestellt werden soll. Das UVP-Verfahren wird von der Vertragspartei durchgeführt, in deren Zuständigkeitsbereich das Projekt geplant ist, der Ursprungspartei. Einbezogen wird die Vertragspartei, die wahrscheinlich von der grenzüberschreitenden Auswirkung eines geplanten Projekts betroffen wird, die betroffene Partei.[73]

1. Benachrichtigung der betroffenen Partei

Das Espoo-Übereinkommen schreibt verbindlich vor, daß die Ursprungspartei jede Partei, die von einem UVP-pflichtigen Projekt mit voraussichtlich erheblichen grenzüberschreitenden Auswirkungen auf die Umwelt betroffen sein könnte, über dieses näher informieren muß. Das Übereinkommen bestimmt dabei den Zeitpunkt dieser Informationsübermittlung. Die Benachrichtigung hat

---

71 A. Nollkaemper (Anm. 61), S. 187.

72 Vgl. A. Nollkaemper (Anm. 61), S. 187.

73 Art. 1 Nr. 2 und Nr. 3 Espoo-Übereinkommen.

nach Art. 3 Abs. 1 so bald wie möglich, spätestens aber zu dem Zeitpunkt, zu dem die Ursprungspartei ihre eigene Öffentlichkeit über das geplante Projekt informiert, stattzufinden. Damit wird zum Ausdruck gebracht, daß die UVP möglichst frühzeitig einsetzen muß. Der Zeitpunkt der Benachrichtigung ist mit dieser Regelung nicht genau definiert. Er ist vom nationalen Verwaltungsverfahren der Ursprungspartei abhängig. Parteien, deren innerstaatliches UVP-Verfahren ein Scoping-Verfahren mit obligatorischer Öffentlichkeitsbeteiligung vorsieht, müssen die betroffenen Parteien zwingend schon im Zeitpunkt des Scoping-Verfahrens informieren. Bei Parteien, die in ihrem nationalen Recht einen Scoping-Prozeß mit fakultativer Öffentlichkeitsbeteiligung vorsehen, hängt der Zeitpunkt der Benachrichtigung davon ab, ob eine Öffentlichkeitsbeteiligung im Scoping-Verfahren durchgeführt wird oder nicht. Bei Parteien, nach deren innerstaatlichem Recht keine Öffentlichkeitsbeteiligung im Scoping-Prozeß oder kein förmliches Scoping-Verfahren verlangt wird, findet die Öffentlichkeitsbeteiligung in der Regel erst dann statt, wenn der Projektträger die nach innerstaatlichem Recht erforderlichen Angaben für die UVP zusammengestellt und vorgelegt hat.[74]

Das Espoo-Übereinkommen regelt neben dem Zeitpunkt auch den Inhalt der an betroffene Parteien zu übermittelnden Informationen. Nach Art. 3 Abs. 2 hat die Benachrichtigung Angaben über das geplante Projekt, einschließlich aller verfügbaren Informationen über seine möglichen grenzüberschreitenden Auswirkungen, Angaben über die Art der möglichen Zulassungsentscheidung und die Angabe einer angemessenen Frist für die Übermittlung einer Stellungnahme unter Berücksichtigung der Art des geplanten Projekts zu enthalten.

Das Espoo-Übereinkommen schreibt nicht nur eine rechtlich verbindliche Information der betroffenen Partei vor. Auf Verlangen ist die betroffene Partei nach dem Übereinkommen an dem UVP-Verfahren der Ursprungspartei zu beteiligen (Art. 3 Abs. 3).[75] Verlangt die betroffene Partei, an dem UVP-Verfahren beteiligt zu werden, muß die Ursprungspartei, sofern dies noch nicht geschehen ist, Informationen über das UVP-Verfahren unter Angabe der Frist für die Übermittlung von Stellungnahmen sowie Angaben über das geplante Projekt und seine möglichen erheblichen grenzüberschreitenden nachteiligen Auswirkungen übermitteln (Art. 3 Abs. 5).

Das Espoo-Übereinkommen verpflichtet aber nicht nur die Ursprungspartei rechtlich dazu, jeden betroffenen Staat über eine UVP-pflichtige inländische

---

74 Vgl. W. Schrage, ECE-Konvention über die Umweltverträglichkeitsprüfung im grenzüberschreitenden Zusammenhang, in: P.-C. Storm/T. Bunge (Anm. 35), S. 8.

75 Vgl. Art. 3 Abs. 3 Espoo-Übereinkommen.

Aktivität näher zu informieren. Auf ein entsprechendes Ersuchen der Ursprungspartei hin ist auch die betroffene Partei zur Informationsübermittlung verpflichtet. Sie muß der Ursprungspartei auf Ersuchen nach Art. 3 Abs. 6 die zumutbarerweise zu beschaffenden Informationen über die möglicherweise betroffene Umwelt in ihrem Zuständigkeitsbereich übermitteln, soweit diese für die Ausarbeitung der UVP-Dokumentation erforderlich sind. Art. 3 Abs. 6 verpflichtet die betroffene Partei aber nicht dazu, umfangreiche Studien durchzuführen.[76]

Das Übereinkommen enthält keine Regelung zur Frage der Übersetzung der zu übermittelnden Informationen, obwohl die Regelung dieser Frage für die Praxis von erheblicher Bedeutung ist, da an fast jeder Amtsgrenze der ECE-Region verschiedene Amtssprachen existieren.

2. Vorlage der Dokumentation zur UVP

Als nächster Schritt im UVP-Verfahren ist der zuständigen Behörde der Ursprungspartei nach Art. 4 Abs. 1 die sogenannte Dokumentation zur UVP vorzulegen, in der alle relevanten Informationen insbesondere im Hinblick auf mögliche grenzüberschreitende Umweltauswirkungen des geplanten Projekts zusammengefaßt sind. Dabei läßt das Übereinkommen offen, wer diese Dokumentation zur UVP anfertigt. Dies bestimmt sich nach dem jeweiligen innerstaatlichen Recht der Parteien.

Das Espoo-Übereinkommen legt in seinem Anhang II einen Mindeststandard für den Inhalt der UVP-Dokumentation fest. Danach hat die Dokumentation zur UVP mindestens folgende Angaben zu enthalten:

- eine Beschreibung des geplanten Projekts und seines Zwecks;
- gegebenenfalls eine Beschreibung vertretbarer Alternativen (beispielsweise für den Standort oder in technologischer Hinsicht) zu dem geplanten Projekt, einschließlich Unterlassung;
- eine Beschreibung der Umwelt, die durch das geplante Projekt und seine Alternativen voraussichtlich erheblich betroffen wird;

---

76 So W. Schrage (Anm. 61), S. 213.

- eine Beschreibung der möglichen Umweltauswirkungen des geplanten Projekts und seiner Alternativen sowie eine Abschätzung ihres Ausmaßes;
- eine Beschreibung der Maßnahmen zur Reduzierung der nachteiligen Umweltauswirkungen auf ein Minimum;
- die ausdrückliche Angabe der Prognosemethoden und der zugrundeliegenden Annahmen sowie der verwendeten einschlägigen Umweltdaten;
- Angabe von Wissenslücken und Unsicherheiten, die bei der Zusammenstellung der geforderten Angaben festgestellt wurden;
- gegebenenfalls eine Übersicht über die Überwachungs- und Managementprogramme sowie etwaige Pläne für eine Beurteilung nach der Projektdurchführung und
- eine nichttechnische Zusammenfassung, gegebenenfalls mit Anschauungsmaterial (Karten, Diagramme usw.).

Wichtig ist, daß damit eine Prüfung von Alternativen, einschließlich der Alternative, das Projekt nicht durchzuführen (Null-Alternative), gefordert wird. Allerdings sind nach dem Übereinkommen nicht alle erdenklichen Alternativen zu untersuchen, sondern nur "vertretbare" Alternativen, d.h. Alternativen, die verfügbar und mit vernünftigem Aufwand zu realisieren sind. Unklar bleibt, was unter der Einschränkung "gegebenenfalls" zu verstehen ist. In Betracht kommt, daß Projektalternativen darzustellen sind, sofern aus objektiver Sicht ein sachlicher Anlaß besteht, oder lediglich dann, wenn der Projektträger Alternativen erwogen hat (subjektive Sicht). Die verbindliche englische Fassung des Übereinkommens verwendet in diesem Zusammenhang den Begriff "appropriate", der im Deutschen besser mit "angemessen" oder "angebracht" als mit "gegebenenfalls" zu übersetzen wäre. Dies spricht dafür, daß insoweit eine objektive Betrachtungsweise maßgebend ist und der Alternativenvergleich in die UVP nach dem Espoo-Übereinkommen einzubeziehen ist, wenn sachliche Gründe für die Prüfung von Alternativen vorliegen.

3. Beteiligung der Öffentlichkeit und der Behörden der betroffenen Partei

Das Espoo-Übereinkommen sieht eine obligatorische Beteiligung der Öffentlichkeit und der Behörden in den betroffenen ausländischen Gebieten am UVP-Verfahren des Ursprungsstaats vor. Dabei muß nach dem Übereinkommen sichergestellt sein, daß die Öffentlichkeit der betroffenen Partei eine gleichwertige Gelegenheit zur Mitwirkung an dem UVP-Verfahren erhält wie die Öffentlichkeit der Ursprungspartei.[77] Die Öffentlichkeit und die Behörden der betroffenen Partei sind nach dem Übereinkommen zweifach zu beteiligen. Sie müssen erstens vor Fertigstellung der Dokumentation zur UVP über das geplante Projekt informiert werden und Gelegenheit zur Stellungnahme erhalten (Art. 3 Abs. 8). Zweitens muß ihnen die Dokumentation zur UVP nach ihrer Fertigstellung zugänglich gemacht werden und sie müssen wiederum Gelegenheit zur Stellungnahme erhalten (Art. 4 Abs. 2). Auch in diesem Zusammenhang verzichtet das Übereinkommen auf Regelungen zur Frage der Übersetzung der zu übermittelnden Informationen, obwohl an fast jeder Grenze innerhalb der ECE-Region verschiedene Amtssprachen bestehen und Übersetzungen für eine effektive Öffentlichkeitsbeteiligung unerläßlich sind.

Über die Art und Weise der Öffentlichkeitsbeteiligung sagt das Übereinkommen nichts Näheres aus. Sie richtet sich nach den nationalen Verwaltungssystemen der Parteien. Öffentliche Anhörungen sind genauso möglich wie eine Begrenzung der Öffentlichkeitsbeteiligung auf schriftliche Äußerungen. Das unter Schirmherrschaft der ECE ausgearbeitete und inzwischen von vierzig ECE-Mitgliedstaaten unterzeichnete Übereinkommen über den Zugang zu Informationen, die Öffentlichkeitsbeteiligung bei Entscheidungsverfahren und den Zugang zu Gerichten in Umweltangelegenheiten von 1998 (Århus-Übereinkommen)[78] wird insoweit zu einer Vereinheitlichung der Verwaltungsverfahren der ECE-Mitgliedstaaten führen, als es im einzelnen vorschreibt, auf welche Weise die Öffentlichkeitsbeteiligung durchzuführen ist.

Ferner läßt das Espoo-Übereinkommen offen, welche Partei für welche Aufgaben im Zusammenhang mit der Beteiligung der Öffentlichkeit des betroffenen Staats verantwortlich ist. Der Ermessensspielraum der Parteien ist insoweit jedoch durch das Territorialitätsprinzip begrenzt, nach dem jeder Staat auf seinem Staatsgebiet seine Hoheitsmacht grundsätzlich unbeschränkt ausübt. Die Ursprungspartei kann also für das Territorium der betroffenen Partei keine verbindlichen Regeln treffen.[79] Sie kann nur Bestimmungen dahingehend treffen, daß der betroffenen Partei Informationen zugeleitet werden. In welcher

---

77 Art. 2 Abs. 6 Espoo-Übereinkommen.

78 Übereinkommen vom 25.6.1998, Text zitiert in Anm. 10.

79 Vgl. zum Territorialitätsprinzip K. Doehring, Völkerrecht (1999), S. 342 ff.

Form die betroffene Partei die übermittelten Informationen an ihre Öffentlichkeit weitergibt, z.B. über die Presse oder durch Aushänge, bleibt dieser überlassen. Bei entsprechender Zustimmung kann die Ursprungspartei aber auf dem Gebiet der betroffenen Partei z.B. öffentliche Anhörungen abhalten.[80]

4. Konsultationen

Auf der Grundlage der erstellten UVP-Dokumentation haben Ursprungsstaat und betroffener Staat gemäß Art. 5 Konsultationen abzuhalten. Die Konsultationen sollen Gelegenheit bieten, Lösungen für spezifische Probleme zu erörtern.[81]

Hinsichtlich des Zeitpunkts der Konsultationen läßt sich dem Übereinkommen nur entnehmen, daß diese ohne unnötige Verzögerungen nach Fertigstellung der UVP-Dokumentation und vor der endgültigen Entscheidung über das Projekt aufzunehmen sind.

Das Espoo-Übereinkommen enthält einige Vorgaben bezüglich des Gegenstands dieser Konsultationen. Sie müssen nach Art. 5 die möglichen grenzüberschreitenden Auswirkungen des geplanten Projekts sowie deren Verminderung oder Vermeidung zum Inhalt haben. Die Konsultationen können sich - insoweit steht den Parteien Ermessen zu - auf mögliche Alternativen zu dem geplanten Projekt, einschließlich Nichtausführung des Projekts, mögliche Maßnahmen zur Verminderung nachteiliger Auswirkungen und zur Überwachung der Folgen solcher Maßnahmen, sowie auf andere Möglichkeiten für die gegenseitige Unterstützung bei der Verminderung nachteiliger Auswirkungen beziehen.[82]

Hinsichtlich der Dauer der Konsultation führt das Übereinkommen lediglich aus, daß die Parteien eine angemessene Konsultationsdauer zu vereinbaren haben. Das Übereinkommen weist auch darauf hin, daß die Konsultationen in einem gemeinsamen Gremium, sofern ein solches existiert, abgehalten werden können. Ein Beispiel für ein solches Gremium ist der Nordische Ministerrat.[83]

---

80 So Economic Commission for Europe (Anm. 36), S. 44

81 Vgl. W. Schrage (Anm. 61), S. 213.

82 Nach dem Entwurf der Arbeitsgruppe von Mai 1989 mußten die Beratungen auch Alternativen betreffen; vgl. ECE, Senior Advisers to ECE Governments on Environmental and Water Problems, 26.5.1989, UN-Doc. ENVWA/AC.3/4, S. 7 (VII, paragraph 18).

83 So Economic Commission for Europe (Anm. 36), S. 66.

5. Endgültige Entscheidung

Die Parteien haben nach Art. 6 Abs. 1 sicherzustellen, daß das Ergebnis der UVP, einschließlich der Dokumentation zur UVP, der Stellungnahmen der betroffenen Partei und dem Ergebnis der Konsultationen bei der endgültigen Entscheidung über das geplante Projekt, angemessen berücksichtigt werden. Diese Verpflichtung kann sich nur auf die Ursprungspartei beziehen, da die betroffene Partei kein Recht zur Verhinderung der Durchführung des Projekts eingeräumt wird. Unklar ist, was unter "angemessen" zu verstehen ist. Den grenzüberschreitenden Auswirkungen muß bei der endgültigen Entscheidung zumindest der gleiche Stellenwert eingeräumt werden wie den innerstaatlichen Auswirkungen des Projekts, alles andere wäre "unangemessen".

Bedauerlich ist, daß in dem Übereinkommen nicht geregelt ist, daß die Durchführung des Projekts unzulässig ist, wenn im Rahmen der UVP festgestellt wird, daß das Projekt erhebliche grenzüberschreitende Umweltauswirkungen haben wird. Auf eine entsprechende Regelung konnten sich die Staaten nicht einigen.[84] Das völkergewohnheitsrechtliche Verbot erheblicher grenzüberschreitender Umweltbeeinträchtigungen verlangt, daß ein Projekt, das sich erheblich schädigend auf dem Gebiet eines anderen Staates auswirken würde, nicht genehmigt werden darf. Eine Abwägung mit anderen Belangen, z.B. wirtschaftlicher Art, und festgestellten erheblichen grenzüberschreitenden Auswirkungen auf die Umwelt ist nach Völkergewohnheitsrecht ausgeschlossen.[85]

Damit die betroffene Partei eine eigene Beurteilung der voraussichtlichen Umweltauswirkungen des Projekts vornehmen kann, hat die Ursprungspartei der betroffenen Partei nach Art. 6 Abs. 2 die endgültige Entscheidung über das geplante Projekt sowie die für die Entscheidung maßgeblichen Gründe zu übermitteln.

Zur Vermeidung erheblicher grenzüberschreitender Umweltbeeinträchtigungen sieht das Espoo-Übereinkommen in Art. 6 Abs. 3 eine erneute Informations- und Konsultationspflicht vor, wenn nach der endgültigen Entscheidung über das Projekt Informationen über erhebliche grenzüberschreitende Umweltbelastungen bekannt werden und mit der Durchführung des Projekts noch nicht begonnen wurde. Auf Ersuchen einer der Parteien finden erneut Konsultationen über die Frage statt, ob die Entscheidung revidiert werden muß.

---

84 Vgl. dazu Kapitel C I.2.

85 Vgl. A. Nollkaemper (Anm. 61), S. 192; vgl. zu der Pflicht, erhebliche grenzüberschreitende Umweltbeeinträchtigungen zu vermeiden Kapitel C V. 2.

Das Übereinkommen regelt kein ausdrückliches Klagerecht geschädigter Personen der betroffenen Partei für den Fall, daß die zuständige Behörde des Ursprungsstaats die grenzüberschreitenden Umweltauswirkungen nicht angemessen oder fehlerhaft bewertet hat und erhebliche grenzüberschreitende Umweltauswirkungen eingetreten sind.[86] Unklar ist, ob sich geschädigte Personen nach dem Übereinkommen innerstaatlicher Rechtsbehelfe und -mittel bedienen können, wenn das innerstaatliche Recht ein solches Klagerecht vorsieht. Nach Art. 2 Abs. 6 Espoo-Übereinkommen muß die Ursprungspartei sicherstellen, daß die Möglichkeit der Verfahrensbeteiligung, die der Öffentlichkeit der betroffenen Partei gewährt wird, derjenigen der innerstaatlichen Öffentlichkeit gleichwertig ist, was dafür spricht, daß der Öffentlichkeit auch Klagerechte eingeräumt werden müssen, wenn diese für die innerstaatliche Öffentlichkeit gegeben sind. Ein ausdrückliches Klagerecht geschädigter Einzelpersonen wurde im Rahmen der Beratungen der ad-hoc Arbeitsgruppe zunächst in den Entwurf des Espoo-Übereinkommens aufgenommen, dann jedoch gestrichen.[87] Ein Klagerecht für Einzelpersonen und Umweltverbände sieht aber das von vierzig ECE-Mitgliedstaaten unterzeichnete Übereinkommen über den Zugang zu Informationen, die Öffentlichkeitsbeteiligung bei Entscheidungsverfahren und den Zugang zu Gerichten in Umweltangelegenheiten von 1998 (Århus-Übereinkommen)[88] vor, das diese Lücke des Übereinkommens schließt.

6. Nachkontrolle

Um zu gewährleisten, daß von dem einer UVP unterzogenen Projekt des Ursprungsstaats in der Folge tatsächlich keine erheblichen grenzüberschreitenden Umweltbelastungen ausgehen, führt das Espoo-Übereinkommen in Art. 7 eine Nachkontrolle ein.[89] Eine solche Nachkontrolle ist nach Art. 7 Abs. 1

---

86 Vgl. L. Pineschi, Environmental Impact Assessment, in: T. Scovazzi/ T. Treves, World Treaties for the Protection of the Environment, S. 488.

87 Vgl. den Entwurf vom Juni 1990, ECE, Senior Advisers to ECE Governments and Water Problems, 28.6.1990, UN-Doc. ENVWA/AC.3/10, Annex, S. 6.

88 Übereinkommen vom 25.6.1998, Text zitiert in Anm. 10. Als letzter EU-Mitgliedstaat zeichnete die Bundesrepublik Deutschland Ende des Jahres 1998 das Übereinkommen.

89 In der amerikanischer Terminologie wird die Nachkontrolle als "monitoring" oder "post-projekt-analysis" bezeichnet. Die Ziele der Nachkontrolle nennt Anhang V Espoo-Übereinkommen. Dies sind insbesondere Kontrolle der Einhaltung der in der Genehmigung aufgestellten Bedingungen, Beurteilung von Auswirkungen im Hinblick auf ein ordnungsgemäßes Management und Überprüfung früherer Vorhersagen.

jedoch nur dann durchzuführen, wenn eine der Parteien darum ersucht und eine Nachkontrolle zwischen den Parteien vereinbart wird. Sie kann nicht gegen den Willen der jeweils anderen Partei durchgesetzt werden. Ihre Durchführung obliegt zudem nicht einer neutralen Kontrollinstanz, sondern bleibt den beteiligten Parteien vorbehalten.[90]

Die Entdeckung erheblicher grenzüberschreitender Umweltbelastungen begründet nach Art. 7 Abs. 2 aber eine gegenseitige Informations- und Konsultationspflicht. Im Rahmen der Konsultationen haben die beteiligten Parteien über die notwendigen Maßnahmen zur Verminderung oder Vermeidung der Auswirkungen zu beraten.

V. Positivierung oder Weiterentwicklung von Völkergewohnheitsrecht im Espoo-Übereinkommen

Die UVP-Regelungen des Espoo-Übereinkommens dienen dem Ziel, das Instrument der UVP als Mittel zur Vermeidung erheblicher grenzüberschreitender Umweltbeeinträchtigungen zu nutzen. Insofern weist es Bezüge zur Grundregel des grenzüberschreitenden Umweltschutzes, dem Verbot erheblicher grenzüberschreitender Umweltbeeinträchtigungen, auf, das in der Literatur einhellig als bestehendes Völkergewohnheitsrecht eingestuft wird.[91] In der Literatur besteht zunehmend Einigkeit darüber, daß dieses Verbot präventiv wirkt, d.h. die Staaten dazu verpflichtet, erhebliche grenzüberschreitende

90 U. Beyerlin/T. Marauhn, Abrüstung und Umweltschutz - eine völkerrechtliche Interessenkollission? (1994), S. 96

91 Vgl. J. Lücke, Universales Verfassungsrecht, Völkerrecht und Schutz der Umwelt, AVR 1997, S. 1; A. Epiney, "Verbot erheblicher grenzüberschreitender Umweltbeeinträchtigungen" (Anm. 63), S. 312 ff.; U. Beyerlin, Rio-Konferenz 1992: Beginn einer neuen globalen Umweltrechtsordnung?, ZaöRV 1994, S. 126; ders., Grenzüberschreitender Umweltschutz und allgemeines Völkerrecht, in: Festschrift für K. Doehring (Anm. 63), S. 46; D. Rogalla/C. Schultz (Anm. 3), S. 196; T. Oppermann, Grenzüberschreitende Umweltbelastungen in: O. Kimminich/ H. v. Lersner/P.-C. Storm (Anm. 3), Sp. 906; O. Kimminich, Umweltvölkerrecht, in: O. Kimminich/H. v. Lersner/P.-C. Storm, HdUR, Bd. II (1994), Sp. 2515 ff.; B.-O. Bryde, Umweltschutz durch allgemeines Völkerrecht?, AVR 1993, S. 1; C. Hinds (Anm. 63), S. 320; P. Kunig (Anm. 11), S. 16 ff.; A. Kiss/D. Shelton, International Environmental Law (1991), S. 106 ff.; R. Wolfrum, Purposes and Principles of International Environmental Law, GYIL 1990, S. 309 ff.; L. Gündling (Anm. 63), S. 273 ff.; A. Randelzhofer/B. Simma, Kernkraftwerk an der Grenze, in: Festschrift für F. Berber (1973), S. 408.

Umweltauswirkungen von vornherein zu vermeiden.[92] Zur Verwirklichung des Ziels, erhebliche grenzüberschreitende Umweltbeeinträchtigungen zu vermeiden, haben sich in der Staatenpraxis verschiedene verfahrensrechtliche Pflichten der Staaten herausgebildet, die diese zur Kooperation auffordern. Eine dieser Pflichten ist die UVP. Viele völkerrechtliche Instrumente sehen inzwischen explizit die Durchführung einer UVP vor. Es stellt sich daher die Frage, ob eine völkergewohnheitsrechtliche Pflicht zur Durchführung einer UVP bei Projekten mit voraussichtlich erheblichen grenzüberschreitenden Auswirkungen auf die Umwelt besteht. Daran schließt sich die weitere Frage an, ob das Espoo-Übereinkommen möglicherweise nur bereits bestehende völkergewohnheitsrechtliche Normen bekräftigt, also lediglich deklaratorischer Natur ist, oder ob es Völkergewohnheitsrecht weiterentwickelt.[93] Weitere völkerrechtliche Verfahrenspflichten, die der Verwirklichung der Pflicht zur Vermeidung erheblicher Umweltauswirkungen dienen, sind die Pflichten zur Information und Warnung betroffener Staaten, zur Konsultation sowie zur Beteiligung der ausländischen Öffentlichkeit. Da das Espoo-Übereinkommen Informations- und Konsultationspflichten und eine Beteiligung der ausländischen Öffentlichkeit regelt, ist auch insoweit zu fragen, ob diese Pflichten Völkergewohnheitsrecht sind, ob das Espoo-Übereinkommen nur bestehende völkergewohnheitsrechtliche Regeln positiviert oder ob es Völkergewohnheitsrecht weiterentwickelt.

Zur Beantwortung dieser Fragen ist zunächst zu untersuchen, ob das Verbot erheblicher grenzüberschreitender Umweltauswirkungen - wie in der völkerrechtlichen Literatur angenommen - Völkergewohnheitsrecht ist, welches der genaue Inhalt dieses Verbots ist, und welcher Zusammenhang zwischen diesem Verbot und der UVP besteht. Dann sind die angesprochenen, der Verwirklichung dieses Verbots dienenden, verfahrensrechtlichen Pflichten daraufhin zu untersuchen, ob sie völkergewohnheitsrechtlich abgesichert sind. Im Anschluß ist jeweils zu prüfen, ob das Espoo-Übereinkommen bestehende Normen wiederholt oder dazu beiträgt, daß sich völkergewohnheitsrechtliche Pflichten entwickeln, da die gleichförmige Regelung in einer Vielzahl von Verträgen zum Heranwachsen entsprechenden Völkergewohnheitsrechts führen kann. Die

---

92 Vgl. A. Epiney (Anm. 63), S. 329-331; L. Gündling (Anm. 63), S. 280; P. Kunig (Anm. 11), S. 20; D. Rauschning, Allgemeine Völkerrechtsregeln zum Schutz gegen grenzüberschreitende Umweltbeeinträchtigungen, in: Festschrift für H. J. Schlochauer (1981), S. 563; D. Rogalla/C. Schulz (Anm. 3), S. 196; A. Verdross/B. Simma, Universelles Völkerrecht (1984), § 1029.

93 Vgl. dazu T. Bunge (Anm. 11), S. 364; P. Kunig (Anm. 11), S. 42.

Beantwortung der aufgeworfenen Fragen erfordert zunächst einige grundlegende Ausführungen über die Herausbildung von Völkergewohnheitsrecht.[94]

1. Entstehung von Völkergewohnheitsrecht

Völkergewohnheitsrecht entsteht durch eine allgemeine Übung der Staaten ("Staatenpraxis" - objektives Element), die von der Überzeugung der Staaten getragen ist, daß dieses Verhalten rechtlich geboten ist ("opinio juris vel necessitatis" - subjektives Element).[95] Die Staatenpraxis muß von einer gewissen Dauer, Einheitlichkeit und Verbreitung sein, damit sie rechtsbegründend wirken kann.[96] Für eine allgemeine Übung muß nicht eine gleichartige Praxis aller Staaten nachgewiesen werden. Es genügt, wenn sich die überwiegende Mehrheit der sachlich beteiligten Staaten gleich verhält. Umstritten ist in diesem Zusammenhang, von welcher Dauer die Staatenpraxis sein muß und ob unter bestimmten Voraussetzungen von diesem zeitlichen Erfordernis abgesehen werden kann.[97] So wird in der Völkerrechtsliteratur teilweise ein "spontane" Entstehung von Völkergewohnheitsrecht ("instant customary law") für möglich gehalten. Nach dieser Auffassung soll sich eine bestimmte außerrechtliche Verhaltensnorm schon dann zu einer Gewohnheitsrechtsnorm verdichten können, wenn Staaten binnen kurzer Zeit wiederholt in gemeinsamen Erklärungen ihre Bindung an eine bestimmte Verhaltensnorm zum Aus-

---

94 Obwohl völkerrechtliche Verträge die Hauptrechtsquelle des Völkerrechts und dementsprechend das vorherrschende und wichtigste Instrument für die Entwicklung der internationalen Rechtsordnung sind, stellt auch das Gewohnheitsrecht eine wichtige Völkerrechtsquelle dar. Verträge binden nämlich lediglich die Parteien, entfalten Bindungswirkung inter partes, während das Völkergewohnheitsrecht alle Staaten bindet. Nur eine Ausnahme besteht. Nicht an Völkergewohnheitsrecht gebunden sind sogenannte "persistent rejectors", also Staaten, die durch fortlaufende Proteste zu erkennen geben, daß sie nicht bereit sind, eine eventuelle Bindungswirkung der Norm zu akzeptieren, oder die eine gegen die Entscheidung gerichtete Übung praktizieren. Die Entstehung von Völkergewohnheitsrecht können solche Staaten allerdings nicht verhindern, sie werden aber an die entstandene Norm nicht gebunden; vgl. hierzu M. Akehurst, Custom as a Source of International Law, BYIL 1974-75, S. 24.

95 K. Doehring (Anm. 79), S. 123; W. Heintschel von Heinegg, in: K. Ipsen (Anm. 66), S. 183 ff.; A. Verdross/B. Simma (Anm. 92), § 551; alle m.w.N.; bestätigt auch durch den IGH in seiner Entscheidung im Nicaragua-Fall, ICJ-Rep. 1986, S. 97.

96 K. Doehring (Anm. 79), S. 123; W. Heintschel von Heinegg, in: K. Ipsen (Anm. 66), S. 185; A. Verdross/B. Simma (Anm. 92), § 551; alle m.w.N.

97 U. Beyerlin/T. Marauhn, Rechtsetzung und Rechtsdurchsetzung im Umweltvölkerrecht nach der Rio-Konferenz 1992 (1997), S. 6.

druck gebracht haben, ohne daß es einer Bestätigung durch die nachfolgende Staatenpraxis bedarf.[98] Überwiegend trifft die Lehre von der "spontanen" Gewohnheitsrechtsbildung jedoch auf Ablehnung, wobei angeführt wird, daß Autorität und Durchsetzungskraft des Gewohnheitsrechts durch neu entwickelte Prinzipien, die teilweise kaum mehr als plakative Schlagworte sind, ernsthaft leiden könnten.[99]

Nach der überwiegenden Auffassung in der Völkerrechtslehre ist der Kreis der Akte, die zur Staatenpraxis zu rechnen sind, weit zu fassen. Bei der Beurteilung der Frage, ob Völkergewohnheitsrecht entstanden ist, müssen zunächst alle Verhaltensweisen, Entscheidungen und Äußerungen staatlicher Organe, die am äußeren politischen Leben der einzelnen Staaten teilnehmen, berücksichtigt werden.[100] Weiter können außerrechtliche Regeln, die ihren Geltungsgrund in einer internationalen politisch-moralischen Weltordnung haben, zur Entstehung völkergewohnheitsrechtlicher Normen führen. Diese Instrumente werden allgemein als "soft law", d.h. "weiches Völkerrecht" bezeichnet, da sie im Gegensatz zum "hard law" nicht bindend sind, d.h. keine unmittelbare Rechtsverbindlichkeit entfalten.[101] Sie stellen trotz ihrer rechtlichen Unverbindlichkeit wichtige Wegbereiter für die Entstehung völkergewohnheitsrechtlicher Normen dar. Im Falle entsprechenden nachfolgenden Staatenverhaltens kann sich aus ihnen Völkergewohnheitsrecht entwickeln.[102] Die Bildung neuen Völkergewohnheitsrechts kann darüber hinaus durch die Verabschiedung völkerrechtlicher Verträge beeinflußt werden. Zwar werden durch diese Verträge unmittelbar nur Rechte und Pflichten für die Parteien begründet. Aber auch völkerrechtliche Verträge können Wirkung auf die Entwicklung von Völkergewohnheitsrecht ausüben. So kann die gleichförmige Regelung eines bestimmten Umweltprob-

---

98 Diese Theorie wurde begründet von R. Ago, La Science Juridique en Face du Droit International, Recueil des Cours 1956, S. 927 ff.; vgl. auch H. Hohmann, Ergebnisse des Erdgipfels von Rio, NVwZ 1993, S. 311 ff.; ders. (Anm. 6), S. 222 ff.

99 Vgl. M. Schweitzer, Überblick zum Verhältnis: Völkerrecht - Europäisches Gemeinschaftsrecht - nationales Recht, in: H.-W. Rengeling, Handbuch zum europäischen und deutschen Umweltrecht, Bd. I (1998), S. 628; U. Beyerlin/T. Marauhn (Anm. 97), S. 24; A. Verdross/B. Simma (Anm. 92), § 571.

100 Vgl. dazu M. Akehurst (Anm. 94), S. 1-11.

101 U. Beyerlin (Anm. 91), S. 129, Fußnote 19.

102 Vgl. P. W. Birnie/A. E. Boyle (Anm. 1), S. 16; A. Randelzhofer (Anm. 3), S. 2; E. Klein (Anm. 63), S. 88; vgl. auch die Entscheidung des IGH im Nicaragua-Fall: ICJ-Rep. 1986, S. 13 ff., §§ 188, 191. Eine sehr zurückhaltende Auffassung vertritt W. Heusel, Weiches Völkerrecht (1991), S. 279, der sehr strenge Anforderungen an den Nachweis einer opinio juris bei "soft law" stellt.

lems in einer Vielzahl von Verträgen zum Heranwachsen eines entsprechenden Gewohnheitsrechts führen.[103] Auch Entscheidungen internationaler Gerichte und Schiedsgerichte können zur Bildung von Völkergewohnheitsrecht beitragen. Zwar ist die Bindungswirkung dieser Entscheidungen auf die Parteien und auf den zur Entscheidung stehenden Fall beschränkt. Die Staaten berufen sich jedoch vielfach auf die Rechtsprechung internationaler Gerichte, um ihre Rechtsposition zu untermauern. Auch der IGH berücksichtigt frühere eigene Entscheidungen in seiner Rechtsprechung, wenn er an diese auch nicht gebunden ist.[104]

Im Hinblick auf das subjektive Element gibt es in der Regel keine klaren Stellungnahmen der Staaten, so daß es schwierig ist, dieses Kriterium nachzuweisen. Nach überwiegender Auffassung kann die Praxis der Staaten selbst als Nachweis für das subjektive Merkmal der Rechtsüberzeugung herangezogen werden.[105] Bei der konkreten Analyse, ob ein bestimmtes Postulat als Völkergewohnheitsrecht anzusehen ist oder nicht, ergeben sich zwangsläufig Überschneidungen. Häufig stellt derselbe Umstand oder dasselbe Verhalten einen Anhaltspunkt sowohl für die Übung als auch für die opinio juris dar, da eine bestimmte Praxis oft Ausdruck einer entsprechenden Rechtsüberzeugung ist. Wiederholtes und konstantes Auftreten einer Regel auf der Stufe von "soft law" etwa bildet ein wichtiges Indiz für die Entstehung der erforderlichen Rechtsüberzeugung.[106]

Es ist allgemein anerkannt, daß sich neben dem universalen Völkergewohnheitsrecht, das allgemeine Gültigkeit beansprucht, auch regionales Völkergewohnheitsrecht bilden kann, welches lediglich regionale Gültigkeit beansprucht.[107] Die Entstehung regionalen Völkergewohnheitsrechts basiert - ebenso wie die Entstehung universalen Völkergewohnheitsrechts - auf allgemeiner Übung und entsprechender Rechtsüberzeugung, nur daß diese Elemente nur für eine bestimmte, regional abgrenzbare Anzahl von Staaten festzustellen

---

103 Vgl. U. Beyerlin/T. Marauhn (Anm. 97), S. 11; P. W. Birnie/A. E. Boyle (Anm. 1), S. 12; K. Doehring, Gewohnheitsrecht aus Verträgen, ZaöRV 1976, S. 77 ff.; M. Akehurst (Anm. 94), S. 49-52.

104 W. Heintschel von Heinegg, in: K. Ipsen (Anm. 66), S. 219 ff.

105 Vgl. P. W. Birnie/A. E. Boyle (Anm. 1), S. 16; W. Heintschel von Heinegg, in: K. Ipsen (Anm. 66), S. 193; E. Klein (Anm. 63), S. 87 Fußnote 5.

106 Vgl. A. Epiney/M. Scheyli, Strukturprinzipien des Umweltvölkerrechts (1998), S. 101.

107 Vgl. K. Doehring (Anm. 79), S. 126; R. Bernhard, Customary International Law, in: R. Bernhard, EPIL 1 (1992), S. 902 ff.

sind..[108]

Ob die in der Einleitung zu diesem Abschnitt genannten Pflichten völkergewohnheitsrechtliche Regeln darstellen und in welcher Beziehung sie zur UVP und insbesondere zum Espoo-Übereinkommen stehen, soll im folgenden näher untersucht werden.

2. Verbot erheblicher grenzüberschreitender Umweltbeeinträchtigungen

a) Völkergewohnheitsrechtliche Geltung dieses Verbots

Erstmals ausdrücklich formuliert wurde das Verbot erheblicher grenzüberschreitender Umweltbeeinträchtigungen in der Entscheidung des kanadisch-amerikanischen Schiedsgerichts im Trail-Smelter-Fall aus dem Jahr 1941.[109] Schwefeldioxid-Dämpfe einer Zink- und Bleischmelze im kanadischen Trail trieben auf das Territorium der Vereinigten Staaten, wo sie Schäden an Getreide und Farmland verursachten. In der maßgebenden Passage heißt es: "Under the principles of international law ... no State has the right to use or permit the use of its territory in such a manner as to cause injury, by fumes in or to the territory of another or the properties or persons therein, when the case is of serious consequence and the injury is established by clear and convincing evidence".[110] Das Verbot, schädigende Tätigkeiten zuzulassen, ist danach auf Fälle erheblicher Schäden reduziert. Der Lac-Lanoux-Schiedsspruch von 1957 bestätigte dieses Verbot. Darin ging es um Wasserentnahmen Frankreichs aus einem Zufluß zu dem in Spanien gelegenen Lac-Lanoux.[111] Das Schiedsgericht hielt eine Veränderung des Flusses innerhalb des eigenen Territoriums für unzulässig, wenn die Interessen anderer Staaten empfindlich beeinträchtigt werden.

In der Völkerrechtslehre und -praxis finden sich verschiedene Grundsätze, auf die das Verbot erheblicher grenzüberschreitender Umweltbeeinträchtigungen zurückgeführt wird. Der Grundsatz der Souveränität der Staaten ist von den

---

108 W. Heintschel von Heinegg, in: K. Ipsen (Anm. 66), S. 195 f.

109 RIAA, vol. III, S. 1905 ff.

110 Zu diesem Urteil vgl. K. J. Madders, Trail Smelter Arbitration, in: R. Bernhard, EPIL 2 (1981), S. 276; A. Randelzhofer/B. Simma, Kernkraftwerk an der Grenze, in: Festschrift für F. Berber (Anm. 91), S. 396.

111 RIAA, vol. XII, S. 281 ff.

Staaten in diesem Zusammenhang in zweifacher Weise bemüht worden. Die Staaten beriefen sich zum einen auf das Prinzip der absoluten territorialen Souveränität. Nach diesem Prinzip hat ein Staat das Recht, sein Territorium in jeder erdenklichen Weise zu nutzen, auch wenn diese Nutzung außerhalb seines Territoriums Umweltschäden hervorruft (Harmon-Doktrin).[112] Zum anderen wurde das Prinzip der absoluten territorialen Integrität herangezogen, wonach jeder Staat das Recht hat, von Übergriffen auf sein Territorium frei zu sein.[113] Dies bedeutet, daß kein Staat auf seinem Gebiet Aktivitäten ausüben oder dulden darf, die nachteilige Auswirkungen für die Umwelt eines anderen Staates haben könnten. Nach der vorherrschenden Ansicht in der Völkerrechtslehre stehen diese beiden entgegengesetzten Prinzipien gleichwertig nebeneinander und müssen zum Ausgleich gebracht werden, wobei insbesondere auf die Idee des schonendsten (Souveränitäts-)Ausgleichs und die Verhältnismäßigkeit zurückgegriffen wird.[114] Drei weitere Grundsätze, auf die das Verbot erheblicher grenzüberschreitender Umweltbeeinträchtigung in der Literatur zurückgeführt wird, sind das Rechtsmißbrauchsverbot, das Prinzip der guten Nachbarschaft und das Prinzip "sic utere tuo ut alienum non laedas". Nach dem Rechtsmißbrauchsverbot darf niemand durch die Ausübung eines Rechts einen anderen schädigen,[115] nach dem Prinzip der guten Nachbarschaft darf kein Staat sein Territorium derart nutzen oder nutzen lassen, daß die Rechte eines anderen

112 Vgl. M. Vogelsang, Vom Nachbarrecht zum Umweltrecht, UPR 1992, S. 419; C. Hinds (Anm. 63), S. 299; U. Beyerlin, Grenzüberschreitender Umweltschutz und allgemeines Völkerrecht, in: Festschrift für K. Doehring (Anm. 63), S. 39. Seine deutlichste Ausprägung fand dieser Grundsatz in der nach dem damaligen Justizminister der Vereinigten Staaten benannten Harmon-Doktrin. Dieser vertrat 1895 im Zusammenhang mit einer Streitigkeit zwischen Mexiko und den USA über die Ableitung von Wasser aus dem Rio Grande durch amerikanische Farmer diese Auffassung.

113 Vgl. M. Vogelsang (Anm. 112), S. 419; C. Hinds (Anm. 63), S. 299; U. Beyerlin, Grenzüberschreitender Umweltschutz und allgemeines Völkerrecht, in: Festschrift für K. Doehring (Anm. 63), S. 39.

114 Vgl. D. Rauschning, Allgemeine Völkerrechtsregeln zum Schutz gegen grenzüberschreitende Umweltbeeinträchtigungen, in: Festschrift für H. J. Schlochauer (Anm. 92), S. 3; C. Hinds (Anm. 63), S. 311 ff; R. Wolfrum, Die grenzüberschreitende Luftverschmutzung im Schnittpunkt von nationalem Recht und Völkerrecht, DVBl. 1984, S. 494 ff. Demgegenüber gehen etwa U. Beyerlin, Grenzüberschreitender Umweltschutz und allgemeines Völkerrecht, in: Festschrift für K. Doehring (Anm. 63), S. 40-41; P. Kunig (Anm. 11), S. 16 ff. davon aus, daß die territoriale Integrität die Grundregel bildet, von der mit Rücksicht auf die territoriale Souveränität Ausnahmen bei nicht erheblichen Umweltbeeinträchtigungen möglich sein müssen.

115 Vgl. dazu D. Rauschning, Allgemeine Völkerrechtsregeln zum Schutz gegen grenzüberschreitende Umweltbeeinträchtigungen, in: Festschrift für H. J. Schlochauer (Anm. 92), S. 561.

Staates beeinträchtigt werden,[116] und nach dem Prinzip "sic utere tuo ut alienum non laedas" haben Staaten die Pflicht, ihr Recht in der Weise auszuüben, daß die Interessen anderer Rechtssubjekte nicht beeinträchtigt werden.[117] Letztlich kann hier aber offenbleiben, welches die Grundlagen des Verbots erheblicher grenzüberschreitender Umweltbeeinträchtigungen sind, da für die Bildung von Völkergewohnheitsrecht nur die Staatenpraxis und die Überzeugung der Staaten, daß ihr Verhalten rechtlich geboten ist, maßgeblich sind.

Die wiederholte Formulierung des Verbots erheblicher grenzüberschreitender Umweltbeeinträchtigungen in zahlreichen völkerrechtlichen Verträgen,[118] Deklarationen und Erklärungen der Staaten,[119] Arbeiten der OECD,[120] begleitet von einer weitgehend einheitlichen tatsächlichen Staatenpraxis,[121] läßt den Schluß zu, daß das Verbot erheblicher grenzüberschreitender Umweltbeeinträchtigungen eine Regel des Völkergewohnheitsrechts ist.

b) *Präventive Wirkung dieses Verbots*

Der überwiegende Teil der Völkerrechtslehre ist der Auffassung, daß dieses Verbot erheblicher grenzüberschreitender Umweltbeeinträchtigungen präventi-

---

116 Vgl. A. Nollkaemper (Anm. 61), S. 29; U. Beyerlin, Neighbour States, in: R. Bernhard, EPIL 10 (1987), S. 310.

117 Vgl. hierzu genauer C. Hinds (Anm. 63), S. 298 ff.

118 Vgl. Präambel des Übereinkommens über weiträumige grenzüberschreitende Luftverschmutzung vom 13.11.1979, Text zitiert in Anm. 7; Art. 194 (2) des UN-Seerechtsübereinkommens vom 10.12.1982, Text in: 21 ILM (1982), S. 1261, in Kraft seit 16.11.1994; Art. 3 des Übereinkommens zur Erhaltung der Biologischen Vielfalt vom 5.6.1992, Text in: 31 ILM (1992), S. 818, in Kraft seit 29.12.1993.

119 Vgl. Prinzip 21 Stockholm-Deklaration vom 16.6.1972, Text in: 11 ILM (1972), S. 1416; Resolution der UN-Generalversammlung 2995 (XXVII) vom 15.12.1972; Prinzip 21 der UN World Charter for Nature, Resolution der UN-Generalversammlung 37/7 vom 28.10.1982, Text in: 22 ILM (1983), S. 455; Prinzip 2 Rio-Deklaration vom 14.6.1992, Text in: 31 ILM (1992), S. 876.

120 Vgl. Prinzip B 1 der OECD Empfehlung C(74)224 vom 14.11.1974, Text in: 14 ILM (1975), S. 242.

121 Vgl. die Überblicke zur Staatenpraxis bei D. Rauschning, Allgemeine Völkerrechtsregeln zum Schutz gegen grenzüberschreitende Umweltbeeinträchtigungen, in: Festschrift für H. J. Schlochauer (Anm. 92), S. 56; E. Klein (Anm. 63), S. 161 ff. und 216 ff.; A. Randelzhofer/B. Simma, Kernkraftwerk an der Grenze, in: Festschrift für F. Berber (Anm. 91), S. 400 ff.

ven Charakter hat, also bedeutet, daß die Staaten verpflichtet sind, künftige grenzüberschreitende Umweltbeeinträchtigungen zu verhindern.[122] Entsprechend heißt es in Prinzip 21 Stockholm-Deklaration,[123] daß die Staaten nicht nur bereits eingetretene grenzüberschreitende Umweltbeeinträchtigungen abzustellen haben, sondern darüber hinaus dafür verantwortlich sind, sicherzustellen, daß Tätigkeiten im Bereich ihrer Hoheitsgewalt der Umwelt eines anderen Staats keinen Schaden zufügen werden. Eine Verpflichtung zur Verhütung von künftigen Schäden wird teilweise dem Trail-Smelter-Schiedsspruch von 1941 entnommen.[124] Als Argument wird auch das Urteil des IGH im Corfu-Channel-Fall von 1949[125] herangezogen, dem allerdings kein umweltrechtlicher Sachverhalt zugrunde lag.[126] Zwei britische Kriegsschiffe waren im Corfu Channel, der zu den Territorialgewässern Albaniens gehört, durch Minen beschädigt worden. Der IGH stellte in diesem Fall auf die Verpflichtung jedes Staates ab, "not to allow knowingly its territory to be used for acts contrary to the rights of other States", also die Pflicht, andere vor Schäden zu bewahren, die durch völkerrechtswidrige Handlungen verursacht werden. Im Schrifttum wird auch darauf hingewiesen, daß ein nicht präventiv wirkendes Verbot ins Leere liefe.[127] Darüber hinaus wird die Pflicht zur Vermeidung erheblicher grenzüberschreitender Umweltbeeinträchtigungen durch die europäische und amerikanische Staatenpraxis gestützt.[128] Der überwiegenden Auffassung der Völkerrechtsleh-

---

122 Vgl. A. Epiney (Anm. 63), S. 329-331; L. Gündling (Anm. 63), S. 280; P. Kunig (Anm. 11), S. 20; D. Rauschning, Allgemeine Völkerrechtsregeln zum Schutz gegen grenzüberschreitende Umweltbeeinträchtigungen, in: Festschrift für H. J. Schlochauer (Anm. 92), S. 563; D. Rogalla/C. Schulz (Anm. 3), S. 196; A. Verdross/B. Simma (Anm. 92), § 1029.

123 Erklärung vom 16.6.1972, Text zitiert in Anm. 119: "States have ... the responsibility to ensure that activities within their jurisdiction or control do not cause damage to the environment of other states or areas beyond limits of national jurisdiction".

124 So P. W. Birnie/A. E. Boyle (Anm. 1), S. 92. Abgestellt wird z.B. auf die Formulierung: "... to refrain from causing any damage through fumes in the State of Washington ...", RIAA, vol. III, S. 1966.

125 ICJ-Rep. 1949, S.4 ff.

126 D. Rauschning, Allgemeine Völkerrechtsregeln zum Schutz gegen grenzüberschreitende Umweltbeeinträchtigungen, in: Festschrift für H. J. Schlochauer (Anm. 92), S. 565.

127 Vgl. A. Epiney (Anm. 63), S. 329 ff.

128 Beispiele für die europäische und amerikanische Staatenpraxis: J. Brunnée, Entwicklungen im Umweltvölkerrecht am Beispiel des sauren Regens und der Ozonschichtzerstörung (1988), S. 80 ff.; Beispiele für die europäische Staatenpraxis: D. Rauschning, Allgemeine Völkerrechtsregeln zum Schutz gegen grenzüberschreitende Umweltbeeinträchtigungen, in: Festschrift für H. J. Schlochauer (Anm. 92), S. 565 ff.

re, daß die Vermeidung erheblicher grenzüberschreitender Umweltbeeinträchtigungen eine völkergewohnheitsrechtliche Pflicht ist, ist folglich zuzustimmen.

Im Zusammenhang mit diesem Gebot ist in der Literatur anerkannt, daß die Staaten die völkergewohnheitsrechtliche Pflicht haben, mit gebührender Sorgfalt ("due diligence") so zu handeln, daß andere Staaten vor erheblichen Umweltschäden geschützt werden.[129] Bestätigung findet diese Verpflichtung auch in der Staatenpraxis.[130]

c) *Umweltbeeinträchtigungen unterhalb der Erheblichkeitsschwelle*

Stark umstritten ist die Frage, ob auch eine Verpflichtung zur Minimierung neuer oder zusätzlicher grenzüberschreitender Umweltbelastungen anzunehmen ist. Teile des völkerrechtlichen Schrifttums sind der Ansicht, es gebe die Pflicht, neue oder zusätzliche grenzüberschreitende Umweltbelastungen generell auf ein Mindestmaß zu reduzieren, und zwar unabhängig davon, ob diese die Erheblichkeitsgrenze überschreiten oder nicht.[131] Dabei wird insbesondere mit dem Wortlaut von Prinzip 21 Stockholm-Deklaration[132] argumentiert, der eine Vermeidungspflicht ohne Rückgriff auf die Erheblichkeit der Umweltauswirkungen vorsieht. Hinzu kommt, daß dieses Prinzip in der Rio-Deklaration von 1992[133] als Prinzip 2 wortgleich niedergelegt wurde. Das Bestehen einer völkergewohnheitsrechtlichen Pflicht, grenzüberschreitende Umweltbeein-

---

129 Vgl. A. Epiney (Anm. 63), S. 219, Fußnote 42; P. W. Birnie/A. E. Boyle (Anm. 1), S. 94; R. Wolfrum (Anm. 91), S. 316-317.

130 Vgl. z.B. Art. 194 UN-Seerechtsübereinkommen von 1982, Text zitiert in Anm. 118. Nach dieser Vorschrift haben die Staaten die Pflicht, die "best practicable means at their disposal and in accordance with their capabilities" zur Vermeidung erheblicher grenzüberschreitender Umweltbeeinträchtigungen anzuwenden.

131 Vgl. D. Rauschning, Allgemeine Völkerrechtsregeln zum Schutz gegen grenzüberschreitende Umweltbeeinträchtigungen, in: Festschrift für H. J. Schlochauer (Anm. 92), S. 566; O. Kimminich, Umweltvölkerrecht, in: O. Kimminich/H. v. Lersner/P.-C. Storm (Anm. 91), Sp. 2516; T. Oppermann, Grenzüberschreitende Umweltbelastungen in: O. Kimminich/ H. v. Lersner/P.-C. Storm (Anm. 3), Sp. 912 ff.

132 Erklärung vom 16.6.1972, Text zitiert in Anm. 119. Dort heißt es: "States have ... the sovereign right to exploit their own resources pursuant to their own environmental policies, and the responsibility to ensure that activities within their jurisdiction or control do not cause damage to the environment of other states or areas beyond the limits of national jurisdiction."

133 Erklärung vom 13.6.1992, Text zitiert in Anm. 119.

trächtigungen unabhängig vom Überschreiten der Erheblichkeitsgrenze zu vermeiden, ist mit der überwiegenden Auffassung in der völkerrechtlichen Literatur jedoch wegen der insoweit nicht ausreichend feststellbaren Staatenpraxis derzeit noch abzulehnen.[134]

d) Verfahrenspflichten als Mittel zur Verwirklichung dieses Verbots

Das völkergewohnheitsrechtliche Gebot, erhebliche grenzüberschreitende Umweltbeeinträchtigungen zu vermeiden, impliziert eine Prüfung der Umweltauswirkungen geplanter Projekte mit potentiell erheblichen Umweltauswirkungen.[135] Nur wer frühzeitig prüft, welche Gefahren mit einem konkreten Projekt verknüpft sind, kann die weitere Planung entsprechend ausrichten und damit mit angemessener Sorgfalt handeln. Die Verpflichtung zur Anwendung angemessener Sorgfalt impliziert darüber hinaus, daß potentiell betroffene Staaten auf faire Weise in die Planung miteinbezogen werden, damit sie auf potentielle Umweltbelastungen auf ihrem Hoheitsgebiet hinweisen und rechtzeitig Korrekturen in der Planung vorgenommen werden können.[136] Daher regeln zahlreiche völkerrechtliche Instrumente Informations- und Konsultationspflichten der Staaten. Teilweise finden sich weitere Verfahrenspflichten, unter anderem auch Regelungen für eine gleichwertige Beteiligung ausländischer Betroffener.[137] Festzustellen ist damit, daß sich im Völkerrecht eine Reihe verfahrensrechtlicher Pflichten herausgebildet haben, die alle Mittel zur Verwirklichung des Verbots erheblicher grenzüberschreitender Umweltbelastungen sind.

---

134 So W. Heintschel von Heinegg, Umweltvölkerrecht, in: H.-W. Rengeling, Handbuch zum europäischen und deutschen Umweltrecht, Bd. I (1998), S. 753; B.-O. Bryde (Anm. 91), S. 1; P. Kunig (Anm. 11), S. 22 ff.; A. Randelzhofer (Anm. 3), S. 6; W. Heintschel von Heinegg, in: K. Ipsen, Völkerrecht (Anm. 66), S. 917 f.; D. Rogalla/ C. Schulz (Anm. 3), S. 193. Vgl. in der Staatenpraxis z.B. Art. 2 Abs. 1 Espoo-Übereinkommen, Text zitiert in Anm. 29.

135 A. Nollkaemper (Anm. 61), S. 180; M. Bothe/L. Gündling (Anm. 2), S. 182.

136 Vgl. P. W. Birnie/A. E. Boyle (Anm. 1), S. 102 ff.

137 Vgl. H. Hohmann (Anm. 6), S. 190 ff.

3. Pflicht zur Umweltverträglichkeitsprüfung bei erheblichen grenzüberschreitenden Umweltauswirkungen

a) *Völkergewohnheitsrechtliche Geltung dieser Pflicht*

Eine der verfahrensrechtlichen Pflichten, die zur Erreichung des Ziels, erhebliche grenzüberschreitende Umweltbeeinträchtigungen zu vermeiden, eingesetzt werden, ist die Pflicht zur UVP.[138] Explizit erwähnt wird diese Pflicht erstmals in Art. 11 a) des im Rahmen des UNEP-Regionalmeerprogramms verabschiedeten Kuwait-Abkommens über die Zusammenarbeit zum Schutz der Umwelt des Persischen Golfs von 1978 (Kuwait-Abkommen).[139] Neben die Pflicht zur Verhütung, Verringerung und Bekämpfung der Meeresverschmutzung in Art. 3 a) tritt nach Art. 11 a) folgende Pflicht: "Each Contracting State shall endeavour to include an assessment of the potential environmental effects in any planning entailing projects within its territory ... which may cause significant risks of pollution in the sea area". Alle nachfolgen Übereinkommen des UNEP-Regionalmeerprogramms verpflichten ausdrücklich zur Durchführung einer UVP bei Projekten, die erhebliche Auswirkungen auf die Meeresumwelt haben können.[140] Art. 206 Seerechtsübereinkommen der Vereinten Nationen von 1982 (UN-Seerechtsübereinkommen)[141] schreibt eine UVP für den Fall vor, daß "vernünftige Gründe" für die Annahme bestehen, daß ein Vorhaben die Meeresumwelt erheblichen und schädlichen Veränderungen unterwirft.[142] Das -

138 A. Nollkaemper (Anm. 61), S. 180; A. Randelzhofer/R. Harndt (Anm. 185), S. 60; W. Heintschel von Heinegg, Umweltvölkerrecht, in: H.-W. Rengeling (Anm. 134), S. 747.

139 Abkommen vom 24.4.1978, Text in: 17 ILM (1978), S. 511 und W. E. Burhenne, Internationales Umweltrecht, 978:31, in Kraft seit 1.7.1979.

140 Art. 13 des Abkommens von Abidjan über den Meeres- und Küstenumweltschutz der West- und Zentralafrikanischen Region vom 23.3.1981, Text in: 20 ILM (1981), S. 729 und W. E. Burhenne, Internationales Umweltrecht, 981:23, in Kraft seit 5.4.1984; Art. 8 des Abkommens von Lima über den Meeresumwelt- und Küstenschutz des Südostpazifiks vom 12.11.1981, Text in: W. E. Burhenne, Internationales Umweltrecht, 981:84, in Kraft seit 19.5.1986; Art. 11 des Abkommens von Jeddah über den Schutz des Roten Meeres und den Golf von Aden vom 14.2.1982, Text in: W. E. Burhenne, Internationales Umweltrecht, 982:13, in Kraft seit 20.8.1985; Art. 12 des Abkommens von Cartagena de Indias über den Schutz der Meeresumwelt im Karibischen Raum vom 24.3.1983, Text in: 22 ILM (1983), S. 227 und W. E. Burhenne, Internationales Umweltrecht, 983:23, in Kraft seit 11.10.1986; Art. 16 des Abkommens von Numea zum Schutz der Naturschätze und der Umwelt der Südpazifik-Region vom 24.11.1986, Text in: 26 ILM (1987), S. 38, in Kraft seit 18.10.1990.

141 Übereinkommen vom 10.12.1982, Text zitiert in Anm. 118.

142 Art. 206 UN-Seerechtsübereinkommen lautet: "When States have reasonable grounds

allerdings noch nicht in Kraft getretene[143] - ASEAN-Abkommen über die Erhaltung der Natur und der natürlichen Hilfsquellen (ASEAN-Abkommen) von 1985[144] ist das erste Übereinkommen, das zur Durchführung einer UVP verpflichtet und sich nicht auf den Meersesumweltschutz bezieht. Das ASEAN-Übereinkommen sieht in Art. 14 Abs. 1 vor, daß die Parteien bei Projekten mit voraussichtlich erheblichen Umweltauswirkungen soweit möglich ("as far as possible") diese Auswirkungen prüfen und die Resultate der Prüfung bei der endgültigen Entscheidung berücksichtigen.[145] In Art. 20 Abs. 3, der sich speziell auf grenzüberschreitende Umweltauswirkungen bezieht, wird der Zusammenhang zwischen der Pflicht zur Vermeidung erheblicher grenzüberschreitender Umweltbeeinträchtigungen und der UVP deutlich dargestellt. In Absatz 1 heißt es "Contracting Parties have ... the responsibility of ensuring that activities under their jurisdiction or control do not cause damage to the environment or the natural resources under the jurisdiction of other Contracting Parties ...". Absatz 3 appelliert an die Staaten ("states ... shall endeavor"), zur Erfüllung dieser Pflicht eine UVP durchzuführen.[146] Neben dem 1991 verabschiedeten Espoo-Übereinkommen regelt auch das Madrider Protokoll zum Antarktisvertrag von 1991 (Protokoll zum Antarktisvertrag)[147] ein ausführliches UVP-Verfahren. Nach Art. 8 und Anhang I ist zunächst festzustellen, ob eine Aktivität mehr als geringfügige oder vorübergehende Umweltauswirkungen erwarten läßt. Ist dies der Fall, ist eine umfassende "Evaluation" anzufertigen, in der unter anderem die voraussichtlichen Auswirkungen der Aktivität auf die antarktische Umwelt sowie Zweck, Standort, Dauer, Intensität und mögliche

---

for believing that planned activities under their jurisdiction or control may cause substantial pollution of or significant and harmful changes to the marine environment, they shall, as far as practicable, assess the potential effects of such activities on the marine environment and communicate reports of the results of such assessments."

143 Stand: 1.11.2000.

144 Abkommen vom 9.7.1985; Text in: W. E. Burhenne, Internationales Umweltrecht, 985:51.

145 Art. 14 Abs. 1 ASEAN-Abkommen bestimmt: "The Contracting Parties undertake that proposals for any activity which may significantly affect the natural environment shall as far as possible be subjected to an assessment of their consequences before they are adopted, and they shall take into consideration the results of this assessment in their decision-making process."

146 Art. 20 Abs. 3 a) ASEAN-Abkommen verpflichtet die Staaten: "to make environmental impact assessment before engaging in any activity that may create a risk of significantly affecting the environment or the natural resources of another Contracting Party or the environment or natural resources beyond national jurisdiction."

147 Protokoll vom 4.10.1991, Text in: 30 ILM (1991), S. 1460, in Kraft seit 14.1.1998.

Alternativen zu der Aktivität einschließlich der Alternative, die Aktivität nicht auszuführen, zu untersuchen sind. Diese "Evaluation" ist der Öffentlichkeit zugänglich zu machen, die Kommentare dazu abgeben kann. Das Ergebnis der UVP ist nach Art. 8 Abs. 2 bei der Entscheidung über die Aktivität miteinzubeziehen. Auch ist eine Nachkontrolle durchzuführen.[148] Art. 3 Abs. 1 h) des Übereinkommens von 1992 zum Schutz und zur Nutzung grenzüberschreitender Wasserläufe und Seen[149] verpflichtet die Parteien zur Einführung von UVP-Verfahren, um grenzüberschreitende Umweltauswirkungen zu vermeiden, zu kontrollieren und zu reduzieren.[150] Art. 14 Abs. 1 a) des Übereinkommens von 1992 zur Erhaltung der biologischen Vielfalt[151] verpflichtet die Parteien, "soweit möglich und sofern angebracht" geeignete Verfahren einzuführen, die eine UVP bei geplanten Vorhaben, die wahrscheinlich erhebliche Auswirkungen auf die biologische Vielfalt haben, vorschreiben. Ziel ist dabei, diese Auswirkungen zu vermeiden oder auf ein Mindestmaß zu beschränken und gegebenenfalls eine Beteiligung der Öffentlichkeit an diesem Verfahren zu ermöglichen.[152]

Im Bereich des soft-law empfiehlt Prinzip 4 der 1978 vom Umweltprogramm der Vereinten Nationen (UNEP) verabschiedeten "Principles of Conduct in the Field of the Environment for the Guidance of States in the Conservation and Harmonious Utilization of Natural Resources Shared by Two or More States" (Shared Resources Declaration)[153] den Staaten, die Umweltauswirkungen geplanter Aktivitäten zu prüfen, die die Umwelt anderer Staaten erheblich

---

148 Art. 5 Abs. 2 i.V.m. Anhang I des Protokolls zum Antarktisvertrags von 1991.

149 Übereinkommen vom 17.3.1992, Text zitiert in Anm. 8.

150 Art. 3 Abs. 1 h) bestimmt: "To prevent, control and reduce transboundary impact, the Parties shall develop, adopt, implement and, as far as possible, render compatible relevant legal, administrative, economic, financial and technical measures, in order to ensure, inter alia, that ... h) environmental impact assessment and other means of assessment are applied ...".

151 Übereinkommen vom 5.6.1992, Text zitiert in Anm. 118.

152 Art. 14 Abs. 1 a) Übereinkommen zur Erhaltung der biologischen Vielfalt verpflichtet die Parteien, soweit möglich und zumutbar, "introduce appropriate procedures requiring environmental impact assessment of its proposed projects that are likely to have significant adverse effects on biological diversity with a view to avoiding and minimizing such effects and, where appropriate, allow for public participation in such procedures ...".

153 Die Shared Resources Declaration wurde vom UNEP-Verwaltungsrat am 19.5.1978 angenommen, Governing Council Approval of the Report sowie Report und Draft Principles (Nairobi, 7.2.1978, UNEP/IG.12/2), Text in: 17 ILM (1978), S. 1097.

schädigen können. Die Deklaration wurde von der UN-Generalversammlung mit der Empfehlung übernommen, daß sich alle Staaten bei der Ausarbeitung zwischenstaatlicher Abkommen an diesen Prinzipien orientieren sollen.[154] In den 1980 vom UNEP-Verwaltungsrat angenommenen "Provisions for co-operation between States in weather modification" (Weather Modification Guidelines)[155] wird den Staaten eine Bewertung der Umweltkonsequenzen von geplanten Aktivitäten der Wetterbeeinflussung, die sich auf Gebiete außerhalb ihrer Jurisdiktion auswirken können, empfohlen und zur Übermittlung dieser Ergebnisse an alle betroffenen Staaten aufgerufen.[156] Nach den "Conclusions of the study of legal aspects concerning the Environment related to offshore mining and drilling within the limits of national jurisdiction" (Offshore Guidelines), die am 31.5.1982 vom UNEP-Verwaltungsrat angenommen wurden,[157] soll der Genehmigung von Meeresbergbauaktivitäten gemäß Prinzip 6 Abs. 2, sofern es zu erheblichen Umweltschäden kommen könnte, eine Bewertung der möglichen Umweltauswirkungen dieser geplanten Aktivitäten vorangehen, die nach Prinzip 6 Abs. 3 zur Verweigerung der Erteilung einer Genehmigung führen soll, wenn die Umweltauswirkungen erheblich sind.[158] Die UVP soll nach Prinzip 8 Abs. 2, sofern dies angemessen ist, insbesondere eine Beschreibung des ursprünglichen Zustands der Umwelt des betroffenen Gebiets, eine

---

154 UN-Resolution 34/186 vom 18.12.1979, UN-GA Report of the 34th Session, S. 128; vgl. auch P. Sand, Internationales Umweltrecht im Umweltprogramm der Vereinten Nationen, NuR 1985, S. 171-172.

155 Die Weather Modification Guidelines wurden durch Beschluß 8/7/A vom 29.4.1980 vom UNEP-Verwaltungsrat angenommen. Sie sind abgedruckt in: Report of the Governing Council of the UNEP on work of its eighth session, UN-Doc. UNEP/GC.8/10, S. 132 ff.

156 Prinzip 5 UNEP Weather Modification Guidelines bestimmt: "States should ensure that an assessment is made of the environmental consequences of prospective weather modification activities under their jurisdiction or control which are likely to have an effect on areas outside their national jurisdiction, and either directly or through the World Meteorological Organization, make the results of such assessments available to all concerned States."

157 UN-Doc. UNEP/GC.9/5/Add.5, S. 34 ff.; auch abgedruckt in: EPL 7 (1981), S. 50 ff.

158 Prinzip 6 Abs. 2 und 3 UNEP Offshore Guidelines bestimmen: "(2)The granting of an authorization should be preceded by an assessment of the effects of the proposed operation on the environment, unless the competent authority is satisfied that in the light of the scope, duration and technical methods employed in the operations, significant adverse effects on the environment cannot be expected. (3) Authorization should be refused if there are clear indications that the operations are likely to cause significant adverse effects on the environment which could not be avoided by compliance with the conditions in the authorization."

Beschreibung des Zwecks und Umfangs der geplanten Aktivitäten und eine Beschreibung der voraussichtlichen Umweltauswirkungen der Aktivität enthalten. Vor der endgültigen Entscheidung soll die Genehmigungsbehörde die UVP bzw. eine kurze Zusammenfassung betroffenen Personen zugänglich machen, die hierzu Anmerkungen machen können, auf die der Projektträger erwidern darf (Prinzip 10). Die Deklaration wurde am 20.12.1982 von der UN-Generalversammlung mit der Empfehlung übernommen, sie bei der künftigen Ausarbeitung von Verträgen zu verwenden.[159] Nach Prinzip 11 c) der 1982 von der UN-Generalversammlung als Resolution verabschiedeten "World Charter for Nature"[160] sind die Umweltfolgen von Tätigkeiten, die die Natur "stören" können, mittels vorheriger UVP abzuschätzen, und das Vorhaben ist, falls es durchgeführt wird, so zu planen und auszuführen, daß die Beeinträchtigungen minimiert werden.[161] Nach Grundsatz 1 der 1987 vom UNEP-Verwaltungsrat angenommenen "Goals and Principles of Environmental Impact Assessment" (EIA Principles)[162] sollen die Staaten keine Aktivitäten unternehmen oder genehmigen, ohne zuvor in einem frühen Stadium deren Umweltauswirkungen bedacht zu haben. Die UVP soll nach Grundsatz 4 unter anderem mindestens beinhalten: eine Beschreibung der geplanten Aktivität, der voraussichtlich beeinträchtigten Umwelt und - soweit vertretbar - der Alternativen, eine Prüfung der voraussichtlichen Umweltauswirkungen, eine Beschreibung von Maßnahmen, mit denen diese Umweltauswirkungen des geplanten Projekts oder der Alternativen vermindert werden können, die Angabe, ob die Umwelt anderer Staaten oder außerhalb der nationalen Jurisdiktion voraussichtlich von der geplanten Aktivität oder Alternativen beeinträchtigt wird, sowie eine nichttechnische Zusammenfassung. Vor der endgültigen Entscheidung über die Aktivität sollen nach Grundsatz 7 Behörden, die Öffentlichkeit, Experten in relevanten Disziplinen und interessierte Gruppen Stellung nehmen können. Nur mittelbar ergibt sich aus Grundsatz 8, daß die Prüfergebnisse bei der Entscheidung über die Aktivität berücksichtigt werden sollen. Die Entscheidung soll nach Grundsatz 9 schriftlich ergehen, mit Gründen versehen sein, Auflagen zur

---

159 GA-Res. 37/217 vom 20.12.1982, para. 6 lit. b), in: UN-Doc. A/37/51, S. 145 ff.; vgl. dazu auch P. Sand, Internationales Umweltrecht im Umweltprogramm der Vereinten Nationen, NuR 1985, S. 172.

160 GA-Res. 37/7 vom 28.10.1982, Text zitiert in Anm. 119.

161 Prinzip 11 c) UN World Charter for Nature lautet: "Activities which may disturb nature shall be preceded by assessment of their consequences, and environmental impact studies of development projects shall be conducted sufficiently in advance, and if they are to be undertaken, such activities shall be planned and carried out so as to minimize potential adverse effects."

162 UNEP/GC.14/17, Annex III, Text zitiert in Anm. 14.

Verhinderung von Umweltschäden enthalten und interessierten Personen und Gruppen zugänglich gemacht werden. Später können das Vorhaben und die Einhaltung der Auflagen, wenn es gerechtfertigt ist, nach Grundsatz 10 überwacht werden. Für Fälle, in denen möglicherweise erhebliche grenzüberschreitende Umweltauswirkungen auftreten, empfiehlt Grundsatz 11 die Ausarbeitung bilateraler, regionaler und multilateraler Vereinbarungen. Grundsatz 12 statuiert, daß der Ursprungsstaat den möglicherweise betroffenen Staat benachrichtigen soll. Konsultationen werden nur empfohlen, wenn sie ohnehin vereinbart sind.[163] In Prinzip 16 der "Legal Principles for Environmental Protection and Sustainable Development" der WCED von 1987[164] werden die Staaten zur Durchführung der UVP bei voraussichtlichen grenzüberschreitenden Umweltauswirkungen geplanter Vorhaben aufgefordert.[165] Auch bei der Konferenz der Vereinten Nationen für Umwelt und Entwicklung vom 3. bis zum 14.6.1992 in Rio de Janeiro war die UVP ein Thema. Nach Prinzip 17 Rio-Deklaration[166] sollen Staaten bei Aktivitäten, die wahrscheinlich erhebliche Auswirkungen auf die Umwelt haben, eine UVP durchführen.[167] In der Agenda 21[168] sind eine Reihe von pauschalen Empfehlungen zur Durchführung einer UVP zu finden.[169]

---

163 Grundsatz 12 EIA Principles bestimmt: "When information provided as part of an EIA indicates that the environment within another State is likely to be significantly affected by a proposed activity, the State in which the activity is planned should, to the extent possible:

- Notify the potentially affected State of the proposed activity;

- Transmit the potentially affected State any relevant information from the EIA, the transmission of which is not prohibited by national laws or regulations; and

- When it is agreed between the States concerned, enter into timely consultations."

164 World Commission on Environment and Development (WCED) (Anm. 15), S. 349.

165 Prinzip 16 bestimmt: "States shall provide prior and timely notification and relevant information to the other concerned States, and shall make or require an environment assessment of planned activities which may have significant transboundary effects."

166 Erklärung vom 14.6.1992, Text zitiert in Anm. 119.

167 Prinzip 17 Rio-Deklaration lautet: "Environmental impact assessment, as a national instrument, shall be undertaken for proposed activities that are likely to have a significant adverse impact on the environment and are subject to a decision of a competent national authority." Vgl. zu diesem Prinzip P. Sands, Principles of International Environmental Law I (1995), S. 579.

168 UN-Doc. A/Conf.151/26, Vols. I-IV; auch abgedruckt in: N. A. Robinson, Agenda 21: Earth's Action Plan (1993).

169 Vgl. Kapitel 7, D Nr. 7.39 und 7.41 (b); Kapitel 8, A Nr. 8.5 (b); Kapitel 9, Nr. 9.12 (b); Kapitel 13, Nr. 13.17 (a); Kapitel 15, Nr. 15.5 (k); Kapitel 23.2. Die Generalver-

Auf regionaler Ebene hat sich die OECD, deren Mitglieder die 24 wichtigsten westlichen Industriestaaten sind, mit der UVP als Instrument der Umweltvorsorge befaßt. Erstmals wird den Mitgliedstaaten in der Empfehlung C(74)216[170] von 1974 pauschal empfohlen, eine UVP einzuführen. In der Empfehlung C(79)116[171] von 1979 werden dann die wichtigsten Verfahrensschritte und auch die wichtigsten inhaltlichen Elemente des UVP-Verfahrens angesprochen. Es wird die Einbeziehung von Alternativen in die Untersuchung empfohlen, die Beteiligung von Behörden und anderen Organisationen, die Information der Öffentlichkeit und die Beteiligung der Betroffenen, die effektive Umsetzung der Ergebnisse der Prüfung und die spätere Kontrolle von Projekten, die einer UVP unterzogen wurden. Die Empfehlungen C(74)224 von 1974[172], C(76)55(Final) von 1976[173] und C(77)28(Final) von 1977[174] empfehlen unter anderem die gleiche Beurteilung innerstaatlicher und grenzüberschreitender Umweltauswirkungen bei der UVP. Die Empfehlung C(78)77(Final) von 1978[175] enthält einen eigenen Abschnitt über die UVP und formuliert eine Reihe von Kooperationsregeln für Fälle, in denen Aktivitäten in Grenzregionen einer UVP unterzogen werden. Die Empfehlung C(85)104 von 1985[176] betrifft den speziellen Bereich der Entwicklungshilfe und empfiehlt die UVP für Maßnahmen der Entwicklungshilfe, die erhebliche Auswirkungen auf die Umwelt nach sich ziehen können.

Die EG-Mitgliedstaaten sind durch die von der Europäischen Gemeinschaft im Jahr 1985 verabschiedete und 1997 neugefaßte UVP-Richtlinie verpflichtet,

---

sammlung der Vereinten Nationen überprüfte auf einer Sondersitzung vom 23. bis 27. Juni 1997 die Fortschritte des Umweltvölkerrechts seit der Rio-Konferenz von 1992. In dem Abschlußdokument der UN-Sondergeneralversammlung, die als "Rio + 5" bezeichnet wurde, wird die UVP in Absatz 113 Programme for the further implementation of Agenda 21 knapp und allgemein als Instrument einer nachhaltigen Entwicklung empfohlen; vgl. dazu U. Beyerlin, M. Ehrmann, Fünf Jahre nach dem Erdgipfel von Rio - eine kritische Bestandsaufnahme der Sondergeneralversammlung vom Juni 1997, UPR 1997, S. 356 ff.

170 OECD Empfehlung C(74)216 vom 14.11.1974, in: B. Rüster/B. Simma, International Protection of the Environment, Bd. I, S. 297 ff.

171 OECD Empfehlung C(79)116 vom 8.5.1979, Text in: EPL 5 (1979), S. 154 ff.

172 OECD Empfehlung C(74)224 vom 14.11.1974, Text zitiert in Anm. 120.

173 OECD Empfehlung C(76)55(Final) vom 11.5.1976, Text in: 15 ILM (1976), S. 1218.

174 OECD Empfehlung C(77)28(Final) vom 17.5.1977, Text in: 16 ILM (1977), S. 977.

175 OECD Empfehlung C(78)77(Final) vom 21.9.1978, Text in: 17 ILM (1978), S. 1536.

176 OECD Empfehlung C(85)104 vom 10.6.1985, Text in: OECD, OECD and the Environment (1986), S. 30.

UVP-Regelungen einzuführen.[177] Dabei sieht die UVP-Richtlinie in Art. 7 auch die grenzüberschreitende Beteiligung der Behörden und - seit Verabschiedung der UVP-Änderungsrichtlinie - der ausländischen Öffentlichkeit bei der UVP vor.

Im bilateralen Bereich regeln das deutsch-polnische Abkommen und das deutsch-tschechische Abkommen über die Zusammenarbeit auf dem Gebiet des Umweltschutzes von 1994[178] bzw. 1996[179] die Durchführung einer UVP bei erheblichen grenzüberschreitenden Umweltauswirkungen. Zwei von der deutsch-französisch-schweizerischen[180] und der deutsch-französisch-luxemburgischen Regierungskommission[181] verabschiedete Empfehlungen von 1996 bzw. 1986 sehen die Prüfung der Umweltauswirkungen geplanter Vorhaben vor.[182] Darüber hinaus bestehen eine Reihe bilateraler Vereinbarungen der

---

177 Richtlinie über die Umweltverträglichkeitsprüfung bei bestimmten öffentlichen und privaten Projekten, ABl. EG vom 5.7.1985, L 175, S. 40. Die UVP-Richtlinie wurde, auch im Hinblick auf die Regelungen des Espoo-Übereinkommens durch die Richtlinie zur Änderung der Richtlinie über die Umweltverträglichkeitsprüfung bei bestimmten öffentlichen und privaten Projekten vom 3.3.1997 geändert, ABl. EG vom 14.3.1997, L 73, S. 5; vgl. zur UVP-Richtlinie und zur UVP-Änderungsrichtlinie Kapitel D II. 1.

178 BGBl. II 1998, S. 282, in Kraft seit 31.8.1998.

179 BGBl. II 1998, S. 2587, in Kraft seit 2.1.1999.

180 Vgl. die deutsch-französisch-schweizerische Vereinbarung zur Bildung einer Kommission zur Prüfung und Lösung von nachbarschaftlichen Fragen vom 22.10.1975, BGBl. II 1976, S. 194, in Kraft seit 22.10.1975.

181 Diese Kommission wurde durch die deutsch-französisch-luxemburgische Vereinbarung über die Zusammenarbeit in den Grenzgebieten vom 16.10.1980, BGBl. II, S. 1426, in Kraft seit 16.10.1980 ins Leben gerufen.

182 Vgl. Empfehlung zur gegenseitigen Unterrichtung und zur Konsultation bei neuen Projekten der deutsch-französisch-schweizerischen Regierungskommission für nachbarschaftliche Fragen vom 13.3.1996, nicht veröffentlicht, und Empfehlung zur gegenseitigen Unterrichtung über Neu- und Änderungsvorhaben bei genehmigungsbedürftigen Anlagen vom 26.4.1986, Text in: Staatskanzlei Rheinland-Pfalz zur Zusammenarbeit von Kommunen zwischen Rheinland-Pfalz sowie Frankreich, Luxemburg, Belgien (1997); vgl. dazu Kapitel F II.

Bundesrepublik Deutschland mit ihren Nachbarstaaten über einen Informationsaustausch vor Errichtung kerntechnischer Einrichtungen[183] und zur Abstimmung bei Raumordnungsmaßnahmen.[184]

Zusammenfassend ist festzustellen, daß eine Reihe völkerrechtlicher Verträge existieren, die eine UVP vorschreiben, die aber auf bestimmte Bereiche des Umweltschutzes begrenzt sind (insbesondere den Schutz der Meere[185]) und nur bestimmte Staaten binden. Die Verpflichtung zur Durchführung einer UVP wird in vielen Übereinkommen mit Klauseln wie z.B. "as far as practicable" (Art. 206 UN-Seerechtsübereinkommen von 1982), "shall endeavour" (Art. 14 ASEAN-Abkommen von 1987), "as far as possible and as appropriate" (Art. 14 Abs. 1 Übereinkommen zur Erhaltung der biologischen Vielfalt von 1992) zusätzlich eingeschränkt. Für den Nachweis einer allgemeinen Übung der

---

183 Vgl. deutsch-dänische Vereinbarung über gegenseitige Unterrichtung beim Bau grenznaher kerntechnischer Einrichtungen vom 4.7.1977, Text in: UPR 1983, S. 19, in Kraft seit 4.7.1977; deutsch-niederländisches Memorandum über gegenseitige Unterrichtung und Konsultationen hinsichtlich grenznaher kerntechnischer Einrichtungen vom 28.10.1977, Text in: UPR 1983, S. 20; deutsch-französische Vereinbarung über die Zusammenarbeit betreffend kerntechnische Anlagen vom 12.1.1976/29.3.1976, vgl. den Hinweis bei H. W. Rengeling, Rechtsprobleme grenzüberschreitender Standortplanung, in: N. Pelzer, Friedliche Kernergienutzung und Staatsgrenzen in Mitteleuropa (1986), S. 41; deutsch-schweizerische Vereinbarung über die gegenseitige Unterrichtung beim Bau und Betrieb grenznaher kerntechnischer Einrichtungen vom 10.8.1982, BGBl. II 1983, S. 743, in Kraft seit 19.9.1983; vgl. dazu eingehend Kapitel F II.

184 Vgl. Abkommen zwischen der Regierung der Bundesrepublik Deutschland und der Regierung des Königreichs der Niederlande über die Zusammenarbeit auf dem Gebiet der Raumordnung vom 30.3.1976, BGBl. II 1977, S. 35, in Kraft 1.2.1977; Abkommen zwischen der Regierung der Bundesrepublik Deutschland und der Regierung des Königreichs Belgien über die Zusammenarbeit auf dem Gebiet der Raumordnung vom 3.2.1971, BGBl. II 1982, S. 85, in Kraft seit 3.2.1971; Abkommen zwischen den Regierungen der Bundesrepublik Deutschland und der Schweizerischen Eidgenossenschaft zur Gründung einer deutsch-schweizerischen Raumordnungskommission vom 28.8.1973, BGBl. II 1980, S. 1426; Abkommen zwischen der Bundesrepublik Deutschland und der Österreichischen Bundesregierung über die Zusammenarbeit auf dem Gebiet der Raumordnung vom 11.12.1973, BGBl. II 1974, S. 1110, in Kraft seit 1.3.1974; vgl. dazu Kapitel F II.

185 Auf staatsfreie Räume wie die Hohe See ist das Verbot erheblicher grenzüberschreitender Umweltbeeinträchtigungen nicht ohne weiteres übertragbar, da es daran anknüpft, daß die territoriale Integrität anderer Staaten verletzt wird. Daher ist nicht verwunderlich, daß sich eine Reihe völkerrechtlicher Verträge auf die Hohe See beziehen; vgl. dazu A. Randelzhofer/R. Harndt, Grenzüberschreitende Zusammenarbeit bei der Umweltverträglichkeitsprüfung (1989), S. 61.

Staaten sind diese völkerrechtlichen Verträge daher nicht ausreichend. Die zahlreichen unverbindlichen Instrumente, die die Durchführung einer UVP empfehlen, stellen nur Wegbereiter für die Entstehung völkergewohnheitsrechtlicher Normen dar, die sich erst bei entsprechenden nachfolgendem Staatenverhalten entwickeln können. Eine Reihe von Texten, z.B. die Offshore Guidelines von 1981, beziehen sich zudem nur auf einen konkreten Projektbereich. Wenn die untersuchten Texte auch alle unverbindlich sind, weisen sie in ihren Formulierungen doch verschiedene Stufen der "Unverbindlichkeit" auf. Während die World Charter for Nature von 1982 in bezug auf die UVP mit der Formulierung "shall" einen höheren Grad der "Verpflichtung" zum Ausdruck bringt, verwenden die ausführlichen EIA Principles von 1987 durchweg die Formulierung "should" und zeichnen sich durch sehr nachgiebige Formulierungen wie "where appropriate", "where justified" und "to the extent possible"(Grundsätze 3, 4, 10 und 12) aus. Insgesamt gehen diese unverbindlichen Instrumente aber - trotz dieser Einschränkungen - weiter und formulieren ihre Aussagen klarer als die untersuchten völkerrechtlichen Verträge, insbesondere im Hinblick auf Inhalt und Ablauf einer UVP-Prüfung. Die Pflicht zur Durchführung einer UVP ist daher zwar noch nicht als Völkergewohnheitsrecht einzustufen, aber als eine im Entstehen begriffene völkergewohnheitsrechtliche Regel.[186]

Für den westeuropäischen Rechtsraum kann festgestellt werden, daß diese Staaten mehr als andere Staaten bereit sind, die Belange ihrer Nachbarn zu berücksichtigen, bevor im grenznahen Raum potentiell gefährliche Vorhaben verwirklicht werden.[187] Die Erklärungen der OECD und die UVP-Richtlinien der EG zeigen, daß eine Verpflichtung zur Durchführung einer UVP von diesen Organisationen anerkannt wird. Auch die deutsche Staatenpraxis bestätigt die Notwendigkeit der vorherigen Prüfung der Umweltauswirkungen potentiell umweltrelevanter Projekte. Ob schon von einer Herausbildung regionalen

186 So auch P. Sands, Principles of International Environmental Law I (1995), S. 594; T. Bunge, Umweltverträglichkeitsprüfung, in: O. Kimminich/H. v. Lersner/P.-C. Storm (Anm. 91), Sp. 2493; M. Bothe/L. Gündling (Anm. 2), S. 181; A. Randelzhofer/R. Harndt (Anm. 185), S. 77 ff.; für eine bereits entstandene völkergewohnheitsrechtliche Verpflichtung: H. Hohmann (Anm. 6), S. 260-261 und A. Epiney/M. Scheyli (Anm. 106), S. 139. Im Ergebnis so auch die Expertengruppe der WCED, die die UVP bereits 1987 als ein "emerging principle of international law" identifiziert; vgl. Experts Group on Environmental Law of the Word Commission on Environment and Development, Environmental Protection and Sustainable Development, Legal Principles and Recommendations (1986), S. 62.

187 So auch W. Heintschel von Heinegg, Umweltvölkerrecht, in: H.-W. Rengeling (Anm. 134), S. 747.

Völkergewohnheitsrechts gesprochen werden kann, erscheint aber angesichts des immer noch recht geringen Umfangs der völkerrechtlichen Übung zweifelhaft.[188]

b) Inhalt dieser Pflicht

Zur inhaltlichen Tragweite der Pflicht zur Durchführung einer UVP lassen sich der völkerrechtlichen Praxis einige Anhaltspunkte entnehmen.

In der Regel sehen völkerrechtliche Verträge und unverbindliche Erklärungen vor, daß eine UVP durchzuführen ist, wenn erhebliche nachteilige Auswirkungen auf die Umwelt wahrscheinlich sind. Nr. 8 der Empfehlung C(79)116 der OECD von 1979,[189] Prinzip 11 c) der UN World Charter for Nature von 1982,[190] Grundsatz 1 der UNEP EIA Principles von 1987,[191] Prinzip 16 der Legal Principles for Environmental Protection and Sustainable Development der WCED von 1987[192] und Prinzip 17 der Rio-Deklaration von 1992[193] stellen auf dieses Kriterium ab. Gleiches gilt für Art. 20 Abs. 3 a) des ASEAN-Abkommens von 1985,[194] Art. 7 UVP-Richtlinie,[195] Art. 7 Abs. 1 des Überein-

---

188 Eine Pflicht zur Durchführung einer UVP speziell für rein national begrenzte Umweltbelastungen besteht ersichtlich nicht. Es finden sich zwar einige Quellen, in denen die Durchführung der UVP losgelöst von der Frage der nach der territorialen Auswirkung der untersuchten Umweltbelastung thematisiert wird, so daß sie vom Wortlaut her grundsätzlich auch auf national begrenzte Umweltbelastungen Anwendung fänden, z.B. Art. 14 Abs. 1 ASEAN-Abkommen über die Erhaltung der Natur und der natürlichen Hilfsquellen von 9.7.1985, Text zitiert in Anm. 144; Prinzip 17 Rio-Deklaration vom 14.6.1992, Text zitiert in Anm. 119. Eine solche noch allgemein gefaßte Pflicht, die auch nur für lokal begrenzte Umweltbelastungen gilt, kann jedoch nur Ausgangspunkt einer sich möglicherweise entwickelnden völkergewohnheitsrechtlichen Pflicht sein. Anderer Ansicht sind insoweit A. Epiney/M. Scheyli (Anm. 106), S. 136 ff.

189 OECD Empfehlung C(79)116 vom 8.5.1979, Text zitiert in Anm. 171.

190 GA-Res. 37/7 vom 28.10.1982, Text zitiert in Anm. 119.

191 UNEP/GC.14/17, Annex III, Text zitiert in Anm. 14.

192 World Commission on Environment and Development (WCED) (Anm. 15) S. 349.

193 Erklärung vom 14.6.1992, Text zitiert in Anm. 119.

194 Übereinkommen vom 9.7.1985, Text zitiert in Anm. 144.

195 Text in: ABl. EG vom 5.7.1985, L 175, S. 40; geändert in: ABl. EG vom 14.3.1997, L 73, S. 5.

kommens über den Schutz der Meeresumwelt des Ostseegebietes von 1992[196] und Art. 14 Abs. 1 a) des Übereinkommens zur Erhaltung der biologischen Vielfalt von 1992.[197] Nach der überwiegenden völkerrechtlichen Praxis ist die UVP durchzuführen, wenn nachteilige Auswirkungen auf die Umwelt wahrscheinlich sind und anzunehmen ist, daß diese erheblich sind.[198] Damit ist das Element der Erheblichkeit die Schwelle des Gefahrenpotentials, das die Durchführung einer UVP im Rahmen der im Entstehen begriffenen völkergewohnheitsrechtlichen Norm erforderlich werden läßt.

Hinsichtlich der genauen Ausgestaltung des durchzuführenden Verfahrens läßt sich in der Staatenpraxis wenig Kontinuität erkennen. Häufig werden die Anforderungen an das durchzuführende Verfahren nicht weiter präzisiert. Ausführungen zu der Durchführung des Verfahrens enthalten aber beispielsweise das Umweltschutzprotokoll zum Antarktisvertrag von 1991[199] und die EIA Principles von 1987.[200]

In bezug auf die Rechtsfolgen der UVP ist der völkerrechtlichen Praxis folgendes zu entnehmen: Art. 8 Abs. 2 des Umweltschutzprotokolls zum Antarktisvertrag von 1991[201] verlangt lediglich, die Resultate des UVP-Verfahrens im Planungsprozeß gebührend miteinzubeziehen. Häufiger wird gefordert, daß das Ergebnis der UVP bei der Entscheidung über die Zulassung des Vorhabens zu berücksichtigen ist. Art. 14 Abs. 1 a) des Übereinkommens zur Erhaltung der biologischen Vielfalt von 1992,[202] verschiedene Übereinkommen des UNEP-Regionalmeerprogramms (z.B. Art. 16 Abs. 1 und Abs. 2 Numea Konvention zum Schutz der Naturschätze und der Umwelt der Südpazifik-Region[203] und Art. 12 Abs. 1 und Abs. 2 des Abkommens von Cartagena de Indias über den

---

196 Übereinkommen vom 19.4.1992, Text in: 32 ILM (1993), S. 1069, in Kraft seit 17.1.2000.

197 Übereinkommen vom 5.6.1992, Text zitiert in Anm. 118.

198 In Ausnahmefällen wird auf die Schwelle der Erheblichkeit in völkerrechtlichen Dokumenten auch verzichtet, so etwa in Art. 8 des Umweltschutzprotokolls zum Antarktisvertrag vom 4.10.1991, Text zitiert in Anm. 147. Dies hängt aber wohl mit dem besonders sensiblen ökologischen System der Antarktis zusammen, das dazu führt, daß jedes Vorhaben als mit erheblichen Auswirkungen auf die Umwelt einzustufen ist; vgl. A. Epiney/M. Scheyli (Anm. 106), S. 133.

199 Protokoll vom 4.10.1991, Text zitiert in Anm. 147.

200 UNEP/GC.14/17, Annex III, Text zitiert in Anm. 14.

201 Protokoll vom 4.10.1991, Text zitiert in Anm. 147.

202 Übereinkommen vom 5.6.1992, Text zitiert in Anm. 118.

203 Übereinkommen vom 24.11.1986, Text zitiert in Anm. 140.

Schutz der Meeresumwelt im Karibischen Raum von 1983[204]) fordern sogar sinngemäß, daß die Berücksichtigung der Ergebnisse der UVP zumindest zu einer Redimensionierung der geplanten Projekte führen können muß. Nach den UVP-Richtlinien sind die Ergebnisse der UVP bei der endgültigen Entscheidung über das Projekt zu berücksichtigen.[205] Es gehört folglich zu der im Entstehen begriffenen völkergewohnheitsrechtlichen Pflicht, eine UVP durchzuführen, daß die Ergebnisse der UVP in den Entscheidungsprozeß einzubeziehen und zu berücksichtigen sind. Weitere Präzisierungen der Berücksichtigungspflicht lassen sich aus der völkerrechtlichen Praxis aber nicht ableiten.

c) Positivierung oder Weiterentwicklung dieser Pflicht im Espoo-Übereinkommen

Das Espoo-Übereinkommen greift in Art. 2 Abs. 1 die völkergewohnheitsrechtliche Regel, erhebliche grenzüberschreitende Umweltbeeinträchtigungen zu vermeiden, auf, indem es die Parteien verpflichtet, alle Maßnahmen zur Vermeidung, Verminderung und Überwachung erheblicher grenzüberschreitender Auswirkungen eines geplanten Projekts zu ergreifen. Das geeignete Mittel zur Verwirklichung dieses Ziels ist nach dem Übereinkommen die UVP, zu deren Durchführung es die Parteien verpflichtet. Das Espoo-Übereinkommen geht damit über bestehendes Völkergewohnheitsrecht hinaus, da eine völkergewohnheitsrechtliche Verpflichtung zur Durchführung einer UVP bislang lediglich im Entstehen begriffen ist.

Voraussetzung dafür, daß das Übereinkommen Anwendung findet, ist nach Art. 2 Abs. 3, daß erhebliche grenzüberschreitende Umweltauswirkungen wahrscheinlich sind. Das Espoo-Übereinkommen wiederholt damit das Kriterium, das nach der im Entstehen begriffenen Pflicht zur Durchführung einer UVP Voraussetzung für die Durchführung einer UVP ist, und trägt zur weiteren Festigung der insoweit bestehenden Staatenpraxis bei. Es wiederholt dieses Kriterium jedoch nicht nur, sondern präzisiert es auch, indem es eine Liste von Projekten zur Verfügung stellt, die in der Regel erhebliche Auswirkungen auf die Umwelt zur Folge haben. Als erster völkerrechtlicher Vertrag sieht es zudem bei Streit über die Erheblichkeit der Umweltauswirkungen eines aufgelisteten Projekts die Einschaltung einer unabhängigen Untersuchungskommission vor, die ein Gutachten zur Frage der Wahrscheinlichkeit erheblicher grenz-

---

204 Übereinkommen vom 24.3.1983, Text zitiert in Anm. 140.

205 Vgl. zur UVP-Richtlinie Kapitel D II. 1. b) ee).

überschreitender Umweltauswirkungen anfertigt. Bei Projekten, die nicht aufgelistetet sind, können betroffene Parteien Konsultationen verlangen, wobei das Espoo-Übereinkommen Kriterien zur Verfügung stellt, die zur Klärung der Frage der Erheblichkeit dienen. Auf grenzüberschreitende Umweltauswirkungen, die unter der völkergewohnheitsrechtlichen Erheblichkeitsschwelle liegen, findet das Espoo-Übereinkommen keine Anwendung. Zur Weiterentwicklung der Pflicht zur Vermeidung und Verminderung von Umweltbelastungen unterhalb der Erheblichkeitsschwelle trägt das Übereinkommen daher nicht bei.

Das Espoo-Übereinkommen entwickelt den in der völkerrechtlichen Praxis noch wenig präzisierten Inhalt der entstehenden Pflicht zur Durchführung einer UVP weiter. Es enthält genaue Angaben zum Inhalt der zu erstellenden UVP-Dokumentation, die über die Anforderungen des Grundsatzes 4 der EIA Principles von 1987 hinausgehen, da Angaben zur Null-Alternative und eine Übersicht über die Monitoring- und Management Programme und etwaige Pläne für die Nachkontrolle gefordert sind. Das Übereinkommen sieht eine Benachrichtigung betroffener Parteien im Rahmen des UVP-Verfahrens vor und legt die zu übermittelnden Informationen genau fest. Es regelt Konsultationspflichten im Rahmen des UVP-Verfahrens, wobei es konkrete Konsultationsinhalte vorgibt. Schließlich sieht es eine Nachkontrolle des durchgeführten Projekts vor, die allerdings nicht obligatorisch ist, und regelt auch in diesem Zusammenhang ein Informations- und Konsultationsverfahren.

Als Rechtsfolge ist das Ergebnis der UVP nach Art. 6 Abs. 1 Espoo-Übereinkommen bei der endgültigen Entscheidung über die Zulassung des Projekts angemessen zu berücksichtigen. Das Espoo-Übereinkommen trägt damit zur weiteren Festigung dieser Rechtsfolge der UVP bei. Es präzisiert die Berücksichtigungspflicht lediglich durch den Zusatz "angemessen".

4. Pflicht zur Information und zur Warnung bei erheblichen grenzüberschreitenden Umweltauswirkungen

a) Völkergewohnheitsrechtliche Geltung dieser Pflicht

Als ein weiteres Mittel zur Verwirklichung der materiellen Pflicht, erhebliche grenzüberschreitende Umweltbeeinträchtigungen zu vermeiden, hat sich die formelle Pflicht der Staaten herausgebildet, potentiell betroffene Staaten bei geplanten Nutzungsaktivitäten mit voraussichtlich erheblichen grenzüberschreitenden Umweltauswirkungen rechtzeitig zu unterrichten.[206] Die Informationen sollen dem betroffenen Staat die Möglichkeit geben, Art und Gefährlichkeit der grenzüberschreitenden Umweltbelastungen einzuschätzen und gegebenenfalls geeignete Gegenmaßnahmen zu ergreifen. Die Pflicht zur vorherigen Information bei erheblichen grenzüberschreitenden Umweltbeeinträchtigungen ist Gegenstand zahlreicher Deklarationen und Empfehlungen internationaler Organisationen[207] und hat auch in zahlreichen internationalen Verträgen Niederschlag gefunden.[208] Sie ist daher als geltendes Völkergewohnheitsrecht einzustufen.

Ferner ist anerkannt, daß Staaten verpflichtet sind, potentiell betroffene Staaten bei allen Umweltunfällen und -katastrophen vor deren möglichen erheblichen grenzüberschreitenden Schadensfolgen zu warnen. Die Völkerrechtslehre stuft diese Verpflichtung ganz überwiegend als Völkergewohnheitsrecht ein.[209] Auch die Staatenpraxis spricht für die völkergewohnheitsrechtliche Geltung dieser Pflicht. Eine Warnpflicht bei Notfällen ist in einer großen Zahl multilateraler

---

206 A. Kiss/D. Shelton (Anm. 91), S. 136-137; D. Rauschning, Allgemeine Völkerrechtsregeln zum Schutz gegen grenzüberschreitende Umweltbeeinträchtigungen, in: Festschrift für H. J. Schlochauer (Anm. 92), S. 571-573; U. Beyerlin, Grenzüberschreitender Umweltschutz und allgemeines Völkerrecht, in: Festschrift für K. Doehring (Anm. 63), S. 56; M. Vogelsang (Anm. 112), S. 423; T. Oppermann, Grenzüberschreitende Umweltbelastungen in: O. Kimminich/ H. v. Lersner/P.-C. Storm (Anm. 3), Sp. 913.

207 Vgl. Prinzip 19 Rio-Deklaration vom 13.6.1992, Text zitiert in Anm. 119; Titel C 8 a) OECD-Empfehlung C(77)28(Final) vom 17.5.1977, Text zitiert in Anm. 174.

208 Nordisches Umweltschutzabkommen vom 19.2.1974, Text zitiert in Anm. 69; Art. 3, 4, 8 Übereinkommen über weiträumige grenzüberschreitende Luftverschmutzung vom 13.11.1979, Text zitiert in Anm. 7; Art. 18-20 ASEAN-Übereinkommen über die Erhaltung der Natur und der natürlichen Hilfsquellen vom 9.7.1985, Text zitiert in Anm. 144; Art. 14 i) b) Übereinkommen zur Erhaltung der biologischen Vielfalt vom 5.6.1992, Text zitiert in Anm. 118.

209 Vgl. D. Rauschning, Allgemeine Völkerrechtsregeln zum Schutz gegen grenzüberschreitende Umweltbeeinträchtigungen, in: Festschrift für H. J. Schlochauer (Anm. 92), S. 574; U. Beyerlin, Grenzüberschreitender Umweltschutz und allgemeines Völkerrecht, in: Festschrift für K. Doehring (Anm. 63) S. 56; T. Oppermann, Grenzüberschreitende Umweltbelastungen in: O. Kimminich/ H. v. Lersner/P.-C. Storm (Anm. 3), Sp. 913; O. Kimminich, Umweltvölkerrecht, in: O. Kimminich/H. v. Lersner/P.-C. Storm (Anm. 91), Sp. 2517; A. Verdross/B. Simma (Anm. 92), § 1031.

Verträge[210] und Erklärungen internationaler Organisationen[211] verankert. Eine Einstufung dieser Pflicht als Völkergewohnheitsrecht ist daher zu bejahen.

b) Positivierung oder Weiterentwicklung dieser Pflicht im Espoo-Übereinkommen

Da die Pflicht zur rechtzeitigen Information bei erheblichen grenzüberschreitenden Umweltauswirkungen Völkergewohnheitsrecht ist, positiviert das Espoo-Übereinkommen durch die Verpflichtung zur Benachrichtigung der betroffenen Partei in Art. 3, Art. 6 Abs. 2 und Art. 7 Abs. 2 geltendes Völkergewohnheitsrecht, ist also nur deklaratorischer Natur. Das Übereinkommen unterscheidet dabei zwischen Informationspflichten vor Durchführung des Projekts, also vor Eintritt der erheblichen Umweltauswirkungen (Art. 3 und Art. 6 Abs. 2), und nach Eintritt erheblicher Umweltbelastungen (Art. 7 Abs. 2). Das Espoo-Übereinkommen präzisiert die völkergewohnheitsrechtliche Pflicht zur rechtzeitigen Information, indem es in Art. 3 genau festlegt, welche Informationen die Ursprungspartei der betroffenen Partei im einzelnen zu übermitteln hat.[212]

Es geht über geltendes Recht hinaus, indem es die Informationspflicht dahingehend erweitert, daß der betroffene Staat - auf Ersuchen der Ursprungspartei - zur Übermittlung von Informationen über die betroffene Umwelt in seinem Zuständigkeitsbereich verpflichtet ist. Dies dient einer umfassenden Ermittlung der voraussichtlichen Umweltauswirkungen, da es der Ursprungspartei aufgrund des völkerrechtlichen Territorialitätsgrundsatzes verwehrt ist, auf dem Hoheitsgebiet der betroffenen Partei Ermittlungen durchführen.

Das Übereinkommen setzt die Pflicht zur Information im Rahmen des UVP-Verfahrens ein und geht damit ebenfalls über geltendes Recht hinaus. Zwischenstaatliche Informations- und Konsultationspflichten als Mittel der UVP im grenzüberschreitenden Rahmen sehen völkerrechtliche Instrumente nur verein-

---

210 Art. 20 Abs. 3 ASEAN-Übereinkommen über die Erhaltung der Natur und der natürlichen Hilfsquellen vom 9.7.1985, Text zitiert in Anm. 144; Art. 198, 211 Abs. 7 UN-Seerechtsübereinkommen vom 10.2.1982, Text zitiert in Anm. 118; Übereinkommen über die grenzüberschreitenden Auswirkungen von Industrieunfällen vom 17.3.1992, Text zitiert in Anm. 9.

211 Prinzip 9 OECD Empfehlung C(74)224 vom 14.11.1974, Text zitiert in Anm. 120; Prinzip 18 Rio-Deklaration vom 14.6.1992, Text zitiert in Anm. 119.

212 T. Bunge (Anm. 11), S. 371.

zelt vor. Beispiele sind etwa Art. 16 Abs. 1 der Legal Principles for Environmental Protection and Sustainable Development der WECD von 1987,[213] Grundsatz 12 der EIA Goals and Principles von 1987,[214] Art. 7 des Übereinkommens über den Schutz der Meeresumwelt des Ostseegebiets von 1992[215] und Art. 7 UVP-Richtlinie von 1985.[216] Die UVP ist zur Erfüllung der völkergewohnheitsrechtlichen Informationspflicht offensichtlich gut geeignet, zumal nationale UVP-Verfahren in der Regel eine Beteiligung der betroffenen innerstaatlichen Behörden und eine Einbeziehung der Öffentlichkeit vorsehen,[217] so daß die Pflicht zur Weiterleitung von Informationen kein dem UVP-Verfahren fremdes Element darstellt.

5. Pflicht zur Konsultation bei erheblichen grenzüberschreitenden Umweltauswirkungen

a) Völkergewohnheitsrechtliche Geltung dieser Pflicht

Umstritten ist, ob die Pflicht, mit potentiell betroffenen Staaten nach erfolgter Information bei geplanten Aktivitäten mit wahrscheinlich erheblichen Auswirkungen auf die Umwelt rechtzeitig in Konsultationen einzutreten, gewohnheitsrechtliche Geltung erlangt hat. Auch diese verfahrensrechtliche Pflicht stellt ein Mittel zur Verwirklichung der Pflicht zur Vermeidung erheblicher grenzüberschreitender Umweltbelastungen dar.[218] Die Pflicht zur Konsultation impliziert,

---

213 World Commission on Environment and Development (WCED) (Anm. 15), S. 349.

214 UNEP/GC.14/17, Annex II, Text zitiert in Anm. 14.

215 Übereinkommen vom 19.4.1992, Text zitiert in Anm. 196.

216 Text in: ABl. EG vom 5.7.1985, L 175, S. 40; geändert in: ABl. EG vom 14.3.1997, L 73, S. 5.

217 Vgl. §§ 7 und 9 des deutschen UVPG.

218 Anknüpfend an die Pflicht zur Konsultation bei geplanten umweltrelevanten Aktivitäten stellt sich die Frage, ob es darüber hinaus auch eine völkergewohnheitsrechtliche Pflicht zur einvernehmlichen Lösung gibt. In der völkerrechtlichen Literatur wird das Bestehen einer völkergewohnheitsrechtlichen Pflicht zur einvernehmlichen Lösung eines sich bei den Konsultationen möglicherweise herausstellenden Konflikts zwischen den Staaten fast einhellig abgelehnt. Vgl. U. Beyerlin, Grenzüberschreitender Umweltschutz und allgemeines Völkerrecht, in: Festschrift für K. Doehring (Anm. 63), S. 53 ff.; ders., Umweltschutz und lokale grenzüberschreitende Zusammenarbeit (rechtliche Grundlagen), in: M. Bothe/M. Prieur/G. Ress, Rechtsfragen grenzüberschreitender Umweltbelastungen (1984), S. 295 ff.; D. Rauschning, Allgemeine Völkerrechtsregeln zum Schutz gegen grenzüberschreitende Umweltbeeinträchtigungen, in: Festschrift für

daß der umweltnutzende Staat das Vorbringen der betroffenen Staaten ernsthaft in seine Überlegungen einbeziehen muß, ohne hieran in seiner Entscheidung über die Zulassung der Aktivität rechtlich gebunden zu sein.[219] In völkerrechtlichen Verträgen, die das Wasserrecht[220] und die sogenannten "ultra hazardous activities",[221] insbesondere den Bau und Betrieb von Kernkraftwerken und anderen atomaren Anlagen, betreffen, findet sich die Konsultationspflicht häufig. Sie ist insoweit als Regel des Völkergewohnheitsrechts anzuerkennen.[222] Daß sich die Konsultationspflicht über die Fälle des Wasserrechts und der "ultra hazardous activities" hinaus zu Völkergewohnheitsrecht verfestigt hat, wird in der Völkerrechtslehre noch teilweise bezweifelt.[223] Inzwischen existiert jedoch wachsende Staatenpraxis, die die Konsultationsverpflichtung bestätigt. Die Verpflichtung findet inzwischen Bestätigung in zahlreichen völkerrechtlichen Verträgen[224] und Erklärungen.[225] Mit der Mehrheit des

---

H. J. Schlochauer (Anm. 92), S. 575; D. Rogalla/C. Schulz (Anm. 3), S. 197 ff.

219 A. Nollkaemper (Anm. 61), S. 165; U. Beyerlin, Grenzüberschreitender Umweltschutz und allgemeines Völkerrecht, in: Festschrift für K. Doehring (Anm. 63), S. 57; P.-C. Storm, Bericht der Arbeitsgruppe "Begriffe Information, Konsultation, Verhandlung, Kooperation, Abstimmung", in: M. Bothe/M. Prieur/G. Ress (Anm. 218), S. 279 ff.

220 Vgl. Übereinkommen zum Schutz des Rheins gegen Chemische Verschmutzung von 3.12.1976, Text in: 16 ILM (1977), S. 242, in Kraft seit 1.2.1979; Übereinkommen zum Schutz und zur Nutzung grenzüberschreitender Wasserläufe und Seen vom 17.3.1992, Text zitiert in Anm. 8.

221 Deutsch-dänische Vereinbarung über die gegenseitige Unterrichtung beim Bau grenznaher kerntechnischer Einrichtungen vom 4.7.1977, Text zitiert in Anm. 183; deutsch-niederländisches Memorandum über die gegenseitige Unterrichtung und Konsultation hinsichtlich grenznaher kerntechnischer Einrichtungen vom 28.10.1977, Text zitiert in Anm. 183; deutsch-französische Vereinbarung betreffend kerntechnische Anlagen vom 12.1.1976/29.3.1976, vgl. den Hinweis bei H.-W. Rengeling, Rechtsprobleme grenzüberschreitender Standortplanung, in: N. Pelzer (Anm. 183), S. 41; Vereinbarung zwischen der Bundesrepublik Deutschland und der Schweizerischen Eidgenossenschaft über die gegenseitige Unterrichtung beim Bau und Betrieb grenznaher kerntechnischer Anlagen vom 10.8.1983, Text zitiert in Anm. 183; vgl. zu diesen Vereinbarungen auch Kapitel F II.

222 Vgl. G. Handl, Grenzüberschreitendes nukleares Risiko und völkerrechtlicher Schutzanspruch (1992), S. 82; U. Beyerlin, Grenzüberschreitender Umweltschutz und allgemeines Völkerrecht, in: Festschrift für K. Doehring (Anm. 63), S. 57.

223 Vgl. D. Rauschning, Allgemeine Völkerrechtsregeln zum Schutz gegen grenzüberschreitende Umweltbeeinträchtigungen, in: Festschrift für H. J. Schlochauer (Anm. 92), S. 575; A. Randelzhofer (Anm. 3), S. 6; A. Verdross/B. Simma (Anm. 92), § 1031; T. Oppermann, Grenzüberschreitende Umweltbelastungen in: O. Kimminich/ H. v. Lersner/P.-C. Storm (Anm. 3), Sp. 913 ff.; E. Klein (Anm. 63), S. 315.

224 Art. 5 Übereinkommen über weiträumige grenzüberschreitende Luftverschmutzung

völkerrechtlichen Schrifttums ist daher davon auszugehen, daß die Pflicht inzwischen zu einer Norm des Völkergewohnheitsrechts erstarkt ist.[226]

b) Positivierung oder Weiterentwicklung dieser Pflicht im Espoo-Übereinkommen

Art. 5, 6 Abs. 2 und 7 Abs. 2 Espoo-Übereinkommen verpflichten die Parteien, rechtzeitig in Konsultationen einzutreten. Rechtzeitige Konsultationspflichten sind geltendes Völkergewohnheitsrecht, so daß das Übereinkommen insoweit nur deklaratorischer Natur ist und geltendes Recht wiederholt. Das Übereinkommen unterscheidet wie bei der Informationspflicht zwischen Konsultationspflichten vor Durchführung des Projekts, also vor Eintritt erheblicher grenzüberschreitender Umweltbelastungen (Art. 5 und Art. 6 Abs. 2), und Konsultationspflichten nach Eintritt solcher Umweltauswirkungen (Art. 7 Abs. 2).

Das Espoo-Übereinkommen präzisiert die Konsultationspflicht, indem es in Art. 5 den Zeitpunkt der Konsultationen, wenn auch recht ungenau ("ohne unnötige Verzögerungen"), bestimmt und obligatorische und fakultative Beratungspunkte aufzählt.

Das Espoo-Übereinkommen setzt die Pflicht zur Konsultation wie die Informationspflicht im Rahmen des UVP-Verfahrens ein und verläßt insoweit den Boden geltenden Völkergewohnheitsrechts. Zwischenstaatliche Konsultationspflichten als Mittel der UVP im grenzüberschreitenden Rahmen sind nur in wenigen völkerrechtlichen Instrumente geregelt, z.B. in Art. 16 Abs. 1 der Legal Principles for Environmental Protection and Sustainable Development der WECD von 1987,[227] Grundsatz 12 der EIA Goals and Principles von

---

vom 13.11.1979, Text zitiert in Anm. 7; Art. 7 Übereinkommen über den Schutz der Meeresumwelt des Ostseegebietes vom 9.4.1992, Text zitiert in Anm. 196; Art. 14 i) c) Übereinkommen zur Erhaltung der biologischen Vielfalt vom 5.6.1992, Text zitiert in Anm. 118.

225 Prinzip 7 OECD Empfehlung C(74)224 vom 14.11.1974, Text zitiert in Anm. 120; Prinzip 8 a) OECD Empfehlung C(77)28(Final) vom 17.5.1977, Text zitiert in Anm. 174; Prinzip 19 Rio-Deklaration vom 14.6.1992, Text zitiert in Anm. 119.

226 Vgl. U. Beyerlin, Staatliche Souveränität und internationale Umweltschutzkooperation, in: Festschrift für R. Bernhardt (1995), S. 949; R. Wolfrum (Anm. 114), S. 497; A. Kiss/D. Shelton (Anm. 91), S. 139.

227 World Commission on Environment and Development (WCED) (Anm. 15), S. 349.

1987,[228] Art. 7 des Übereinkommens über den Schutz der Meeresumwelt des Ostseegebiets von 1992.[229] Auch die Konsultationspflicht kann im Rahmen der UVP offensichtlich gut erfüllt werden, da sich im Rahmen der UVP die für die Konsultationen wichtige Informationsgrundlage klären läßt und sich zugleich Vorschläge entwickeln lassen, wie die jeweiligen grenzüberschreitenden Umweltprobleme verringert oder sogar vermieden werden können.[230]

6. Pflicht zur verfahrensmäßigen Gleichbehandlung der in- und ausländischen Öffentlichkeit

a) *Völkergewohnheitsrechtliche Geltung dieser Pflicht*

In der völkerrechtlichen Literatur ist umstritten, ob eine völkergewohnheitsrechtliche Pflicht zur verfahrensmäßigen Gleichbehandlung der Bewohner der von einer Umweltbeeinträchtigung betroffenen Staaten besteht. Auch diese Pflicht stellt eines der Mittel zur Erreichung des Ziels, erhebliche grenzüberschreitende Umweltbelastungen zu vermeiden, dar. Die verfahrensmäßige Gleichbehandlung von Bewohnern betroffener Staaten bedeutet, daß die im Ausland lebenden und von einer inländisch erzeugten Umweltbelastung potentiell betroffenen Bürger dieselben Beteiligungsrechte am Verwaltungsverfahren und dieselben Klagemöglichkeiten vor Gericht haben wie die Bewohner des Staates, in dem die Umweltbelastung ihren Ursprung hat. Auf internationaler Ebene hat UNEP der Rechtsschutzposition individueller Grenzbewohner in der Shared Resources Declaration von 1978[231] spezifische Aufmerksamkeit gewidmet und empfohlen, Personen in anderen Staaten, die durch Umweltschäden aufgrund des Gebrauchs der gemeinsamen Naturressource beträchtlich geschädigt werden könnten, den gleichen Zugang zu Verwaltung und Gerichten nebst gleicher Behandlung und gleichen Rechtsmitteln zu gewähren (Prinzip 14).[232] In Nr. 16 der 1985 vom UNEP-Verwaltungsrat angenommenen "Mon-

---

228 UNEP/GC.14/17, Annex III, Text zitiert in Anm. 14.

229 Übereinkommen vom 19.4.1992, Text zitiert in Anm. 196.

230 So T. Bunge (Anm. 11), S. 371.

231 Die Shared Resources Declaration wurde vom UNEP-Verwaltungsrat am 19.5.1978 angenommen, Governing Council Approval of the Report sowie Report und Draft Principles (Nairobi, 7.2.1978, UNEP/IG.12/2), Text zitiert in Anm. 153.

232 Prinzip 14 bestimmt: "States should endeavor, in accordance with their legal systems and, where appropriate, on a basis agreed by them, to provide persons in other States who have been or may be adversely affected by environmental damage resulting from

treal Guidelines for the Protection of the Marine Environment against Pollution from Land-based Sources" (Montreal Guidelines)[233] ist eine entsprechende Empfehlung enthalten. Auch im Katalog der Prinzipien, die die WCED 1987 für eine nachhaltige Entwicklung als notwendig erachtet hat, den Legal Principles for Environmental Protection and Sustainable Development, findet sich in Prinzip 20 die Verpflichtung zur verfahrensmäßigen Gleichbehandlung von Auslandsbewohnern.[234]

Auf regionaler Ebene hat sich insbesondere die OECD mit den Grundsätzen der Nicht-Diskriminierung und der gleichen Verfahrensbeteiligung beschäftigt.[235] Die Gleichbehandlung ausländischer Behörden und Bürger empfiehlt die OECD ihren Mitgliedstaaten in den Empfehlungen C(74)224 von 1974,[236] C(76)55(Final) von 1976[237] und C(77)28(Final) von 1978.[238] In der ersten Empfehlung C(74)224 aus dem Jahr 1974 sind einige allgemeine Grundsätze festgelegt, so die Grundsätze der internationalen Solidarität, der Nicht-Diskriminierung, des Rechts auf Gehör ("equal right of hearing") und der gegenseitigen Information und Konsultation. In der Empfehlung C(76)55(Final) von 1976 wird erörtert, was unter dem Grundsatz der gleichen Verfahrensbeteiligung zu verstehen ist und welche Beteiligungsformen dieser Grundsatz den Grenznachbarn einräumt. Nach der Empfehlung C(77)28 von 1977 läßt der Ursprungsstaat dem betroffenen Staat ein "Equivalent Treatment" zukommen, das für den von der grenzüberschreitenden Verunreinigung betroffenen Personenkreis bedeutet, "... the right to take part in, or have resort to, all administrative and judicial procedures existing within the Country of origin, in order to

---

the utilization of shared natural resources with equivalent access to and treatment in the same administrative and judicial proceedings, and make available to them the same remedies as are available to persons within their own jurisdictions who have been or may be similarly affected."

233 UN-Doc. UNEP/GC.12/9/Add.3, Annex; angenommen vom UNEP-Verwaltungsrat durch Beschluß 13/18 vom 24.5.1985, in: UN-Doc. UNEP/GC.13/16, Annex 1, S. 47 ff. Der UNEP-Verwaltungsrat empfahl, die Montreal Guidelines bei der Erarbeitung bilateraler und regionaler Abkommen zu berücksichtigen.

234 Prinzip 20 lautet: "States shall grant equal access, due process and equal treatment in administrative and judicial proceedings to all persons who are or may be affected by transboundary interferences with their use of a natural resource or the environment."

235 P. W. Birnie/A. E. Boyle (Anm. 1), S. 199; J. H. Jans, Grenzüberschreitendes Umweltrecht im niederländisch/deutschen Grenzgebiet (1990), S. 84 ff.

236 OECD Empfehlung C(74)224 vom 14.11.1974, Text zitiert in Anm. 120.

237 OECD Empfehlung C(76)55(Final) vom 11.5.1976, Text zitiert in Anm. 173.

238 OECD Empfehlung C(77)28(Final) vom 17.5.1977, Text zitiert in Anm. 174.

prevent domestic pollution, to have it abated and/or to obtain compensation for the damage caused" (Titel A 3 a)). Das maßgebende Beispiel für eine Anwendung des Modells der gleichen Verfahrensbeteiligung ist das Nordische Umweltschutzabkommen von 1974.[239] Dieses ist jedoch wegen der traditionell engen Kooperation der skandinavischen Staaten nicht ohne weiteres auf andere nachbarschaftliche Konstellationen übertragbar.[240] Die Praxis der übrigen Staaten, Auslandsbewohnern gleiche Beteiligungsrechte und Klagemöglichkeiten einzuräumen, ist uneinheitlich.[241] Zur Vereinheitlichung im europäischen Rechtsraum wird jedoch das unter der Schirmherrschaft der ECE ausgearbeitete Übereinkommen über den Zugang zu Informationen, die Öffentlichkeitsbeteiligung bei Entscheidungsverfahren und den Zugang zu Gerichten in Umweltangelegenheiten von 1998 (Århus-Übereinkommen)[242] beitragen.

Die Verpflichtung zur Gleichbehandlung von Auslandsbewohnern in administrativen und gerichtlichen Verfahren, die umweltbelastende Vorhaben mit grenzüberschreitenden Auswirkungen zum Gegenstand haben, ist aufgrund der uneinheitlichen Staatenpraxis noch nicht als Regel des universalen Völkergewohnheitsrechts anzusehen.[243] Vereinzelt wird eine solche Regel allerdings als regionales, auf Westeuropa beschränktes Gewohnheitsrecht eingestuft.[244] Diese Einstufung begegnet jedoch Bedenken. Ob ein Staat Auslandsbewohner verfahrensmäßig genauso behandelt wie Inländer, hängt in erster Linie von der Ausgestaltung des nationalen Verwaltungs- und Gerichtsverfahrens ab, und dieses ist selbst in Westeuropa noch in wesentlichen Punkten, wie etwa in bezug auf das Erfordernis einer Klagebefugnis, sehr unterschiedlich. Berücksichtigt man des weiteren die noch nicht eindeutige Rechtslage im deutschen

---

239 Abkommen vom 19.2.1974, Text zitiert in Anm. 69.

240 Bundesministerium für Umwelt, Naturschutz und Reaktorsicherheit, Umweltgesetzbuch (UGB-KomE), Entwurf der Unabhängigen Sachverständigenkommission zum Umweltgesetzbuch beim Bundesministerium für Umwelt, Naturschutz und Reaktorsicherheit (1997), S. 439.

241 So P. W. Birnie/A. E. Boyle (Anm. 1), S. 199.

242 Übereinkommen vom 25.6.1998, Text zitiert in Anm. 10.

243 P. W. Birnie/A. E. Boyle (Anm. 1), S. 199; Bundesministerium für Umwelt, Naturschutz und Reaktorsicherheit (Anm. 240), S. 439; A. Epiney/M. Scheyli (Anm. 106), S. 141; G. Handl (Anm. 222), S. 95; vgl. zur Gleichbehandlung ausländischer Bürger auch das Gutachten von T. Oppermann/M. Kilian, Gleichstellung ausländischer Grenznachnachbarn in Deutschen Umweltverfahren? (1981).

244 Vgl. M. Kilian, Gleiches Recht auf Zugang, in: O. Kimminich/H. v. Lersner/P.-C. Storm (Anm. 91), Sp. 892; G. Handl (Anm. 222), S. 99 ff.

Recht,[245] kann noch nicht davon ausgegangen werden, daß die Gleichbehandlungspflicht als regionales Völkergewohnheitsrecht gilt.[246]

b) Positivierung oder Weiterentwicklung dieser Pflicht im Espoo-Übereinkommen

Das Espoo-Übereinkommen verpflichtet die Parteien zur Gleichbehandlung der in- und ausländischen Öffentlichkeit (Art. 2 Abs. 6, 3 Abs. 7, 4 Abs. 2). Damit verläßt das Übereinkommen den Bereich des geltenden Völkergewohnheitsrechts. Eine Pflicht zu dieser Gleichstellung besteht derzeit nicht. Das Übereinkommen befindet sich jedoch in Übereinstimmung mit dem Trend zu gleichen Zugangsrechten für in- und ausländische Verfahrensbeteiligte auf internationaler Ebene und ist ein weiteres Indiz dafür, daß eine solche Pflicht, jedenfalls im europäischen Bereich, im Entstehen begriffen ist.

Das Espoo-Übereinkommen präzisiert diese Pflicht, indem es in Art. 3 Abs. 7 und Art. 4 Abs. 2 den Zeitpunkt der Öffentlichkeitsbeteiligung bestimmt. Art und Weise der Öffentlichkeitsbeteiligung und ein ausdrückliches Klagerecht für die Öffentlichkeit der betroffenen Partei regelt das Übereinkommen nicht, was kritisiert werden kann. Insoweit wird eine Weiterentwicklung aber durch das - ebenfalls von der ECE initiierte - Århus-Übereinkommen von 1998, das gleichen Zugang zu Gerichts- und Verwaltungsverfahren im Umweltbereich regelt, erfolgen.

Das Espoo-Übereinkommen setzt die Beteiligung der ausländischen Öffentlichkeit im Rahmen des UVP-Verfahrens ein und geht auch insoweit über das geltende Recht hinaus. Nur selten wird die Öffentlichkeitsbeteiligung in völkerrechtlichen Instrumenten im Zusammenhang mit der grenzüberschreitenden UVP erwähnt. Beispiele sind das Numea-Abkommen zum Schutz der Naturschätze und der Umwelt der Südpazifik Region von 1986 (Art. 16 Abs. 3

---

245 Das Bundesverwaltungsgericht hat in seinem Urteil vom 17.12.1986 (BVerwGE 75, 285 - KKW Lingen/Emsland) entschieden, daß das geltende Atomrecht einer Beteiligung ausländischer Einwender nicht entgegensteht. Umstritten ist, ob dies auch außerhalb des Atomrechts gilt. Vgl. dazu D. Rogalla/C. Schulz (Anm. 3), S. 198 ff; M. Lappe, Grenzüberschreitender Umweltschutz, Das Modell der Nordischen Umweltschutzkonvention im Vergleich mit dem deutschen Recht, NuR 1993, S. 214 ff.; vgl. auch M. Bothe, Developments and Problems of Co-operation with regard to Transboundary Air Pollution in Western Europe, in C. Flintermann/B. Kwiatkowska/J. G. Lammers, Transboundary Air Pollution (1986), S. 125.

246 Vgl. P. W. Birnie/A. E. Boyle (Anm. 1), S. 198 ff.

a))[247] und das Übereinkommen zur Erhaltung der biologischen Vielfalt von 1992 (Art. 14 Abs. 1a)).[248] Das UVP-Verfahren bietet sich als Rahmen für die Öffentlichkeitsbeteiligung an, da bei UVP-Verfahren die Beteiligung der inländischen Öffentlichkeit regelmäßiger Bestandteil des Verfahrens ist.[249]

VI. Ergebnis

Das 1997 in Kraft getretene Espoo-Übereinkommen ist das erste verbindliche völkerrechtliche Instrument, das die UVP speziell für grenzüberschreitende Umweltauswirkungen regelt. Es steht zur Unterzeichnung bzw. zum Beitritt allen ECE-Mitgliedstaaten offen, ist also ein internationales Übereinkommen mit regional begrenztem Anwendungsbereich.

Die Regelungen zum UVP-Verfahren, die das Espoo-Übereinkommen trifft, dienen dazu, die grenzüberschreitenden Auswirkungen geplanter Projekte durch Kooperation (Information, Konsultationen) mit betroffenen Parteien sowie durch Beteiligung der betroffenen ausländischen Behörden und Öffentlichkeit zuverlässig abzuschätzen. Auf diese Weise wird den Entscheidungsträgern ermöglicht, grenzüberschreitende Umweltauswirkungen in ihre Entscheidungen einzubeziehen und auf diese Weise umweltverträgliche Entscheidungen zu treffen.

Durch das Übereinkommen wird deutlich, daß die UVP nicht nur ein geeignetes Mittel ist, um umwelterhebliche innerstaatliche Entscheidungen durch sorgfältigere Vorbereitung inhaltlich zu verbessern, sondern daß sie auch für die grenzüberschreitende Zusammenarbeit im Umweltbereich eingesetzt werden kann, und zwar als Instrument zur Verwirklichung der völkergewohnheitsrechtlichen Pflicht zur Vermeidung erheblicher grenzüberschreitender Umweltbeeinträchtigungen. Im Rahmen der im Espoo-Übereinkommen geregelten UVP können grenzüberschreitende Umweltbelastungen abgeschätzt und Maßnahmen erörtert werden, die geeignet sind, grenzüberschreitende Umweltbelastungen zu vermindern oder zu vermeiden.

Die Pflicht zur Durchführung einer UVP selbst stellt noch keine völkergewohnheitsrechtliche Pflicht, aber eine im Entstehen begriffene völkergewohnheitsrechtliche Pflicht dar. Das Espoo-Übereinkommen ist ein wichtiges Indiz dafür,

---

247 Übereinkommen vom 24.11.1986, Text zitiert in Anm. 140.

248 Übereinkommen vom 5.6.1992, Text zitiert in Anm. 118.

249 Vgl. § 9 des deutschen UVPG.

daß eine solche Pflicht im Entstehen begriffen ist. Hinsichtlich des Inhalts dieser Pflicht läßt sich der völkerrechtlichen Praxis nur entnehmen, daß sie voraussetzt, daß erhebliche grenzüberschreitende Umweltauswirkungen wahrscheinlich sind, und zur Folge hat, daß das Ergebnis der UVP bei der Entscheidung über die Zulässigkeit des Projekts berücksichtigt werden muß. Das Übereinkommen entwickelt diese Pflicht durch genaue Regelung des Inhalts des grenzüberschreitenden UVP-Verfahrens weiter.

Die Anwendung des Espoo-Übereinkommens ist zwar, der völkerrechtlichen Praxis entsprechend, davon abhängig, daß die potentiellen Umweltauswirkungen die Schwelle der Erheblichkeit überschreiten. Das Bestreben, dem unbestimmten Betriff der Erheblichkeit Konturen zu verleihen, wird aber in einer Reihe von Bestimmungen des Übereinkommens deutlich. Das Espoo-Übereinkommen spezifiziert den Begriff zunächst durch eine Liste von Projekten, die in der Regel erhebliche grenzüberschreitende Umweltauswirkungen zur Folge haben. Zusätzlich haben Parteien, die glauben, von einem Projekt mit erheblichen grenzüberschreitenden Umweltauswirkungen, das nicht in der Liste enthalten ist, betroffen zu sein, das Recht, in Konsultationen mit der Ursprungspartei über die Frage der Erheblichkeit einzutreten. Die Frage der Erheblichkeit kann bei einem auf diese Weise nicht zu beseitigenden Konflikt sogar einer Untersuchungskommission übertragen werden, die ein, wenn auch rechtlich nicht bindendes, Gutachten zur Frage der Erheblichkeit anfertigt. Für Aktivitäten, die nicht aufgelistet sind, stellt das Übereinkommen Kriterien zur Verfügung, die bei der Beurteilung der Erheblichkeit helfen sollen. Insofern präzisiert das Espoo-Übereinkommen die völkergewohnheitsrechtliche Schwelle der Erheblichkeit der Umweltauswirkungen.

Das Espoo-Übereinkommen präzisiert zudem die Pflichten zur Information und zur Konsultation bei potentiell erheblichen Umweltbelastungen, die den Staaten das Völkergewohnheitsrecht als Mittel zur Vermeidung erheblicher grenzüberschreitender Umweltbeeinträchtigungen auferlegt, indem es genaue Regelungen für Information und Konsultation trifft. Es entwickelt diese Pflichten und damit Völkergewohnheitsrecht darüber hinaus auch weiter, da es vorsieht, daß diese Pflichten im Rahmen des UVP-Verfahrens zu erfüllen sind.

Bemerkenswert ist, daß das Espoo-Übereinkommen vorsieht, daß der ausländischen Öffentlichkeit im Rahmen des UVP-Verfahrens gleiche Beteiligungsrechte wie der innerstaatlichen Öffentlichkeit eingeräumt werden. Damit stellt es ein Indiz dafür dar, daß die Pflicht zur Gleichbehandlung der in- und ausländischen Öffentlichkeit eine im Entstehen begriffene völkergewohnheitsrechtliche Verpflichtung darstellt. Das Espoo-Übereinkommen bestimmt, daß diese Pflicht im Rahmen des UVP-Verfahrens zu erfüllen ist, und entwickelt diese Pflicht damit weiter, da nur wenige völkerrechtliche Instrumente vorsehen, daß die ausländische Öffentlichkeit im Rahmen des UVP-Verfahrens beteiligt wird. Ein Mangel des Espoo-Übereinkommens ist, daß es Art und Weise der Öffentlichkeitsbeteiligung den Parteien überläßt und kein ausdrückliches Klagerecht für die Öffentlichkeit betroffener Parteien vorsieht, falls doch erhebliche grenzüberschreitende Umweltauswirkungen auftreten. Auch fehlen im Übereinkommen Regelungen zur für die Praxis wichtigen Frage von Übersetzungen, da an fast jeder Amtsgrenze der ECE-Region verschiedene Amtssprachen existieren und Übersetzungen damit für eine effektive Beteiligung der Öffentlichkeit unerläßlich sind.

D. Durchführung des Espoo-Übereinkommens im EG-Recht

Die Europäische Gemeinschaft (EG) hat das Espoo-Übereinkommen am 26.2.1991 unterzeichnet[1] und am 24.6.1997 ratifiziert.[2] Sie ist daher nach Art. 2 Abs. 2 des Espoo-Übereinkommens verpflichtet, die erforderlichen rechtlichen, administrativen oder sonstigen Maßnahmen zur Durchführung des Übereinkommens zu ergreifen. Mitgliedstaaten der EG sind fast alle westeuropäischen Staaten,[3] so daß die Durchführung des Espoo-Übereinkommens durch die EG für die Wirksamkeit des Übereinkommens von besonderer Bedeutung ist. Gegenstand dieses Kapitels ist daher die Untersuchung der Durchführung des Espoo-Übereinkommens auf EG-Ebene. Eingegangen wird auf die einschlägige UVP-Richtlinie und die einschlägige UVP-Änderungsrichtlinie sowie die IVU-Richtlinie, die sich mit den beiden UVP-Richtlinien teilweise überschneidet. Dabei wird untersucht, ob diese Richtlinien das Übereinkommen vollständig implementieren.

Da an dem Espoo-Übereinkommen die Gemeinschaft, ihre Mitgliedstaaten[4] und dritte Völkerrechtssubjekte als Vertragspartner beteiligt sind, stellt das Espoo-Übereinkommen ein sogenanntes gemischtes Übereinkommen dar.[5] Bevor die Durchführung des Espoo-Übereinkommens in den einschlägigen EG-Richtlinien analysiert wird, sind zunächst einige Ausführungen zur Völkerrechtssubjektivität, Vertragsschlußkompetenz und Bindung der EG an das Espoo-Übereinkommen angebracht.

---

1 Beschluß des Rates vom 24.2.1991.

2 Beschluß des Rates vom 15.10.1996, DOK. 9260/96 ENV 270, auf Vorschlag der Kommission, ABl. EG vom 24.4.1992, C 104, S. 5, nach Stellungnahme des Europäischen Parlaments, ABl. EG vom 15.3.1993, C 72, S. 167 und nach Stellungnahme des Wirtschafts- und Sozialausschusses, ABl. EG vom 30.11.1992, C 313, S. 5.

3 Seit der Aufnahme Österreichs, Schwedens und Finnlands in die Europäischen Gemeinschaften zum 1.1.1995 verfügen diese über insgesamt 15 Mitgliedstaaten (Belgien, Dänemark, Deutschland, Finnland, Frankreich, Griechenland, Großbritannien, Italien, Irland, Luxemburg, Niederlande, Österreich, Portugal, Spanien und Schweden).

4 Alle EG-Mitgliedsstaaten haben das Übereinkommen unterzeichnet. Ratifiziert wurde es bislang von folgenden EG-Mitgliedstaaten: Belgien, Dänemark, Finnland, Griechenland, Großbritannien, Italien, Luxemburg, Niederlande, Österreich, Spanien und Schweden (Stand: 1.11.2000).

5 Vgl. K. Stein, Der gemischte Vertrag im Recht der Außenbeziehungen der Europäischen Wirtschaftsgemeinschaft (1986), S. 21; R. Arnold, Der Abschluß gemischter Verträge durch die Europäischen Gemeinschaften, AVR 1981, S. 419.

I. Das Espoo-Übereinkommen als gemischtes Übereinkommen

1. Völkerrechtssubjektivität der Gemeinschaft

Nach einhelliger Auffassung hat die EG Völkerrechtssubjektivität, kann also Träger völkerrechtlicher Rechte und Pflichten sein.[6] Art. 281 EGV (früher Art. 210 EGV)[7] stellt fest, daß die Gemeinschaft Rechtspersönlichkeit besitzt. Art. 282 EGV (früher Art. 211 EGV) betrifft die privatrechtliche Rechtsfähigkeit der Gemeinschaft in jedem Mitgliedstaat. Aus der Zusammenschau dieser beiden Artikel lesen die Rechtsprechung[8] und die Literatur[9] heraus, daß Art. 281 EGV (früher Art. 210 EGV) die Völkerrechtssubjektivität der Gemeinschaft voraussetzt. Zur Begründung wird auch die Kompetenznorm des Art. 133 EGV (früher 113 EGV) herangezogen, da Art. 133 EGV (früher 113 EGV) wie auch Art. 300 EGV (früher Art. 228 EGV) von der Völkerrechtsfähigkeit der EG ausgehen.[10]

Multilaterale Verträge sind in der Regel auf die Teilnahme von Staaten zugeschnitten, so daß eine Beteiligung der EG als Partei zunächst eine entsprechende Beitrittsklausel zugunsten internationaler Organisationen allgemein oder konkret zugunsten der EG voraussetzt.[11] Eine solche Beitrittsklausel enthält das Espoo-Übereinkommen in Art. 16, der bestimmt, daß regionale Wirtschaftszusammenschlüsse, die von souveränen Mitgliedstaaten der ECE gegründet worden sind und denen ihre Mitgliedstaaten die Zuständigkeit für Angelegenheiten übertragen haben, für die das Übereinkommen maßgebend ist, ein-

---

6 H. Lechler, Die Pflege der auswärtigen Beziehungen der Europäischen Union, AVR 1994, S. 7; C. Tomuschat, Völkerrechtliche Grundlagen der Drittlandsbeziehungen der EG, in: M. Hilf/C. Tomuschat, EG und Drittstaatsbeziehungen nach 1992 (1991), S. 140; W. Heintschel von Heinegg, EG im Verhältnis zu internationalen Organisationen und Einrichtungen, zugleich zur Vertragsschlußkompetenz der Gemeinschaften im Bereich des Umweltschutzes, in: H.-W. Rengeling, Handbuch zum europäischen und deutschen Umweltrecht, Bd. I (1998), S. 657.

7 Das Inkrafttreten des Amsterdamer Vertrages vom 2.10.1997 (BGBl. II 1998, S. 386) am 1.5.1999 führt zu dieser Umnummerierung der Artikelnummern.

8 Vgl. schon Urteil des EuGH vom 15.7.1964, Rs. 6/64, Costa/ENEL, Slg. 1964, S. 1251 ff.

9 Vgl. nur T. Oppermann, Europarecht (1999), S. 722.

10 R. Wolfrum, Die Europäische Gemeinschaft als Partei seerechtlicher Verträge, AVR 1994, S. 317; A. Ott, GATT und WTO im Gemeinschaftsrecht (1997), S. 189.

11 C. Vedder, in: E. Grabitz/M. Hilf, Kommentar zur Europäischen Union (Stand: 1999), Art. 228 Rn. 26.

schließlich der Befugnis zum Abschluß von Verträgen über diese Angelegenheiten, das Übereinkommen unterzeichnen können.

2. Vertragsschlußbefugnis der Gemeinschaft

a) Ausdrückliche und implizite Vertragsschlußbefugnis der Gemeinschaft

Die EG stellt einen regionalen Wirtschaftszusammenschluß im Sinne von Art. 16 Espoo-Übereinkommen dar. Sie verfügt aber über keine generelle Kompetenz, völkerrechtliche Verträge abzuschließen. Insoweit gilt das sogenannte Prinzip der begrenzten Einzelermächtigung.[12] Danach benötigt die Gemeinschaft für jeden Rechtsakt, auch den Abschluß völkerrechtlicher Verträge, eine ausdrückliche oder im Wege der Auslegung nachweisbare Rechtsgrundlage innerhalb des EG-Vertrags. Seit Inkrafttreten der Einheitlichen Europäischen Akte (EEA) am 1.7.1987[13] findet der Umweltschutz in Art. 174 bis 176 EGV (früher Art. 130r bis t EGV) eine eigene Rechtsgrundlage, nachdem er in den Gründungsverträgen nicht erwähnt wurde und Umweltmaßnahmen zunächst vorwiegend auf Art. 100 und Art. 235 E(W)GV gestützt wurden.[14] Art. 174 EGV (früher Art. 130s EGV) verleiht der Gemeinschaft die Sachkompetenz für den Umweltschutz, da die Vorschrift beschließende Maßnahmen vorsieht.[15] Die EEA regelt auch den Bereich der internationalen Zusammenarbeit auf dem Gebiet des Umweltschutzes. Maßgebend ist die Vorschrift des Art. 174 Abs. 4

---

12 T. Oppermann, (Anm. 9), S. 733; M. Hession/R. Macrory, The legal Framework of European Community Participation in International Environmental Agreements, New Europe Law Review 1994, S. 68 ff.; H. Krück, Völkerrechtliche Verträge im Recht der Europäischen Gemeinschaften (1977), S. 44 ff.; W. Heintschel von Heinegg, EG im Verhältnis zu internationalen Organisationen und Einrichtungen, zugleich zur Vertragsschlußkompetenz der Gemeinschaften im Bereich des Umweltschutzes, in: H.-W. Rengeling (Anm. 6), S. 658; K. Hailbronner, in: K. Hailbronner/E. Klein/S. Magiera/P. C. Müller-Graf, Handkommentar zum Vertrag über die Europäische Union (EUV/EGV) (Stand: 1999), Art. 228 Rn. 10.

13 ABl. EG vom 19.6.1987, L 169, S. 1.

14 S. Die Hund, Einbeziehung der Öffentlichkeit im Rahmen der Umweltverträglichkeitsprüfung (1997), S. 21, 22; C. Wood, Environmental Impact Assessment (1995), S. 31.

15 W. Heintschel von Heinegg, EG im Verhältnis zu internationalen Organisationen und Einrichtungen, zugleich zur Vertragsschlußkompetenz der Gemeinschaften im Bereich des Umweltschutzes, in: H.-W. Rengeling (Anm. 6), S. 672.

EGV (früher Art. 130r Abs. 4 EGV).[16] Diese Vorschrift bestimmt, daß die Gemeinschaft und die Mitgliedstaaten im Rahmen ihrer jeweiligen Befugnisse mit dritten Ländern und den zuständigen internationalen Organisationen zusammenarbeiten und daß die Einzelheiten der Zusammenarbeit der Gemeinschaft Gegenstand von Abkommen zwischen dieser und den betreffenden dritten Parteien sein können. In der Literatur ist umstritten, ob Art. 174 Abs. 4 UAbs. 1 Satz 1 EGV (früher Art. 130r Abs. 4 UAbs. 1 Satz 1 EGV) lediglich eine Aufgabenzuweisung darstellt[17], die die gemeinschaftlichen und mitgliedstaatlichen Befugnisse im Bereich der auswärtigen Gewalt im Umweltschutz abgrenzt, oder darüber hinaus auch eine eigene Kompetenzgrundlage der Gemeinschaft für den Abschluß völkerrechtlicher Verträge.[18] Gegen letztere Auffassung spricht jedoch, daß Art. 174 Abs. 4 UAbs. 1 Satz 1 EGV (früher Art. 130r Abs. 4 UAbs. 1 Satz 1 EGV) von einer Zusammenarbeit der Gemeinschaft und der Mitgliedstaaten "im Rahmen ihrer jeweiligen Befugnisse" ausgeht. Daher hat diese Vorschrift nach der überwiegenden Auffassung auch keine kompetenzbegründende Bedeutung.[19] Die gemeinschaftliche Praxis verdeutlicht ebenfalls, daß Art. 174 Abs. 4 EGV (früher Art. 130r Abs. 4 EGV) nicht als Kompetenznorm zugunsten der Gemeinschaft für den Abschluß internationaler Umweltschutzverträge angesehen wird. Soweit nicht aufgrund der Sachnähe oder Hauptzielsetzung der beabsichtigten Maßnahme andere bestehende Rechtsgrundlagen in Betracht kommen, sind sämtliche Umweltübereinkommen auf Art. 130s EGV (jetzt Art. 176 EGV) gestützt worden.[20]

Der Europäische Gerichtshof hat die in der Einzelzuweisung liegende Beschränkung der Kompetenzen der Europäischen Gemeinschaft durch seine Rechtsprechung im AETR-Fall jedoch aufgelockert. Danach verfügt die Europäische Gemeinschaft über die ausdrücklich zugewiesenen Zuständigkeiten hinaus auch dort über Außenkompetenzen, wo die Gemeinschaft über entspre-

---

16 Die Vorschrift war vor Inkrafttreten des Maastrichter Vertrages wortgleich in Art. 130r Abs. 5 EWG-Vertrag enthalten.

17 So etwa W. Frenz, Europäisches Umweltrecht (1997), S. 11-12; T. Oppermann, (Anm. 9), S. 874; E. Klein/F. Kimms, Kompetenz zum Abschluß umweltschutzrechtlicher Verträge, in: Jahrbuch UTR 1996, S. 62.

18 So etwa E. Grabitz/C. Zacker, Die neuen Umweltkompetenzen der EG, NVwZ 1989, S. 302-303; ders./M. Nettesheim, in: ders./M. Hilf (Anm. 11), Art. 130r Rn. 109, 112; W. Heintschel von Heinegg, EG im Verhältnis zu internationalen Organisationen und Einrichtungen, zugleich zur Vertragsschlußkompetenz der Gemeinschaften im Bereich des Umweltschutzes, in: H.-W. Rengeling (Anm. 6), S. 672 f.

19 So W. Frenz (Anm. 17), S. 12; E. Klein/F. Kimms (Anm. 17), S. 62.

20 Vgl. E. Klein/F. Kimms (Anm. 17), S. 62.

chende Innenkompetenzen verfügt und diese Kompetenzen extern nur gemeinschaftlich wahrgenommen werden können.[21] Diese Rechtsprechung baute der EuGH in der Folgezeit in der Kramer-Entscheidung 1976[22] und in dem Gutachten zum Stillegungsfonds für die Binnenschiffahrt 1977[23] weiter aus. In dem Gutachten zum Stillegungsfonds führt der EuGH zu der Zuständigkeit der Gemeinschaft bei Innenkompetenzen aus, daß diese auf jeden Fall gilt, wenn die Gemeinschaft von ihrer internen Zuständigkeit Gebrauch gemacht hat. Die implizite Kompetenzzuweisung greift nach diesem Gutachten jedoch darüber hinaus auch dann ein, wenn die Gemeinschaft noch gar keine internen Maßnahmen ergriffen hat und erstmals durch den Abschluß des völkerrechtlichen Vertrags tätig wird.[24] Aus dieser Judikatur des Gerichtshofs folgerte die Literatur, eine Außenzuständigkeit der Gemeinschaft sei immer dann anzunehmen, wenn ihr eine entsprechende Binnenkompetenz zustehe.[25] Auf das Gebrauchen der Binnenkompetenz komme es nur im Hinblick auf die Ausschließlichkeit der so bejahten Außenkompetenz an. Diese Auffassung hat der EuGH jedoch in seinen jüngsten Gutachten - dem Gutachten zum WTO-Abkommen 1994[26] und zum Beschluß des Rates der OECD 1995[27] - zurückgewiesen. Im OECD-Gutachten führt der EuGH aus, daß die Außenzuständigkeit bei internen Handlungsermächtigungen solange und soweit zu verneinen sei, bis die Gemeinschaft von ihren Binnenkompetenzen Gebrauch gemacht habe. Eine Ausnahme gelte nur dann, wenn der Abschluß einer völkerrechtlichen Vereinbarung zur Verwirklichung der Ziele des Vertrages erforderlich sei und diese Ziele nicht durch die Aufstellung autonomer gemeinsamer Regeln erreicht werden könnten.[28] Wenn von bestehenden Binnenkompetenzen kein Gebrauch

---

21 Urteil vom 31.3.1971, Rs. 22/70, AETR, Slg. 1971, S. 263 ff.

22 Urteil vom 14.7.1976, Verb. Rs. 3, 4, u. 6/76, Kramer - Biologische Schätze des Meeres, Slg. 1976, S. 1279 ff.

23 Gutachten 1/76 vom 26.4.1977, Stillegungsfonds für die Binnenschiffahrt, Slg. 1977, S. 741 ff.

24 Gutachten 1/76 vom 26.4.1977, Stillegungsfonds für die Binnenschiffahrt, Slg. 1977, S. 756.

25 Vgl. O. Dörr, Die Entwicklung der ungeschriebenen Außenkompetenzen der EG, EuZW 1996, S. 41; R. Geiger, Vertragsschlußkompetenzen der Europäischen Gemeinschaft und auswärtige Gewalt der Mitgliedstaaten, JZ 1995, 976; C. Vedder, Die auswärtige Gewalt des Europa der Neun (1980), S. 127 ff.; H. Krück (Anm. 12), S. 40 ff.

26 Gutachten 1/94 vom 15.11.1994, WTO/GATS/TRIPS, Slg. 1994, S. 5276 ff.

27 Gutachten 2/92 vom 24.3.1995, OECD, Slg. 1995, S. 521 ff.

28 Gutachten 2/92 vom 24.3.1995, OECD, Slg. 1995, S. 559.

gemacht wird, läßt sich eine implizite Vertragsschlußkompetenz also nur bejahen, wenn diese zur Erreichung eines Gemeinschaftsziels unbedingt erforderlich ist.

b) Verhältnis zu den Vertragsschlußbefugnissen der Mitgliedstaaten

Das Bestehen einer Vertragsschlußbefugnis der Gemeinschaft bedeutet nicht zugleich, daß sie auch allein zum Abschluß eines völkerrechtlichen Vertrages berechtigt ist. Insoweit ist zwischen der ausschließlichen Kompetenz der Gemeinschaft, der konkurrierenden und der parallelen Kompetenz zu unterscheiden. Während die Mitgliedstaaten bei einer ausschließlichen Zuständigkeit der Gemeinschaft stets am Abschluß eines völkerrechtlichen Vertrages gehindert sind, selbst wenn die Gemeinschaft von ihrer Kompetenz noch keinen Gebrauch gemacht hat, bleiben sie bei einer konkurrierenden Kompetenz zum Vertragsschluß berechtigt, solange und soweit die Gemeinschaft keine eigenen Maßnahmen ergriffen hat. Im Falle der parallelen Zuständigkeit bleiben Mitgliedstaaten und Gemeinschaft nebeneinander berechtigt, es sei denn, gemeinschaftsrechtliche Maßnahmen würden durch Abkommen der Mitgliedstaaten gefährdet.[29]

Eine anfängliche ausschließliche Vertragsschlußkompetenz der Gemeinschaft wird der EG an verschiedenen Stellen des EGV ausdrücklich zuerkannt, so z.B. in Art. 133 Abs. 3 EGV (früher: Art. 113 Abs. 3 EGV) für den Abschluß von Handelsabkommen und in Art. 310 EGV (früher: Art. 238 EGV) für den Abschluß von Assoziationsabkommen.[30] Im Bereich des internationalen Umweltschutzes kann eine anfängliche ausschließliche Kompetenz nicht angenommen werden, da Art. 174 Abs. 4 UAbs. 2 EGV (früher: Art. 130r Abs. 4 UAbs. 2 EGV) nicht die Zuständigkeit der Mitgliedstaaten berührt, in internationalen Gremien zu verhandeln und internationale Abkommen abzuschließen.[31] Unklar bleibt nach dem Wortlaut des Art. 174 Abs. 4 UAbs. 2 EGV (früher: Art 130r Abs. 4 UAbs. 2 EGV) jedoch, ob die Gemeinschaftskompetenz im Bereich des internationalen Umweltschutzes konkurrierend oder parallel ist.

---

29 Vgl. W. Heintschel von Heinegg, EG im Verhältnis zu internationalen Organisationen und Einrichtungen, zugleich zur Vertragsschlußkompetenz der Gemeinschaften im Bereich des Umweltschutzes, in: H.-W. Rengeling (Anm. 6), S. 663 ff.

30 Vgl. dazu T. Oppermann (Anm. 9), S. 731 ff.

31 Siehe auch E. Grabitz/M. Nettesheim, in: ders./M. Hilf (Anm. 11), Art. 130r Rn. 115; E. Klein/F. Kimms (Anm. 17), S. 64.

Die Gemeinschaftspraxis spricht zwar eher für eine parallele Zuständigkeit von Mitgliedstaaten und Gemeinschaft, da es sich bei den von der Gemeinschaft geschlossenen völkerrechtlichen Verträgen mehrheitlich um gemischte Abkommen handelt.[32] Nach überwiegender Ansicht ist im Bereich des internationalen Umweltschutzes aber von einer konkurrierenden Zuständigkeit der Gemeinschaft auszugehen, da nach der Erklärung der Konferenz der Regierungsvertreter der Mitgliedstaaten zu Art. 130r Abs. 4 UAbs. 2 EGV (jetzt: Art. 174 Abs. 4 UAbs. 2 EGV)[33] diese Vorschrift nicht die Grundsätze aus dem AETR-Urteil des Gerichtshofes berühren darf. Aus dieser Erklärung kann gefolgert werden, daß auch im Umweltbereich die allgemeinen Regeln über die Außenkompetenzen der Gemeinschaft und ihr Verhältnis zu den Mitgliedstaaten Anwendung finden sollen.[34] Dann dürfen die Mitgliedstaaten aber nur international tätig werden, wenn die Gemeinschaft noch kein Binnenrecht erlassen hat.

c) *Vertragsschlußbefugnis der Gemeinschaft zum Abschluß des Espoo-Übereinkommens*

Eine ausdrückliche Außenkompetenz der Gemeinschaft für den Sachbereich des Espoo-Übereinkommens besteht nicht, da Art. 130r Abs. 4 EGV (jetzt Art. 174 Abs. 4 EGV) nach überwiegender Auffassung keine Kompetenznorm der Gemeinschaft für den Abschluß internationaler Umweltschutzverträge darstellt. Nachdem die Gemeinschaft von der ihr zustehenden Binnenkompetenz durch Erlaß der UVP-Richtlinie für den Bereich UVP bereits Innenrecht erlassen hat, verfügt sie nach der Rechtsprechung des EuGH zur impliziten Außenkompetenz der Gemeinschaft im Regelungsbereich der UVP-Richtlinie über Außenzuständigkeit und hat das Espoo-Übereinkommen auf Art. 130s EGV (jetzt Art. 176 EGV) gestützt.[35] Diese Außenkompetenz ist damit nachträglich zur ausschließlichen Außenkompetenz erstarkt. In den nicht von der UVP-Richtlinie erfaßten

---

32 W. Frenz (Anm. 17), S. 38 ff. geht ebenfalls von einer kumulativ-konkurrierenden, also einer parallelen Zuständigkeit im Umweltbereich aus.

33 Erklärung vom 7.2.1992, Bulletin der Bundesregierung Nr. 16 vom 12.2.1992, S. 179; vgl. dazu auch E. Klein/F. Kimms (Anm. 17), S. 65 ff.

34 So E. Grabitz/M. Nettesheim, in: ders./E. Hilf (Anm. 11), Art. 130r Rn. 117; W. Heintschel von Heinegg, EG im Verhältnis zu internationalen Organisationen und Einrichtungen, zugleich zur Vertragsschlußkompetenz der Gemeinschaften im Bereich des Umweltschutzes, in: H.-W. Rengeling (Anm. 6), S. 674 ff.

35 Beschluß des Rates vom 15.10.1996, DOK. 9260/96 ENV 270.

Regelungsbereichen würde eine Gemeinschaftskompetenz, da es an einem erlassenen internen Rechtsakt fehlt, nur bestehen, wenn der Abschluß eines völkerrechtlichen Vertrages zur Verwirklichung der Ziele des EGV unbedingt erforderlich ist. Die grenzüberschreitende UVP ist innergemeinschaftlich nur sinnvoll zu regeln, wenn sie von Abkommen mit Drittstaaten begleitet wird, so daß von einer Vertragsschlußkompetenz der Gemeinschaft für Bereiche, die durch die UVP-Richtlinie noch nicht innergemeinschaftlich geregelt sind, auszugehen ist.

Für die Sachbereiche des Espoo-Übereinkommens besteht nach dem oben dargestellten Verhältnis der Vertragsschlußbefugnis der Gemeinschaft zu den Vertragsschlußbefugnissen der Mitgliedstaaten aber eine konkurrierende Zuständigkeit zwischen EG und Mitgliedstaaten. Die Europäische Gemeinschaft hat mit ihrer Ratifikationsurkunde eine Erklärung über ihren Zuständigkeitsbereich gemäß Art. 17 Abs. 5 Espoo-Übereinkommen hinterlegt, die wie folgt lautet:

> "In dem unter das Übereinkommen von Espoo fallenden Bereich gilt die dieser Erklärung beigefügte Richtlinie 85/337/EWG des Rates vom 27. Juni 1985. Aufgrund dieser Richtlinie kann die Gemeinschaft den meisten Verpflichtungen nach dem Übereinkommen von Espoo nachkommen. Für die Erfüllung derjenigen Verpflichtungen aus dem Übereinkommen von Espoo, die gegenwärtig nicht durch Rechtsvorschriften der Gemeinschaft, im besonderen die Richtlinie 85/337/EWG erfaßt werden, sind die Mitgliedstaaten verantwortlich. Die Gemeinschaft hebt hervor, daß die Richtlinie 85/337/EWG sich nicht auf die Anwendung des Übereinkommens von Espoo im Verhältnis zwischen der Gemeinschaft einerseits und Drittländern, die Vertragsparteien des Übereinkommens von Espoo sind, andererseits erstreckt. Die Gemeinschaft wird der Verwahrstelle jede künftige Änderung der Richtlinie 85/337/EWG mitteilen.
>
> Die Gemeinschaft ist somit in den obengenannten Grenzen befugt, für die Gemeinschaft Verpflichtungen gegenüber Drittländern, die Vertragsparteien des Übereinkommens von Espoo sind, einzugehen."[36]

---

36 Beschluß des Rates vom 15.10.1996, DOK. 9260/96 ENV 270; vgl. den ähnlichen Vorschlag der Kommission ABl. EG vom 24. April 1992, C 104, S. 6: "Nach dem EWG-Vertrag und in Anbetracht der bestehenden Rechtsvorschriften der Gemeinschaft in dem unter das Übereinkommen von Espoo fallenden Bereich, insbesondere der Richtlinie 85/337/EWG des Rates vom 27. Juni 1985, ist die Gemeinschaft für diesen Bereich auf internationaler Ebene zuständig. Auf jenen Gebieten, die unter das Übereinkommen von Espoo fallen, für die es jedoch noch keine Rechtsvorschriften der Gemeinschaft gibt, teilt sich die Gemeinschaft die Zuständigkeit mit ihren Mitglied-

Auch wenn dies in der Erklärung nicht eindeutig zum Ausdruck kommt, geht die Gemeinschaft offensichtlich davon aus, daß für Bereiche, die noch nicht durch die UVP-Richtlinie geregelt sind, eine konkurrierende Zuständigkeit von Gemeinschaft und Mitgliedstaaten besteht.[37]

Die innergemeinschaftliche Kompetenzverteilung befindet sich jedoch im Fluß. Dem wird in der Erklärung der EG über die Befugnisse in den Regelungsbereichen des Espoo-Übereinkommens durch den Vorbehalt Rechnung getragen, später weitere Erklärungen über ihre Befugnisse abzugeben. Inzwischen haben sich die Befugnisse der EG erweitert. So wurde am 3.3.1997 die Richtlinie 97/11/EG des Rates zur Änderung der Richtlinie 85/337/EWG über die Umweltverträglichkeitsprüfung bei bestimmten öffentlichen und privaten Projekten[38] verabschiedet, also weiteres Innenrecht. Sie ist am 4.4.1997 in Kraft getreten. Gemäß Art. 17 Abs. 5 Espoo-Übereinkommen ist die Verwahrstelle des Übereinkommens - das UN-Sekretariat - über jede relevante Änderung des Umfanges der Zuständigkeit regionaler Wirtschaftszusammenschlüsse zu unterrichten, so daß die EG das UN-Sekretariat über die Änderung des Zuständigkeitsbereichs, der mit Inkrafttreten der UVP-Änderungsrichtlinie eingetreten ist, unterrichten muß. Eine solche Unterrichtung ist im Hinblick auf die UVP-Änderungsrichtlinie bislang jedoch nicht erfolgt[39] und muß daher, um die Zuständigkeiten zwischen Gemeinschaft und Mitgliedstaaten anderen Vertragsparteien gegenüber offenzulegen, nachgeholt werden.

Die Tatsache, daß das Espoo-Übereinkommen sowohl Kompetenzen der Europäischen Gemeinschaft als auch der Mitgliedstaaten berührt, führt aus Sicht des Europäischen Gemeinschaftsrechts dazu, daß kein Mitgliedstaat das

---

staaten. Infolgedessen ist die Gemeinschaft in den oben genannten Grenzen befugt, für die Gemeinschaft Verpflichtungen gegenüber Drittländern, die Vertragsparteien des Übereinkommens von Espoo sind, einzugehen."

37 Vgl. die Stellungnahme des Wirtschafts- und Sozialausschusses zu dem Vorschlag für einen Beschluß des Rates über den Abschluß des Übereinkommens über die UVP im grenzüberschreitenden Rahmen im Namen der Gemeinschaft, ABl. EG vom 30.11.1992, C 315, S. 6 unter Nr. 2.1, daß die im Vorschlag der Kommission enthaltenen Hinweise auf die Zuständigkeit der Gemeinschaft recht vage (insbesondere hinsichtlich solcher Aspekte, die noch nicht Gegenstand gemeinschaftlicher Rechtsvorschriften sind) erscheinen.

38 ABl. EG vom 14.3.1997, L 73, S. 5.

39 Stand: 1.11.2000.

Übereinkommen ohne Abstimmung mit der Europäischen Gemeinschaft ratifizieren darf. Er würde sich ansonsten in Bereichen verpflichten, für die die Zuständigkeit bei der Europäischen Gemeinschaft liegt.[40]

3. Bindungswirkungen des Espoo-Übereinkommens für die Gemeinschaft

a) Völkerrechtliche Bindungswirkung

Nach allgemeinem Völkervertragsrecht sind grundsätzlich alle Parteien eines Vertrages an den gesamten Vertragsinhalt gebunden.[41] In der Praxis wird jedoch eine völkerrechtliche Bindung der Gemeinschaft und der Mitgliedstaaten an den gesamten Vertragsinhalt häufig dadurch verhindert, daß entweder bereits in den völkerrechtlichen Verträgen der gemeinschaftsinternen Kompetenzverteilung Rechnung getragen wird oder die Gemeinschaft durch Abgabe einer entsprechenden Erklärung sicherstellt, daß es zu einer alternativ-konkurrierenden völkerrechtlichen Bindung der Gemeinschaft und der Mitgliedstaaten kommt.[42] Die Abgabe einer solchen Erklärung spricht Art. 17 Abs. 4 Espoo-Übereinkommen an:

> " ... Bei Zusammenschlüssen, von denen ein Mitgliedstaat oder mehrere Partei des Übereinkommens ist bzw. sind, entscheiden die Zusammenschlüsse und ihre Mitgliedstaaten über ihre jeweilige Zuständigkeit für die Erfüllung ihrer Verpflichtungen aus dem Übereinkommen. In diesen Fällen üben die Zusammenschlüsse und die Mitgliedstaaten ihre Rechte aus diesem Übereinkommen nicht gleichzeitig aus."

Die Europäische Gemeinschaft hat mit der Ratifikationsurkunde die bereits angesprochene Erklärung über ihren Zuständigkeitsbereich gemäß Art. 17 Abs. 5 Espoo-Übereinkommen hinterlegt. Aus dieser Erklärung geht eine für die

---

40 Vgl. für des UN-Seerechtsübereinkommen R. Wolfrum, Die Europäische Gemeinschaft als Partei seerechtlicher Verträge, AVR 1994, S. 320.

41 Vgl. C. Vedder, in: E. Grabitz/M. Hilf (Anm. 11), Art. 228 Rn. 19; R. Arnold (Anm. 5), S. 419 ff.

42 Vgl. A. Epiney, Zur Stellung des Völkerrechts in der EU, EuZW 1999, S. 7; C. Vedder, in: E. Grabitz/M. Hilf (Anm. 11), Art. 228 Rn. 19; W. Heintschel von Heinegg, EG im Verhältnis zu internationalen Organisationen und Einrichtungen, zugleich zur Vertragsschlußkompetenz der Gemeinschaften im Bereich des Umweltschutzes, in: H.-W. Rengeling (Anm. 6), S. 672.

Vertragspartner erkennbare Abgrenzung der Kompetenzen der Gemeinschaft und der Mitgliedstaaten hervor. Die UVP-Richtlinie ist der Erklärung beigefügt, so daß die Grenzen der Zuständigkeit der Gemeinschaft für die Vertragsparteien ohne weiteres nachvollziehbar sind. Allerdings muß die Erklärung um eine Mitteilung der durch das Inkrafttreten der UVP-Änderungsrichtlinie eingetretenen Erweiterungen der Zuständigkeit der Gemeinschaft ergänzt werden. Diese Kompetenzaufteilung nach außen hat zur Folge, daß die Gemeinschaft völkerrechtlich nur an die Teile des Übereinkommens gebunden ist, für die innergemeinschaftliche Regelungen bestehen.

b) Innergemeinschaftliche Bindungswirkung

Für den Umfang der innergemeinschaftlichen Bindung und Wirkung gemischter Abkommen gilt nach überwiegender Auffassung, daß nur der Abkommensteil, der in die ausschließliche Zuständigkeit der Gemeinschaft fällt, gemeinschaftlichen Grundsätzen unterliegt, da das Abkommen nur insoweit ein Gemeinschaftsabkommen darstellt.[43] Diese Teile des Übereinkommens wirken als Gemeinschaftsrecht in die nationale Rechtsordnung hinein, mit der Möglichkeit der unmittelbaren Wirkung. Das Espoo-Übereinkommen bildet mit seinem völkerrechtlichen Inkrafttreten hinsichtlich des in den ausschließlichen Zuständigkeitsbereich der Gemeinschaft fallenden Teils nach der Rechtsprechung des EuGH "einen integrierenden Bestandteil der Gemeinschaftsrechtsordnung".[44] Diese Teile des Espoo-Übereinkommens weisen damit dieselben Merkmale auf wie das Gemeinschaftsrecht selbst.[45] Die Teile des Abkommens, die auf einer mitgliedstaatlichen Zuständigkeit beruhen, werden nach Maßgabe des nationalen Verfassungsrechts wirksam.[46] Diesen kommt die ihnen nach nationalem Recht zustehende Rechtsstellung zu.

---

43 Vgl. K. Stein (Anm. 5), S. 95.

44 Urteil vom 26.10.1982, Rs. 104/81, Kupferberg I, Slg. 1982, S. 3641 ff.

45 Vgl. M. Schweitzer, Überblick zum Verhältnis: Völkerrecht - Europäisches Gemeinschaftsrecht - nationales Recht, in: H.-W. Rengeling (Anm. 6), S. 643; C. Tomuschat, in: H. v. d. Groeben/J. Thiesing/C.-D. Ehlermann, Kommentar zum EU/EG-Vertrag, Bd. 5 (1997), Art. 228 Rn. 57.

46 Vgl. C. Vedder, in: E. Grabitz/M. Hilf (Anm. 11), Art. 228 Rn. 23.

II. Durchführung des Espoo-Übereinkommens durch EG-Richtlinien

Im folgenden soll untersucht werden, inwieweit das Espoo-Übereinkommen auf EG-Ebene in den beiden UVP-Richtlinien und der IVU-Richtlinie, die sich zwar nicht ausdrücklich mit der UVP, aber wie die UVP-Richtlinien mit dem integrierten Umweltschutz, d.h. mit einem im Unterschied zum sektoriellen Umweltschutz auf alle Umweltgüter bezogenen Umweltschutz, befaßt, durchgeführt wird. Adressat der Richtlinien sind nach Art. 249 Abs. 3 EGV (früher Art. 189 Abs. 3 EGV) die Mitgliedstaaten. Sie haben den Auftrag, das innerstaatliche Recht innerhalb der Umsetzungsfrist so zu gestalten, daß es mit den Bestimmungen der Richtlinie übereinstimmt. Gemäß Art. 249 Abs. 3 EGV (früher Art. 189 Abs. 3 EGV) sind Richtlinien hinsichtlich des zu erreichenden Ziels verbindlich. Die Mitgliedstaaten sind verpflichtet, das Ziel der Richtlinie, d.h. einen richtlinienkonformen Rechtszustand zu erreichen.[47] In der Regel erfolgt die Umsetzung einer Richtlinie durch die Verabschiedung neuer oder die Änderung bestehender Gesetze. Eine Richtlinie verpflichtet die Mitgliedstaaten und die innerstaatlichen Stellen aber auch zur richtlinienkonformen Anwendung der nationalen Rechtsvorschriften. Nach der Rechtsprechung des EuGH sind insbesondere die Gerichte und Behörden verpflichtet, die Auslegung des geltenden Rechts so weit wie möglich am Wortlaut und Zweck der Richtlinie auszurichten.[48] Zunächst ist zu erörtern, inwieweit die Regelungen der beiden UVP-Richtlinien mit den Regelungen des Espoo-Übereinkommens übereinstimmen.

1. UVP-Richtlinie und UVP-Änderungsrichtlinie

Nachdem in den beiden ersten Aktionsprogrammen der EG für den Umweltschutz[49] das Vorsorgeprinzip als Grundprinzip des Umweltschutzes genannt wurde, fand die UVP erstmals im dritten Aktionsprogramm Erwähnung.[50] Der

---

47 Vgl. E. Grabitz, in: ders./E. Hilf (Anm. 11), Art. 189 Rn. 57.

48 K. Fischer, Die Einwirkung des europäischen auf das nationale Umweltrecht, JuS 1999, S. 329; K.-H. Ladeur, Die Umsetzung der EG-Richtlinie zur Umweltverträglichkeitsprüfung in nationales Recht und ihre Koordination mit dem allgemeinen Verwaltungsrecht, UPR 1996, S. 420; H.-W. Rengeling/M. Gellermann, Gestaltung des europäischen Umweltrechts und seine Implementation im deutschen Rechtsraum, in: Jahrbuch UTR 1996, S. 27; T. Oppermann (Anm. 9), S. 213.

49 ABl. EG vom 20.12.1973, C 112, S. 1 und ABl. EG vom 13.6.1977, C 139, S. 1.

50 ABl. EG vom 17.2.1983, C 46, S. 1.

erste Vorentwurf der UVP-Richtlinie wurde 1978 formuliert und eine überarbeitete Fassung dieses Entwurfs am 11.6.1980 dem Ministerrat der EG vorgelegt.[51] Am 27.6.1985 wurde die UVP-Richtlinie nach fünfjährigen Verhandlungen schließlich verabschiedet.[52] Die UVP-Richtlinie trägt deutlichen Kompromißcharakter und stellt nur Mindesterfordernisse auf.[53] Mit Ausnahme von Frankreich waren in keinem Mitgliedstaat vor der Verabschiedung der Richtlinie UVP-Vorschriften vorhanden.[54]

Die UVP-Änderungsrichtlinie[55] wurde nach Stellungnahme des Wirtschafts- und Sozialausschusses[56] und des Ausschusses der Regionen[57] in dem Verfahren gemäß Art. 252 EGV (früher Art. 189 c EGV)[58] am 3.3.1997 verabschiedet. Sie trat gemäß Art. 4 am 4.4.1997 in Kraft und mußte bis 14.3.1999 in innerstaatliches Recht umgesetzt werden. Die Änderungsrichtlinie legt keine eigentliche Neufassung der UVP-Richtlinie vor, sondern ändert diese in einzelnen Artikeln und vor allem in den Anhängen, dies aber teilweise so, daß die Änderungen auf eine Art Neufassung hinauslaufen.[59] Grund für die Änderung ist nach der Präambel unter anderem, die UVP-Richtlinie mit dem Espoo-Übereinkommen abzustimmen. Die Bestimmungen über die UVP im grenzüberschreitenden

---

51 ABl. EG vom 9.7.1980, C 169, S. 14.

52 ABl. EG vom 5.7.1985, L 175, S. 75. Zur Abschwächung der UVP-Richtlinie gegenüber dem ursprünglichen Richtlinienentwurf: T. Bunge, Die Umweltverträglichkeitsprüfung im Verwaltungsverfahren (1986), S. 14; J. Cupei, Umweltverträglichkeitsprüfung - Ein Beitrag zur Strukturierung der Diskussion, zugleich eine Erläuterung der EG-Richtlinie (1986), S. 103 f.; A. Randelzhofer/R. Harndt, Grenzüberschreitende Zusammenarbeit bei der Umweltverträglichkeitsprüfung (1989), S. 1; J. Schoeneberg, Umweltverträglichkeitsprüfung (1993), Rn. 16.

53 C. Wood (Anm. 14), S. 37; M. Kloepfer/ E. Rehbinder/E. Schmidt-Aßmann/P. Kunig, Umweltgesetzbuch, Allgemeiner Teil (1991), S. 229.

54 A. Schink, Gemeinschaftsrechtliche Fortentwicklung der UVP, DVBl. 1995, S. 74.

55 Richtlinie 97/11/EG des Rates zur Änderung der Richtlinie 85/337/EWG über die Umweltverträglichkeitsprüfung bei bestimmten öffentlichen und privaten Projekten, ABl. EG vom 14.3.1997, L 73, S. 5.

56 ABl. EG vom 31.12.1994, C 393, S. 1.

57 ABl. EG vom 14.8.1995, C 210, S. 78.

58 Stellungnahme des Europäischen Parlaments vom 11.10.1995, ABl. EG vom 30.10.1995, C 287, S. 101, gemeinsamer Standpunkt des Rates vom 25.6.1996, ABl. EG vom 26.8.1996, C 248, S. 75 und Beschluß des Europäischen Parlaments vom 13.11.1996, ABl. EG vom 2.12.1996, C 362, S. 103.

59 B. Becker, Überblick über die umfassende Änderung der Richtlinie über die Umweltverträglichkeitsprüfung, NVwZ 1997, S. 1168.

Rahmen sollen ausgebaut werden, um den Entwicklungen auf internationaler Ebene Rechnung zu tragen,[60] wobei insbesondere auf die Unterzeichnung des Espoo-Übereinkommens durch die EG am 25.2.1991 hingewiesen wird.[61]

a) Anwendungsbereich der UVP-Richtlinien

Die UVP-Richtlinie schreibt die UVP gemäß Art. 1 Abs. 1 für öffentliche und private Projekte vor, die in Anhang I und II UVP-RL abschließend aufgezählt sind. Das Espoo-Übereinkommen fordert die Parteien aber darüber hinaus auf, die UVP auch auf Maßnahmen, Pläne und Programme anzuwenden.[62] In der UVP-Richtlinie von 1985 findet sich nur ein einziger ähnlicher Hinweis im ersten Erwägungsgrund, nämlich daß "bei allen technischen Planungs- und Entscheidungsprozessen die Auswirkungen auf die Umwelt so früh wie möglich berücksichtigt werden müssen".[63] Auch die UVP-Änderungsrichtlinie beläßt es dabei, daß die UVP nur auf Projektebene anzuwenden ist. Die Forderung des Europäischen Parlaments, die UVP-Richtlinie durch die UVP-Änderungsrichtlinie auch auf die Prüfung der Umweltauswirkungen bestimmter Pläne und Programme auszuweiten, wurde nicht übernommen.[64] Auf EG-Ebene ist aber eine eigenständige Richtlinie über die "Prüfung der Umweltauswirkungen bestimmter Pläne und Programme" geplant. Ein Vorschlag der Kommission liegt bereits vor.[65]

Im Unterschied zum Espoo-Übereinkommen findet die UVP-Richtlinie auch in ihrer neuen Fassung nach Art. 1 Abs. 4 keine Anwendung auf Projekte, die

---

60 12. Erwägungsgrund; vgl. zum Einfluß des Espoo-Übereinkommens auf die UVP-Änderungsrichtlinie auch W. Okresek, Genehmigungsverfahren von grenzüberschreitenden Großprojekten, ÖJZ 1996, S. 446.

61 13. Erwägungsgrund.

62 Art. 2 Abs. 7 Espoo-Übereinkommen.

63 Vgl. hierzu auch die Stellungnahme des Wirtschafts- und Sozialausschusses für einen Beschluß des Rates über den Abschluß des Übereinkommens über die UVP im grenzüberschreitenden Rahmen im Namen der Gemeinschaft, ABl. EG vom 30.11.1992, C 315, S. 6.

64 ABl. EG vom 30.10.1995, C 287, S. 83.

65 Vgl. Vorschlag der Kommission vom 4.12.1996 für eine Richtlinie des Rates über die Prüfung der Umweltauswirkungen bestimmter Pläne und Programme, ABl. EG vom 25.4.1997, C 129, S. 14 ff. und den geänderten Vorschlag für eine Richtlinie des Rates über die Prüfung der Umweltverträglichkeit bestimmter Pläne und Programme, ABl. EG vom 25.3.1999, C 83, S. 13 ff.

Zwecken der nationalen Verteidigung dienen, und nach Art. 1 Abs. 5 auch nicht uf Projekte, die im einzelnen durch einen besonderen einzelstaatlichen Gesetzgebungsakt genehmigt werden. Ferner können die Mitgliedstaaten in besonderen Einzelfällen nach Art. 2 Abs. 3 UVP-RL einzelne Projekte von den Bestimmungen der UVP-Richtlinie ausnehmen, wobei die Öffentlichkeit aber über den Verzicht informiert werden muß.

Nach 3 UVP-RL a.F. waren im Rahmen der UVP Auswirkungen auf

- Mensch, Fauna und Flora,
- Boden, Wasser, Luft, Klima und Landschaft,
- die Wechselwirkungen zwischen den unter dem ersten und zweiten Gedankenstrich genannten Faktoren,
- Sachgüter und kulturelles Erbe

zu untersuchen. Der Umweltbegriff wurde damit enger als im Espoo-Übereinkommen definiert, da Wechselwirkungen lediglich zwischen den Auswirkungen auf Mensch, Fauna, Flora, Boden, Wasser, Luft, Klima und Landschaft zu untersuchen waren, während nach dem Espoo-Übereinkommen bei allen Auswirkungen Wechselwirkungen einzubeziehen sind.[66] Durch die UVP-Änderungsrichtlinie wurde die Definition erweitert. Der Begriff der Auswirkungen auf Sachgüter und kulturelles Erbe wurde an die dritte Stelle gesetzt, so daß nun auch bei diesen Auswirkungen Wechselwirkungen zu beachten sind. Das Espoo-Übereinkommen zählt ausdrücklich sozioökonomische Verhältnisse mit zur Umwelt, was in der UVP-Richtlinie nicht ganz deutlich ist. Die UVP-Richtlinie rechnet aber Kultur- und Sachgüter zur Umwelt. Außerdem werden im Rahmen der UVP auch die Wirkungen von Projekten auf den Menschen untersucht. Dabei geht es nicht nur um Folgen für die menschliche Gesundheit, sondern auch um sonstige, den Menschen betreffende Wirkungen, z.B. im sozialen Bereich.[67] Im Ergebnis stimmt der Umweltbegriff der UVP-Richtlinie also mit dem des Espoo-Übereinkommens überein.

Der Begriff der grenzüberschreitenden Auswirkung wird in der UVP-Richtlinie im Gegensatz zum Espoo-Übereinkommen nicht definiert. Das Kriterium dafür, ob eine grenzüberschreitende UVP durchzuführen ist oder nicht, ist in der UVP-

---

66 Art. 1 Nr. 7 Espoo-Übereinkommen.

67 Vgl. T. Bunge, Internationale und europäische Regeln über die Umweltverträglichkeitsprüfung - die Arbeiten der OECD, der EG, des UNEP und der ECE, ZAU 1990, S. 368.

Richtlinie wie im Espoo-Übereinkommen die potentielle Erheblichkeit der grenzüberschreitenden Umweltauswirkungen des geplanten Projekts. Im Gegensatz zum Espoo-Übereinkommen beschränkt sich die UVP-Richtlinie dabei auf grenzüberschreitende Umweltauswirkungen in den Mitgliedstaaten der Gemeinschaft.

aa) Spezifizierung des Anwendungsbereichs in den UVP-Richtlinien

(1) Anhang-I-Projekte

Projekte nach Art. 4 Abs. 1 i.V.m. Anhang I UVP-RL unterfallen immer einer UVP. Wie Anhang I des Espoo-Übereinkommens enthält die UVP-Richtlinie zur Spezifizierung des Erheblichkeitsbegriffs in ihrem Anhang I eine Liste von Projekten. Verglichen mit Anhang I UVP-RL a.F. war Anhang I des Espoo-Übereinkommens weiter gefaßt, da z.B. Pipelines, Talsperren und Stauseen, Maßnahmen zur Grundwasserentnahme, Anlagen zur Herstellung von Zellstoff und Papier sowie Anlagen zur Speicherung von Öl von Anhang I der UVP-Richtlinie a.F. nicht erfaßt wurden. Durch die UVP-Änderungsrichtlinie wurde die Liste der Projekte des Anhangs I der Richtlinie erheblich erweitert.[68] Statt der bisher 9 Projektklassen enthält Anhang I der neugefaßten Richtlinie nun 21 Projektklassen, die der UVP-Pflicht unterworfen sind. Die Liste entspricht - abgesehen von Rodungen, die in Anhang II UVP-RL n.F aufgenommen wurden[69] - Anhang I des Espoo-Übereinkommens. Hinzugekommen sind z.B. Grundwasserentnahme bzw. Grundwasserauffüllungssysteme,[70] Stauwerke und sonstige Anlagen zur Zurückhaltung oder dauerhaften Speicherung von Wasser,[71] Öl-, Gas- und Chemikalienpipelines,[72] Industrieanlagen zur Herstellung von Zellstoff und Papier,[73] sowie Anlagen zur Lagerung von Erdölprodukten und chemischen Erzeugnissen.[74] Anhang I UVP-RL n.F. erfaßt darüber hinaus einige nicht in Anhang I Espoo-Übereinkommen aufgeführte Projektklassen

---

68 Der Vorschlag der Kommission hatte sich noch mit der Hinzufügung einiger zusätzlicher Projekte in Anhang I begnügt; vgl. ABl. EG vom 12.5.1995, C 130, S. 8.

69 Vgl. Anhang I Nr. 17 Espoo-Übereinkommen.

70 Vgl. Anhang I Nr. 12 Espoo-Übereinkommen.

71 Vgl. Anhang I Nr. 11 Espoo-Übereinkommen.

72 Vgl. Anhang I Nr. 8 Espoo-Übereinkommen.

73 Vgl. Anhang I Nr. 13 Espoo-Übereinkommen.

74 Vgl. Anhang I Nr. 16 Espoo-Übereinkommen.

und gibt zum Teil Schwellenwerte an, wo das Espoo-Übereinkommen auf die Angabe von Schwellenwerten verzichtet.

(2) Anhang-II-Projekte

Projekte nach Art. 4 Abs. 2 i.V.m. Anhang II UVP-RL unterfallen nach näherer Bestimmung der Mitgliedstaaten der UVP-Pflicht. Der Mechanismus der UVP-Richtlinie a.F. zur Entscheidung, ob ein bestimmtes Vorhaben eine UVP erfordert, stieß in der Literatur jedoch auf erhebliche Kritik.[75] Kritisiert wurde, daß die UVP-Richtlinie a.F. gemäß Art. 4 Abs. 2 Satz 1 UVP-RL a.F. auf in Anhang II aufgeführte Projekte nur dann Anwendung fand, "wenn ihre Merkmale nach Auffassung der Mitgliedstaaten dies erforderten", den Mitgliedstaaten also erheblicher Ermessensspielraum eingeräumt wurde.[76] Diese Regelung führte dazu, daß sich der Kreis der prüfungspflichtigen Projekte von Mitgliedstaat zu Mitgliedstaat erheblich unterschied.[77] Die Kommission war deshalb der Auffassung, daß die Mitgliedstaaten in ihrer nationalen Gesetzgebung das Problem von Kriterien und Schwellenwerten von Anhang-II-Projekten ansprechen müßten, da, wenn die Gesetzgebung an diesem Punkt schweige, Anhang-II-Projekte kategorisch vom Anwendungsbereich der Richtlinie ausgeschlossen würden.[78] Diese Auffassung wurde inzwischen vom EuGH bestätigt.[79] Die Kommission schlug daher vor, den Ermessensspielraum der Mitgliedstaaten dadurch zu verengen, daß in einem Vorschaltverfahren im Einzelfall darüber entschieden werden muß, ob ein Anhang-II-Projekt einer UVP zu unterziehen ist.[80] Dieser Vorschlag konnte sich jedoch nicht vollständig durchsetzen. Art. 4 Abs. 3 UVP-RL n.F. stellt den Mitgliedstaaten wahlweise zwei Verfahren zur Bestimmung der UVP-pflichtigen Projekte des Anhangs II zur Verfügung. Sie können eine Einzelfalluntersuchung durchführen oder bestimmte Schwellen-

---

75 Vgl. T. Bunge, Zur Weiterentwicklung der UVP, in: A. Schmidt, Das Umweltrecht der Zukunft (1996), S. 36.

76 W. Frenz (Anm. 17), S. 136.

77 T. Bunge (Anm. 75), S. 36.

78 Vgl. R. Macrory, The Enforcement of Community Environmental Laws, CMLR 1992, S. 359 ff.

79 Vgl. EuGH Urteil vom 22.10.1998, Rs. C301/95, Kommission/Bundesrepublik Deutschland, abgedruckt in: NuR 1999, S. 95 ff.

80 ABl. EG vom 12.5.1994, C 130, S. 8, Art. 4 Abs. 2, Abs. 3 i.V.m. Anhang II a; zum Vorschlag der Kommission vgl. M. Krings/T. Schweitzer, Die Entwicklungen des Europäischen Umweltrechts, in: Jahrbuch UTR 1996, S. 569.

werte oder Kriterien für die UVP-pflichtigkeit festlegen. Sie können sich aber auch dafür entscheiden, beide Verfahren gemeinsam anzuwenden. Sowohl bei der Einzelfalluntersuchung als auch bei der Festlegung von Schwellenwerten und Kriterien sind nach Art. 4 Abs. 3 UVP-RL n.F. die Auswahlkriterien des Anhang III UVP-RL n.F. zu berücksichtigen. Das Ermessen der Mitgliedstaaten ist damit stärkeren Bindungen unterworfen als bislang. Anhang III nennt drei Arten von Auswahlkriterien, die von den Mitgliedstaaten zu berücksichtigen sind, nämlich Merkmale der Projekte, Standort der Projekte und Merkmale potentieller Auswirkungen. Dies entspricht den Kriterien in Anhang III des Espoo-Übereinkommens, die bei Projekten, die nicht in Anhang I des Übereinkommens aufgeführt sind, bei der Beurteilung der Erheblichkeit der grenzüberschreitenden Auswirkungen helfen sollen.[81]

Projekte, die nicht in Anhang I UVP-RL aufgeführt sind, spezifiziert die UVP-Richtlinie damit präziser als das Espoo-Übereinkommen. Sie enthält in ihrem Anhang II eine umfangreiche Auflistung weiterer Projekte, die durch die UVP-Änderungsrichtlinie noch erweitert wurde und die weit mehr Projekte für UVP-pflichtig erklärt als das Espoo-Übereinkommen. Die abschließende Aufzählung von Projekten in der UVP-Richtlinie hat allerdings den Nachteil, daß nicht wie im Espoo-Übereinkommen für nicht aufgeführte Projekte die Notwendigkeit einer UVP vereinbart werden kann.[82]

Wie im Espoo-Übereinkommen genügt die Einbeziehung eines Projekts in Anhang I UVP-RL nicht, um die Verpflichtung, eine grenzüberschreitende UVP durchzuführen, auszulösen. Maßgeblich ist auch bei der UVP-Richtlinie das Kriterium der erheblichen grenzüberschreitenden Auswirkung.[83] Der Hauptunterschied ist, daß nach der UVP-Richtlinie auch dann eine UVP durchzuführen ist, wenn keine erheblichen grenzüberschreitenden Auswirkungen, sondern nur

---

81 Bei Anwendung des Anhang III UVP-RL n.F. sind zukünftig auch alle Projekte UVP-pflichtig, die Auswirkungen auf die nach Art. 4 Flora-Fauna-Habitat-Richtlinie (FFH-Richtlinie) festgelegten besonderen Schutzgebiete haben können, wenn von den Projekten möglicherweise eine erhebliche Gefährdung der Schutzgebiete ausgeht. Vgl. Richtlinie 92/43/EWG des Rates vom 21.5.1992 zur Erhaltung der natürlichen Lebensräume sowie der wildlebenden Tiere und Pflanzen, ABl. EG vom 22.7.1992, L 206, S. 7, zuletzt geändert durch Richtlinie 97/62/EG des Rates zur vom 27.10.1997 zur Anpassung der Richtlinie 92/43/EWG zur Erhaltung der natürlichen Lebensräume sowie der wildlebenden Tiere und Pflanzen an den technischen und wissenschaftlichen Fortschritt, ABl. EG vom 8.11.1997, L 305, S. 42.

82 Art. 2 Abs. 5 Espoo-Übereinkommen.

83 A. Nollkaemper, The Legal Regime for Transboundary Water Pollution: Between Discretion and Constraint (1993), S. 187.

erhebliche innerstaatliche Auswirkungen auftreten. Nach dem Espoo-Übereinkommen wird in einem solchen Fall keine UVP durchgeführt, da sich das Übereinkommen nur auf erhebliche grenzüberschreitende Auswirkungen bezieht.

bb) Rechte des voraussichtlich betroffenen Mitgliedstaats

Nach dem Espoo-Übereinkommen können betroffene Staaten einen UVP-Prozeß in dem Staat, in dessen Zuständigkeitsbereich das Projekt geplant wird, in Gang setzen. Im Gegensatz hierzu ist in der UVP-Richtlinie die Entscheidung, eine UVP durchzuführen, eine Entscheidung, die ausschließlich der Ursprungsstaat trifft. Art. 7 2. Alternative UVP-RL a.F. sah zwar für einen betroffenen Mitgliedstaat die Möglichkeit vor, zu beantragen, ihm Informationen über das geplante Projekt bereitzustellen. Ein voraussichtlich betroffener Mitgliedstaat hatte nach der UVP-Richtlinie a.F. keine Möglichkeit, einen Mitgliedstaat, in dessen Zuständigkeitsbereich ein Projekt geplant war, zur Durchführung einer UVP zu veranlassen. Durch die UVP-Änderungsrichtlinie wurde keine Regelung zur Einführung einer Untersuchungskommission wie im Espoo-Übereinkommen[84] geschaffen, die bei Streitigkeiten über die Erheblichkeit grenzüberschreitender Auswirkungen angerufen werden kann. Auch fehlt es an einer Möglichkeit für die betroffenen Partei, zu verlangen, daß bei nicht in der Liste angeführten Projekten in Konsultationen über die Erheblichkeit der voraussichtlichen Umweltauswirkungen eingetreten wird wie in Art. 2 Abs. 5 Espoo-Übereinkommen. Art. 7 Abs. 1 2. Alternative UVP-RL n.F. regelt wie die UVP-Richtlinie a.F. lediglich, daß der Mitgliedstaat, auf dessen Hoheitsgebiet das Projekt durchgeführt werden soll, auf entsprechenden Antrag des betroffenen Mitgliedstaats diesem Informationen über das geplante Projekt bereitstellen muß. Die EG ist allerdings, wie oben gezeigt, rechtlich nicht dazu verpflichtet, diese Regelungen des Espoo-Übereinkommens zu implementieren, da sie nur an die Teile des Übereinkommens völkerrechtlich gebunden ist, für die innergemeinschaftliche Regelungen bestehen.[85]

---

84 Art. 3 Abs. 7 Espoo-Übereinkommen.

85 Vgl. oben unter I. 3. a).

b) UVP-Verfahren nach den UVP-Richtlinien

Art. 7 UVP-RL a.F. enthielt eine sehr knappe Regelung über Informationsaustausch und Beratung in Fällen erheblicher grenzüberschreitender Auswirkungen:

> "Stellt ein Mitgliedstaat fest, daß ein Projekt erhebliche Auswirkungen auf die Umwelt eines anderen Mitgliedstaats haben könnte, oder stellt ein Mitgliedstaat, der möglicherweise davon erheblich berührt wird, einen entsprechenden Antrag, so teilt der Mitgliedstaat, in dessen Hoheitsgebiet die Durchführung des Projekts vorgeschlagen wird, dem anderen Mitgliedstaat die nach Artikel 5 eingeholten Informationen zum gleichen Zeitpunkt mit, zu dem er sie seinen eigenen Staatsangehörigen zur Verfügung stellt. Diese Informationen dienen als Grundlage für notwendige Konsultationen im Rahmen der bilateralen Beziehungen beider Mitgliedstaaten auf der Basis von Gegenseitigkeit und Gleichwertigkeit."

Art. 7 UVP-RL n.F. sieht nun eine wesentlich konkretere und mit Fristangaben versehene Regelung vor:[86]

> "(1) Stellt ein Mitgliedstaat fest, daß ein Projekt erhebliche Auswirkungen auf die Umwelt eines anderen Mitgliedstaats haben könnte, oder stellt ein Mitgliedstaat, der möglicherweise davon erheblich betroffen ist, einen entsprechenden Antrag, so übermittelt der Mitgliedstaat, in dessen Hoheitsgebiet das Projekt durchgeführt werden soll, dem betroffenen Mitgliedstaat so bald wie möglich, spätestens aber zu dem Zeitpunkt, zu dem er in seinem eigenen Land die Öffentlichkeit unterrichtet, unter anderem
>
> a) eine Beschreibung des Projekts zusammen mit allen verfügbaren Angaben über dessen mögliche grenzüberschreitende Auswirkungen,
>
> b) Angaben über die Art der möglichen Entscheidung
>
> c) und räumt dem anderen Mitgliedstaat eine angemessene Frist für dessen Mitteilung ein, ob er an dem Verfahren der Umweltverträglichkeitsprüfung (UVP) teilzunehmen wünscht oder nicht; ferner kann er die in Absatz 2 genannten Angaben beifügen.
>
> (2) Teilt ein Mitgliedstaat nach Erhalt der in Absatz 1 genannten Angaben mit, daß er an dem UVP-Verfahren teilzunehmen beabsichtigt, so

---

86 B. Becker (Anm. 59), S. 1171.

übermittelt der Mitgliedstaat, in dessen Hoheitsgebiet das Projekt durchgeführt werden soll, sofern noch nicht geschehen, dem betroffenen Mitgliedstaat die nach Artikel 5 eingeholten Informationen sowie relevante Angaben zu dem UVP-Verfahren einschließlich des Genehmigungsantrags.

(3) Ferner haben die beteiligten Mitgliedstaaten, soweit sie jeweils berührt sind,

a) dafür Sorge zu tragen, daß die Angaben gemäß den Absätzen 1 und 2 innerhalb einer angemessenen Frist den in Artikel 6 Absatz 1 genannten Behörden sowie der betroffenen Öffentlichkeit im Hoheitsgebiet des möglicherweise von dem Projekt erheblich betroffenen Mitgliedstaats zur Verfügung gestellt werden, und

b) sicherzustellen, daß diesen Behörden und der betroffenen Öffentlichkeit Gelegenheit gegeben wird, der zuständigen Behörde des Mitgliedstaats, in dessen Hoheitsgebiet das Projekt durchgeführt werden soll, vor der Genehmigung des Projekts innerhalb einer angemessenen Frist ihre Stellungnahme zu den vorgelegten Angaben zuzuleiten.

(4) Die beteiligten Mitgliedstaaten nehmen Konsultationen auf, die unter anderem die potentiellen grenzüberschreitenden Auswirkungen des Projekts und die Maßnahmen zum Gegenstand haben, die der Verringerung oder Vermeidung dieser Auswirkungen dienen sollen, und vereinbaren einen angemessenen Zeitrahmen für die Dauer der Konsultationsphase.

(5) Die Einzelheiten der Durchführung dieses Artikels können von den beteiligten Mitgliedstaaten festgelegt werden."

aa) Benachrichtigung des betroffenen Mitgliedstaats

Nach Art. 7 Satz 1 UVP-RL a.F. mußten voraussichtlich betroffene Mitgliedstaaten damit zur selben Zeit benachrichtigt werden, zu der der Ursprungsstaat die Informationen, die der Projektträger gemäß Art. 5 UVP-RL vorgelegt hatte, der eigenen Öffentlichkeit zur Verfügung stellte. Nach dem Espoo-Übereinkommen ist dies der späteste Zeitpunkt der Benachrichtigung. Die Vorschrift blieb also hinter dem Espoo-Übereinkommen zurück. Art. 7 Abs. 1 UVP-RL n.F. sieht jetzt vor, daß ein Mitgliedstaat einen potentiell betroffenen Mitgliedstaat so bald wie möglich, spätestens aber zu dem Zeitpunkt, zu dem er in seinem eigenen Land die Öffentlichkeit unterrichtet, benachrichtigen muß.

Diese Regelung steht im Einklang mit dem Wortlaut des Espoo-Übereinkommens.[87]

Der vorgeschriebene Inhalt der Information war nach der UVP-Richtlinie a.F. weniger umfangreich als nach dem Espoo-Übereinkommen.[88] So war nicht notwendig, Angaben über die Art der Zulassungsentscheidung zu übermitteln. Auch war nicht erforderlich, eine Frist festzulegen, in der die betroffenen Mitgliedstaaten mitteilen können, ob sie an dem UVP-Verfahren beteiligt werden möchten oder nicht. Im Gegensatz zum Espoo-Übereinkommen[89] brachte die UVP-Richtlinie a.F. auch nicht deutlich zum Ausdruck, daß die Benachrichtigung Informationen über mögliche grenzüberschreitende Auswirkungen enthalten muß. Nach Art. 5 a.F. mußte der Projektträger "die notwendigen Angaben zur Feststellung und Beurteilung der Hauptwirkungen, die das Projekt voraussichtlich für die Umwelt haben wird," an die zuständige Behörde übermitteln, die diese nach Art. 7 Satz 1 UVP-RL a.F. dem betroffenen Mitgliedstaat zur Verfügung zu stellen hatte.[90] Nach der überwiegenden Auffassung in der Literatur bedeutete dies zwar nicht, daß grenzüberschreitende Umweltauswirkungen im Prüfprozeß keine Rolle spielen würden.[91] Die UVP-Änderungsrichtlinie sieht aber im neugefaßten Art. 7 Abs. 1 in Anlehnung an die Regelungen des Espoo-Übereinkommens ausdrücklich vor, daß der Ursprungsstaat dem anderen Mitgliedstaat unter anderem eine Beschreibung des Projekts zusammen mit allen verfügbaren Angaben über dessen mögliche grenzüberschreitende Auswirkungen und Angaben über die Art der möglichen Entscheidung zu übermitteln hat. Wie im Espoo-Übereinkommen[92] ist dem betroffenen Mitgliedstaat auch eine Frist für die Mitteilung zu setzen, ob er an dem UVP-Verfahren teilzunehmen wünscht oder nicht.

---

87 Art. 3 Abs. 1 Espoo-Übereinkommen.

88 Art. 3 Abs. 2 und Abs. 5 Espoo-Übereinkommen.

89 Art. 3 Abs. 2 a) und Abs. 5 b) Espoo-Übereinkommen.

90 Der Entwurf der Richtlinie von 1980 hatte in Art. 6 Abs. 1 von dem Projektträger "die Beschreibung der Umwelt, die möglicherweise erheblich von dem vorgeschlagenen Vorhaben beeinträchtigt wird, einschließlich gegebenenfalls der Umwelt in anderen Mitgliedstaaten ..." verlangt, ABl. EG vom 9.7.1980, C 169, S. 14.

91 So T. Bunge (Anm. 52), S. 33 f.; A. Randelzhofer/R. Harndt (Anm. 52), S. 119; M. Bothe/L. Gündling, Neuere Tendenzen des Umweltrechts im internationalen Vergleich (1990), S. 166. Nach anderer Auffassung erforderte dies jedoch eine sehr weite Auslegung des Wortlauts des Art. 7 UVP-RL a.F., für die es keine Anhaltspunkte gab. So A. Nollkaemper (Anm. 83), S. 193,

92 Art. 3 Abs. 2 c) Espoo-Übereinkommen.

Teilt ein Mitgliedstaat nach Erhalt der in Art. 7 Abs. 1 UVP-RL n.F. genannten Angaben mit, daß er an dem UVP-Verfahren teilnehmen möchte, übermittelt der Mitgliedstaat, auf dessen Hoheitsgebiet das Projekt durchgeführt werden soll, gemäß Art. 7 Abs. 2 dem betroffenen Mitgliedstaat die nach Art. 5 eingeholten Informationen (vgl. dazu unter bb)) sowie relevante Angaben zu dem UVP-Verfahren einschließlich des Genehmigungsantrags. Dies entspricht der Regelung des Espoo-Übereinkommens, nach der der betroffene Staat mitteilen muß, ob er an dem UVP-Verfahren beteiligt werden will.[93] Allerdings trennt die UVP-Änderungsrichtlinie wie auch die UVP-Richtlinie a.F. nicht zwischen Informationen, die vor Erstellung der UVP-Dokumentation zu übermitteln sind, und der Übermittlung der UVP-Dokumentation selbst.[94] Die Erstellung einer separaten UVP-Dokumentation ist von der UVP-Richtlinie nicht vorgesehen (vgl. dazu unter bb)).

Die im Espoo-Übereinkommen geregelte Verpflichtung des betroffenen Staats, dem Ursprungsstaat auf sein Ersuchen hin Informationen über die möglicherweise betroffene Umwelt im Zuständigkeitsbereich der betroffenen Partei zur Verfügung zu stellen,[95] wurde nicht in die UVP-Richtlinie n.F. übernommen.

bb) Vom Projektträger vorzulegende Unterlagen

Dem betroffenen Mitgliedstaat sind nach Art. 7 Abs. 2 UVP-RL n.F. wie nach Art. 7 Satz 1 UVP-RL a.F. die vom Projektträger vorgelegten Unterlagen zu übermitteln.[96] Die vom Projektträger vorzulegenden Angaben ähneln den Anforderungen, die das Espoo-Übereinkommen an den Inhalt der zu erstellenden UVP-Dokumentation stellt.[97]

Im Gegensatz zum Espoo-Übereinkommen[98] enthält die UVP-Richtlinie aber keine Vorschrift über die Erstellung einer eigenständigen UVP-Dokumentation und deren Übermittlung an Behörden und Öffentlichkeit des betroffenen Mitgliedstaats. Die Richtlinie läßt es genügen, daß die zusammenfassende Darstellung in der Begründung der Entscheidung über die Zulässigkeit des

93 Art. 3 Abs. 3 Espoo-Übereinkommen

94 Vgl. Art. 3 und Art. 4 Abs. 2.

95 Art. 3 Abs. 6 Espoo-Übereinkommen.

96 Vgl. die Regelung in Art. 4 Abs. 2 Espoo-Übereinkommen.

97 Anhang II Espoo-Übereinkommen.

98 Art. 4 Abs. 1 i.V.m. Anhang II Espoo-Übereinkommen.

Projekts erfolgt. Es gibt auf der einen Seite gute Gründe für die Erstellung und Veröffentlichung einer eigenständigen UVP-Dokumentation. Die Öffentlichkeit kann dadurch detaillierte Kenntnisse über die Ergebnisse der UVP erhalten und somit die Verwaltungstätigkeit besser kontrollieren. Es wäre ihr eher möglich, auf eventuelle Mängel der UVP hinzuweisen und hierdurch die Entscheidungsgrundlage für die abschließende Entscheidung zu verbessern.[99] Auf der anderen Seite führt die Erstellung einer eigenständigen Dokumentation aber zu einem erheblichen Verwaltungsaufwand, wenn nur eine einzige Behörde über die Zulässigkeit des Vorhabens zu entscheiden hat. Auch ist denkbar, daß sich das Verfahren dadurch verlängert.[100] Für eine effektive Kontrolle der Verwaltungstätigkeit durch die Öffentlichkeit dürfte entscheidend sein, daß die interessierte Öffentlichkeit alle wesentlichen Gesichtspunkte, die für die UVP bedeutsam waren, entnehmen kann - sei es aus einem selbständigen Dokument, sei es aus der Begründung der Entscheidung selbst. Eine selbständige zusammenfassende Darstellung würde sich ansonsten auch in weiten Teilen mit dieser überschneiden.[101] Daher handelt es sich, nachdem nach der UVP-Änderungsrichtlinie eine Übermittlung der Begründung der endgültigen Entscheidung an den betroffenen Staat nunmehr obligatorisch ist,[102] um kein bedeutsames Defizit der UVP-Richtlinie, daß sie keine eigenständige UVP-Dokumentation verlangt.

Der Inhalt der vom Projektträger nach Art. 5 UVP-RL a.F. vorzulegenden Angaben blieb hinter den Anforderungen des Espoo-Übereinkommens an die UVP-Dokumentation zurück. Der Projektträger mußte insbesondere nicht in allen Fällen Alternativen prüfen, sondern nach Art. 5 Abs. 1 i.V.m. Anhang II UVP-RL a.F. nur gegebenenfalls eine Übersicht über die wichtigsten geprüften anderweitigen Lösungsmöglichkeiten erstellen, und dies auch nur, wenn die Angaben nach Auffassung der Mitgliedstaaten von Bedeutung waren und ihre Zusammenstellung billigerweise verlangt werden könnte. Durch Art. 5 Abs. 3 UVP-RL n.F werden die Anforderungen an die zwingend vorzulegenden Angaben erweitert. Danach muß der Projektträger mindestens vorlegen:

---

99 Vgl. S. Hund (Anm. 14), S. 203; M. Beckmann, in: W. Hoppe, Gesetz über die Umweltverträglichkeitsprüfung (UVPG) (1995), § 11 Fußnote 18.

100 M. Kloepfer/E. Rehbinder/E. Schmidt-Aßmann/P. Kunig (Anm. 53), S. 236.

101 So auch S. Hund (Anm. 14), S. 205; H. D. Jarass, Umweltverträglichkeitsprüfung bei Industrievorhaben (1986), S. 75 f.

102 Vgl. dazu unten unter ee).

- eine Beschreibung des Projekts nach Standort, Art und Umfang;
- eine Beschreibung der Maßnahmen, mit denen erhebliche nachteilige Auswirkungen vermieden, verringert und soweit möglich ausgeglichen werden sollen;
- die notwendigen Angaben zur Feststellung und Beurteilung der Hauptauswirkungen, die das Projekt voraussichtlich auf die Umwelt haben wird;
- eine Übersicht über die wichtigsten anderweitigen vom Projektträger geprüften Lösungsmöglichkeiten und Angabe der wichtigsten Auswahlgründe im Hinblick auf die Umweltauswirkungen;
- eine nichttechnische Zusammenfassung der unter den obengenannten Gedankenstrichen genannten Angaben.

Die Mindestangaben wurden damit insbesondere um die Angabe der wichtigsten vom Projektträger geprüften anderweitigen Lösungsmöglichkeiten und die Angabe der wesentlichen Auswahlgründe im Hinblick auf die Umweltauswirkungen ergänzt. Allerdings ist damit keine Prüfungspflicht als solche festgelegt. Anknüpfungspunkt für die Angabe verschiedener Alternativen ist, daß der Projektträger verschiedene Lösungsmöglichkeiten geprüft hat.[103] Das Espoo-Übereinkommen sieht dagegen eine strengere Alternativenprüfung vor, die nicht darauf abstellt, ob der Projektträger Alternativen erwogen hat, sondern darauf, ob aus objektiver Sicht ein sachlicher Anlaß für eine Alternativenprüfung besteht.

cc) Beteiligung der Behörden und der Öffentlichkeit des betroffenen Mitgliedstaats

Art. 7 Satz 1 UVP-RL a.F. verlangte im Gegensatz zum Espoo-Übereinkommen[104] keine Beteiligung der Öffentlichkeit des betroffenen

103 Vgl. W. Frenz (Anm. 17), S. 142; W. Feldt, Änderung der europäischen UVP-Richtlinie, UVP-report 1997, S. 8. Der Vorschlag der Kommission hatte in dem vorgeschlagenen Anhang III Nr. 2 noch die obligatorische Vorlage der wichtigsten möglichen Alternativen in die UVP-Richtlinie gefordert; vgl. ABl. EG vom 12.5.1994, C 130, S. 8.

104 Art. 3 Abs. 8 und Art. 4 Abs. 2 Espoo-Übereinkommen.

Mitgliedstaats.[105] Allerdings vertrat die EU-Kommission die Auffassung, auch die betroffene Öffentlichkeit im Nachbarstaat müsse unterrichtet werden.[106] In der Richtlinie war dies jedoch nicht so nicht geregelt. Die Verwendung des Begriffs "betroffene Öffentlichkeit" in Art. 6 Abs. 2 UVP-RL a.F. umfaßte nach einhelliger Auffassung nicht die Bevölkerung eines anderen Mitgliedstaats. Die Systematik - die grenzüberschreitende Ermittlung von Umweltauswirkungen ist in Art. 7 speziell geregelt - und die Entstehungsgeschichte der Richtlinie verdeutlichen, daß eine derartige Ausweitung des Begriffs durch die Richtlinie a.F. nicht verlangt wurde.[107] Art. 7 Abs. 3 UVP-RL n.F. sieht nun vor, daß die beteiligten Mitgliedstaaten dafür Sorge zu tragen haben, daß die Angaben gemäß Art. 7 Abs. 1 und 2 UVP-Richtlinie n.F. innerhalb einer angemessenen Frist den Behörden und der Öffentlichkeit im Hoheitsgebiet des möglicherweise von dem Projekt erheblich betroffenen Mitgliedstaats zur Verfügung gestellt werden. Sie müssen auch sicherstellen, daß der betroffenen Öffentlichkeit innerhalb einer angemessenen Frist vor der Genehmigung des Projekts Gelegenheit zur Stellungnahme gegeben wird. Dies entspricht den Vorschriften des Espoo-Übereinkommens.[108] In der UVP-Änderungsrichtlinie fehlen aber wie im Espoo-Übereinkommen Regelungen zur Art und Weise der Beteiligung der betroffenen Öffentlichkeit und zur Frage von Übersetzungen der der Öffentlichkeit zur Verfügung zu stellenden Unterlagen.

dd) Konsultationen

Im Gegensatz zum Espoo-Übereinkommen[109] sah Art. 7 Satz 2 UVP-RL a.F. nicht ausdrücklich vor, daß voraussichtlich betroffene Mitgliedstaaten ein Recht haben, in Konsultationen mit dem Ursprungsstaat zu treten. Nach Art. 7 Satz 2

---

105 Ein entsprechender deutscher Vorschlag, in die Richtlinie aufzunehmen, daß bei erheblichen grenzüberschreitenden Umweltauswirkungen der Bevölkerung des betroffenen Mitgliedstaats die Möglichkeit eingeräumt werden sollte, sich am Konsultationsverfahren zu beteiligen, sowie der Vorschlag, daß die Mitgliedstaaten im Rahmen ihrer bilateralen und multilateralen Beziehungen die für diesen Zweck geeignetsten Verfahren festzulegen haben, setzte sich im Rahmen der Beratungen nicht durch; vgl. J. Cupei (Anm. 52), S. 166.

106 Vgl. S. Hund (Anm. 14), S. 43; D. Wagner, Nachhaltige Entwicklung - ein UVP-Thema, UVP-report 1997, S. 67.

107 So S. Hund (Anm. 14), S. 42; J. Cupei (Anm. 52), S. 166.

108 Art. 3 Abs. 8 und Art. 4 Abs. 2 Espoo-Übereinkommen.

109 Art. 5 Espoo-Übereinkommen.

sollten die vorliegenden Informationen "als Grundlage für notwendige Konsultationen im Rahmen der bilateralen Beziehungen beider Mitgliedstaaten". Der Sinngehalt dieser Formulierung führte zu einigen Kontroversen in der Literatur.[110] Dabei war die überwiegende Auffassung, daß Art. 7 Satz 2 UVP-RL a.F. keine eigene Konsultationspflicht regelt, sondern sich eine solche Pflicht nur aus Völkergewohnheitsrecht oder noch abzuschließenden Vereinbarungen ergeben kann.[111]

Konsultationen waren nach Art. 7 Satz 2 UVP-RL a.F. zusätzlich nur auf der Basis von Gegenseitigkeit und Gleichwertigkeit abzuhalten. Der Begriff der Gegenseitigkeit bezeichnete dabei die formale Reziprozität, der Begriff der Gleichwertigkeit die inhaltliche Reziprozität. Die Mitgliedstaaten waren damit nur zu Konsultationen verpflichtet, wenn auch im umgekehrten Fall Konsultationen stattfanden und deren Inhalt gleichwertig war. Damit blieb die UVP-Richtlinie a.F. erheblich hinter den Anforderungen des Espoo-Übereinkommens[112] zurück. Auch wurden keine Einzelheiten der Konsultationen, z.B. Gegenstand und Dauer der Konsultationen, geregelt.

Art. 7 Abs. 3 UVP-RL n.F. regelt nun weitergehend als die UVP-Richtlinie a.F. die Aufnahme von Konsultationen. Danach nehmen die beteiligten Mitgliedstaaten - ohne daß eine genauer Zeitpunkt hierfür bestimmt wird - Konsultationen auf, die unter anderem die potentiellen grenzüberschreitenden Auswirkungen des Projekts und die Maßnahmen zum Gegenstand haben, die der Verringerung oder Vermeidung dieser Auswirkungen dienen sollen. Gegenseitigkeit und Gleichwertigkeit wurden gestrichen. Allerdings ist nicht - wie im Espoo-

---

110 Vgl. dazu die eingehende Untersuchung von A. Randelzhofer/R. Harndt (Anm. 52).

111 Randelzhofer und Harndt kamen 1989 zu dem Ergebnis, daß eine völkergewohnheitsrechtliche Konsultationspflicht noch nicht entstanden ist und sich Art. 7 Satz 2 UVP-RL a.F. damit auf noch abzuschließende völkerrechtliche Vereinbarungen, in denen sowohl das "Ob" als auch das "Wie" der Konsultationen geregelt werden muß, bezieht; vgl. A. Randelzhofer/R. Harndt (Anm. 50), S. 131. Inzwischen kann auch die nunmehr entstandene völkergewohnheitsrechtliche Pflicht zur Konsultation das "Ob" der Konsultationen regeln.

112 Art. 5 Espoo-Übereinkommen.

Übereinkommen[113] - geregelt, daß Alternativen zu beraten sind.[114] Die Mitgliedstaaten sollen nach Art. 7 Abs. 3 UVP-RL n.F. auch einen angemessenen Zeitrahmen für die Dauer der Konsultationsphase bestimmen.

ee) Endgültige Entscheidung

Vergleichbar mit dem Espoo-Übereinkommen[115] sieht Art. 8 UVP-RL n.F. wie schon Art. 8 UVP-RL a.F. vor, daß die Informationen, die gemäß Art. 7 UVP-RL eingeholt wurden, bei der endgültigen Entscheidung berücksichtigt werden müssen. Der Begriff "berücksichtigen" bedeutet wie im Espoo-Übereinkommen, daß das Ergebnis der UVP in den Entscheidungsfindungsprozeß einfließen muß, nicht aber, daß die Entscheidung hierdurch präjudiziert wird.[116] Auch wenn die UVP negativ ausfällt, kann die Genehmigung noch erteilt werden. Konsequenzen für den Fall, daß eine Berücksichtigung nicht stattfindet, enthält die UVP-Richtlinie ebensowenig wie das Espoo-Übereinkommen.

Wie im Espoo-Übereinkommen regelt auch die UVP-Richtlinie nicht ausdrücklich, daß eine Projekt, das erhebliche grenzüberschreitende Umweltbeeinträchtigungen hat, nach Völkergewohnheitsrecht (Verbot erheblicher grenzüberschreitender Umweltbeeinträchtigungen) nicht genehmigt werden darf.[117]

Nach Art. 9 UVP-RL ist ein Mitgliedstaat, der nach Art. 7 der Richtlinie informiert worden ist, von der endgültigen Entscheidung zu unterrichten. Gründe und Erwägungen der Entscheidung mußten nach Art. 9 UVP-RL a.F. aber nur mitgeteilt werden, wenn das mitgliedstaatliche Recht dies sowieso schon vorsah.[118] Nach Art. 9 Abs. 2 UVP-RL n.F. werden nun den konsultierten Mitgliedstaaten der Inhalt der Entscheidung sowie Hauptgründe und -erwägungen, auf denen die Entscheidung beruht, sowie erforderlichenfalls eine

---

113 Vgl. Art. 5 Abs. 1 Espoo-Übereinkommen. Die Beratung von Alternativen ist danach jedoch nicht obligatorisch.

114 Nach dem Vorschlag der Kommission sollten die Konsultationen noch wie im Espoo-Übereinkommen auch die geprüften wichtigsten Alternativen zu dem Projekt, einschließlich der Null-Alternative, betreffen; vgl. ABl. EG vom 12.5.1994, C 130, S. 8.

115 Art. 6 Abs. 1 Espoo-Übereinkommen.

116 J. Cupei (Anm. 52), S. 173.

117 Vgl. zum Espoo-Übereinkommen Kapitel C IV. 5.

118 J. Cupei (Anm. 52), S. 83.

Beschreibung der wichtigsten Maßnahmen, mit denen erhebliche nachteilige Auswirkungen vermieden, verringert und soweit möglich ausgeglichen werden sollen, übermittelt. Dies entspricht der Regelung des Espoo-Übereinkommens,[119] nach der die maßgebenden Gründe immer zu übermitteln sind.

Das Espoo-Übereinkommens sieht über die Richtlinie hinausgehend ein erneutes Informations- und Konsultationsverfahren zu der Frage vor, ob die Entscheidung revidiert werden muß, wenn im nachhinein zusätzliche Informationen über das Projekt bekannt werden, deren rechtzeitige Kenntnis sich wesentlich auf die Entscheidung hätte auswirken können.[120]

ff) Nachkontrolle

Im Gegensatz zu Art. 11 Abs. 1 UVP-RL, der nur von einem Informationsaustausch über Erfahrungen bei der Durchführung der Richtlinie spricht, ist im Espoo-Übereinkommen eine "Beurteilung nach Projektdurchführung" vorgesehen, die eine Überprüfung früherer Voraussagen zum Ziel hat und zu erneuten Konsultationen zwischen den Parteien führen kann.[121] Der von der Kommission vorgeschlagene Art. 7 Abs. 2 UVP-RL n.F. enthielt eine Vorschrift, die sichern sollte, daß eine Nachkontrolle der grenzüberschreitenden Auswirkungen auf Kosten des Mitgliedstaats, in dem das Projekt geplant wird, durchgeführt wird.[122] Es hieß darin, daß der betroffene Mitgliedstaat Konsultationen über mögliche Maßnahmen zur Überwachung der grenzüberschreitenden Auswirkungen des Projekts auf Kosten des Mitgliedstaats, in dem das Projekt geplant wurde, aufnehmen müsse.[123] Die Vorschrift zur Nachkontrolle ist in der Endfassung der UVP-Änderungsrichtlinie aber entfallen.

---

119 Art. 6 Abs. 2 Espoo-Übereinkommen.

120 Art. 6 Abs. 3 Espoo-Übereinkommen.

121 Art. 7 Abs. 1, Abs. 2 Espoo-Übereinkommen.

122 ABl. EG vom 12.5.1994, C 130, S. 8.

123 Die Kommission schlug die Nachkontrolle nur für grenzüberschreitende, nicht für innerstaatliche Auswirkungen vor. Statt dessen wollte sie zunächst eine Studie hinsichtlich der Kosten und Vorteile einer solchen Nachkontrolle durchführen. Vgl. dazu W. R. Sheate, Amending the EC Directive (85/337/EEC) on Environmental Impact Assessment, EurEnvLRev 1995, S. 80.

2. IVU-Richtlinie

Eine Richtlinie, die sich zwar nicht ausdrücklich mit der UVP, aber wie die UVP-Richtlinie mit dem integrierten Umweltschutz, d.h. einem alle Umweltgüter umfassenden Umweltschutz, befaßt, ist die IVU-Richtlinie.[124] Ziel der IVU-Richtlinie ist die Erreichung eines hohen Schutzniveaus für die Umwelt insgesamt durch Vermeidung und Verminderung der Umweltverschmutzung.[125] Die IVU-Richtlinie wurde nach Stellungnahme des Wirtschafts- und Sozialausschusses[126] in dem Verfahren gemäß Art. 252 EGV (früher 189 c EGV)[127] vom Rat der Europäischen Gemeinschaften am 24.9.1996 verabschiedet. Gemäß Art. 22 trat sie am 30.10.1996 in Kraft und muß gemäß Art. 21 bis zum 31.10.1999 in mitgliedstaatliches Recht umgesetzt werden.

Die IVU-Richtlinie regelt den Anlagenbetrieb,[128] die UVP-Richtlinie die Anlagenerrichtung.[129] Beide Regelungen gleichen sich in der Beziehung, daß zum Zweck eines umfassenden Umweltschutzes durch die behördlichen Prüfvorgänge auf den Inhalt der Entscheidung eingewirkt werden soll.[130] Die IVU-Richtlinie ist als eigenständige Rechts- und Ermächtigungsgrundlage für Genehmigungen von industriellen Anlagen konzipiert und unterscheidet sich insofern von der UVP-Richtlinie, bei der die festgestellten Umweltauswirkungen nur zu berücksichtigen sind.[131]

---

124 Richtlinie 96/61/EG des Rates vom 24.9.1996 über die integrierte Vermeidung und Verminderung der Umweltverschmutzung, ABl. EG vom 10.10.1996, L 257, S. 26 ff. Die ebenso gebräuchliche Bezeichnung "IPPC" bezieht sich auf die englische Fassung der IVU-Richtlinie "Council Directive on Integrated Pollution Prevention and Control".

125 G. Schnabl, Die Richtlinie 96/61/EG des Rates über integrierte Vermeidung und Verminderung der Umweltverschmutzung, in: H.-W. Rengeling, Auf dem Weg zum Umweltgesetzbuch I (1999), S. 1.

126 ABl. EG vom 18.7.1995, C 195, S. 54.

127 Stellungnahme des Europäischen Parlaments vom 14.12.1994, ABl. EG vom 23.1.1995, C 18, S. 82, gemeinsamer Standpunkt des Rates vom 27.11.1997, ABl. EG vom 25.3.1996, C 87, S. 8 und Beschluß des Europäischen Parlaments vom 22.5.1996 ABl. EG vom 10.6.1996, C 166, S. 69.

128 Art. 2 Nr. 9, 3 S. 1 Hs. 1 IVU-RL.

129 Art. 1 Abs. 2 1 UVP-RL.

130 Vgl. E. Hagenath, Prozeduraler Umweltschutz (1996), S. 61 ff.

131 Vgl. B. Becker, Einführung in Inhalt, Bedeutung und Probleme der Umsetzung der Richtlinie 96/61/EG des Rates der Europäischen Union vom 24. September 1996 über die integrierte Vermeidung und Verminderung von Umweltverschmutzung, DVBl.

Zwischen den UVP-Richtlinien und der IVU-Richtlinie bestehen Schnittpunkte, da die IVU-Richtlinie nicht nur materielle Grundpflichten des Betreibers formuliert, deren Erfüllung Voraussetzung für die Genehmigungserteilung ist,[132] sondern auch verfahrensrechtliche Regelungen trifft.[133] Das Europäische Parlament hatte in zweiter Lesung vorgeschlagen, ausdrücklich klarzustellen, daß die Anforderungen der UVP-Richtlinie in die IVU-Richtlinie übernommen und durch sie präzisiert werden und dadurch das Verfahrensrecht harmonisiert und vereinfacht wird.[134] Eine solche Klarstellung ist aber nicht erfolgt. Mit der UVP-Änderungsrichtlinie wurde ein neuer Art. 1 Abs. 2 a UVP-RL eingefügt, nach dem die Mitgliedstaaten zur Erfüllung der Anforderungen an die UVP-Richtlinie und die IVU-Richtlinie ein einheitliches Verfahren vorsehen dürfen, d.h. die UVP kann in einem IVU-Verfahren durchgeführt werden.[135] Die IVU-Richtlinie stellt Art. 1 Satz 2 klar, daß sie unbeschadet der UVP-Richtlinie gilt, d.h. daß die Richtlinien nebeneinander gelten sollen. Zur Vermeidung von Doppelarbeit sieht Art. 6 Abs. 2 IVU-RL Erleichterungen für den Genehmigungsantrag vor, wenn nach der UVP-Richtlinie zu erbringende Angaben die inhaltlichen Anforderungen an den Genehmigungsantrag nach der IVU-Richtlinie erfüllen. Dann können sie in den Antrag aufgenommen oder diesem beigefügt werden. Ersetzen können sie diesen nicht. Das Konkurrenzverhältnis

---

1997, S. 595.

132 Die Betreiber müssen erstens, insbesondere durch den Einsatz der besten verfügbaren Techniken, geeignete Vorsorgemaßnahmen gegen Umweltverschmutzung treffen. Zweitens darf der Betrieb der Anlage keine erheblichen Umweltverschmutzungen verursachen. Drittens untersteht die betriebliche Abfallpolitik einem gestuften Pflichtenkatalog. Viertens wird der Betreiber auf eine effiziente Energieverwendung verpflichtet. Fünftens und schließlich sechstens sind die zur Unfallverhütung und im Falle einer Betriebsstillegung erforderlichen Maßnahmen zu ergreifen.

133 L. Feldmann, Die Anforderungen der UVP-Änderungsrichtlinie 97/11/EG, in: H.-W. Rengeling (Anm. 125), S. 11.

134 Änderung 2, 2. Lesung, ABl. EG vom 10.6.1996 , C 166, S. 96.

135 B. Becker (Anm. 59), S. 1170; J. Zöttl, Integrierter Umweltschutz in der neuesten Rechtsentwicklung (1998), S. 171.

von UVP- und IVU-Richtlinie ist damit ungeklärt.[136] Die Frage der Synchronisation beider Prüfschritte wurde den Mitgliedstaaten überantwortet.[137]

Das Espoo-Übereinkommen wird in der ausführlichen Präambel der IVU-Richtlinie nicht wie in der Präambel der UVP-Änderungsrichtlinie erwähnt, so daß die IVU-Richtlinie nicht wie die UVP-Änderungsrichtlinie ausdrücklich das Ziel verfolgt, das Espoo-Übereinkommen zu implementieren. Die IVU-Richtlinie normiert aber eine Pflicht zur Vermeidung erheblicher Umweltverschmutzungen und erstreckt diese Verpflichtung auch auf erhebliche grenzüberschreitende Umweltbelastungen.[138] Insofern stimmt das Ziel der IVU-Richtlinie mit dem des Espoo-Übereinkommens überein. Es ist daher zu fragen, ob und inwiefern sich in der IVU-Richtlinie Regelungen finden, mit denen sie zur Implementierung des Espoo-Übereinkommens auf EG-Ebene beiträgt.

a) Anwendungsbereich der IVU-Richtlinie

Der Umweltbegriff der IVU-Richtlinie ist etwas enger als der des Espoo-Übereinkommens und der UVP-Richtlinie. Die IVU-Richtlinie erfaßt nach Art. 2 Nr. 2 Auswirkungen auf Wasser, Boden und Luft sowie die Umwelt als Ganzes insoweit, als sie durch Beeinträchtigungen der genannten Umweltmedien belastet wird. Dagegen werden Flora und Fauna in der Richtlinie nicht ausdrücklich erwähnt; sie werden allenfalls indirekt als Teil der Umwelt geschützt, soweit die Umwelt über Wasser, Boden oder Luft belastet wird. Ferner werden von der IVU-Richtlinie nur stoffliche und energetische Freisetzungen in die Umwelt erfaßt, dagegen nicht Eingriffe in Natur und Landschaft. Bohne spricht plastisch von einer "kleinen UVP" nach der IVU-Richtlinie.[139]

---

136 Vgl. W. Erbguth/A. Schink, Gesetz über die Umweltverträglichkeitsprüfung (1996), Einl. Rn. 100 h; Beschluß des Bundesrates vom 19.03.1994, BR-Drucks. 803/93, Nr. 11 (S. 4), Nr. 18 f. (S. 9); D. Sellner/J. Schnutenhaus (Anm. 136), S. 833; anderer Ansicht: L. Krämer, Der Richtlinienvorschlag über die integrierte Vermeidung und Verminderung von Umweltverschmutzung, in: H.-W. Rengeling, Integrierter und betrieblicher Umweltschutz (1995), S. 51 ff.

137 J. Zöttl, Die EG-Richtlinie über die integrierte Vermeidung und Verminderung der Umweltverschmutzung, NuR 1997, S. 161.

138 Vgl. die Präambel der IVU-Richtlinie, 27. Erwägungsgrund sowie Art. 9 Abs. 4 Satz 2 und Art. 17 IVU-RL.

139 Vgl. E. Bohne, Die integrierte Genehmigung als Grundlage der Vereinheitlichung und Vereinfachung des Zulassungsrechts und seine Verknüpfung mit dem Umweltaudit, in: H.-W. Rengeling (Anm. 136), S. 157.

Gemäß Art. 4 IVU-RL dürfen keine neuen Anlagen ohne eine Genehmigung nach der IVU-Richtlinie betrieben werden. Erfaßt werden nach dem Anlagenbegriff des Art. 2 Nr. 3 IVU-RL ortsfeste technische Einheiten, in der eine oder mehrere in Anhang I genannte Tätigkeiten sowie andere unmittelbar damit verbundene Tätigkeiten durchgeführt werden, die mit den an diesem Standort durchgeführten Tätigkeiten in einem technischen Zusammenhang stehen und die Auswirkungen auf die Emissionen und die Umweltverschmutzung haben können. Wie das Espoo-Übereinkommen und die UVP-Richtlinien findet die IVU-Richtlinie damit auf bestimmte Projekte Anwendung.

aa) Spezifizierung des Anwendungsbereichs

Auch die IVU-Richtlinie spezifiziert ihren Anwendungsbereich durch eine in Anhang I IVU-RL enthaltene Liste von Anlagen. Sie findet nur auf abschließend aufgezählte größere Industrieanlagen Anwendung[140], z.B. Mineralöl- und Gasraffinerien, Anlagen zur Herstellung und Verarbeitung von Metallen, der mineralölverarbeitenden chemischen Industrie, Zellstoffherstellung, Tierhaltung und Abfallbehandlung. Anhang I der IVU-Richtlinie ist nicht mit Anhang I der UVP-Richtlinie bzw. dem Espoo-Übereinkommen abgestimmt.[141] Nur einige Projektgruppen aus dem Espoo-Übereinkommen tauchen in Anhang I IVU-RL auf, z.B. Anlagen für die Herstellung von Roheisen und Stahl (Nr. 2.2), Anlagen zur Gewinnung von Asbest (Nr. 3.2), Abfallbeseitigungsanlagen (Nr. 5) und Industrieanlagen zur Herstellung von Holz und anderen Faserstoffen (Nr. 6.1.a)).

bb) Rechte des voraussichtlich betroffenen Mitgliedstaats

Der voraussichtlich betroffene Staat hat nach der IVU-Richtlinie nicht wie nach dem Espoo-Übereinkommen Rechte, ein grenzüberschreitendes Beteiligungsverfahren im Ursprungsstaat in Gang zu setzen.[142] Wie in der neugefaßten UVP-Richtlinie wird in Art. 17 Abs. 1 IVU-RL nur geregelt, daß der Mitgliedstaat, auf dessen Hoheitsgebiet die Genehmigung beantragt wurde, auf Ersuchen

140 J. Zöttl (Anm. 137), S. 163.

141 B. Becker (Anm. 59), S. 1170; K. Dolde, Die EG-Richtlinie über die integrierte Vermeidung und Verminderung der Umweltverschmutzung (IVU-Richtlinie), NVwZ 1997, S. 317.

142 Art. 3 Abs. 7 und Art. 2 Abs. 5 Espoo-Übereinkommen.

eines möglicherweise betroffenen Mitgliedstaats die von dem Antragsteller vorgelegten Angaben übermitteln muß.

b) Grenzüberschreitendes Beteiligungsverfahren nach der IVU-Richtlinie

Die IVU-Richtlinie weist schon in der Präambel auf mögliche grenzüberschreitende Umweltauswirkungen hin und greift damit das Thema des Espoo-Übereinkommens auf. Nach dem 27. Erwägungsgrund erstreckt sich die Richtlinie auf solche Anlagen, die ein großes Potential zur Umweltverschmutzung und damit auch zu grenzüberschreitender Verschmutzung haben. Nach Art. 9 Abs. 4 Satz 2 IVU-RL müssen schließlich die Genehmigungsauflagen Vorkehrungen zur weitestgehenden Verminderung der weiträumigen oder grenzüberschreitenden Umweltverschmutzung vorsehen. Die IVU-Richtlinie enthält in Art. 17 eine Regelung hinsichtlich des durchzuführenden Verfahrens bei grenzüberschreitenden Auswirkungen. Die Vorschrift bestimmt:

> "Stellt ein Mitgliedstaat fest, daß der Betrieb einer Anlage erhebliche nachteilige Auswirkungen auf die Umwelt eines anderen Mitgliedstaats haben könnte, oder stellt ein Mitgliedstaat, der möglicherweise davon erheblich berührt wird, ein entsprechendes Ersuchen, so teilt der Mitgliedstaat, in dessen Hoheitsgebiet die Genehmigung nach Artikel 4 oder Artikel 12 Absatz 2 beantragt wurde, dem anderen Mitgliedstaat die nach Artikel 6 vorgelegten Angaben zum gleichen Zeitpunkt mit, zu dem er sie seinen eigenen Staatsangehörigen zur Verfügung stellt. Diese Angaben dienen als Grundlage für notwendige Konsultationen im Rahmen der bilateralen Beziehungen beider Mitgliedstaaten auf der Basis von Gegenseitigkeit und Gleichwertigkeit.
>
> Die Mitgliedstaaten sorgen im Rahmen ihrer bilateralen Beziehungen auch dafür, daß in den in Absatz 1 genannten Fällen die Anträge auch der Öffentlichkeit des möglicherweise betroffenen Mitgliedstaats während eines angemessenen Zeitraums zugänglich gemacht werden, damit sie dazu Stellung nehmen kann, bevor die zuständige Behörde die Entscheidung trifft."

aa) Benachrichtigung

Eine Abstimmung von Art. 17 Abs. 1 IVU-RL, der die Benachrichtigung potentiell betroffener Mitgliedstaaten regelt, mit Art. 7 UVP-Änderungsrichtlinie ist ersichtlich nicht erfolgt. Die IVU-Richtlinie orientiert sich hinsichtlich Zeitpunkt und Inhalt der zu übermittelnden Informationen am Wortlaut der alten Fassung von Art. 7 UVP-RL und bleibt hinter den Anforderungen des Espoo-Übereinkommens[143] zurück.

bb) Vom Anlagenbetreiber vorzulegende Unterlagen

Der Anlagenbetreiber hat nach Art. 6 IVU-RL bestimmte Angaben für die Erteilung der Genehmigung vorzulegen, die nach Art. 17 Abs. 1 zu übermitteln sind. Nach Art. 6 Abs. 1 IVU-RL muß der Genehmigungsantrag folgende Einzelpunkte beschreiben:

- Anlage sowie Art und Umfang ihrer Tätigkeit;
- Roh- und Hilfsstoffe, sonstige Stoffe und Energie, die in der Anlage verwendet oder erzeugt werden;
- Quellen der Emission aus der Anlage;
- Zustand des Anlagengeländes;
- Art und Menge der vorhersehbaren Emissionen aus der Anlage in jedes einzelne Umweltmedium sowie Feststellung von erheblichen Auswirkungen der Emissionen auf die Umwelt;
- vorgesehene Technologie und sonstige Techniken zur Vermeidung von Emission aus der Anlage oder, sofern dies nicht möglich ist, Verminderung derselben;
- erforderlichenfalls Maßnahmen zur Vermeidung und Verwertung der von der Anlage erzeugten Abfälle;
- sonstige vorgesehene Maßnahmen zur Erfüllung der Vorschriften bezüglich der allgemeinen Prinzipien der Grundpflichten der Betreiber gemäß Artikel 3;
- vorgesehene Maßnahmen zur Überwachung der Emissionen auf die Umwelt.

---

143 Art. 3 Abs. 1 Espoo-Übereinkommen.

- Ferner muß der Genehmigungsantrag eine nichttechnische Zusammenfassung enthalten.

Nach Art. 6 Abs. 2 IVU-RL können Angaben, die gemäß den Anforderungen der UVP-Richtlinie eine der Anforderung des Art. 6 Abs. 1 IVU-RL erfüllen, zwar in den Antrag aufgenommen oder diesem beigefügt werden. Eine Abstimmung des Inhalts mit Anhang II des Espoo-Übereinkommens wie auch mit Art. 5 Abs. 1 UVP-RL n.F. ist offensichtlich unterblieben.[144]

cc) *Beteiligung des betroffenen Mitgliedstaats und seiner Öffentlichkeit*

Nach Art. 17 Abs. 2 sind die nach Art. 6 vorgelegten Angaben an den betroffenen Mitgliedstaat zu übermitteln. Nach Art. 17 Abs. 2 IVU-RL ist auch die Öffentlichkeit der betroffenen Partei am Verfahren zu beteiligen. Danach sorgen die Mitgliedstaaten im Rahmen ihrer bilateralen Beziehungen dafür, daß die Genehmigungsanträge auch der Öffentlichkeit des betroffenen Mitgliedstaats während eines angemessenen Zeitraums zugänglich gemacht werden, damit sie dazu Stellung nehmen kann. Die Regelung weist damit dieselbe Formulierung wie Art. 7 Satz 2 UVP-RL a.F. in bezug auf die Konsultationspflicht auf. Legt man Art. 17 Abs. 2 wie Art. 7 Satz 2 UVP-RL a.F. aus, dann verpflichtet die Vorschrift nur zum Abschluß bilateraler Vereinbarungen, die das "Ob" und das "Wie" der Beteiligung der ausländischen Öffentlichkeit regeln, und regelt keine Pflicht zur Beteiligung der ausländischen Öffentlichkeit.[145] Die Pflicht zur verfahrensmäßigen Gleichbehandlung der ausländischen Öffentlichkeit ist , wie in Kapitel C festgestellt, im Unterschied zur Konsultationspflicht noch nicht geltendes Völkergewohnheitsrecht, so daß Völkergewohnheitsrecht nicht als Grundlage für die Öffentlichkeitsbeteiligung dienen kann. Das Espoo-Übereinkommen[146] sieht dagegen eine ausdrückliche Pflicht zur Beteiligung der Öffentlichkeit der betroffenen Partei vor.

---

144 So D. Sellner/J. Schnutenhaus, Die geplante EG-Richtlinie zu "Integrated Pollution Prevention and Control", NVwZ 1993, S. 830.

145 Vgl. zu Art. 7 Satz 2 UVP-RL A. Randelzhofer/R. Harndt (Anm. 52), S. 131.

146 Art. 3 Abs. 8, 4 Abs. 2 Espoo-Übereinkommen.

dd) Konsultationen

Die Konsultationsregelung des Art. 17 IVU-RL ist wie Art. 7 UVP-RL a.F. formuliert. Danach dienen Angaben nach Art. 6 IVU-RL als Grundlage für notwendige Konsultationen im Rahmen der bilateralen Beziehungen beider Mitgliedstaaten auf der Basis von Gegenseitigkeit und Gleichwertigkeit. Eine Konsultationspflicht wird durch diese Formulierung nach überwiegender Auffassung nicht begründet. Diese kann sich aus Völkergewohnheitsrecht oder noch abzuschließenden bilateralen Vereinbarungen ergeben, zu deren Abschluß die Vorschrift verpflichtet.[147] Art. 17 IVU-RL spezifiziert ferner nicht die Modalitäten der Konsultationen. Das Espoo-Übereinkommen trifft insoweit weitergehende Regelungen.[148]

ee) Endgültige Entscheidung

Die IVU-Richtlinie gestaltet das integrierte Konzept als zwingende Genehmigungsvoraussetzung aus.[149] Nach Art. 9 Abs. 2 IVU-RL sind, wenn es sich um eine neue Anlage oder um eine wesentliche Änderung handelt, für die die UVP-Richtlinie Anwendung findet, im Rahmen des Verfahrens zur Erteilung der Genehmigung alle einschlägigen Angaben oder Ergebnisse zu berücksichtigen, die aufgrund UVP erlangt wurden. Damit ist gewährleistet, daß die im Rahmen der UVP ermittelten Umweltauswirkungen bei der Genehmigungsentscheidung entsprechend den Regelungen des Espoo-Übereinkommens berücksichtigt werden.[150]

ff) Nachkontrolle

Nach Art. 6 Abs. 1 IVU-RL sind dem Genehmigungsantrag eine Beschreibung vorgesehener Maßnahmen zur Überwachung der Emissionen der Anlage beizufügen. Darüber hinaus enthält die IVU-Richtlinie eine Regelung, die

---

147 Vgl. zu Art. 7 Satz 2 UVP-RL a.F. A. Randelzhofer/R. Harndt (Anm. 52), S. 131, die allerdings noch davon ausgehen, daß die Konsultationspflicht nicht Völkergewohnheitsrecht ist.

148 Art. 5 Espoo-Übereinkommen.

149 J. Zöttl (Anm. 137), S. 157 ff.

150 Art. 6 Abs. 1 Espoo-Übereinkommen.

gewährleisten soll, daß die genehmigten Anlagen auch während des Betriebs den Anforderungen der IVU-Richtlinie entsprechen und gegebenenfalls eine Anpassung an den fortgeschrittenen Stand der Technik erfolgt.[151] Die Richtlinie sieht damit zwar eine obligatorische Nachkontrolle vor, bezieht diese aber nicht wie das Espoo-Übereinkommen[152] speziell auf grenzüberschreitende Umweltauswirkungen.

III. Ergebnis

Aus dem Vergleich zwischen Espoo-Übereinkommen und UVP-Richtlinien der EG ergibt sich zum Anwendungsbereich, daß die Anhänge der durch die UVP-Änderungsrichtlinie neugefaßten UVP-Richtlinie alle in Anhang I Espoo-Übereinkommen aufgezählten Projekte erfassen. Dabei spezifiziert die UVP-Richtlinie n.F. ihren Anwendungsbereich präziser als das Espoo-Übereinkommen, da sie zahlreiche Projekte, auf die das Espoo-Übereinkommen nur bei entsprechender Einigung der Parteien Anwendung findet, in ihren Anhang II aufnimmt, wobei das Ermessen der Mitgliedstaaten bei der Entscheidung, ob die von diesem Anhang erfaßten Projekte UVP-pflichtig sind, durch die UVP-Änderungsrichtlinie entscheidend eingeschränkt wird. Allerdings besteht nach der UVP-Richtlinie in ihrer neuen Fassung im Gegensatz zum Espoo-Übereinkommen weiterhin die Möglichkeit, Projekte von der Pflicht zur Durchführung einer UVP ganz auszunehmen.

Die UVP-Änderungsrichtlinie übernimmt die Hauptvorschriften des Espoo-Übereinkommens: die Vorschriften zu den Angaben zu dem Projekt und seinen voraussichtlichen grenzüberschreitenden Umweltauswirkungen, die an den möglicherweise betroffenen Mitgliedstaat zu übermitteln sind, die Vorschriften über die Einbeziehung der Öffentlichkeit und der Umweltbehörden der betroffenen Partei sowie die Vorschriften über die Durchführung von Konsultationen, unter anderem zu voraussichtlichen grenzüberschreitenden Auswirkungen des Projekts. Sie sieht wie das Espoo-Übereinkommen vor, daß die gesammelten Informationen im Entscheidungsverfahren berücksichtigt werden müssen und jeder konsultierte Mitgliedstaat über die endgültige Entscheidung informiert werden muß. Die vom Espoo-Übereinkommen vorgesehenen Streitschlichtungsmechanismen zur Klärung der Frage der Erheblichkeit grenzüberschreitender Umweltauswirkungen und zur Nachkontrolle implementiert die UVP-

---

151 R. Steinberg/I. Koepfer, IVU-Richtlinie und immissionsschutzrechtliche Genehmigung, DVBl. 1997, S. 976.

152 Art. 7 Espoo-Übereinkommen.

Änderungsrichtlinie allerdings nicht. Auch sieht sie eine weniger strenge Alternativenprüfung als das Espoo-Übereinkommen vor, da darauf abgestellt wird, daß der Projektträger Alternativen geprüft hat, und nicht wie beim Espoo-Übereinkommen darauf, daß aus objektiver Sicht sachlicher Anlaß für eine Alternativenprüfung besteht. Die EG ist allerdings rechtlich nicht zur Implementierung dieser Regelungen verpflichtet, da sie anläßlich der Ratifizierung des Espoo-Übereinkommens die Verteilung der Zuständigkeiten zwischen Mitgliedstaaten und Gemeinschaft offengelegt hat und damit völkerrechtlich nur an die Übereinkommensteile gebunden ist, für die innergemeinschaftliche Regelungen bestehen.

Die IVU-Richtlinie trifft in materieller Hinsicht umfangreiche Regelungen, ist aber in ihren Verfahrensregeln ersichtlich nicht mit Art. 7 UVP-Änderungsrichtlinie und dem Espoo-Übereinkommen abgestimmt, obwohl sie ihrem Ziel und Zweck nach auf die integrierte Vermeidung und Verminderung der Umweltverschmutzung gerichtet ist und damit in ihrer Zielrichtung mit UVP-Änderungsrichtlinie und Espoo-Übereinkommen übereinstimmt. Weder der Umweltbegriff noch die Regelungen zur Übermittlung von Informationen über das Projekt und seine voraussichtlichen grenzüberschreitenden Umweltauswirkungen an den betroffenen Staat noch die Regelungen zu Konsultationen stimmen mit UVP-Änderungsrichtlinie und Espoo-Übereinkommen überein. Einzig die Regelungen über die Beteiligung der ausländischen Öffentlichkeit implementieren Regelungen des Espoo-Übereinkommens. Dabei verpflichtet die IVU-Richtlinie lediglich zum Abschluß bilateraler Vereinbarungen, die das "Ob" und "Wie" einer solchen Öffentlichkeitsbeteiligung regeln. Eine nachträgliche Abstimmung der verfahrensrechtlichen Regelungen der IVU-Richtlinie mit UVP-Änderungsrichtlinie und Espoo-Übereinkommen erscheint daher erforderlich.

Zusammenfassend ist festzustellen, daß die Hauptvorschriften des Espoo-Übereinkommens durch die UVP-Änderungsrichtlinie auf EG-Ebene umsetzt werden. Die UVP-Änderungsrichtlinie lehnt sich eng an die Vorgaben des Espoo-Übereinkommens an und entwickelt die dort enthaltenen Vorschriften für die Durchführung des grenzüberschreitenden UVP-Verfahrens nicht weiter. Weiterführende Umsetzungsbestimmungen überläßt sie den Mitgliedstaaten. Auf Ebene der Mitgliedstaaten können auch die festgestellten Implementierungsdefizite der UVP-Änderungsrichtlinie behoben werden.

E. Durchführung des Espoo-Übereinkommens im nationalen deutschen Recht

Nach Art. 2 Abs. 2 Espoo-Übereinkommen hat jede Partei die erforderlichen Maßnahmen zur Durchführung des Übereinkommens zu ergreifen. Die Bundesrepublik Deutschland hat das Espoo-Übereinkommen zwar unterzeichnet, bislang aber noch nicht ratifiziert, so daß das Übereinkommen für sie noch keine rechtliche Bindungswirkung hat.[1] Die Ratifikation des Espoo-Übereinkommens scheitert bislang daran, daß der Bund die Ratifizierung erst nach Umsetzung der UVP-Änderungsrichtlinie von 1997, die die Hauptvorschriften des Espoo-Übereinkommens implementiert,[2] vornehmen will und eine Umsetzung dieser Richtlinie bislang nicht erfolgt ist.[3] Dies ist darauf zurückzuführen, daß die Bundesregierung zunächst anstrebte, die UVP-Änderungsrichtlinie zusammen mit der IVU-Richtlinie durch Einführung eines Ersten Buches eines Umweltgesetzbuches umzusetzen.[4] Dieses Vorhaben wurde jedoch nach Widerständen aus Justiz- und Innenressort sowie wegen fehlender politischer Unterstützung im September 1999 aufgegeben.[5] Die Bundesregierung betreibt seither die Umsetzung der UVP-Änderungsrichtlinie durch ein Artikelgesetz, das Änderungen der bestehenden Umweltgesetze vorsieht und ein

---

1 Stand: 1.11.2000. Wie aller Unterzeichner hat auch die Bundesrepublik Deutschland in der bei Abschluß des Espoo-Übereinkommens am 25.2.1991 verabschiedeten Resolution zugestimmt, das Übereinkommen bis zu seinem Inkrafttreten in größtmöglichem Umfang durchzuführen; vgl. ECE, Senior Advisers to ECE Governments on Environmental and Water Problems, 11.3.1991, UN-Doc. ECE/ENVWA/19.

2 Vgl. Kapitel D II. 1.

3 Stand: 1.11.2000.

4 Das Bundesministerium für Umwelt, Naturschutz und Reaktorsicherheit legte zwei Arbeitsentwürfe am 31.8.1998 und am 23.4.1999 vor.

5 Da der Bund für Wasserrecht und Naturschutzrecht nur eine Rahmengesetzgebungskompetenz besitzt, deren Ausübung durch Neufassung des Art. 75 GG beschränkt wurde, brachten Innen- und Justizressort verfassungsrechtliche Bedenken gegen Regelungen in diesen Bereich vor. Die Innenministerien der Länder brachten starke Vorbehalte gegen die Schaffung eines einheitlichen Umweltverfahrensrechts vor, da eine Kompetenzverlagerung von der Innen- auf die Umweltverwaltung befürchtet wurde. Politische Widerstände gegen ein UGB I gab es sowohl von Seiten der Industrie als auch von Seiten der Umweltverbände, denen die mit dem Umweltgesetzbuch angestrebte Ausweitung der Verbandsbeteiligungs- und Klagebefugnisse nicht weit genug ging; vgl. A. Wasielewski, Stand der Umsetzung der UVP-Änderungsrichtlinie und der IVU-Richtlinie, NVwZ 2000, S. 19.

"Vorschaltgesetz" zu einem künftigen UGB I darstellen soll.[6] Das Gesetzgebungsverfahren ist aber noch nicht abgeschlossen.[7]

Im folgenden soll untersucht werden, ob die im deutschen Recht bestehenden UVP-Regelungen den Verpflichtungen entsprechen, die im Fall der Ratifikation des Espoo-Übereinkommens auf die Bundesrepublik Deutschland zukommen, oder ob Anpassungsbedarf im deutschen Recht besteht. Da die UVP-Änderungsrichtlinie das Espoo-Übereinkommen im wesentlichen implementiert, ist in diesem Zusammenhang auch zu fragen, inwieweit das deutsche Recht mit der neugefaßten UVP-Richtlinie übereinstimmt. Zur Einführung wird zunächst die Entwicklung der UVP in Deutschland dargestellt.

I. Entwicklung der UVP in Deutschland

1. Entwicklungen vor Umsetzung der UVP-Richtlinie

Angeregt von der Entwicklung in den USA beschäftigten sich von 1972 an verschiedene Institutionen in der Bundesrepublik Deutschland mit der Ausarbeitung einer gesetzlichen Regelung der UVP, um ein dem amerikanischen "Environmental Impact Assessment" ähnliches formalisiertes Prüfverfahren zu schaffen.[8] Der hierfür vom Bundesministerium des Inneren erarbeitete Referentenentwurf vom 26.11.1973, der zu den UVP-pflichtigen Vorhaben auch Entwürfe zu Rechtsvorschriften und Verwaltungsvorschriften sowie Programme und Pläne für die öffentliche Verwaltung zählte,[9] scheiterte jedoch wegen politischer Widerstände aus verschiedenen Bundesressorts bereits auf Referentenebene, ehe er dem Kabinett zwecks Beschlußfassung vorgelegt werden

---

6 Vgl. den Entwurf eines Gesetzes zur Umsetzung der UVP-Änderungsrichtlinie, der IVU-Richtlinie und weiterer EG-Richtlinien zum Umweltschutz, BR-Drucks. 674/00. Die Arbeiten an dem Umweltgesetzbuch sollen fortgesetzt werden. Zunächst strebt die Bundesregierung an, die Rahmengesetzgebungskompetenz des Bundes für die Bereiche Wasserrecht und Naturschutzrecht zu einer konkurrierenden Gesetzgebungskompetenz zu erweitern; vgl. A. Wasielewski, Stand der Umsetzung (Anm. 5), S. 19.

7 Stand: 1.11.2000.

8 J. Cupei, Umweltverträglichkeitsprüfung - Ein Beitrag zur Strukturierung der Diskussion, zugleich eine Erläuterung der EG-Richtlinie (1986), S. 36 ff.; ders., Umweltverträglichkeitsprüfung (UVP), Die Richtlinie des Rates der Europäischen Gemeinschaften, DVBl. 1985, S. 813.

9 Abgedruckt bei J. Cupei, Umweltverträglichkeitsprüfung - Ein Beitrag zur Strukturierung der Diskussion ... (Anm. 8), S. 45 ff.

konnte.[10] Neben verfassungsrechtlichen Bedenken hinsichtlich der Gesetzgebungskompetenz des Bundes wurde das Bedürfnis nach einer solchen gesetzlichen Regelung angesichts der vorhandenen umweltrelevanten Vorschriften grundsätzlich in Frage gestellt.[11] Die Ablehnung entstand auch aus der Befürchtung, daß vor nahezu allen kommunalen Planungsentscheidungen, sei es im Bereich des Städtebaus, der Wirtschaftsförderung, des Verkehrs oder des Wohnungswesens, erst die Begutachtung durch eine Stelle außerhalb der Kommunalverwaltung erfolgen müßte, was jegliche öffentliche Planungstätigkeit zum Erliegen bringen und die Gemeinden zu heimlicher "Schubladenplanung" zwingen würde.[12]

Eine gesetzliche Regelung der UVP wurde daher zunächst aufgegeben. Statt dessen wurden vom Bund mit Wirkung vom 22.8.1975 die Grundsätze für die Prüfung der Umweltverträglichkeit öffentlicher Maßnahmen des Bundes in Form einer Verwaltungsvorschrift verabschiedet.[13] Nach Artikel I zählten zu diesen Maßnahmen Entwürfe zu Rechtsvorschriften und Allgemeinen Verwaltungsvorschriften, Verwaltungsakte, Verträge und sonstige nach außen wirksame Handlungen für öffentliche Aufgaben, Programme und Pläne. Ein Defizit war, daß die Grundsätze unverbindlich waren und nach ihrem Artikel I Absatz 4 keine Anwendung fanden, soweit in oder aufgrund von Rechtsvorschriften spezielle Bestimmungen zum Schutz der Umwelt getroffen wurden (Subsidiaritätsklausel).[14] Insbesondere diese Klausel führte dazu, daß die Grundsätze-kaum angewendet wurden und sich als umweltpolitischer Fehlschlag erwie-

---

10 Vgl. U. Hundertmark, Die Durchführung der Umweltverträglichkeitsprüfung (1988), S. 45.

11 W. Erbguth/J. Schink, Gesetz über die Umweltverträglichkeitsprüfung (1996), Einl. Rn. 1 a.

12 J. Cupei, Umweltverträglichkeitsprüfung - Ein Beitrag zur Strukturierung der Diskussion ... (Anm. 8), S. 48 f.

13 Grundsätze für die Prüfung der Umweltverträglichkeitsprüfung öffentlicher Maßnahmen des Bundes, GMBl. 1975, S. 717; auch abgedruckt bei J. Cupei, Umweltverträglichkeitsprüfung - Ein Beitrag zur Strukturierung der Diskussion ... (Anm. 8), S. 50 ff.; vgl. dazu U. Hundertmark (Anm. 10), S. 45 ff.

14 Vgl. J. Cupei, Umweltverträglichkeitsprüfung - Ein Beitrag zur Strukturierung der Diskussion ... (Anm. 8), S. 62.

sen.[15] In den Ländern fanden die UVP-Grundsätze, denen eigentlich Modellcharakter zugedacht war, wenig Nachahmung. Ähnliche Vorschriften wurden lediglich von den Ländern Bayern, Berlin und Saarland verabschiedet.[16]

2. Umsetzung der UVP-Richtlinie

Mit - verspäteter[17] - Umsetzung der UVP-Richtlinie wurden in der Bundesrepublik Deutschland erstmals verbindliche Vorschriften für die UVP eingeführt. Am 12.2.1990 verabschiedete das deutsche Parlament das Gesetz zur Umsetzung der UVP-Richtlinie (UVP-Umsetzungsgesetz),[18] welches zum 1.8.1990 in Kraft trat.[19] Das Gesetz umfaßt ein Stammgesetz, das eigentliche Gesetz über die Umweltverträglichkeitsprüfung (UVPG),[20] und Vorschriften für Änderungen in elf Fachgesetzen.[21] Die Fachgesetze finden ähnlich wie die UVP-Grundsätze des Bundes nach § 4 UVPG nur Anwendung, soweit über die Anforderungen des UVPG hinausgehende UVP-Regelungen treffen (Subsidiaritätsklausel). Die Subsidiaritätsklausel wird mit der grundsätzlich größeren Sachnähe fachspezifischer Vorschriften begründet.[22] Dabei ist nach § 4 UVPG

---

15 So J. Cupei, Umweltverträglichkeitsprüfung - Ein Beitrag zur Strukturierung der Diskussion ... (Anm. 8), S. 69 ff.; U. Hundertmark (Anm. 10), S. 26.

16 Vgl. U. Hundertmark (Anm. 10), S. 49.

17 Die UVP-Richtlinie war von den Mitgliedstaaten innerhalb von drei Jahren nach Bekanntgabe der Richtlinie umzusetzen (Art. 12), also bis zum 3.7.1988.

18 Gesetz zur Umsetzung der Richtlinie des Rates über die Umweltverträglichkeitsprüfung bei bestimmten öffentlichen und privaten Projekten, BGBl. I, S. 205.

19 Die Anforderungen für nach dem Bundes-Immissionsschutzgesetz genehmigungsbedürftige Anlagen sind erst mit Anpassung der 9. BImSchV vom 1.6.1992, BGBl. I, S. 1001, die Anforderungen für kerntechnische Anlagen durch Neufassung der AtVfV vom 25.11.1994, BGBl. 1995 I, S. 180, erfüllt worden.

20 Gesetz vom 12.2.1990, BGBl. I, S. 205, zuletzt geändert durch Gesetz vom 18.8.1997, BGBl. I, S. 2081.

21 Folgende elf Bundesgesetze waren gemäß Art. 2 bis 12 des UVP-Umsetzungsgesetzes zu ändern: Abfallgesetz - jetzt Kreislaufwirtschafts-/Abfallgesetz, Atomgesetz, Bundes-Immissionsschutzgesetz, Wasserhaushaltsgesetz, Bundesnaturschutzgesetz, Fernstraßengesetz, Bundeswasserstraßengesetz, Bundesbahngesetz - jetzt Allgemeines Eisenbahngesetz, Personenbeförderungsgesetz, Versuchsanlagengesetz, Luftverkehrsgesetz.

22 Vgl. die Begründung des Gesetzentwurfs der Bundesregierung zum UVPG vom 26.1.1989, in: BT-Drucks. 11/3919, S. 23.

zwischen zwei Konstellationen zu unterscheiden. Wenn das betroffene Fachgesetz die Prüfung der UVP nicht näher bestimmt, also das UVPG detaillierter ist, kommt das Stammgesetz zur Anwendung. Bleibt das betroffene Fachgesetz hinter den Anforderungen des UVPG zurück, ist also in seinen Anforderungen milder, muß auf das UVPG zurückgegriffen werden. Dabei kann der Vorrang des UVPG auch lediglich partieller Natur sein, d.h. es wirkt an den Stellen lückenausfüllend, an denen die fachgesetzliche Regelung hinter dem UVPG zurückbleibt.[23]

Einzelfragen im Hinblick auf das UVP-Verfahren sind gemäß § 20 UVPG dem Erlaß untergesetzlicher Vorschriften, insbesondere Verwaltungsvorschriften überlassen. Eine entsprechende Verwaltungsvorschrift wurde am 18.9.1995 verabschiedet.[24]

Die UVP ist nach dem UVP-Umsetzungsgesetz kein eigenständiges Verfahren, sondern wird im Rahmen der bestehenden Verwaltungsverfahren durchgeführt.[25] Für die Durchführung der UVP ist diejenige Behörde zuständig, die nach dem jeweiligen Fachgesetz mit der Durchführung des Verfahrens zur Zulassung des Vorhabens betraut ist. Sind für die endgültige Zulassung eines Vorhabens mehrere Genehmigungsverfahren parallel durchzuführen, so haben die Länder nach § 14 UVPG eine "federführende Behörde" zu bestimmen.

Ein Umsetzungsbedarf im Recht der Länder bleibt bestehen, soweit deren Gesetzgebungszuständigkeit betroffen ist bzw. eine Rahmengesetzgebungszuständigkeit des Bundes besteht.[26] Nur fünf Länder haben UVP-Gesetze erlas-

---

23 So die Begründung des Gesetzentwurfs der Bundesregierung zum UVPG vom 26.1.1989, in: BT-Drucks. 11/3919, S. 23.

24 Verordnung vom 18.8.1995, GMBl., S. 669. Der UVP-Verwaltungsvorschrift soll norminterpretierende und nicht normsetzende Funktion zukommen. Ob sie darüber hinaus normkonkretisierend wirkt, ist zweifelhaft; vgl. M. A. Schulte/D. Uwer, Die Entwicklungen des Umwelt- und Technikrechts im Jahre 1995, in: Jahrbuch UTR 1996, S. 508.

25 Vgl. Kommission der Europäischen Gemeinschaften, Bericht der Kommission über die Durchführung der Richtlinie 85/337/EWG über die Umweltverträglichkeitsprüfung bei bestimmten öffentlichen und privaten Projekten, KOM (93) 28 endg. - vol. 3, S. 106.

26 Vgl. W. Erbguth/J. Schink (Anm. 11), Einl. Rn. 23.

sen.[27] In den übrigen Ländern existieren Verordnungen und Verwaltungsvorschriften zur UVP.[28]

Im folgenden sollen das UVPG, die einzelnen Fachgesetze, die UVP-Verwaltungsvorschrift sowie die von den Ländern erlassenen UVP-Gesetze daraufhin untersucht werden, ob sie den Anforderungen des Espoo-Übereinkommens und der UVP-Änderungsrichtlinie, die die Hauptvorschriften des Espoo-Übereinkommens implementiert, entsprechen, oder ob im Falle der Ratifikation des Übereinkommens durch die Bundesrepublik Deutschland Anpassungsbedarf besteht.

---

27 Es existieren Landes-UVP-Gesetze in Baden-Württemberg, Bayern, Berlin, Hamburg und Nordrhein-Westfalen: Gesetz zur Umsetzung der Richtlinie des Rates vom 27. Juni 1985 über die Umweltverträglichkeitsprüfung bei bestimmten öffentlichen und privaten Projekten (85/33/EWG) im Land Baden-Württemberg vom 12.12.1991, GBl. S. 848; zuletzt geändert durch Gesetz vom 8.6.1995, GBl., S. 417; Gesetz zur Umsetzung der Richtlinie 85/337/EWG des Rates vom 27. Juni 1985 über die Umweltverträglichkeitsprüfung bei bestimmten öffentlichen und privaten Projekten, geändert durch die Richtlinie 97/11/EG des Rates vom 3. März 1997 (Bayerisches UVP-Richtlinie Umsetzungsgesetz (BayUVPRLUG) vom 27.12.1999, mit rückwirkender Wirkung ab 14.3.1999, GVBl. 28, S. 99; Berliner Gesetz über die Umweltverträglichkeitsprüfung vom 21.7.1992, GVBl., S. 234; Gesetz zur Umsetzung der Richtlinie des Rates vom 27. Juni 1985 über die Umweltverträglichkeitsprüfung bei bestimmten öffentlichen und privaten Projekten (85/337/EWG) in Hamburg vom 10.12.1996, GVBl. 1996, S. 310; Gesetz zur Umsetzung der Richtlinie des Rates vom 27. Juni über die Umweltverträglichkeitsprüfung bei bestimmten öffentlichen und privaten Projekten (85/337/EWG) im Land Nordrhein-Westfalen vom 29.4.1992, GVBl. S. 175, teilweise geändert durch Gesetz zur Änderung und Ergänzung wasser- und wasserverbandsrechtlicher Vorschriften vom 7.3.1995, GVBl. S. 248.

28 Zum Beispiel in Bremen, Bekanntmachung über die federführende Behörde vom 17.10.1995, ABl. S.851; in Hessen, Anordnung über die Zuständigkeit zur Durchführung der UVP bei der Zulassung eines Vorhabens durch mehrere Behörden vom 20.7.1990, GVBl. I, S. 421; in Mecklenburg-Vorpommern, Landesverordnung über die federführende Behörde nach § 14 des Gesetzes über die Umweltverträglichkeitsprüfung vom 23.7.1992, GVBl., S. 483; in Niedersachsen, UVP-Leitlinie, abgedruckt in: Erbguth/Schink (Anm. 11), Anh. 3.9; in Rheinland-Pfalz, Landesverordnung über die federführende Behörde nach § 14 des Gesetzes über die Umweltverträglichkeitsprüfung vom 28.7.1992, GVBl. S. 279; im Saarland: Landesverordnung über Zuständigkeiten nach dem Gesetz über die Umweltverträglichkeitsprüfung vom 22.1.1991, ABl. S. 166; in Sachsen, Verwaltungsvorschrift über die Regelung der Zuständigkeit bei der Durchführung des Gesetzes über die UVP vom 19.9.1991, ABl. Nr. 34, S. 19; in Schleswig-Holstein, Landesverordnung über die federführende Behörde nach § 14 des Gesetzes über die Umweltverträglichkeitsprüfung vom 15.1.1991, GVBl. S. 67.

II. Durchführung des Espoo-Übereinkommens im UVPG

1. Anwendungsbereich des UVPG

Das UVPG findet wie das Espoo-Übereinkommen Anwendung auf Projekte (§ 2 Abs. 2 UVPG) und nicht auf andere umwelterhebliche Maßnahmen wie Pläne und Programme. Allerdings ist im UVPG im Unterschied zum Espoo-Übereinkommen[29] keine Aufforderung enthalten, die UVP auch auf Maßnahmen, Pläne und Programme anzuwenden. Die UVP-Änderungsrichtlinie sieht keine derartige Aufforderung vor, da die Kommission eine eigenständige Richtlinie über die "Prüfung der Umweltauswirkungen bestimmter Pläne und Programme" vorgeschlagen hat.[30]

Nach § 3 Abs. 1 UVPG wird die Bundesregierung ermächtigt, durch Rechtsverordnung mit Zustimmung des Bundesrates und des Bundestages Vorhaben von der UVP-Pflicht auszunehmen, die nach vorliegenden Erkenntnissen anzunehmen ist, daß sie keine erheblichen Auswirkungen auf die Umwelt haben werden. Ferner können Projekte nach § 3 Abs. 2 UVPG von der UVP-Pflicht ausgenommen werden, wenn zwingende Gründe der Verteidigung es erfordern. Das UVPG findet also nicht in allen Fällen Anwendung und bleibt insofern hinter den Anforderungen des Espoo-Übereinkommens zurück. Die UVP-Änderungsrichtlinie läßt derartige Ausnahmen weiterhin zu.

Nach § 2 Abs. 1 UVPG betrifft die UVP die Ermittlung, Beschreibung und Bewertung der Auswirkungen eines Projekts auf:

1. Menschen, Tiere und Pflanzen, Boden, Wasser, Luft, Klima und Landschaft, einschließlich der jeweiligen Wechselwirkungen,

2. Kultur und sonstige Sachgüter.

Da bei Auswirkungen auf Kultur und Sachgüter Wechselwirkungen nicht zu berücksichtigen sind, wird der Umweltbegriff im UVPG enger definiert als im

---

29 Art. 2 Abs. 7 Espoo-Übereinkommen.

30 Vgl. Vorschlag der Kommission vom 4.12.1996 für eine Richtlinie des Rates über die Prüfung der Umweltauswirkungen bestimmter Pläne und Programme, ABl. EG vom 25.4.1997, C 129, S. 14; geänderter Vorschlag für eine Richtlinie des Rates über die Prüfung der Umweltverträglichkeit bestimmter Pläne und Programme, ABl. EG vom 25.3.1999, C 83, S. 13 ff.

Espoo-Übereinkommen.[31] Auch die UVP-Änderungsrichtlinie erfaßt nun Wechselwirkungen mit Kultur und sonstigen Sachgütern. Sozioökonomische Auswirkung werden im UVPG wie in der neugefaßten UVP-Richtlinie nicht ausdrücklich erwähnt. Das UVPG rechnet jedoch wie die UVP-Richtlinie Auswirkungen auf Kultur und Sachgüter sowie Auswirkungen auf den Menschen zu Umweltauswirkungen. Das schließt Auswirkungen im sozialen Bereich ein.[32]

Der Begriff der grenzüberschreitenden Auswirkung wird wie in der UVP-Änderungsrichtlinie nicht definiert.[33] Kriterium für die Bestimmung, ob eine grenzüberschreitende UVP durchzuführen ist, ist im UVPG wie auch im Espoo-Übereinkommen die voraussichtliche Erheblichkeit der grenzüberschreitenden Umweltauswirkungen. Das UVPG bezieht dabei über den Anwendungsbereich der UVP-Änderungsrichtlinie hinausgehend und in Übereinstimmung mit dem Espoo-Übereinkommen Nachbarstaaten ein, die Nicht-EG-Mitgliedstaaten sind (§ 8 Abs. 2 UVPG). Im Gegensatz zum Espoo-Übereinkommen läßt das UVPG allerdings offen, ob mit Nachbarstaaten nur unmittelbare Grenznachbarn gemeint sind oder auch dritte Staaten, die keine unmittelbaren Grenznachbarn sind.

a) *Spezifizierung des Anwendungsbereichs*

aa) *Projekte der Anlage zu § 3 UVPG*

Das UVPG spezifiziert den Begriff erhebliche grenzüberschreitende Umweltauswirkung wie das Espoo-Übereinkommen durch eine Liste von Projekten, die einer UVP zu unterziehen sind. In der Anlage zu § 3 UVPG sind insgesamt sechzehn UVP-pflichtige Vorhabenklassen aufgezählt. Ob eine UVP durchgeführt werden muß, hängt vom jeweiligen fachliche Verfahren ab. Der gesetzgeberischen Begründung zufolge erfaßt der Katalog von Vorhaben in der Anlage sämtliche Planfeststellungsverfahren und Genehmigungsverfahren mit Öffentlichkeitsbeteiligung.[34] Eine wesentliche Einschränkung des Anwendungsbe-

---

31 Art. 1 Nr. 7 Espoo-Übereinkommen.

32 Vgl. T. Bunge, Internationale und europäische Regeln über die Umweltverträglichkeitsprüfung - die Arbeiten der OECD, der EG, des UNEP und der ECE, ZAU 1990, S. 368.

33 Vgl. dagegen die Definition Art. 1 Nr. 8 Espoo-Übereinkommen.

34 Vgl. Begründung des Gesetzentwurfs der Bundesregierung zum UVPG vom 26.1.1989, in: BT-Drucks. 11/3919, S. 22.

reichs des UVPG, die aus § 3 UVPG nicht unmittelbar hervorgeht, ergibt sich aus der Ersetzbarkeit der Planfeststellung im Verkehrsplanungsbereich durch die Plangenehmigung, die durch das Verkehrswegeplanungsbeschleunigungsgesetz[35] und durch das Planungsvereinfachungsgesetz[36] eingeführt wurde. Im Plangenehmigungsverfahren entfällt die UVP-Pflicht, da nicht an den Projektbegriff, sondern an das fachliche Verfahren, nämlich das Planfeststellungsverfahren angeknüpft wird.[37] Im Immissionsschutzrecht wurde der Anwendungsbereich der UVP durch das Investitionserleichterungs- und Wohnbaulandgesetz[38] eingeschränkt, da ein großer Teil der Anlagen in ein vereinfachtes Genehmigungsverfahren ohne Öffentlichkeitsbeteiligung überführt wurde. Damit entfällt für diese Anlagen ebenfalls die Verpflichtung zur Durchführung einer UVP. Das UVPG erfaßt auf diese Weise die meisten in Anhang I Espoo-Übereinkommen aufgeführten Projekte.[39] Nicht erfaßt werden allerdings Maßnahmen zur Grundwasserentnahme, Anlagen zur Speicherung von Erdöl und Rodungen größerer Flächen (Anhang I Nr. 12, 14 und 17 Espoo-Übereinkommen).[40] Die UVP-Änderungsrichtlinie erweitert die UVP-pflich-

---

35 Gesetz zur Beschleunigung der Planungen für Verkehrswege in den neuen Ländern sowie im Land Berlin (Verkehrswegeplanungsbeschleunigungsgesetz) vom 16.12.1991, BGBl. I, S. 2174. Die Geltungsdauer dieses Gesetzes war zunächst bis Ende 1995 befristet. Sie wurde zunächst bis zum 31. Dezember 1999 (erstes Gesetz zur Änderung des Verkehrswegeplanungsbeschleunigungsgesetzes vom 15.12.1995, BGBl. I, S. 1840), inzwischen bis zum 31.12.2004 verlängert (zweites Gesetz zur Änderung des Verkehrswegeplanungsbeschleunigungsgesetzes vom 22.12.1999, BGBl. I, S. 2659).

36 Gesetz zur Vereinfachung der Planungsverfahren für Verkehrswege (Planungsvereinfachungsgesetz - PlVereinfG) vom 17.12.1993, BGBl. I, S. 2123.

37 Vgl. W. Erbguth/J. Schink (Anm. 11), § 3 Rn. 2.

38 Gesetz zur Erleichterung von Investitionen und der Ausweisung und Bereitstellung von Wohnbauland (Investitionserleichterungs- und Wohnbaulandgesetz) vom 22.4.1993, BGBl. I, S. 466.

39 E. Meyer-Rutz, Das Übereinkommen der ECE über die Umweltverträglichkeitsprüfung im grenzüberschreitenden Rahmen, UVP-report 1992, S. 69.

40 Umstritten war, ob die UVP-Richtlinie hinsichtlich des Anwendungsbereichs in der Bundesrepublik Deutschland korrekt umgesetzt wurde, da das UVPG bzw. die jeweiligen Landesgesetzgebungen für bestimmte Anlagen des Anhang II UVP-RL a.F. keine Regelungen treffen. Der EuGH hat nun entschieden, daß der den Mitgliedstaaten durch Art. 4 Abs. 2 UVP-RL a.F. eingeräumte Ermessensspielraum durch die in Art. 2 Abs. 1 UVP-RL niedergelegte Prüfungspflicht begrenzt ist und mit den in Art. 4 Abs. 2 UVP-RL a.F. erwähnten Kriterien und/oder Schwellenwerten das Ziel verfolgt wird, die Beurteilung der konkreten Merkmale eines Projekts zu erleichtern, damit bestimmt werden kann, ob es der Prüfungspflicht unterliegt; dagegen sei es nicht der Zweck, bestimmte Klassen der in Anhang II aufgeführten Projekte von vornherein insgesamt von

tigen Projekte nunmehr insbesondere um im Espoo-Übereinkommen aufgelistete, bislang nach deutschem Recht nicht UVP-pflichtige Projekte.

bb) Nicht von der Anlage zu § 3 UVPG erfaßte Projekte

Im Gegensatz zum Espoo-Übereinkommen findet das UVPG auf Aktivitäten, die nicht im Anhang zu § 3 UVPG enthalten sind, keine Anwendung. Die UVP-pflichtigen Vorhaben sind im Anhang zu § 3 UVPG abschließend aufgezählt.[41] Nach dem Espoo-Übereinkommen können sich Parteien dagegen darauf einigen, das Übereinkommen auch auf nicht im Anhang I aufgelistete Projekte anzuwenden.[42] Es ist also in seinem Anwendungsbereich weiter. Diese Regelung des Espoo-Übereinkommens implementiert die UVP-Änderungsrichtlinie nicht.

b) Rechte des voraussichtlich betroffenen Staats

Das Espoo-Übereinkommen gibt voraussichtlich betroffenen Staaten weitgehende Möglichkeiten, ein UVP-Verfahren in Gang zu setzen. Dagegen ist im UVPG die Entscheidung, ob eine UVP durchgeführt wird oder nicht, eine Entscheidung, die ausschließlich den zuständigen deutschen Behörden obliegt. Im UVPG existiert zwar keine Art. 7 2. Alternative UVP-RL a.F. bzw. Art. 7 Abs. 1 UVP-RL n.F. entsprechende Vorschrift, nach der ein Mitgliedstaat, der möglicherweise von dem geplanten Projekt erheblich berührt wird, einen entsprechenden Antrag auf Übersendung der vom Projektträger vorgelegten Angaben stellen kann. Indem § 8 Abs. 1 Satz 1 und Abs. 2 UVPG aber allgemein auf die Möglichkeit erheblicher Umweltauswirkungen grenzüberschreitender Art abstellen, erfaßt das Gesetz nach der gesetzgeberischen Begründung auch diese Fallgestaltung.[43]

---

dieser Pflicht auszunehmen. Dementsprechend hat der EuGH entschieden, daß die Bundesrepublik Deutschland gegen ihre Verpflichtung aus Art. 2 Abs. 1 und 4 Abs. 2 UVP-RL a.F. verstoßen hat, indem sie von der UVP-Pflicht ganze Klassen der in Anhang II UVP-RL a.F. aufgezählten Projekte von vornherein ausgenommen hat; Rs. 301/95, Kommission/Bundesrepublik Deutschland, abgedruckt in: NuR 1999, S. 95 ff.

41 Vgl. W. Erbguth/J. Schink (Anm. 11), § 3 Rn. 2.

42 Art. 2 Abs. 5 Espoo-Übereinkommen.

43 Vgl. die Begründung des Gesetzentwurfs der Bundesregierung zum UVPG vom 26.1.1989, in: BT-Drucks. 11/3919, S. 24. Teilweise wird in der Literatur die Auffas-

2. UVP-Verfahren nach dem UVPG

Die relevante Vorschrift für die grenzüberschreitende Behördenbeteiligung im UVPG stellt § 8 UVPG dar, der lautet:

> "(1) Wenn ein Vorhaben erhebliche Auswirkungen auf die in § 2 Abs. 1 S. 2 genannten Schutzgüter in einem anderen Mitgliedstaat der Europäischen Gemeinschaften haben könnte, so werden die von dem Mitgliedstaat benannten Behörden zum gleichen Zeitpunkt und im gleichen Umfang über das Vorhaben wie die nach § 7 beteiligten Behörden unterrichtet. Wenn der andere Mitgliedstaat die zu beteiligenden Behörden nicht benannt hat, ist die oberste für Umweltangelegenheiten zuständige Behörde des anderen Mitgliedstaats zu unterrichten.
>
> (2) Wenn ein Vorhaben erhebliche Auswirkungen auf die in § 2 Abs. 1 S. 2 genannten Schutzgüter in einem Nachbarstaat der Bundesrepublik Deutschland haben könnte, der nicht Mitgliedstaat der Europäischen Gemeinschaften ist, so gilt unter den Voraussetzungen der Grundsätze von Gegenseitigkeit und Gleichwertigkeit Absatz 1 entsprechend.
>
> (3) Konsultationen, die auf Grund der Unterrichtung nach Absatz 1 mit Behörden des Nachbarstaats erfolgen, sind nach den Grundsätzen von Gegenseitigkeit und Gleichwertigkeit durchzuführen. Der Grundsatz der Gleichwertigkeit gilt für die Verfahren und Bewertungsmaßstäbe, die in der Bundesrepublik Deutschland und dem anderen Mitgliedstaat oder in dem Nachbarstaat angewandt werden.
>
> (4) Völkerrechtliche Verpflichtungen von Bund und Ländern bleiben unberührt."

a) Benachrichtigung des betroffenen Staats

Der voraussichtlich betroffene Staat muß nach dem UVPG demnach zur gleichen Zeit informiert werden wie die innerstaatliche Behörden, die zu beteiligen sind. Im Unterschied zu dieser Regelung stellen die UVP-

---

sung vertreten, daß die europarechtliche Vorschrift unmittelbar gilt, soweit einschlägige Regelungen auf Bundes- oder Landesebene fehlen; vgl. etwa T. Bunge, Kommentar zum UVPG, in: P.-C. Storm/T. Bunge, HdUVP, Kennziffer 0600 (Stand: 2000), § 8 Rn. 7 und Rn. 18 und J. Wagner, in: W. Hoppe, Gesetz über die Umweltverträglichkeitsprüfung (UVPG) (1995), § 8 Rn. 13 Fußnote 19.

Änderungsrichtlinie und das Espoo-Übereinkommen hinsichtlich des Zeitpunkts der Benachrichtigung auf die Benachrichtigung der innerstaatlichen Öffentlichkeit und nicht der innerstaatlichen Behörden ab. Die Benachrichtigung kann im UVPG aber recht früh während des sogenannten Scoping-Verfahrens geschehen (§ 5 UVPG). Nach § 5 Satz 1 UVPG "soll" die zuständige Behörde vor Eintritt in das förmliche Verwaltungsverfahren die vom Projektträger beizubringenden Unterlagen konkretisieren. Es ist jedoch dem Vorhabenträger überlassen, ob er das Scoping-Verfahren beantragt. Hierzu können nach § 5 Satz 2 UVPG andere Behörden, Sachverständige und Dritte hinzugezogen werden. Das UVPG entspricht damit dem Espoo-Übereinkommen, da eine möglichst frühe Beteiligung gefordert wird.[44] Klargestellt werden sollte aber, daß die Benachrichtigung betroffener Staaten in keinem Fall später als die Benachrichtigung der innerstaatlichen Öffentlichkeit erfolgen darf.

Nach dem UVPG sind im Gegensatz zu UVP-Änderungsrichtlinie und Espoo-Übereinkommen die betroffenen Behörden und nicht die betroffenen Staaten zu benachrichtigen. Darin ist jedoch keine Einschränkung zu sehen. Die Information betroffener Staaten wird als völkerrechtlich relevante Handlung dem Staat als Völkerrechtssubjekt zugerechnet und § 8 läßt sich für die deutschen Behörden als entsprechende Zurechnungsnorm sehen.[45]

Hinsichtlich des Inhalts der Informationen, die an den betroffenen Staat zu übermitteln sind, bestimmt § 8 UVPG, daß die ausländischen Behörden im gleichen Umfang wie die nach § 7 UVPG beteiligten innerstaatlichen Behörden unterrichtet werden müssen. Zwar ist in § 7 UVPG nicht ausdrücklich geregelt, welche Informationen an diese Behörden weiterzuleiten sind, gemeint sind jedoch offensichtlich die von dem Vorhabenträger vorgelegten Angaben (vgl. dazu unter b)).[46] Über das UVPG hinausgehend bestimmt das Espoo-Übereinkommen wie auch Art. 7 Abs. 1 UVP-RL n.F., daß eine Frist für die Übermittlung einer Stellungnahme festzusetzen ist sowie daß Informationen über das UVP-Verfahren und über die grenzüberschreitenden Auswirkungen des Projekts übermittelt werden müssen.[47] Die deutschen Behörden, die in

---

44 Art. 3 Abs. 1 Espoo-Übereinkommen.

45 Vgl. T. Bunge, Kommentar zum UVPG, in: P.-C. Storm/T. Bunge (Anm. 43), § 8 Rn. 8.

46 Streitig, wie hier W. Erbguth/J. Schink (Anm. 11), § 7 Rn. 1; J. Wagner, in: W. Hoppe (Anm. 43), § 7 Rn. 23; J. Schoeneberg, Umweltverträglichkeitsprüfung (1993), Rn. 127; T. Bunge, Kommentar zum UVPG, in: P.-C. Storm/T. Bunge (Anm. 43), § 8 Rn. 16; vgl. auch § 7 S. 1 2. HS. LUVPG Baden-Württemberg vom 12.12.1991, GBl. S. 848.

47 Art. 3 Abs. 2 und Abs. 5 Espoo-Übereinkommen.

erheblichem Maß auf die Information, die vom Projektträger bereitgestellt werden, angewiesen sind, interpretieren die Pflicht zur Informationsbereitstellung nach § 7 UVPG teilweise sehr weit, und zwar dahingehend, daß auch Informationen über grenzüberschreitende Auswirkungen vorzulegen sind.[48] Vom Wortlaut der Vorschrift ist diese weite Auslegung jedoch nicht gedeckt. Das UVPG trennt wie die UVP-Änderungsrichtlinie anders als das Espoo-Übereinkommen nicht zwischen Informationsübermittlung vor und Informationsübermittlung nach Erstellung der UVP-Dokumentation, da eine gesonderte UVP-Dokumentation nicht erstellt werden muß (vgl. unter b)).

Die im Espoo-Übereinkommen getroffene Regelung, daß die betroffene Partei auf ein entsprechendes Ersuchen hin Informationen über die in ihrem Zuständigkeitsbereich betroffene Umwelt zur Verfügung stellen muß,[49] ist im UVPG nicht enthalten. Diese Vorschrift wird auch von der UVP-Änderungsrichtlinie nicht umgesetzt.

Über die sich aus der UVP-Richtlinie und UVP-Änderungsrichtlinie ergebende Umsetzungsverpflichtung hinausgehend erstreckt das UVPG die Informationspflicht auch auf Nicht-EG-Mitgliedstaaten. § 8 Abs. 1 UVPG gilt nach § 8 Abs. 2 UVPG insoweit allerdings nur unter den Voraussetzungen der Gegenseitigkeit und Gleichwertigkeit. Unter Gegenseitigkeit ist dabei die formelle und unter Gleichwertigkeit die inhaltliche Reziprozität zu verstehen.[50] Damit bedeutet Gegenseitigkeit, daß die Bundesrepublik Deutschland und der Nachbarstaat gleichermaßen, d.h. in den gleichen Fällen verpflichtet sind, sich gegenseitig zu informieren. Der Begriff der Gleichwertigkeit betrifft dagegen den Zeitpunkt, zu dem die Informationen zu übermitteln sind, sowie deren Inhalt. Gleichwertigkeit besteht, wenn die Informationen des Nachbarstaats in Aussageumfang und -genauigkeit den Angaben entsprechen, welche die zuständige deutsche Behörde gemäß § 8 Abs. 1, Abs. 2 UVPG zu übermitteln hat, und wenn der Nachbarstaat diese Informationen zu einem Zeitpunkt zur Verfügung stellt, der dem in § 8 Abs. 1 UVPG genannten Zeitpunkt entspricht.[51] Das Espoo-Überein

---

48 Vgl. für den Grenzbereich Deutschland-Frankreich-Schweiz, W. v. Droste-Hülshoff/O. Heuser, Aspekte der Umweltverträglichkeitsprüfung im deutsch-französischen Grenzraum (Oberrhein), UVP-report 1992, S. 77.

49 Art. 3 Abs. 6 Espoo-Übereinkommen.

50 Vgl. A. Randelzhofer/R. Harndt, Grenzüberschreitende Zusammenarbeit bei der Umweltverträglichkeitsprüfung (1989), S. 15 ff., S. 26; I. Herzog, Die Umweltverträglichkeitsprüfung im grenzüberschreitenden Bereich (1988), S. 179 ff.

51 T. Bunge, Kommentar zum UVPG, in: P.-C. Storm/T. Bunge (Anm. 43), § 8 Rn. 28 ff.

kommen verzichtet auf die Voraussetzungen der Gegenseitigkeit und Gleichwertigkeit und ist damit weitgehender als das UVPG.

b) Vom Projektträger vorzulegende Unterlagen

Im Unterschied zum Espoo-Übereinkommen sieht das UVPG wie die neugefaßte UVP-Richtlinie nicht die Erstellung einer separaten UVP-Dokumentation vor, die an den voraussichtlich betroffenen Staat zu übermitteln ist. Nach dem UVPG hat der Projektträger aber bestimmte Angaben vorzulegen, die auch betroffenen Staaten zur Verfügung zu stellen sind. Diese ähneln den Anforderungen, die das Espoo-Übereinkommen an den Inhalt der zu erstellenden UVP-Dokumentation stellt [52]

Das UVPG unterscheidet dabei zwischen Unterlagen, die der Vorhabenträger obligatorisch beizubringen hat, und Unterlagen, die er nur vorlegen muß, soweit sie für die UVP nach der Art des Vorhabens erforderlich und ihre Beibringung für ihn zumutbar ist. Nach § 6 Abs. 3 UVPG sind zwingend vorzulegen:

1. Beschreibung des Vorhabens mit Angaben über Standort, Art und Umfang sowie Bedarf an Grund und Boden,

2. Beschreibung von Art und Menge der zu erwartenden Emissionen und Reststoffe, insbesondere der Luftverunreinigungen, der Abfälle und des Anfalls von Abwasser sowie sonstige Angaben, die erforderlich sind, um erhebliche Beeinträchtigungen der Umwelt durch das Vorhaben feststellen und beurteilen zu können,

3. Beschreibung der Maßnahmen, mit denen erhebliche Beeinträchtigungen der Umwelt vermieden, vermindert oder soweit möglich ausgeglichen werden, sowie der Ersatzmaßnahmen bei nicht ausgleichbaren aber vorrangigen Eingriffen in Natur und Landschaft,

4. Beschreibung der zu erwartenden erheblichen Auswirkungen des Vorhabens auf die Umwelt unter Berücksichtigung des allgemeinen Kenntnisstandes und der allgemein anerkannten Prüfungsmethoden.

Soweit erforderlich und für den Vorhabenträger zumutbar, hat dieser ferner - unter anderem - eine Übersicht über die wichtigsten von ihm geprüften Vorha-

---

52 Vgl. H. Soell/F. Dirnberger, Wieviel Umweltverträglichkeit garantiert die UVP?, NVwZ 1990, S. 706.

bensalternativen einschließlich der Angabe der wesentlichen Auswahlgründe vorzulegen. Alternativen zu prüfen, ist demnach nach dem UVPG für den Projektträger anders als nach dem Espoo-Übereinkommen keine Pflicht.[53] Die Alternativenprüfung hat nur zu erfolgen, wenn sie zumutbar ist. Zudem wird wie nach den Regelungen der UVP-Änderungsrichtlinie daran anknüpft, daß der Projektträger Alternativen geprüft hat und nicht daran, daß sachlicher Anlaß zur Alternativenprüfung besteht.

c) Beteiligung der Behörden und der Öffentlichkeit des betroffenen Staats

Im Unterschied zur Regelung des Espoo-Übereinkommens[54] sind die Behörden des voraussichtlich betroffenen Staats nach § 8 Abs. 1 UVPG lediglich zu informieren. Eine Beteiligung dieser Behörden am UVP-Verfahren stellen die Regelungen des UVPG damit anders als die Regelungen des Espoo-Übereinkommens und der UVP-Änderungsrichtlinie nicht sicher. Ebensowenig muß die Öffentlichkeit des betroffenen Staats beteiligt werden.[55]

d) Konsultationen

Das UVPG macht in § 8 Abs. 3 nicht klar, ob eine Pflicht zu Konsultationen besteht oder nicht. Nach überwiegender Auffassung statuiert § 8 Abs. 3 UVPG selbst keine Pflicht zur Konsultation, sondern nur Leitlinien für die Durchführung der Konsultationen.[56] Die Konsultationspflicht kann sich wie bei Art. 7 UVP-RL a.F. nur aus Völkergewohnheitsrecht oder entsprechenden bilateralen

---

53 Zur Alternativenprüfung vgl. auch H. Soell/F. Dirnberger (Anm. 50), S. 710 ff.

54 Art. 3 Abs. 8 und 4 Abs. 2 Espoo-Übereinkommen.

55 Der betroffene Staat kann aber freiwillig seinerseits seine Öffentlichkeit über das Vorhaben informieren; vgl. T. Bunge, Kommentar zum UVPG, in: P.-C. Storm/T. Bunge (Anm. 43), § 8 Rn. 5.

56 Vgl. T. Bunge, Kommentar zum UVPG, in: P.-C. Storm/T. Bunge (Anm. 43), § 8 Rn. 33

Abkommen ergeben.[57] Das Espoo-Übereinkommen[58] sieht demgegenüber wie auch Art. 7 Abs. 4 UVP-Änderungsrichtlinie eine Konsultationspflicht vor.

Die Konsultationen finden nach dem UVPG - wie die Benachrichtigung von Nicht-EG-Staaten - unter den Voraussetzungen der Gegenseitigkeit und Gleichwertigkeit statt. Damit braucht der Ursprungsstaat nur dann in Konsultationen einzutreten, wenn der andere Staat im umgekehrten Fall gleichwertige Konsultationen mit der deutschen Behörde durchführen würde.[59] UVP-Änderungsrichtlinie und Espoo-Übereinkommen verzichten auf diese Voraussetzungen. Auch die weitere inhaltliche Ausgestaltung der Konsultationen (z.B. Gegenstand, Dauer) regelt das UVPG im Gegensatz zu Espoo-Übereinkommen und UVP-Änderungsrichtlinie nicht.

e) Endgültige Entscheidung

§ 12 UVPG sieht wie das Espoo-Übereinkommen und die UVP-Änderungsrichtlinie vor, daß die zuständige Behörde die Umweltauswirkungen des Projekts bewertet und in der endgültigen Entscheidung berücksichtigt.

Nach § 9 Abs. 2 UVPG hat die zuständige Behörde den bekannten Betroffenen und denjenigen, über deren Einwendungen entschieden worden ist, die Entscheidung über die Zulässigkeit des Vorhabens und die Entscheidungsgründe zugänglich zu machen. Nach dem Espoo-Übereinkommen ist die Begründung der endgültigen Entscheidung nicht nur an bekannte Betroffene und Einwender, sondern an den betroffenen Staat zu übersenden.[60] Die UVP-Änderungsrichtlinie übernimmt diese Vorgabe des Espoo-Übereinkommens und verpflichtet den deutschen Gesetzgeber zur Schaffung einer Regelung, nach der die Entscheidung mit Hauptgründen dem konsultierten Mitgliedstaat bekannt gemacht wird.

---

57 Diese Unklarheiten führten beispielsweise dazu, daß in der deutsch-französisch-schweizerischen Grenzregion in der Regel keine Konsultationen durchgeführt wurden; so W. v. Droste-Hülshoff/O. Heuser (Anm. 48), S. 77

58 Art. 5 Espoo-Übereinkommen.

59 Vgl. T. Bunge, Kommentar zum UVPG, in: P.-C. Storm/T. Bunge (Anm. 43), § 8 Rn. 34-36.

60 Art. 6 Abs. 2 Espoo-Übereinkommen.

f) Nachkontrolle

Das UVPG sieht wie die UVP-Änderungsrichtlinie keine Nachkontrolle vor.[61] Dagegen trifft das Espoo-Übereinkommen umfassende Bestimmungen zur Nachkontrolle.[62] Insoweit besteht also Anpassungsbedarf im deutschen Recht.

III. Durchführung des Espoo-Übereinkommens in Fachgesetzen

Es soll nun analysiert werden, ob die in den deutschen Fachgesetzen bestehenden UVP-Regelungen, die sich auf grenzüberschreitende Umweltauswirkungen beziehen, den Anforderungen des Espoo-Übereinkommens gerecht werden. Die Regelungen der Fachgesetze finden nach der Subsidiaritätsklausel des § 4 UVPG bei der UVP nur Anwendung, wenn und soweit sie hinter den Anforderungen des UVPG nicht zurückbleiben. Ansonsten ist auf das UVPG zurückzugreifen.

1. Abfallrecht

In § 7 Abs. 1 AbfG wurde durch das UVP-Umsetzungsgesetz die Regelung eingefügt, daß bei der Planfeststellung die Umweltverträglichkeit zu prüfen ist. Das seit 07.10.1996 geltende Kreislaufwirtschafts- und Abfallgesetz (KrW-/AbfG)[63] übernahm diese Regelung im wesentlichen unverändert.[64]

Der Anwendungsbereich der UVP wurde im Abfallrecht durch das Investitionserleichterungs- und Wohnbaulandgesetz[65] eingeschränkt. Abfallentsorgungsanlagen wurden durch dieses Gesetz aus dem Anwendungsbereich des Planfest-

---

61 Vgl. R. Steinberg, Chancen zur Effektuierung der Umweltverträglichkeitsprüfung durch die Gerichte, DÖV 1996, S. 222.

62 Art. 7 Espoo-Übereinkommen.

63 Gesetz zur Förderung der Kreislaufwirtschaft und Sicherung der umweltverträglichen Beseitigung von Abfällen (Kreislaufwirtschafts- und Abfallgesetz) vom 27.9.1994, BGBl. I, S. 2705.

64 Vgl. § 31 KRW-/AbfG.

65 Gesetz zur Erleichterung von Investitionen und der Ausweisung und Bereitstellung von Wohnbauland (Investitionserleichterungs- und Wohnbaulandgesetz) vom 22.4.1993, zitiert in Anm. 38.

stellungsverfahrens nach dem Abfallgesetz bzw. dem Kreislaufwirtschafts- und Abfallgesetz herausgenommen und dem Genehmigungsverfahren nach dem Bundes-Immissionsschutzgesetz unterstellt. Damit entfällt für diese Anlagen die Notwendigkeit, Standortalternativen zu prüfen. Die immissionsschutzrechtliche Genehmigung ist eine gebundene Entscheidung, d.h. auf sie besteht ein Rechtsanspruch, wenn die Genehmigungsvoraussetzungen erfüllt sind. Im immissionsschutzrechtlichen Genehmigungsverfahren sind im Rahmen der UVP daher nur technische Vorhabenalternativen zu prüfen (vgl. § 4e Abs. 3 9. BImSchV).[66] Auch ist zweifelhaft, ob Umweltauswirkungen im immissionsschutzrechtlichen Genehmigungsverfahren angemessen berücksichtigt werden können.[67] Für die weiterhin dem Planfeststellungsverfahren unterfallenden Abfalldeponien kann durch das Genehmigungsverfahrensbeschleunigungsgesetz[68] an Stelle eines Planfeststellungsbeschlusses unter bestimmten Voraussetzungen eine Plangenehmigung unter Verzicht auf eine UVP erteilt werden. Dabei ist aber sichergestellt, daß ein Plangenehmigungsverfahren für die einschlägigen Vorhaben nur dann zur Anwendung kommt, wenn kein Planfeststellungsverfahren mit integrierter UVP erforderlich ist.[69]

Vorrangige Regelungen zur grenzüberschreitenden Behördenbeteiligung enthält das Kreislaufwirtschaft-/Abfallgesetz nicht, so daß über die Subsidiaritätsklausel des § 4 UVPG insoweit die Regelung des § 8 UVPG zur Anwendung kommt.

2. Atomrecht

Die UVP im atomrechtlichen Genehmigungsverfahren regelt die Atomrechtliche Verfahrensverordnung (AtVfV).[70] Dort finden sich fachgesetzliche Rege-

---

66 Vgl. W. Baumgärtner, Die unmittelbaren Auswirkungen des Investitionserleichterungs- und Wohnbaulandgesetzes auf die Umweltverträglichkeitsprüfung (UVP), in: H. Pfaff-Schley, Die Umweltverträglichkeitsprüfung (1996), S. 2 ff.

67 Vgl. zur Berücksichtigung des Ergebnisses der UVP im immissionsschutzrechtlichen Genehmigungsverfahren unten unter III. 3.

68 Gesetz zur Beschleunigung von Genehmigungsverfahren (Genehmigungsverfahrensbeschleunigungsgesetz - GenBeschlG) vom 12.9.1996, BGBl. I, S. 1354.

69 Art. 3 GenBeschlG.

70 Verordnung über das Verfahren bei Genehmigung von Anlagen nach § 7 des Atomgesetzes (Atomrechtliche Verfahrensverordnung) (AtVfV) vom 11.11.1994, in der Fassung der Bekanntmachung vom 3.2.1995, BGBl. I, S. 180.

lungen zur grenzüberschreitenden Behördenbeteiligung, die dem UVPG vorgehen.

§ 1a Abs. 2 AtVfV enthält eine § 2 UVPG entsprechende Regelung des Gegenstands der UVP. Die Vorschrift zählt als Schutzgüter Menschen, Tiere, Pflanzen, Boden, Wasser, Luft, Klima und Landschaft, einschließlich der jeweiligen Wechselwirkungen, sowie Kultur und sonstige Sachgüter auf, bleibt also wie auch das UVPG hinter den Anforderungen des Espoo-Übereinkommens[71] und der UVP-Änderungsrichtlinie[72] zurück.

§ 7a AtVfV regelt die grenzüberschreitende Behördenbeteiligung und lautet:

> "(1) Könnte ein UVP-pflichtiges Vorhaben nach § 3 Abs. 1 Nr. 1 oder 9 zu beschreibende erhebliche Auswirkungen auf in § 1a Abs. 2 genannte Schutzgüter in einem anderen Mitgliedstaat der Europäischen Gemeinschaften haben, werden die von dem anderen Mitgliedstaat benannten Behörden im Hinblick auf die Prüfung nach § 1a zum gleichen Zeitpunkt und im gleichen Umfang wie die nach § 7 Abs. 4 S. 1 des Atomgesetzes beteiligten Behörden über das Vorhaben unterrichtet. Wenn der andere Mitgliedstaat die zu beteiligenden Behörden nicht benannt hat, ist die oberste für Umweltangelegenheiten zuständige Behörde des anderen Mitgliedstaats zu unterrichten. Die Unterrichtung erfolgt auch zum Zwecke der Öffentlichkeitsbeteiligung in dem anderen Mitgliedstaat, falls eine solche Beteiligung dort vorgesehen ist. Rechtsvorschriften zur Geheimhaltung, insbesondere zum Schutz von Geschäfts- oder Betriebsgeheimnissen bleiben unberührt; entgegenstehende Rechte Dritter sind zu beachten. Ebenfalls unberührt bleiben die Vorschriften des Bundesdatenschutzgesetzes und der Landesdatenschutzgesetze zur Datenübermittlung an Stellen außerhalb des Grundgesetzes.
>
> (2) Könnte ein UVP-pflichtiges Vorhaben nach § 3 Abs. 1 Nr. 1 oder 9 zu beschreibende erhebliche Auswirkungen auf in § 1a Abs. 2 genannte Schutzgüter in einem Nachbarstaat der Bundesrepublik Deutschland haben, der nicht Mitgliedstaat der Europäischen Gemeinschaften ist, gilt unter den Voraussetzungen der Grundsätze von Gegenseitigkeit und Gleichwertigkeit Absatz 1 entsprechend."

Nach dieser Vorschrift sind die Behörden des von erheblichen grenzüberschreitenden Umweltauswirkungen potentiell betroffenen Staats wie nach dem

---

71 Art. 1 Nr. 7 Espoo-Übereinkommen.

72 Art. 3 UVP-RL n.F.

UVPG zu benachrichtigen, wobei diese Verpflichtung wie im UVPG für Nicht-EG-Mitgliedstaaten nur bei Gegenseitigkeit und Gleichwertigkeit gilt. Wie im UVPG kann die Beteiligung der ausländischen Behörden allerdings schon während des auch im Atomrecht geregelten Scoping-Verfahrens (§ 1b AtVfV) stattfinden. Die Benachrichtigungsregelung bleibt aber wie im UVPG hinter den Regelungen des Espoo-Übereinkommens und der UVP-Änderungsrichtlinie zurück, da eine Beteiligung betroffener Behörden am UVP-Verfahren nicht sichergestellt wird.[73]

Auffallend ist, daß § 7a AtVfV über das UVPG hinausgehend die Öffentlichkeitsbeteiligung in dem betroffenen Nachbarstaat anspricht. Eine verbindliche Regelung wird aber nicht getroffen. Allerdings hat das Bundesverwaltungsgericht entschieden, daß das geltende Atomrecht einer Beteiligung ausländischer Einwender nicht entgegensteht.[74] UVP-Änderungsrichtlinie und Espoo-Übereinkommen sehen aber eine ausdrückliche Beteiligung der ausländischen Öffentlichkeit vor.

Eine gesonderte UVP-Dokumentation ist wie nach den Regelungen des UVPG nicht zu erstellen, sondern den Behörden des betroffenen Staats sind die Unterlagen zu übermitteln, die auch den innerstaatlich zu beteiligenden Behörden vorgelegt werden müssen. § 3 Abs. 2 AtVfV bestimmt in diesem Zusammenhang, daß der Vorhabenträger im atomrechtlichen Genehmigungsverfahren bei UVP-pflichtigen Verfahren insbesondere eine Übersicht über die wichtigsten, von ihm geprüften technischen Verfahrensalternativen vorzulegen hat. Die Alternativenprüfung wird damit anders als nach dem Espoo-Übereinkommen und der UVP-Änderungsrichtlinie auf technische Alternativen beschränkt.

Eine Verpflichtung zur Durchführung von Konsultationen regelt § 7a AtVfV nicht, so daß der über die Subsidiaritätsklausel des § 4 UVPG die Vorschrift des § 8 UVPG Anwendung findet.

Nach § 14a Abs. 2 AtVfV sind die Auswirkungen des Vorhabens wie nach Espoo-Übereinkommen und UVP-Änderungsrichtlinie zu berücksichtigen.[75]

---

73 Art. 3 Abs. 2 und 5 Espoo-Übereinkommen, Art. 7 Abs. 1 UVP-RL n.F.

74 Vgl. Urteil vom 17.12.1986, BVerwGE 75, 285 (KKW Lingen/Emsland); vgl. zu diesem Urteil auch D. Rauschning, Klagebefugnis von Auslandsbewohnern gegen eine inländische Atomanlagengenehmigung, AVR 1987, S. 312 ff.; vgl. zur Möglichkeit der Beteiligung ausländischer Grenznachbarn im deutschen Recht auch U. Beyerlin, Die Beteiligung ausländischer Grenznachbarn an umweltrechtlichen Verwaltungsverfahren und Möglichkeiten zu ihrer vertraglichen Regelung auf "euregionaler" Ebene, NuR 1985, S. 173 ff.

75 Art. 6 Abs. 1 Espoo-Übereinkommen, Art. 8 UVP-RL n.F.

Durch das UVP-Umsetzungsgesetz wurde in § 7 Abs. 2 Nr. 6 Atomgesetz (AtG) ein umweltbezogener Versagungsgrund eingeführt. Eine Genehmigung darf danach nur erteilt werden, wenn überwiegende öffentliche Interessen, insbesondere im Hinblick auf die Umweltauswirkungen, der Wahl des Standortes der Anlage nicht entgegenstehen. Die Regelung stellt sicher, daß alle Ergebnisse der UVP bei der Genehmigung berücksichtigt werden können.[76] Zwar ist der Genehmigungsbescheid mit Gründen bei der Genehmigungsbehörde zur Einsicht auszulegen (§ 17 Abs. 2 AtVfV). Eine Übermittlung der endgültigen Entscheidung an den betroffenen Staat erfolgt aber im Unterschied zu Espoo-Übereinkommen und UVP-Änderungsrichtlinie nicht.[77] Die Atomrechtliche Verfahrensverordnung trifft anders als das Espoo-Übereinkommen[78] - wie auch die UVP-Änderungsrichtlinie - keine Regelungen zur Nachkontrolle.

3. Immissionsschutzrecht

Die verfahrensrechtlichen Anforderungen an die UVP in immissionsschutzrechtlichen Genehmigungsverfahren regelt die am 1.6.1992 in Kraft getretene 9. Verordnung zur Durchführung des Bundes-Immissionsschutzgesetzes (9. BImSchV).[79] Wie im Atomrecht enthält auch die 9. Verordnung zur Durchführung des Bundes-Immissionsschutzgesetzes Regelungen zur grenzüberschreitenden Behördenbeteiligung, die dem UVPG vorgehen.

Durch das Investitionserleichterungs- und Wohnbaulandgesetz[80] wurde der Anwendungsbereich der UVP im Immissionsschutzrecht eingeschränkt, da ein

---

76 Vgl. W. Erbguth/A. Schink (Anm. 11), Art. 3 Rn. 1; A. Weber/U. Hellmann, Das Gesetz über die Umweltverträglichkeitsprüfung (UVP-Gesetz), NJW 1990, S. 1631. Auch für das atomrechtliche Planfeststellungsverfahren (§ 9b Abs. 2 und Abs. 4 AtG) wurde ein Versagungsgrund der Umweltunverträglichkeit eingeführt.

77 Art. 6 Abs. 2 Espoo-Übereinkommen, Art. 9 Abs. 2 UVP-RL n.F.

78 Art. 7 Espoo-Übereinkommen.

79 Neunte Verordnung zur Durchführung des Bundes-Immissionsschutzgesetzes (Verordnung über das Genehmigungsverfahren) (9. BImSchV) in der Fassung der Bekanntmachung vom 29.5.1992, BGBl. I, S. 1001, zuletzt geändert am 9.10.1996.

80 Gesetz zur Erleichterung von Investitionen und Bereitstellung von Wohnbauland vom 22.4.1993 (Investitionserleichterungs- und Wohnbaulandgesetz), zitiert in Anm. 38.

großer Teil der Anlagen in ein vereinfachtes Genehmigungsverfahren ohne Öffentlichkeitsbeteiligung überführt wurde.[81] Damit entfällt für diese Anlagen auch die Verpflichtung zur Durchführung einer UVP.[82]

Nach § 1a 9. BImSchV sind Gegenstand der UVP wie nach dem UVPG die Auswirkungen der Anlage auf Menschen, Tiere, Pflanzen, Boden, Wasser, Luft, Klima und Landschaft, einschließlich ihrer Wechselwirkungen, sowie auf Kultur- und Sachgüter. Damit bleibt auch § 1a 9. BImSchV hinter den Anforderungen des Espoo-Übereinkommens und der UVP-Änderungsrichtlinie zurück.[83]

§ 11a 9. BImSchV befaßt sich mit der grenzüberschreitenden Behördenbeteiligung und regelt folgendes:

> "(1) Könnte ein UVP-pflichtiges Vorhaben auf in § 1a genannte Schutzgüter in einem anderen Mitgliedstaat der Europäischen Gemeinschaften nach § 4 Abs. 2 und § 4e zu beschreibende erhebliche Auswirkungen haben, so werden die von dem Mitgliedstaat benannten Behörden zum gleichen Zeitpunkt und im gleichen Umfang über das Vorhaben wie die nach § 11 beteiligten Behörden unterrichtet. Wenn der andere Mitgliedstaat die zu beteiligenden Behörden nicht benannt hat, ist die oberste für Umweltangelegenheiten zuständige Behörde des anderen Mitgliedstaates zu unterrichten. Die Unterrichtung wird durch die von der zuständigen obersten Landesbehörde bestimmte Behörde vorgenommen.
>
> (2) Könnte ein UVP-pflichtiges Vorhaben nach § 4 Abs. 2 und § 4e zu beschreibende erhebliche Auswirkungen auf in § 1a genannte Schutzgüter in einem Nachbarstaat der Bundesrepublik Deutschland haben, der nicht Mitglied der Europäischen Gemeinschaften ist, so gilt unter den Voraussetzungen der Grundsätze von Gegenseitigkeit und Gleichwertigkeit Absatz 1 entsprechend.
>
> (3) Die unterrichtende Behörde leitet den nach Absatz 1 in Verbindung mit Absatz 2 zu beteiligenden Behörden jeweils eine Ausfertigung der für

---

81 Art. 9 des Investitionserleichterungs- und Wohnbaulandgesetzes.

82 Das Gesetz zur Beschleunigung und Vereinfachung immissionsschutzrechtlicher Genehmigungsverfahren vom 9.10.1996, BGBl. I, S. 1498, enthält, abgesehen von einer die Änderung der §§ 15, 16 BImSchG berücksichtigenden Anpassung der Nummer 1 der Anlage zu § 3 UVPG und einer Folgeänderung der 9. BImSchV, keine ausdrücklich UVP-relevanten Regelungen.

83 Art. 1 Nr. 7 Espoo-Übereinkommen, Art. 3 UVP-RL n.F.

die Prüfung der Umweltverträglichkeit erforderlichen Unterlagen zu und teilt den geplanten zeitlichen Ablauf des Genehmigungsverfahrens mit. Rechtsvorschriften zur Geheimhaltung, insbesondere zum Schutz von Geschäfts- oder Betriebsgeheimnissen bleiben unberührt; entgegenstehende Rechte Dritter sind zu beachten. Ebenfalls unberührt bleiben die Vorschriften des Bundesdatenschutzgesetzes und der Landesdatenschutzgesetze zur Datenübermittlung an Stellen außerhalb des Geltungsbereichs des Grundgesetzes."

Danach sind wie in UVPG und Atomrechtlicher Verfahrensordnung die Behörden betroffener Staaten von geplanten Projekten mit potentiell erheblichen Umweltauswirkungen zu benachrichtigen, wobei bei Nicht-EG-Mitgliedstaaten die Benachrichtigung nur bei Gegenseitigkeit und Gleichwertigkeit stattfindet, eine Bedingung, die das Espoo-Übereinkommen nicht stellt. Auch im Immissionsschutzrecht kann die Benachrichtigung aber recht früh im Rahmen des Scoping-Verfahrens (§ 2a 9. BImSchV) erfolgen. Über das UVPG hinausgehend muß nach § 11a Abs. 3 9. BImSchV zumindest der Ablauf des Genehmigungsverfahrens mitgeteilt werden. Die Regelungen bleiben aber dennoch hinter den genauen Anforderungen, die das Espoo-Übereinkommen und die UVP-Änderungsrichtlinie an die Benachrichtigung betroffener Staaten stellen, zurück.[84]

Wie im Atomrecht ist auch im Immissionsschutzrecht keine gesonderte UVP-Dokumentation zu erstellen. Dem betroffenen Staat sind die Unterlagen zu übermitteln, die den zu beteiligenden innerstaatlichen Behörden vorgelegt werden. Nach § 4e 9. BImSchV hat der Projektträger bei UVP-pflichtigen Anlagen wie in der Atomrechtlichen Verfahrensverordnung insbesondere eine Übersicht über die wichtigsten vom Träger des Vorhabens geprüften technischen Verfahrensalternativen (§ 4e Abs. 3). Im Unterschied zu Espoo-Übereinkommen und UVP-Änderungsrichtlinie sind damit nur technische Alternativen zu prüfen.

Die 9. BImSchV spricht Konsultationen nicht an. Insoweit findet über die Subsidiaritätsklausel des § 4 UVPG die Regelung des § 8 UVPG Anwendung.

Wie nach dem Espoo-Übereinkommen und der UVP-Änderungsrichtlinie sind die zu erwartenden Auswirkungen des Vorhabens nach § 20 Abs. 1 9. BImSchV bei der endgültigen Entscheidung über das Projekt zu berücksichtigen. In der Literatur wird jedoch bezweifelt, daß die Ergebnisse der UVP bei der Erteilung einer immissionsschutzrechtlichen Genehmigung ausreichend Berücksichtigung

84 Art. 3 Abs. 2 und Abs. 5 Espoo-Übereinkommen, Art. 7 Abs. 1 UVP-RL n.F.

finden können.[85] Die immissionsschutzrechtliche Genehmigung ist eine gebundene Entscheidung, bei der die Genehmigungsbehörde keine Ermessenserwägungen anstellen darf. Die Bundesregierung ist dagegen der Auffassung, daß eine Berücksichtigung der Ergebnisse der UVP auch im Immissionsschutzrecht ausreichend gesichert ist. In der amtlichen Begründung zum UVP-Umsetzungsgesetz hatte sie ihre Überzeugung zum Ausdruck gebracht, daß die unbestimmten Rechtsbegriffe wie "schädliche Umweltauswirkungen", "sonstige Gefahren, erhebliche Nachteile und erhebliche Belästigungen für die Allgemeinheit und die Nachbarschaft" (§ 5 Abs. 1 Nr. 1 BImSchG), der Vorsorgebegriff (§ 5 Abs. 1 Nr. 2 BImSchG) sowie die nach § 6 Nr. 2 BImSchG heranzuziehenden sonstigen öffentlich-rechtlichen Vorschriften hierfür eine ausreichende Handhabe böten.[86]

Regelungen über die Übermittlung der endgültigen Entscheidung an betroffene Staaten trifft das Immissionsschutzrecht anders als Espoo-Übereinkommen und UVP-Änderungsrichtlinie nicht.[87] Nach § 17 BImSchG können nach Erteilung der Genehmigung Anordnungen getroffenen werden, wenn festgestellt wird, daß die Allgemeinheit oder die Nachbarschaft nicht ausreichend vor schädlichen Umweltbeeinträchtigungen geschützt sind. Auch wird nach §§ 44 ff. BImSchG die Luftverunreinigung im Bundesgebiet überwacht. Regelungen zur Nachkontrolle bei grenzüberschreitende Umweltauswirkungen wie im Espoo-Übereinkommen fehlen jedoch.

4. Wasserrecht

In die wasserrechtlichen Zulassungstatbestände im Wasserhaushaltsgesetz, die UVP-pflichtige Vorhaben betreffen, wurde durch das UVP-Umsetzungsgesetz jeweils die Bestimmung aufgenommen, daß die Zulassung bzw. Planfeststellung nur in einem Verfahren erfolgen kann, das den Anforderungen des UVPG

85 Vgl. T. Bunge, Umweltverträglichkeitsprüfung, in: O. Kimminich/H. v. Lersner/P.-C. Storm, HdUR, Bd. II (1994), Sp. 2490 ff.; H. D. Jarass, Umweltverträglichkeitsprüfung bei Industrievorhaben (1986), S. 94; R. Dohle, Anwendungsprobleme eines Gesetzes zur Umweltverträglichkeitsprüfung (UVP-Gesetz), NVwZ 1989, S. 704; A. Weber, Die Umweltverträglichkeitsrichtlinie im deutschen Recht (1989), S. 245 ff.; H. Soell/F. Dirnberger (Anm. 50), S. 709.

86 Begründung des Gesetzentwurfs der Bundesregierung zum UVPG vom 26.1.1989, in: BT-Drucks. 11/3919, S. 28; so auch H. Soell/F. Dirnberger (Anm. 50), S. 709 ff.; W. Vallendar, Die UVP-Novelle zur 9. BImSchV, UPR 1992, S. 213.

87 Art. 6 Abs. 2 Espoo-Übereinkommen, Art. 9 UVP-RL n.F.

entspricht.[88] Das Genehmigungsverfahrensbeschleunigungsgesetz[89] hat den Anwendungsbereich der UVP in wasserrechtlichen Genehmigungsverfahren nicht eingeschränkt, da die eingeführte Plangenehmigung ohne UVP im Wasserrecht nur dann anzuwenden ist, wenn kein Planfeststellungsverfahren mit integrierter UVP erforderlich ist.[90]

Regelungen zur grenzüberschreitenden UVP sind nicht vorhanden, so daß im Wasserrecht § 8 UVPG Anwendung findet.

5. Naturschutzrecht

Durch das UVP-Umsetzungesetz wurde in das Bundesnaturschutzgesetz die Vorschrift des § 8 Abs. 10 eingeführt, wonach das Verfahren bei Vorhaben, die einen Eingriff in Natur und Landschaft darstellen, den Anforderungen des UVPG entsprechen muß. Das Gesetz zur Neuregelung des Bundesnaturschutzgesetzes vom 30.4.1998 läßt diese Regelung entfallen, weil Eingriffe in Natur und Landschaft zu den Umweltauswirkungen eines Vorhabens gehören und das Verfahren den Anforderungen des UVPG ohnehin entsprechen muß. Die grenzüberschreitende UVP ist im Naturschutzrecht nicht gesondert geregelt, so daß § 8 UVPG Anwendung findet.

6. Verkehrswegerecht

Die bundesrechtlichen Verkehrswegegesetze[91] wurden durch das UVP-Umsetzungesetz insoweit geändert, als in den Verfahren die Umweltverträglichkeit zu prüfen ist.

Im Verkehrswegerecht ist es aufgrund der sogenannten "Beschleunigungsgesetze" zu einer deutlichen Beschneidung der UVP gekommen. Angesichts der dringend gebotenen Erneuerung der Verkehrsinfrastruktur in

---

88 Vgl. W. Erbguth/A. Schink (Anm. 11), Art. 5 Rn. 1.

89 Gesetz zur Beschleunigung von Genehmigungsverfahren (Genehmigungsverfahrensbeschleunigungsgesetz - GenBeschlG) vom 12.9.1996, zitiert in Anm. 68.

90 Vgl. Art. 5 GenBeschlG.

91 Fernstraßengesetz, Bundeswasserstraßengesetz, Bundesbahngesetz - jetzt Allgemeines Eisenbahngesetz, Personenbeförderungsgesetz, Luftverkehrsgesetz, Magnetschwebebahnplanungsgesetz.

den neuen Bundesländern wurde bei Verkehrsvorhaben in den neuen Ländern, die für das Zusammenwachsen Deutschlands besonders vorrangig waren, die Planung durch sogenannte Investitionsmaßnahmegesetze für einzelne Projekte ersetzt. Für derartige Planungen wurde die Vorschrift des Art. 1 Abs. 5 UVP-RL herangezogen, durch die etwaige staatliche Gesetzgebungsakte von der Geltung der Richtlinie ausdrücklich ausgenommen werden.[92] Das Verkehrswegeplanungsbeschleunigungsgesetz[93] zielt auf eine Beschleunigung der Genehmigungsverfahren in den neuen Bundesländern. Der mit diesem Gesetz verfolgte Beschleunigungseffekt wird unter anderem durch die Einführung einer Plangenehmigung bei einfachen Sachverhalten unter Verzicht auf eine UVP angestrebt.[94] Das auf eine Planungsbeschleunigung im ganzen Bundesgebiet abzielende Planungsvereinfachungsgesetz[95] greift unter anderem dieses grundlegende Element des Verkehrswegeplanungsbeschleunigungsgesetzes auf.[96]

Die Verkehrswegegesetze enthalten keine Regelungen zur grenzüberschreitenden UVP, so daß auch hier § 8 UVPG Anwendung findet.

7. Raumordnungsrecht

Nach Verabschiedung des UVPG wurde die UVP im Raumordnungsverfahren rahmenrechtlich eingeführt (§ 6a ROG a.F.). Das Verkehrswegeplanungsbeschleunigungsgesetzes[97] und das Investitionserleichterungs- und Wohnbaulandgesetzes[98] ließen diese UVP-Pflicht entfallen. Auch das nunmehr neugefaßte Raumordnungsgesetz[99] enthält keine UVP-Regelungen. Kraft Bundesrecht

---

92 W. Haneklaus, in: W. Hoppe (Anm. 43), Vorbem. Rn. 48; vgl. z.B. das Gesetz vom 29.10.1993, BGBl. I, S. 1906.

93 Gesetz zur Beschleunigung der Planungen für Verkehrswege in den neuen Ländern sowie im Land Berlin (Verkehrswegeplanungsbeschleunigungsgesetz) vom 16.12.1991, zitiert in Anm. 35. Die Geltungsdauer dieses Gesetzes wurde inzwischen bis zum 31.12.2004 verlängert (zweites Gesetz zur Änderung des Verkehrswegeplanungsbeschleunigungsgesetzes vom 22.12.1999, zitiert in Anm. 35).

94 § 4 Verkehrswegeplanungsbeschleunigungsgesetz.

95 Gesetz zur Vereinfachung der Planungsverfahren für Verkehrswege (Planungsvereinfachungsgesetz - PlVereinfG), zitiert in Anm. 36.

96 W. Haneklaus, in: W. Hoppe (Anm. 43), Vorbem. Rn. 53.

97 Gesetz vom 16.12.1991, BGBl. I, S. 2173

98 Gesetz vom 22.4.1993, BGBl. I, S. 466.

99 Gesetz vom 18.8.1997, BGBl I, S. 2081.

besteht daher keine Verpflichtung mehr zur Durchführung der UVP im Raumordnungsverfahren. Die UVP im Raumordnungsverfahren ist nur noch fakultativ durch § 16 UVPG eröffnet.[100] Wie das alte Raumordnungsgesetz (§ 4 Abs. 6 ROG a.F.) enthält das neugefaßte Raumordnungsgesetz eine Regelung mit grenzüberschreitendem Bezug, die sich aber nicht speziell auf die UVP bezieht. Nach § 16 ROG n.F. sind raumbedeutsame Planungen und Maßnahmen, die erhebliche Auswirkungen auf Nachbarstaaten haben können, mit den betroffenen Nachbarstaaten nach den Grundsätzen der Gegenseitigkeit und Gleichwertigkeit abzustimmen.

8. Bauplanungsrecht

Das UVPG enthält in § 17 eine spezielle Regelung zur UVP in der Bauleitplanung. Das insoweit anzuwendende Verfahrensrecht richtet sich nicht nach dem UVPG, sondern nach den Vorschriften des Baugesetzbuches. Nicht verdrängt wird jedoch § 8 UVPG. § 17 Satz 2 UVPG ordnet seine Geltung im Verfahren der Bauleitplanung unmittelbar an. Dies trägt dem Umstand Rechnung, daß das Baugesetzbuch keine Regelung der grenzüberschreitenden Behördenbeteiligung kennt.[101]

Der Anwendungsbereich der UVP wurde durch das Investitionserleichterungs- und Wohnbaulandgesetz[102] im Bereich der Bauleitplanung eingeschränkt. Neben den bisher schon vom UVPG erfaßten planfeststellungsersetzenden Bebauungsplänen (§ 2 Abs. 3 Nr. 3 2. Alternative UVPG) werden nun nur noch sogenannte "vorhabenbezogene" Bebauungspläne einer UVP unterzogen (§ 2 Abs. 3 Nr. 3 1. Alternative UVPG).[103]

---

100 Vgl. die Übersicht der landesplanungsrechtlich vorgeschriebenen UVP im Raumordnungsverfahren bei W. Erbguth/A. Schink (Anm. 11), § 16 Rn. 11.

101 Vgl. U. Battis, Umweltverträglichkeitsprüfung in der Bauleitplanung, NuR 1995, S. 450.

102 Gesetz zur Erleichterung von Investitionen und der Ausweisung und Bereitstellung von Wohnbauland (Investitionserleichterungs- und Wohnbaulandgesetz) vom 22.4.1993, zitiert in Anm. 38.

103 W. Haneklaus, in: W. Hoppe (Anm. 43), Vorbem. Rn. 56.

9. Bergrecht

Für bergbauliche Vorhaben enthält das UVPG in § 18 eine spezielle Regelung. Danach wird die UVP bei bergbaulichen Vorhaben nicht nach dem UVPG, sondern nach den Vorschriften des Bundesberggesetzes (BBergG)[104] durchgeführt.

Die einer UVP unterliegenden bergbaulichen Vorhaben sind in der Verordnung nach § 57 Abs. 1 Nr. 1 BBergG über die Umweltverträglichkeitsprüfung bergbaulicher Vorhaben (UVP-V Bergbau)[105] aufgeführt.

Der Umweltbegriff wurde in § 2 Abs. 1 Nr. 1 UVP-V Bergbau a.F. wie § 2 Abs. 1 UVPG definiert, blieb also hinsichtlich der Auswirkungen auf Kultur und Sachgüter hinter den Anforderungen des Espoo-Übereinkommens zurück. Zur Umsetzung der UVP-Änderungsrichtlinie wurde die UVP-V Bergbau aber inzwischen durch Verordnung vom 10.8.1998[106] geändert. Nach § 2 Nr. 1 UVP-V Bergbau n.F. sind nun in Übereinstimmung mit dem Espoo-Übereinkommen bei Auswirkungen auf Kultur und Sachgüter auch entsprechende Wechselwirkungen zu berücksichtigen.

§ 8 UVPG gilt nicht für die UVP bergbaulicher Vorhaben (§ 18 Satz 2 UVPG). Die Beteiligung anderer Staaten am Verfahren richtet sich insoweit nach § 57a Abs. 6 BBergG und § 3 UVP-V Bergbau. Diese entsprechen weitgehend der Regelung des § 8 UVPG, enthalten aber doch Besonderheiten. § 57a Abs. 6 BBergG verpflichtet zur Benachrichtigung der Behörden der Staaten, die von Projekten mit erheblichen Auswirkungen auf die Umwelt betroffener sind, wobei die Benachrichtigung bei Nicht-EG-Mitgliedstaaten im Gegensatz zum Espoo-Übereinkommen nur bei Gegenseitigkeit und Gleichwertigkeit stattfindet. § 3 UVP-V Bergbau regelt in Abs. 1 weitere Einzelheiten der Benachrichtigung:

> "Zuständige Behörden im Sinne des § 57a Abs. 6 Satz 1 des Bundesberggesetzes sind die von dem anderen Mitgliedstaat der Europäischen Gemeinschaften benannten Behörden. Diese Behörden sind zum gleichen Zeitpunkt und im gleichen Umfang über das Vorhaben zu unterrichten wie die am Planfeststellungsverfahren beteiligten Behörden. Wenn der andere Mitgliedstaat die zuständigen Behörden nicht benannt hat, ist die

---

104 Vgl. Gesetz zur Änderung des Bundesberggesetzes vom 12.2.1990, BGBl. I, S. 215.

105 Verordnung über die Umweltverträglichkeitsprüfung bergbaulicher Vorhaben (UVP-V Bergbau) vom 13.7.1990, BGBl. I, S. 1420.

106 BGBl. I, S. 2093.

> oberste für Umweltangelegenheiten zuständige Behörde des anderen Mitgliedstaats zu unterrichten."

Die Benachrichtigung kann im Bergrecht bereits im Rahmen des Scoping-Verfahrens (§ 2a BBergG) erfolgen. Das Espoo-Übereinkommen und die UVP-Änderungsrichtlinie enthalten weitergehende Regelungen, die eine Beteiligung der ausländischen Behörden sicherstellen.

Wie nach dem UVPG ist keine gesonderte UVP-Dokumentation zu erstellen, sondern die Behörden des betroffenen Mitgliedstaats sind wie die im Planfeststellungsverfahren beteiligten Behörden zu unterrichten, denen die vom Projektträger vorzulegenden Informationen zu übermitteln sind. Nach § 57a Abs. 2 Satz 3 BBergG sind Angaben zu Vorhabenalternativen wie nach dem UVPG nur erforderlich, wenn diese geprüft wurden, in Anbetracht der besonderen Merkmale des Vorhabens und der möglichen Auswirkungen von Bedeutung sind und ihre Zusammenstellung für den Unternehmer zumutbar ist. Das Bundesberggesetz bleibt mit dieser mehrfachen Einschränkung nicht nur hinter den Anforderungen des Espoo-Übereinkommens an die Alternativenprüfung, sondern auch hinter den Anforderungen der UVP-Änderungsrichtlinie zurück, die nur darauf abstellt, daß Alternativen geprüft wurden.

Nach § 3 Abs. 2 UVP-V Bergbau a.F. waren Konsultationen lediglich unter der Voraussetzunge der Gegenseitigkeit und Gleichwertigkeit durchzuführen. § 3 Abs. 2 der durch Verordnung vom 10.8.1998[107] neugefaßten UVP-V Bergbau § 3 Abs. 2 UVP-V Bergbau enthält nun eine Verpflichtung zur Durchführung von Konsultationen:

> "Aufgrund der Unterrichtung nach § 57a Abs. 6 Satz 1 des Bundesberggesetzes sind Konsultationen mit den in Absatz 1 genannten Behörden aufzunehmen. Sie haben unter anderem die potentiellen grenzüberschreitenden Auswirkungen des Vorhabens und die Maßnahmen, die der Verringerung oder Vermeidung dieser Auswirkungen dienen sollen, zum Gegenstand. Für die Dauer der Konsultationsphase wird ein angemessener Zeitrahmen vereinbart."

Diese Regelung entspricht den Anforderungen des Espoo-Übereinkommens und der UVP-Änderungsrichtlinie.[108] Insbesondere wird der Gegenstand der Konsultationen bestimmt, die potentiellen grenzüberschreitenden Auswirkun-

---

107 BGBl. I, S. 2093 ff.

108 Art. 5 Espoo-Übereinkommen, Art. 7 Abs. 4 UVP-RL n. F.

gen des Vorhabens und die Maßnahmen, die der Verringerung oder Vermeidung dieser Auswirkungen dienen sollen.

Wie es das Espoo-Übereinkommen und die neugefaßte UVP-Richtlinie fordern,[109] ist das Ergebnis der UVP im Bergrecht bei der endgültigen Entscheidung zu berücksichtigen (§ 2 Abs. 2b Satz 3 BBergG). Regelungen für die Übermittlung der Gründe der endgültigen Entscheidung an betroffenen Staaten finden sich im Bergrecht ebensowenig wie Regelungen zur Nachkontrolle.

IV. Durchführung des Espoo-Übereinkommens in der UVP-Verwaltungsvorschrift

Die UVP-Verwaltungsvorschrift[110] stellt die Ausführungsvorschrift zum UVPG dar. Sie enthält keine Vorschriften über die grenzüberschreitende Behördenbeteiligung, da sie nicht die Durchführung des verwaltungsbehördlichen Verfahrens insgesamt, sondern nur die in § 20 UVPG genannten Kriterien, Verfahren und Grundsätze der UVP regelt (Punkt 0.1.2.).[111] Nach § 20 UVPG sind in der Verwaltungsvorschrift Kriterien und Verfahren, die bei der Ermittlung, Beschreibung und Bewertung von Umweltauswirkungen zugrunde zu legen sind, Grundsätze für die Unterrichtung über den voraussichtlichen Untersuchungsrahmen und Grundsätze für die zusammenfassende Darstellung der Umweltauswirkungen und für die Bewertung zu regeln. Die UVP-Verwaltungsvorschrift muß daher nicht an das Espoo-Übereinkommen angepaßt werden.

V. Durchführung des Espoo-Übereinkommens in den UVP-Gesetzen der Länder

Nur fünf Bundesländer haben UVP-Gesetze erlassen: Baden-Württemberg, Bayern, Berlin, Hamburg und Nordrhein-Westfalen. Auch insoweit gilt das Subsidiaritätsprinzip des § 4 UVPG, d.h. das UVPG findet Anwendung, wenn und soweit die Landesgesetze hinter den Anforderungen des UVPG zurückblei-

---

109 Art. 6 Abs. 2 Espoo-Übereinkommen, Art. 8 UVP-RL n.F.

110 Verwaltungsvorschrift vom 18.9.1995, GMBl. 1995, S. 671.

111 Vgl. zur UVP-Verwaltungsvorschrift T. Mayen, Die Umweltverträglichkeitsprüfung nach dem UVP-Gesetz und der UVP-Verwaltungsvorschrift, NVwZ 1996, S. 319 ff.

ben. Es ist zu untersuchen, inwieweit diese Landesgesetze Regelungen zur grenzüberschreitenden UVP treffen, die den Anforderungen des Espoo-Übereinkommens gerecht werden.

1. Baden-württembergisches Landesgesetz über die Umweltverträglichkeitsprüfung

Das baden-württembergische Landesgesetz über die Umweltverträglichkeitsprüfung (LUVPG),[112] das im wesentlichen dem UVPG entspricht,[113] enthält zusätzliche UVP-pflichtige Projekte. Nach der Anlage zu § 3 LUVPG findet es z.B. Anwendung auf Anlagen zur Grundwasserentnahme, Torfabbauvorhaben, den Bau einer Landesstraße, den Bau anderer Straßen, den Bau einer Eisenbahn und den Bau einer Seilbahn. § 8 LUVPG bestimmt präziser als das UVPG, welche Behörden für das grenzüberschreitende Beteiligungsverfahren zuständig sind, nämlich die Regierungspräsidien. Über das UVPG hinausgehend ist auch vorgesehen, daß der zeitliche Ablauf des Zulassungsverfahrens mitzuteilen ist.

2. Bayerisches UVP-Richtlinie Umsetzungsgesetz

Das Bayerische Landesgesetz zur Umsetzung der UVP-Richtlinie (BayUVPRLUG)[114], das rückwirkend zum 14.3.1999 in Kraft getreten ist, erweitert die Zahl Projekte, die nach bayerischem Landesrecht UVP-pflichtig sind, durch Änderung einer Reihe von Landesgesetzen. Der Umweltbegriff nach dem neu eingefügten Art. 78c des bayerischen Verwaltungsverfahrensgesetzes (VwVfG

---

112 Gesetz zur Umsetzung der Richtlinie des Rates vom 27. Juni 1985 über die Umweltverträglichkeitsprüfung bei bestimmten öffentlichen und privaten Projekten (85/337/EWG) im Land Baden-Württemberg vom 12.12.1991, geändert durch Gesetz vom 8.6.1995, beides zitiert in Anm. 27.

113 Vgl. K. R. Willner, Das neue baden-württembergische Landesgesetz über die Umweltverträglichkeitsprüfung (LUVPG), VBlBW 1992, S. 281 ff.

114 Gesetz zur Umsetzung der Richtlinie 85/337/EWG des Rates vom 27. Juni 1985 über die Umweltverträglichkeitsprüfung bei bestimmten öffentlichen und privaten Projekten, geändert durch die Richtlinie 97/11/EG des Rates vom 3. März 1997 (Bayerisches UVP-Richtlinie Umsetzungsgesetz (BayUVPRLUG) vom 27.12.1999, mit rückwirkender Wirkung ab 14.3.1999, zitiert in Anm. 27.

Bay) stimmt mit dem der UVP-Änderungsrichtlinie und des Espoo-Übereinkommens überein und geht damit über die Regelungen des UVPG hinaus.

In Art. 78h VwVfG Bay n.F. wird die grenzüberschreitende Behörden- und Öffentlichkeitsbeteiligung geregelt. Dabei orientiert sich das Gesetz an den Vorgaben der UVP-Änderungsrichtlinie und setzt diese um. Nach Art. 78h Abs. 1 VwVfG Bay n.F. wird ein von einem Projekt mit voraussichtlich erheblichen grenzüberschreitenden Umweltauswirkungen betroffener Staat nicht nur benachrichtigt, sondern muß auch innerhalb einer angemessenen Frist mitteilen, ob er an dem UVP-Verfahren teilnimmt, womit - den Regelungen der UVP-Änderungsrichtlinie und des Espoo-Übereinkommens entsprechen - eine Beteiligung des betroffenen Staates sichergestellt wird. In Übereinstimmung mit dem Espoo-Übereinkommen beschränkt das Gesetz die Beteiligungspflicht nicht auf EG-Mitgliedstaaten. Art. 78h Abs. 2 VwVfG Bay n.F. bestimmt, daß die bayerische Öffentlichkeit zu beteiligen ist, wenn der Freistaat Bayern von einem anderen Staat über ein geplantes Projekt informiert wird, das voraussichtlich erhebliche grenzüberschreitende Umweltauswirkungen haben wird. Art. 78h Abs. 3 VwVfG Bay n.F. regelt - in Übereinstimmung mit den Regelungen des Espoo-Übereinkommens und der UVP-Änderungsrichtlinie - eine Konsultationspflicht der zuständigen Behörde. Die Konsultationen müssen sich danach auf Maßnahmen zur Vermeidung und Verminderung der erheblichen Auswirkungen des Vorhabens auf seine Umwelt beziehen und sind so zügig zu führen, daß der Abschluß des Zulassungsverfahrens nicht unangemessen verzögert wird. Art. 78h Abs. 4 VwVfG Bay n.F. bestimmt die zuständige Behörde. Dies ist die Regierung, deren Regierungsbezirk dem Vorhaben am nächsten liegt.

Das bayerische Gesetz zur Umsetzung der UVP-Richtlinie implementiert auf diese Weise die in der UVP-Änderungsrichtlinie umgesetzten Hauptbestimmungen des Espoo-Übereinkommens für nach bayerischem Landesrecht UVP-pflichtige Projekte. Es erstreckt die Pflicht zur grenzüberschreitenden Behörden- und Öffentlichkeitsbeteiligung dabei auf alle Staaten und beschränkt diese Pflicht nicht wie die UVP-Änderungsrichtlinie auf EG-Mitgliedstaaten.

3. Berliner Gesetz über die Umweltverträglichkeitsprüfung

Das Berliner Gesetz über die Umweltverträglichkeitsprüfung (UVPG-Bln)[115] enthält keine eigenen Regelungen zur grenzüberschreitenden UVP.

4. Gesetz über die Umweltverträglichkeitsprüfung in Hamburg

Das Gesetz über die Umweltverträglichkeitsprüfung in Hamburg (HmbUVPG)[116] führt die UVP für einige Projekte ein, die nicht im UVPG erwähnt werden, z.B. für Rodungen, die vorbereitende Herrichtung des Hafenerweiterungsgebiets für Hafenzwecke, Abgrabungen, Schlammlagerplätze und Sportanlagen. Spezielle Regelungen für eine grenzüberschreitendes UVP-Verfahren enthält es nicht.

5. Gesetz über die Umweltverträglichkeitsprüfung im Lande Nordrhein-Westfalen

Das Gesetz über die Umweltverträglichkeitsprüfung im Lande Nordrhein-Westfalen (UVPG NW)[117] enthält ebenfalls keine eigenen Regelungen zur grenzüberschreitenden UVP.

VI. Unmittelbare Wirkung der Regelungen der UVP-Änderungsrichtlinie und des Espoo-Übereinkommens

UVPG, Fachgesetze und UVP-Gesetze der Länder bleiben, wie die Untersuchung ergab, mit Ausnahme des bayerischen UVP-Richtlinie Umsetzungsgesetzes nicht nur hinter den Bestimmungen des Espoo-Übereinkommens, sondern

---

115 Berliner Gesetz über die Umweltverträglichkeitsprüfung (UVPG-Bln) vom 21.7.1992, zitiert in Anm. 27.

116 Gesetz zur Umsetzung der Richtlinie des Rates vom 27. Juni 1985 über die Umweltverträglichkeitsprüfung bei bestimmten öffentlichen und privaten Projekten (85/337/EWG) in Hamburg vom 10.12.1996, zitiert in Anm. 27.

117 Gesetz zur Umsetzung der Richtlinie des Rates vom 27. Juni 1985 über die Umweltverträglichkeitsprüfung bei bestimmten öffentlichen und privaten Projekten (85/337/EWG) im Land Nordrhein-Westfalen vom 29.4.1992, zitiert in Anm. 27.

auch hinter den Bestimmungen der UVP-Änderungsrichtlinie zurück, deren Regelungen in den meisten Punkten den Regelungen des Espoo-Übereinkommens entsprechen. Da die Frist für die Umsetzung der UVP-Änderungsrichtlinie (14.3.1999) abgelaufen ist, eine Umsetzung der UVP-Änderungsrichtlinie bislang im deutschen Recht aber nicht erfolgt ist,[118] kommt im deutschen Recht eine Anwendung der Regelungen der Richtlinie über die vom EuGH entwickelten Grundsätze der unmittelbaren Wirkung nicht bzw. nicht ausreichend umgesetzter Richtlinien in Betracht.

Abweichend von der Konzeption des Art. 249 Abs. 3 EGV (früher Art. 189 Abs. 3 EGV), nach der eine Richtlinie nur nach ihrer Umsetzung innerstaatliche Wirkung erlangen kann, hat der EuGH seit den siebziger Jahren seine Rechtsprechung zur unmittelbaren Wirkung von Richtlinien entwickelt. Danach sind inhaltlich hinreichend klare, genaue und unbedingte Richtlinienregelungen im Falle einer fehlerhaften oder fehlenden Umsetzung innerhalb der vorgeschriebenen Frist als unmittelbar geltendes Recht von der Verwaltung und den Gerichten zu beachten.[119] Umstritten, und vom EuGH bislang nicht abschließend geklärt,[120] ist die Frage, ob auch Richtlinien mit Doppelwirkung unmittelbare Geltung zukommen kann. Genau diese Art von Richtlinienregelungen sind im Umweltrecht jedoch der Regelfall. Die Rechtsanwendung findet hier häufig im Dreiecksverhältnis zwischen Staat, Antragsteller und Betroffenen, z.B. Nachbarn statt. Die direkte Anwendung von Richtlinien würde sich daher gleichzeitig zu Lasten und zu Gunsten Privater auswirken. Sofern es beispielsweise um die UVP-pflichtigkeit eines Vorhabens ginge, könnte die Durchführung der UVP die auf die Einhaltung hoher Umweltstandards bedachten Nachbarn begünstigen, den Träger des Vorhabens aber belasten. Die überwiegende Auffassung in der Literatur nimmt diese "auch belastende Wirkung" in Kauf und tritt in diesen Fällen für eine unmittelbare Anwendbarkeit der Richtlinien ein.[121] Daß die Durchführung der Umweltverträglichkeitsprüfung für den

---

118 Stand: 1.11.2000.

119 Vgl. Urteil des EuGH vom 19.11.1991, Rs. C-6/90, Francovich, Danila Bonifaci und andere/Italienische Republik, zitiert in: NJW 1992, 165 ff.; E. Grabitz, in: ders./M. Hilf, Kommentar zur Europäischen Union (1998), Art. 189 Rn. 61 a; H. D. Jarass, Voraussetzungen der innerstaatlichen Wirkung des EG-Rechts, NJW 1990, S. 2420 ff., ders., Folgen der innerstaatlichen Wirkung von EG-Richtlinien, NJW 1991, S. 2665 ff.; G. Winter, Direktwirkung von EG-Richtlinien, DVBl. 1991, S. 657 ff.; R. Steinberg, Probleme der Europäisierung des deutschen Umweltrechts, AöR 1995, S. 575; ders., (Anm. 61), S. 223.

120 Vgl. W. Haneklaus, in: W. Hoppe (Anm. 43), Vorbem. Rn. 41; R. Steinberg, (Anm. 119), S. 578 ff.

121 So H. D. Jarass, Folgen der innerstaatlichen Wirkung ... (Anm. 119), S. 2667.

Projektträger eine nicht unbeachtliche Belastung darstellen kann (z.B. wegen der längeren Verfahrensdauer), scheint auch nach dem Urteil des EuGH vom 11.8.1995 (Großkotzenburg)[122] nicht gegen eine unmittelbare Wirkung der Richtlinie zu sprechen.[123]

Hinsichtlich der Regelungen in Art. 4, 5, 7 und 9 UVP-RL n.F. ist eine unmittelbare Wirkung zu bejahen. Die Vorschriften sind so bestimmt und bedingungsunabhängig formuliert, daß die Normen auch ohne innerstaatliche Umsetzungsbestimmungen handhabbar sind. Soweit der betroffenen Öffentlichkeit durch Art. 7 UVP-RL Rechte verliehen werden, räumt Art. 7 UVP-RL subjektive Rechte ein. Soweit Art. 7 UVP-RL n.F. nicht der Öffentlichkeit, sondern den Mitgliedstaaten Rechte einräumt, ist mit der überwiegenden Auffassung davon auszugehen, daß die unmittelbare Wirkung einer Richtlinie nicht davon abhängt, daß die Richtlinie dem einzelnen subjektive Rechte einräumt. Dieses Kriterium ist nicht Voraussetzung, sondern lediglich eine Folge der unmittelbaren Wirkung, wie der EuGH in seinem Urteil vom 11.8.1995 und auch das Bundesverwaltungsgericht feststellen.[124]

Die Teile des Espoo-Übereinkommens, die in die ausschließliche Zuständigkeit der EG fallen, d.h. Regelungsbereiche, die von UVP-Richtlinie und UVP-Änderungsrichtlinie erfaßt werden, stellen Gemeinschaftsrecht mit der Möglichkeit der unmittelbaren Wirkung dar.[125] Eine unmittelbare Wirkung der Regelungen des Espoo-Übereinkommens ist daher für die Abkommensteile, die von der UVP-Änderungsrichtlinie implementiert werden, zu bejahen.

Auch die Umsetzungsfrist der noch nicht umgesetzten[126] IVU-Richtlinie (31.10.1999) ist bereits abgelaufen. Diese Richtlinie trägt zwar zur Implementierung des Espoo-Übereinkommens wenig bei. Insbesondere Artikel 17 IVU-RL entfaltet aber ebenfalls unmittelbare Wirkung, da er hinreichend bestimmt und bedingungsunabhängig formuliert ist.[127]

---

122 Urteil vom 11.8.1995, Rs. C 431/92, Kommission/Deutschland, Slg. 1995, S. 2189 ff. Vgl. zu diesem Urteil auch F.-J. Feldmann, Umweltverträglichkeitsprüfung, in: H.-W. Rengeling, Handbuch zum europäischen und deutschen Umweltrecht, Bd. I (1998), S. 1052 ff.

123 K. Fischer (Anm. 48), S. 329.

124 Urteil vom 25.1.1996, BVerwGE 100, 238.

125 Vgl. Kapitel I. 3 b).

126 Stand: 1.11.2000.

127 Vgl. M. Schmidt-Preuß, Integrative Anforderungen and das Verfahren der Vorhabenzulassung - Anwendung und Umsetzung der IVU-Richtlinie, NVwZ 2000, S. 260.

VII. Ausblick: Durchführung des Espoo-Übereinkommens im Entwurf fürein Umweltgesetzbuch

Seit langem kreisen wissenschaftliche und politische Diskussionen um das Umweltgesetzbuch.[128] Die vom Bundesministerium für Umwelt, Naturschutz und Reaktorsicherheit nach Vorlage der Entwürfe der Professorenkommission 1990[129] und 1994[130] eingesetzte sogenannte Unabhängige Sachverständigenkommission zum Umweltgesetzbuch legte am 7.9.1997 nach fünfjähriger Tätigkeit einen Entwurf für ein Umweltgesetzbuch (UGB-KomE) vor.[131] Zwei - inzwischen zurückgezogene - Arbeitsentwürfe des Bundesministeriums für Umwelt, Naturschutz und Reaktorsicherheit vom 31.8.1998 und vom 23.4.1999 zur Umsetzung von IVU-Richtlinie und UVP-Änderungsrichtlinie im Rahmen eines Ersten Buchs eines Umweltgesetzbuches (UGB I)[132] orientierten sich weitgehend am Entwurf der Unabhängigen Sachverständigenkommission.[133] Der Entwurf der Unabhängigen Sachverständigenkommission ist nach wie vor von Interesse, da das Bundesministerium für Umwelt, Naturschutz und Reaktorsicherheit die Arbeiten an dem Umweltgesetzbuch fortführen will und das geplante Artikelgesetz zur Umsetzung der UVP-Änderungsrichtlinie und der IVU-Richtlinie nur ein "Vorschaltgesetz" zum UGB I darstellen soll.[134] Deshalb werden am Ende dieses Kapitels noch die Vorschriften dieses Entwurfs auf ihre Eignung zur Implementierung des Espoo-Übereinkommens geprüft.

---

128 Vgl. H. J. Koch/R. Verheyen, Klimaschutz im deutschen Anlagengenehmigungsrecht, NuR 1999, S. 8.

129 M. Kloepfer/E. Rehbinder/E. Schmidt-Aßmann/P. Kunig, Umweltgesetzbuch, Allgemeiner Teil (1991).

130 H. D. Jarass/M. Kloepfer/P. Kunig/H.-J. Papier/F. J. Peine/E. Rehbinder/J. Salzwedel/E. Schmidt-Aßmann, Umweltgesetzbuch, Besonderer Teil (1994).

131 Bundesministerium für Umwelt, Naturschutz und Reaktorsicherheit, Umweltgesetzbuch (UGB-KomE), Entwurf der Unabhängigen Sachverständigenkommission zum Umweltgesetzbuch beim Bundesministerium für Umwelt, Naturschutz und Reaktorsicherheit (1997).

132 Vgl. dazu H. Sendler, Zur Umsetzung der IVU- und der UVP-Änderungsrichtlinie durch eine Umweltgesetzbuch I, in: Jahrbuch UTR 1998, S. 7 ff.; H. J. Koch/R. Verheyen (Anm. 128), S. 8; A. Schink, Kodifikation des Umweltrechts, DÖV 1999, S. 1 ff.; C. Schrader, Die Vorhabengenehmigung im Kommissionsentwurf für ein Umweltgesetzbuch, NuR 1998, S. 285.

133 Vgl. dazu A. Wasielewski, Stand der Umsetzung (Anm. 5), S.18 ff.

134 Stand: 1.11.2000. Vgl. auch A. Wasielewski, Stand der Umsetzung (Anm. 5), S. 20.

1. Anwendungsbereich

Das Kernstück des UGB-KomE sind die Regelungen über die Vorhabengenehmigung. Sie soll einheitlich über die Zulassung von Vorhaben entscheiden, die regelmäßig Auswirkungen auf mehrere Umweltgüter haben können.[135] Erfaßt wird die Errichtung und der Betrieb von ortsfesten Anlagen und sonstigen Tätigkeiten (Vorhaben), die in besonderem Maße geeignet sind, nachteilige Auswirkungen auf die Umwelt oder den Menschen hervorzurufen.[136] Für Projekte, die nach EG-Recht UVP-pflichtig sind und keine Vorhaben im Sinne des UGB-KomE darstellen, soll die UVP in herkömmlicher Weise durchgeführt werden, d.h. die UVP wird als unselbständiger Teil in das jeweilige fachrechtliche Genehmigungsverfahren integriert.[137] Eine gesonderte UVP ist bei vorgelagerten Verfahren und vorhabenbezogenen Plänen durchzuführen.[138]

Die Genehmigungsentscheidung muß nach § 83 Abs. 2 UGB-KomE unter Berücksichtigung aller Belastungspfade und Wechselwirkungen zwischen den Umweltgütern erfolgen. In Verbindung mit dem Begriff der Umwelt in § 2 Nr. 1 und 2 UGB-KomE entspricht der Umweltbegriff des UGB-KomE damit dem des Espoo-Übereinkommens und der neugefaßten UVP-Richtlinie.

---

135 §§ 80 ff. UGB-KomE; vgl. dazu F. Hasche/M. Schulte, Die Entwicklung des Umwelt- und Technikrechts im Jahre 1997, in: Jahrbuch UTR 1998, S. 364.

136 § 81 Abs. 1 UGB-KomE. § 81 Abs. 2 und 3 UGB-KomE zählen nahezu erschöpfend alle besonders umweltrelevanten Vorhaben auf (z.B. Industrieanlagen, kerntechnische Anlagen, Waldumwandlungen, Bau von Verkehrsanlagen). § D 2 Abs. 2 des Arbeitsentwurfs des BMU zum UGB I vom 31.8.1998 beschränkt den Anwendungsbereich dagegen auf die Errichtung und den Betrieb von Industrieanlagen, sonstigen technischen Anlagen sowie die Errichtung und den Betrieb von Deponien und weitet ihn auf Leitungsanlagen sowie den Ausbau von Gewässern aus. Vgl. zu diesem Arbeitsentwurf F.-J. Feldmann, Die Umsetzung der UVP-Änderungsrichtlinie im Ersten Buch zum UGB, in: H.-W. Rengeling, Auf dem Weg zum Umweltgesetzbuch I (1999), S. 196 ff. und A. Wasielewski, Verhältnis der Vorhabengenehmigung im "Umweltgesetzbuch I" zum fortgeltenden Genehmigungsrecht, in: H.-W. Rengeling, Auf dem Weg zum Umweltgesetzbuch I (1999), S. 216 ff.

137 § 112 UGB KomE.

138 § 111 UGB-KomE nennt Raumordnungsverfahren, Wege- und Gewässerpläne nach § 41 Flurbereinigungsgesetz, bergbauliche Bedarfs- und Standortpläne nach § 338 UGB-KomE, genehmigungsersetzende Bebauungspläne und Vorhaben- und Erschließungspläne nach § 7 Baugesetzbuch-Maßnahmegesetz.

2. Grenzüberschreitende Zusammenarbeit

Im achten Kapitel des UGB-KomE wird die grenzüberschreitende Zusammenarbeit geregelt. Ausgangspunkt der Leitvorstellungen dieses Kapitels ist die Zweckbestimmung des § 1 Abs. 3 UGB-KomE. Danach ist das UGB bestimmt, auch dem Schutz der Umwelt und des Menschen im Ausland und in den hoheitsfreien Räumen zu dienen. Bisher fehlt es im deutschen Umweltrecht an einer solchen ausdrücklichen Bestimmung. Dieser Bestimmung entspricht in § 228 UGB-KomE eine Verpflichtung der jeweils zuständigen Behörde, so zu handeln, daß der Verantwortung für die Umwelt und den Menschen auch außerhalb des Geltungsbereichs des Gesetzes Rechnung getragen wird.[139] In § 229 UGB-KomE greift der Entwurf die völkerrechtliche Verpflichtung zur internationalen Zusammenarbeit im Umweltschutz auf.

Im zweiten Abschnitt des Kapitels wird das Verfahren bei grenzüberschreitenden Umweltauswirkungen geregelt. Gegenüber dem geltenden Recht führen diese Vorschläge zu einer Verbesserung der grenzüberschreitenden behördlichen Zusammenarbeit. § 230 Abs. 1 UGB-KomE übernimmt den Regelungsgehalt von § 8 Abs. 1 UVPG und bestimmt:

> "(1) Wenn ein Vorhaben, ein Plan oder ein Programm erhebliche Auswirkungen auf die Umwelt oder den Menschen in einem anderen Staat haben kann oder wenn ein davon betroffener Staat ein entsprechendes Ersuchen stellt, hat die zuständige Behörde den Genehmigungsantrag oder den Entwurf des Plans oder Programms einschließlich der Unterlagen im Sinne des § 86 oder der Zusammenfassung im Sinne des § 77 Abs. 1 Satz 1 Nr. 6 an die von diesem Staat benannten Behörden spätestens zu dem in § 87 Abs. 1 Satz 1 oder in § 78 genannten Zeitpunkt zu übermitteln. Wenn der andere Staat die zu beteiligenden Behörden nicht benannt hat, ist die oberste für ein derartiges Vorhaben zuständige Behörde des anderen Staates zu unterrichten.
>
> (2) Die zuständige Behörde hat die grenzüberschreitenden Umweltauswirkungen und Maßnahmen zu deren Vermeidung und Verminderung mit den Behörden des anderen Staates zu erörtern."

Anders als nach der Vorschrift des § 8 Abs. 1 UVPG ist nach dem vorgeschlagenen § 230 Abs. 1 UGB-KomE die grenzüberschreitende Behördenbeteiligung nicht auf Mitgliedstaaten der Gemeinschaft beschränkt, sondern gilt für alle

139 G. Winter, Internationale Bezüge in den Vorschriften des UGB-KomE, in: Jahrbuch UTR 1998, S. 150.

betroffenen Staaten. Damit wird eine entsprechende Vorgabe des Espoo-Übereinkommens umgesetzt, die auch bereits in § 8 Abs. 2 UVPG Eingang gefunden hat.[140] Allerdings wird in § 8 Abs. 2 UVPG auf Nachbarstaaten, im UGB-KomE dagegen auf Drittstaaten Bezug genommen. Damit wird klar gestellt, daß es auf den Einwirkungsbereich der Anlage ankommt, nicht auf die Zufälligkeit gemeinsamer Grenzen.[141] Dies entspricht der Definition der "betroffenen Partei" im Espoo-Übereinkommen.[142] Auf das in § 8 Abs. 2 UVPG enthaltene Erfordernis der Gegenseitigkeit und Gleichwertigkeit bei der Benachrichtigung von Nicht-EG-Mitgliedstaaten verzichtet der Vorschlag. Damit schlägt der UGB-KomE eine Regelung vor, die den Anforderungen des Espoo-Übereinkommens entspricht.[143] Die Benachrichtigung hat gemäß Satz 1 spätestens zu dem nach § 87 Abs. 2 Satz 1 bzw. § 78 UGB-KomE maßgeblichen Zeitpunkt zu geschehen. Damit stellt der Scoping-Termin auch nach dem UGB-KomE den frühesten Zeitpunkt der Benachrichtigung dar. Anders als UVP-Änderungsrichtlinie und Espoo-Übereinkommen sieht der UGB-KomE nicht vor, daß dem betroffenen Staat Angaben über die Art der möglichen Entscheidung und eine Frist für eine Mitteilung, ob er an dem UVP-Verfahren teilzunehmen wünscht, zu übermitteln sind.

Der UGB-KomE trifft auch keine Regelung zur Erstellung einer gesonderten UVP-Dokumentation, wie sie das Espoo-Übereinkommen verlangt. Nach dem UGB-KomE sind die nach § 86 bzw. § 77 Abs. 1 Satz 1 Nr. 6 UGB-KomE vom Vorhabenträger vorzulegenden Unterlagen zu übermitteln. Die §§ 86, 77 UGB-KomE beschränken sich dabei darauf, die vorzulegenden Unterlagen beispielhaft zu nennen. § 86 Abs. 2 Satz 1 UGB-KomE verlangt, daß die "zu prüfenden" Vorhabenalternativen anzugeben sind. § 77 Abs. 1 Nr. 4 UGB-KomE verlangt die Angabe der naheliegenden Alternativen, was - der Regelung des Espoo-Übereinkommens entsprechend - klarstellt, daß es nicht im Belieben des Vorhabenträgers steht, welche Alternativen geprüft werden.[144]

Art. 230 Abs. 2 UGB-KomE verpflichtet die Behörde, die grenzüberschreitenden Umweltauswirkungen sowie Maßnahmen zu deren Vermeidung und Verminderung mit den Behörden des anderen Staates zu erörtern, verpflichtet also zu Konsultationen. Der Vorschlag verzichtet auch hier auf die in § 8 Abs. 3

---

140 Vgl. G. Winter (Anm. 139), S. 151.

141 Vgl. G. Winter (Anm. 139), S. 151.

142 Art. 1 Nr. 3 Espoo-Übereinkommen.

143 Art. 3 Espoo-Übereinkommen.

144 Bundesministerium für Umwelt, Naturschutz und Reaktorsicherheit (Anm. 131), Entwurfsbegründung S. 634.

UVPG enthaltenen Voraussetzungen der Gegenseitigkeit und Gleichwertigkeit.[145] Er entspricht damit den Regelungen des Espoo-Übereinkommens.[146] Allerdings werden der Gegenstand und die Dauer der Konsultationen nicht wie in Art. 5 Espoo-Übereinkommen näher vorgeschrieben.

§ 231 UGB-KomE normiert die bislang im UVPG nicht geregelte grenzüberschreitende Bürgerbeteiligung. Die Regelung in § 231 Abs. 1 Satz 1 UGB-KomE verallgemeinert den von der Rechtsprechung bisher nur für das Atomrecht[147] ausgesprochenen Grundsatz der Gleichbehandlung von inländischer und ausländischer Öffentlichkeit für den gesamten Anwendungsbereich der nach dem im UGB vorgesehenen förmlichen Verfahren. Die Vorschrift lautet wie folgt:

> "(1) Sofern Personen, die nicht im Geltungsbereich dieses Gesetzbuches ansässig sind, von den Auswirkungen eines Vorhabens im Sinne des § 81 oder eines Plans oder Programms im Sinne des § 75 betroffen sein können, sind sie im Hinblick auf die Beteiligung nach § 87 Abs. 4 oder nach § 78 Inländern gleichgestellt. Die zuständige Behörde hat darauf hinzuwirken, daß das Vorhaben, der Plan oder das Programm in den betroffenen Staaten auf geeignete Weise bekannt gemacht wird.
>
> (2) Sofern sich ausländische Einwender am Verfahren im Sinne des Absatzes 1 beteiligen, kann die Behörde anordnen, daß der Vorhabenträger oder die für die Planung oder das Programm zuständige Behörde eine ausreichende Übersetzung zu gewährleisten hat."

Die Beteiligung der der Öffentlichkeit, in die damit die ausländische Öffentlichkeit einbezogen ist, geht weit. Nach §§ 88, 89 UGB-KomE ist in jedem Fall ein Erörterungstermin durchzuführen. Mit der obligatorischen Durchführung eines Erörterungstermins geht der UGB-KomE über die Anforderungen des Espoo-Übereinkommens an die Öffentlichkeitsbeteiligung hinaus.

Nach § 90 Abs. 2 UGB-KomE sind die Ergebnisse der UVP bei der Entscheidung über das Vorhaben, wie im Espoo-Übereinkommen geregelt,[148] zu berücksichtigen. Eine Verbesserung gegenüber dem geltenden Recht ergibt sich hierbei aus dem integrativen und medienübergreifenden Ansatz der Vorhaben-

---

145 Bundesministerium für Umwelt, Naturschutz und Reaktorsicherheit (Anm. 131), Entwurfsbegründung S. 445.

146 Art. 5 Espoo-Übereinkommen.

147 BVerwGE 75, 285 (KKW Lingen/Emsland).

148 Art. 6 Abs. 1 Espoo-Übereinkommen.

genehmigung, weil § 84 Abs. 1 i.V.m. § 83 UGB-KomE auf eine vollständige Berücksichtigung der Umweltbelange einschließlich der Wechselwirkungen ausgerichtet ist, während bisher von der Literatur - insbesondere bei der immissionsschutzrechtlichen Genehmigung - Defizite in der "Berücksichtigungsfähigkeit" gesehen werden.[149]

§ 231 Abs. 1 Satz 2 UGB-KomE verpflichtet die zuständige Behörde, auf die öffentliche Bekanntmachung des Vorhabens auch im Ausland hinzuwirken. Sofern die Veröffentlichung in einem Staat zu erfolgen hätte, der nicht Mitgliedstaat der EG ist, erwächst der Bundesregierung aus der Vorschrift eine Verpflichtung, auf den Abschluß entsprechender staatsvertraglicher Regelungen hinzuwirken. Flankierend wird in § 231 Abs. 2 UGB-KomE die Möglichkeit geschaffen, vom Vorhabenträger die Bereitstellung von Übersetzungsdiensten zu verlangen, eine Regelung, die in Espoo-Übereinkommen und neugefaßter UVP-Richtlinie fehlt. Die Entscheidung hierüber steht im pflichtgemäßen Ermessen der Behörde.

§ 232 UGB-KomE regelt die spiegelbildliche Verpflichtung, daß ausländische Vorhaben im Inland bekanntgemacht werden müssen:

> "Werden im Rahmen eines in einem anderen Staat durchgeführten Genehmigungsverfahrens oder der Aufstellung eines Plans oder Programms Unterlagen über deren Umweltauswirkungen im Bundesgebiet übermittelt, so macht die zuständige Behörde das Vorhaben, den Plan oder das Programm in geeigneter Weise in den voraussichtlich betroffenen Gebieten bekannt, soweit eine Öffentlichkeitsbeteiligung nach den Vorschriften des übermittelnden Staates vorgesehen ist oder nach den umweltrechtlichen Vorschriften vorgesehen wäre."

Die Vorschrift setzt die Regelung des Espoo-Übereinkommens zur Beteiligung der ausländischen Öffentlichkeit am UVP-Verfahren um.[150] Auf Grund des Territorialitätsprinzips ist der deutsche Gesetzgeber allerdings gehindert, ein Beteiligungsrecht von im Bundesgebiet ansässigen Personen in ausländischen Verfahren, die die Zulassung von Vorhaben mit potentiellen Umweltauswirkungen in der Bundesrepublik betreffen, zu normieren. Daher muß sich der UGB-KomE darauf beschränken, die Voraussetzungen für die Beteiligung an ausländischen Verwaltungsverfahren zu schaffen.[151] Dem dient die vorgeschla-

---

149 Bundesministerium für Umwelt, Naturschutz und Reaktorsicherheit (Anm. 131), Entwurfsbegründung S. 642 f.

150 G. Winter (Anm. 139), S. 152.

151 Bundesministerium für Umwelt, Naturschutz und Reaktorsicherheit (Anm. 131),

gene Bekanntmachungspflicht für ausländische Vorhaben, von denen deutsche Stellen unterrichtet worden sind.

Der UGB-KomE regelt im fünften Kapitel zwar Überwachungsmaßnahmen, die den Vorgaben der IVU-Richtlinie entsprechen, aber keine speziell auf grenzüberschreitende Umweltauswirkungen bezogene Nachkontrolle.[152]

VIII. Ergebnis

Im deutschen Recht bestehen Defizite bei der Durchführung des Espoo-Übereinkommens. Der Anwendungsbereich von UVPG und Fachgesetzen erfaßt nicht alle Projekte, die nach Espoo-Übereinkommen und UVP-Änderungsrichtlinie UVP-pflichtig sind.[153] In den vergangenen Jahren erfolgte im deutschen Recht zudem eine deutliche Beschneidung bzw. Umgehung der UVP in einzelnen Fachgesetzen durch die Einführung der sogenannten "Beschleunigungsgesetze", die der Beschleunigung der Verfahren dienen sollen. Nachdem die UVP-Änderungsrichtlinie den Kreis der UVP-pflichtigen Projekte ausdehnt und alle in Anhang I des Espoo-Übereinkommens aufgezählten Projekte erfaßt, ist der deutsche Gesetzgeber zu einer Ausweitung des Anwendungsbereichs der UVP im Wege der Umsetzung dieser Richtlinie verpflichtet. Nach der UVP-Änderungsrichtlinie ist es aber weiterhin - wie auch nach dem UVPG - zulässig, bestimmte Projekte im Gegensatz zum Espoo-Übereinkommen ganz von der UVP-Pflicht auszunehmen. Diese Regelung ist mit dem Espoo-Übereinkommen nicht vereinbar.

Die Regelungen des UVPG über die Benachrichtigung betroffener Staaten stellen im Gegensatz zu den Regelungen von Espoo-Übereinkommen und UVP-Änderungsrichtlinie nicht sicher, daß betroffene Staaten Gelegenheit zur Beteiligung an dem UVP-Verfahren erhalten. Zwar können nach dem UVPG die vom Vorhabenträger vorgelegten Angaben schon früh während des sogenannten Scoping-Verfahrens an den betroffenen Staat übermittelt werden. Weitere Einzelheiten der Benachrichtigung wie etwa die Bestimmung einer Frist zur Mitteilung, ob eine Teilnahme an dem UVP-Verfahren verlangt wird, regelt das UVPG aber nicht. Für Nicht-EG-Mitgliedstaaten gilt die Benachrich-

---

Entwurfsbegründung S. 446.

152 Art. 7 Espoo-Übereinkommen.

153 Nicht UVP-pflichtig, aber in Anhang I des Espoo-Übereinkommens aufgelistet sind etwa Erdgaspipelines, Maßnahmen zur Grundwasserentnahme, Anlagen zur Speicherung von Erdöl und Rodungen größerer Flächen.

tigungspflicht im Gegensatz zum Espoo-Übereinkommen nur bei Gegenseitigkeit und Gleichwertigkeit. Im Atomrecht, Immissionsschutzrecht und Bergrecht existieren Sonderregelungen zur Benachrichtigung betroffener Staaten im Rahmen der UVP, die dem UVPG vorgehen bzw. Spezialregelungen darstellen. Die Regelungen der Atomrechtlichen Verfahrensverordnung, der 9. Verordnung zur Durchführung des Bundes-Immissionsschutzgesetzes und der UVP-V Bergbau zur Benachrichtigung entsprechen inhaltlich den Regelungen des UVPG und bleiben hinter den Anforderungen des Espoo-Übereinkommens und der UVP-Änderungsrichtlinie zurück.

Die Regelungen zur Alternativenprüfung, die im UVPG sowie im Atomrecht, Immissionsschutzrecht und Bergrecht getroffen werden, entsprechend nicht den Regelungen des Espoo-Übereinkommens, da wie in der UVP-Änderungsrichtlinie nicht daran angeknüpft wird, daß aus objektiven Gründen eine Prüfung von Alternativen angezeigt ist, sondern daran, daß der Projektträger Alternativen geprüft hat. Im atomrechtlichen und im immissionsschutzrechtlichen Genehmigungsverfahren sind zudem nur technische Vorhabensalternativen zu untersuchen. UVPG und UVP-V Bergbau schränken die Pflicht zur Alternativenprüfung zusätzlich dadurch ein, daß diese Prüfung erforderlich und für den Projektträger zumutbar sein muß. Eine Beteiligung der ausländischen Öffentlichkeit sehen weder UVPG noch Atomrechtliche Verfahrensverordnung noch 9. Verordnung zur Durchführung des Bundes-Immissionsschutzgesetzes noch UVP-V Bergbau vor.

Das UVPG enthält nicht wie Espoo-Übereinkommen und UVP-Änderungsrichtlinie eine Konsultationspflicht, sondern gibt nur Leitlinien für die Durchführung von Konsultationen vor, deren Grundlage bilaterale Abkommen oder Völkergewohnheitsrecht bilden. Eine weitere Einschränkung ist, daß Konsultationen, im Unterschied zu Espoo-Übereinkommen und UVP-Änderungsrichtlinie, nur bei Gegenseitigkeit und Gleichwertigkeit stattfinden. Atomrechtliche Verfahrensverordnung und 9. Verordnung zur Durchführung des Bundes-Immissionsschutzgesetzes enthalten keine Konsultationsregelungen, so daß das subsidiäre UVPG Anwendung findet. Nur die neue Fassung der UVP-V Bergbau regelt für das Bergrecht eine dem Espoo-Übereinkommen und der UVP-Änderungsrichtlinie entsprechende Konsultationspflicht.

Die Gründe für die endgültige Entscheidung werden dem betroffenen Staat im Unterschied zu Espoo-Übereinkommen und neugefaßter UVP-Richtlinie weder nach dem UVPG noch nach der Atomrechtlichen Verfahrensverordnung noch nach der 9. Verordnung zur Durchführung des Bundes-Immissionsschutzgesetzes noch nach der UVP-V Bergbau zugänglich gemacht. Schließlich fehlen wie in der UVP-Änderungsrichtlinie Regelungen zur Nachkontrolle.

Im Abfallrecht, Wasserrecht, Naturschutzrecht, Verkehrswegerecht, Raumordnungsrecht, Bauplanungsrecht und in der UVP-Verwaltungsvorschrift existieren keine Regelungen zur grenzüberschreitenden Beteiligung, so daß nach der Subsidiaritätsklausel des UVPG die Regelungen des UVPG zur grenzüberschreitenden Behördenbeteiligung Anwendung finden. Unter den fünf UVP-Gesetzen der Länder finden sich im baden-württembergischen UVPG Regelungen zur grenzüberschreitenden UVP, die geringfügig über das UVPG hinausgehen. Insbesondere werden dort die für die Benachrichtigung zuständigen Behörden, nämlich die jeweiligen Regierungspräsidien, bestimmt. Das bayerische Gesetz zur Umsetzung der UVP-Richtlinie implementiert dagegen bereits die Vorgaben der UVP-Änderungsrichtlinie und auf diese Weise auch die Hauptvorschriften des Espoo-Übereinkommens für nach bayerischem Landesrecht UVP-pflichtige Vorhaben.

Zusammenfassend ist festzustellen, daß die deutschen UVP-Regelungen in erheblichem Maß hinter den Verpflichtungen aus dem Espoo-Übereinkommen und auch hinter den Regelungen der UVP-Änderungsrichtlinie, die die Hauptvorschriften des Espoo-Übereinkommens implementiert, zurückbleiben. Im Falle der Ratifikation des Übereinkommens durch die Bundesrepublik Deutschland besteht daher Anpassungsbedarf im deutschen Recht.

Der deutsche Gesetzgeber ist bereits vor Ratifizierung des Espoo-Übereinkommens zur Implementierung derjenigen Bestimmungen des Espoo-Übereinkommens rechtlich verpflichtet, die von der UVP-Änderungsrichtlinie umsetzt werden, da deren Umsetzungsfrist seit dem 14.3.1999 abgelaufen ist. Die Regelungen der UVP-Änderungsrichtlinie sind seit dem 14.3.1999 nach den vom EuGH entwickelten Grundsätzen der unmittelbaren Wirkung nicht umgesetzter Richtlinien im deutschen Recht unmittelbar anzuwenden.

Die Bundesregierung strebt, nachdem die Umsetzung von IVU-Richtlinie und UVP-Änderungsrichtlinie durch ein Erstes Buch zum Umweltgesetzbuch gescheitert ist, eine Umsetzung der Richtlinien durch ein Artikelgesetz an, das Änderungen im UVPG und den einzelnen Fachgesetzen vorsieht. Da die Zuständigkeit der Ausgestaltung des Verwaltungsverfahrens nach Art. 83 ff. GG bei den Ländern liegt und der neugefaßte Art. 7 UVP-RL keine detaillierten Vorgaben enthält, ist zu erwarten, daß die bundesrechtlichen Regelungen nur einen Rahmen für die grenzüberschreitende UVP setzen und detaillierte Vorschriften bilateralen Übereinkommen mit den Nachbarstaaten überlassen werden, auf die im folgenden Kapitel eingegangen wird.

F. Durchführung des Espoo-Übereinkommens in völkerrechtlichen Vereinbarungen

Die von der ECE zur Ausarbeitung des Espoo-Übereinkommens eingesetzte adhoc Arbeitsgruppe entschied sich dafür, das Übereinkommen nicht als Rahmenabkommen zu konzipieren.[1] Die Arbeitsgruppe ließ aber die Durchführungsmöglichkeit durch völkerrechtliche Verträge bestehen. Nach Art. 8 Satz 1 Espoo-Übereinkommen dürfen die Parteien "weiterhin die bereits geschlossenen bilateralen und multilateralen Übereinkünfte und sonstige Vereinbarungen anwenden und neue schließen, um ihre Verpflichtungen aus diesem Übereinkommen zu erfüllen". Dies kann nach Anhang VI Nr. 1 Espoo-Übereinkommen dazu dienen, dem Übereinkommen volle Wirksamkeit zu verleihen. Hinsichtlich des Inhalts dieser Vereinbarungen finden sich in Anhang VI Nr. 2 Espoo-Übereinkommen einige allgemeine Vorgaben. In diesen Vereinbarungen können insbesondere zusätzliche Vorschriften für die Durchführung des Espoo-Übereinkommens geregelt werden, wobei die besonderen Gegebenheiten der betreffenden Region zu berücksichtigen sind.[2] Auch können Schwellenwerte und genauere Kriterien für die Erheblichkeit grenzüberschreitender Auswirkungen geplanter Projekte, für die eine UVP durchgeführt werden soll, festgelegt[3] und die Durchführung gemeinsamer Umweltverträglichkeitsprüfungen[4] vereinbart werden.[5] Dabei können die Parteien nach Art. 2 Abs. 8 insbesondere strengere als die in dem Übereinkommen festgelegten Maßnahmen ergreifen, soweit dies zweckmäßig ist. Schließen Vertragsparteien einer multilateralen Vereinbarung eine bilaterale Vereinbarung zur Durchführung des multilateralen Übereinkommens, dann darf das bilaterale Übereinkommen nicht unter dem

---

1 Vgl. zur Entstehungsgeschichte des Espoo-Übereinkommens Kapitel C I. 2.

2 Anhang VI Nr. 2 Buchstabe a Espoo-Übereinkommen.

3 Anhang VI Nr. 2 Buchstabe f Espoo-Übereinkommen.

4 Anhang VI Nr. 2 Buchstabe g Espoo-Übereinkommen.

5 Bi- und multilaterale Übereinkommen können nach Anhang VI Nr. 2 Espoo-Übereinkommen ferner umfassen: Institutionelle, administrative und sonstige Regelungen, die auf der Basis von Gegenseitigkeit und Gleichwertigkeit zu treffen sind (Nr. 2 Buchstabe b), Abstimmung der Umweltpolitik und der Umweltschutzmaßnahmen (Nr. 2 Buchstabe c), Entwicklung, Verbesserung oder Vereinheitlichung von Methoden zur Feststellung, Messung und Beurteilung von Auswirkungen sowie für die Nachkontrolle (Nr. 2 Buchstabe d), Entwicklung oder Verbesserung von Methoden und Programmen für die Sammlung, Analyse, Speicherung und rechtzeitige Verteilung vergleichbarer Daten über Umweltqualität (Nr. 2 Buchstabe e).

multilateralen Standard liegen, da dies die Effektivität des multilateralen Vertrages ansonsten beeinträchtigt.

Aus dem Begriff "grenzüberschreitend" im Espoo-Übereinkommen ergibt sich, daß an einem grenzüberschreitenden UVP-Verfahren wenigstens zwei Parteien beteiligt sind. Das läßt bilaterale Übereinkommen zur Durchführung des Übereinkommens besonders geeignet erscheinen. Bilaterale völkerrechtliche Vereinbarungen zur grenzüberschreitenden UVP können dem grenzüberschreitenden UVP-Verfahren besser als einseitige innerstaatliche Regelungen zu Effektivität verhelfen.

In multilateralen Vereinbarungen können zudem nicht alle Einzelheiten geregelt werden, die für die praktische Durchführung eines völkerrechtlichen Vertrages von Bedeutung sind. Wie die Regelungen anderer multilateraler Übereinkommen stellen die Regelungen des Espoo-Übereinkommens den kleinsten gemeinsamen Nenner dar, auf den sich die Staaten einigen konnten. Die weitere Ausgestaltung der Regelungen ist den Parteien überlassen. Dies betrifft insbesondere Bereiche wie Fristen,[6] Übersetzungen, Kostentragung[7] oder Öffentlichkeitsbeteiligung im grenzüberschreitenden Rahmen.[8] Entsprechende auf das jeweilige nationale UVP-Recht der Parteien zugeschnittene Durchführungsbestimmungen können im bilateralen Bereich sehr viel einfacher getroffen werden, da nur die Einigung von zwei Parteien herbeizuführen ist. Auch die EG-Kommission geht daher davon aus, daß sich bi- und multilaterale Vereinbarungen der jeweiligen Nachbarstaaten gut dazu eignen, detaillierte Bestimmungen zur Umsetzung des Espoo-Übereinkommens zu treffen.[9]

Ein Beispiel aus der Staatenpraxis für diese Implementierungsmethode ist das Übereinkommen zur Erhaltung der wandernden wildlebenden Tierarten (CMS) von 1979.[10] Das Übereinkommen enthält in seinem Anhang II eine Liste von

---

6 Beispielsweise hat der betroffene Staat nach Art. 3 Abs. 6 Satz 2 Informationen über die Umwelt in seinem Zuständigkeitsbereich "umgehend" zu übermitteln. Konsultationen sind nach Art. 5 Satz 1 nach Fertigstellung der UVP-Dokumentation "ohne unnötige Verzögerung" durchzuführen, wobei die Parteien nach Art. 5 einen "angemessenen" zeitlichen Rahmen zu vereinbaren haben.

7 Übersetzungen und Kostentragung spricht das Espoo-Übereinkommen nicht an.

8 Das Espoo-Übereinkommen regelt die Art und Weise der Beteiligung der Öffentlichkeit der betroffenen Partei nicht.

9 So L. Feldmann, Die Anforderungen der UVP-Änderungsrichtlinie 97/11/EG, in: H.-W. Rengeling, Auf dem Weg zum Umweltgesetzbuch I (1999), S. 10

10 Übereinkommen vom 23.6.1979, Text in: 19 ILM (1980), S. 15, in Kraft seit 1.11.1983.

gefährdeten Tierarten, zu deren Erhaltung, Hege und Nutzung die Parteien nach Art. III Abs. 3 c) Abkommen schließen sollen, die nach Art. V Abs. 2 das gesamte Verbreitungsgebiet der jeweiligen wandernden Arten umfassen sollen. Bislang wurden im Rahmen des CMS sechs Übereinkommen zum Schutz gefährdeter Arten geschlossen, die eine regionale Verbreitung aufweisen, z.B. das Abkommen zum Schutz der Seehunde im Wattenmeer vom 16.10.1990,[11] das Abkommen zur Erhaltung der Fledermäuse in Europa vom 4.12.1991[12] und das Abkommen zur Erhaltung der Kleinwale in Nord- und Ostsee vom 31.3.1992.[13] In diesen Abkommen werden auf die jeweilige Art zugeschnittene Programme zur Erhaltung der Art geregelt. Auch das Übereinkommen über die frühzeitige Benachrichtigung bei nuklearen Unfällen vom 26.9.1986[14] sieht in seinem Art. 9 vor, daß die Parteien zur Förderung ihrer gegenseitigen Interessen den Abschluß zweiseitiger oder mehrseitiger Vereinbarungen in Erwägung ziehen können, die den Gegenstand des Übereinkommens betreffen und in denen Einzelheiten geregelt werden können, auf die sich die Staaten auf multilateraler Ebene nicht einigen konnten. Nach Art. 9 Abs. 1 des Übereinkommens zum Schutz und zur Nutzung grenzüberschreitender Wasserläufe und Seen von 1992[15] sind die Anrainerstaaten sogar verpflichtet, zweiseitige oder mehrseitige Vereinbarungen abzuschließen, um ihre gegenseitigen Beziehungen und ihr Verhalten konkret festzulegen.

Es soll nun untersucht werden, inwieweit die Verpflichtungen des Espoo-Übereinkommens durch, insbesondere bilaterale, Vereinbarungen der Bundesrepublik Deutschland mit anderen Parteien des Espoo-Übereinkommens erfüllt werden. Dabei geht es um Vereinbarungen, die sich mit der Prüfung voraussichtlich erheblicher grenzüberschreitender Umweltauswirkungen geplanter Aktivitäten vor der Verwirklichung dieser Aktivitäten befassen. Es wurde ein Auswahl von Vereinbarungen getroffen, die sich mit den Bereichen Raumordnung, Bau kerntechnischer Anlagen und Errichtung anderer genehmigungsbedürftiger Vorhaben befassen, von denen einige vor Abschluß des Espoo-Übereinkommens geschlossen wurden, andere danach.

---

11 BGBl. II 1991, S. 1307, in Kraft seit 1.10.1991.

12 BGBl. II 1993, S. 1106, in Kraft für Deutschland seit 16.1.1994 (Bekanntmachung vom 9.12.1993, BGBl. II 1994, S. 55).

13 BGBl. II 1993, S. 1114, in Kraft für Deutschland seit 29.3.1994 (Bekanntmachung vom 27.4.1994, BGBl. II 1994, S. 662).

14 Text in: W. E. Burhenne, Internationales Umweltrecht, 986:71, in Kraft seit 27.10.1987.

15 Übereinkommen vom 17.3.1992, Text zitiert in: 31 ILM (1993), S. 1312, in Kraft seit 6.10.1996.

I. Völkerrechtliche Vereinbarungen zwischen der Bundesrepublik Deutschland und anderen Vertragsparteien

1. Deutschland – Dänemark

a) Deutsch-dänische Vereinbarung über gegenseitige Unterrichtung beim Bau grenznaher kerntechnischer Einrichtungen vom 4.7.1977

Am 4.7.1977, lange vor Abschluß des Espoo-Übereinkommens, schlossen der Bundesminister des Innern der Bundesrepublik Deutschland und der Minister für Umweltschutz des Königreichs Dänemark die Vereinbarung über gegenseitige Unterrichtung beim Bau grenznaher kerntechnischer Einrichtungen.[16] Die Vereinbarung stellt damit ein Ressortübereinkommen dar, also ein Verwaltungsabkommen im Sinne von Art. 59 Abs. 2 GG.

Ein UVP-Verfahren wird nicht geregelt, jedoch eine Informationspflicht beim Bau grenznaher kerntechnischer Einrichtungen. Art. 1 der Vereinbarung präzisiert die Informationspflicht dahin, daß die Vertragspartei des Baulandes die Vertragspartei des Nachbarlandes über geplante grenznahe kerntechnische Einrichtungen unterrichten und ihr geeignete Unterlagen zugänglich machen muß. Die Unterrichtung "soll" gemäß Art. 3 der Vereinbarung so rechtzeitig erfolgen, daß etwaige Kommentare und Bemerkungen der Vertragspartei des Nachbarlandes bei der Entscheidung über die Zulässigkeit der Anlage berücksichtigt werden können. Eine frühzeitige Beteiligung der Behörden des Nachbarlandes, wie sie auch im Rahmen des UVP-Verfahrens des Espoo-Übereinkommens Pflicht ist, wird damit, wenn auch ohne Bezug zum UVP-Verfahren und zudem lediglich in einer Sollvorschrift, gefordert.

Eine Unterrichtung des Nachbarlands findet bei Anlagen statt, die ein einem Bereich von ca. 30 km beiderseits der gemeinsamen Grenze geplant sind (Art. 2 Abs. 1 der Vereinbarung). Bei Anlagen im Bereich von 30 bis 100 km Entfernung wird das Nachbarland nach Art. 2 Abs. 2 der Vereinbarung ohne Zugänglichmachen weiterer Unterlagen informiert, sofern es nicht auf "begründeten" Wunsch hin volle Informationen verlangt.

Schließlich "sollen" nach Art. 6 der Vereinbarung auf begründeten Wunsch hin auch Gespräche über die sicherheitstechnischen Verhältnisse in Bezug auf die

---

16 Text abgedruckt in: UPR 1983, S. 19 f. Die Vereinbarung ist gemäß Art. 10 am Tag ihrer Unterzeichnung in Kraft getreten.

Entscheidung über den Standort, die Errichtung und den Betrieb einer grenznahen kerntechnischen Einrichtung im Sinne von Art. 2 Abs. 1 geführt werden, es sollen also Konsultationen stattfinden.

Die Vereinbarung geht offensichtlich davon aus, daß kerntechnische Anlagen potentiell erhebliche Umweltauswirkungen haben können, und spezifiziert den Erheblichkeitsbegriff durch Bestimmung eines Korridors, in dem die Anlage geplant werden muß. Sie sieht wie das Espoo-Übereinkommen eine Informationspflicht vor, ohne jedoch zu bestimmen, daß diese Pflicht im Rahmen eines UVP-Verfahrens erfüllt werden muß. Konsultationen werden lediglich in einer Soll-Vorschrift geregelt, sind also nicht obligatorisch.

2. Deutschland – Niederlande

a) Deutsch-niederländisches Abkommen über die Zusammenarbeit auf dem Gebiet der Raumordnung vom 30.3.1976

Das Abkommen zwischen den Regierungen des Königreichs der Niederlande und der Bundesrepublik Deutschland über die Zusammenarbeit auf dem Gebiet der Raumordnung vom 30.3.1976[17] begründet in Art. 2 die deutsch-niederländische Raumordnungskommission. In dieser finden Konsultationen über Raumordnungsprobleme statt. Näher präzisiert wird der Inhalt und der Ablauf dieser Konsultationen nicht. Gemäß Art. 7 Abs. 1 des Raumordnungsabkommens kann die Kommission aber unverbindliche (Art. 7 Abs. 3) Empfehlungen ausarbeiten.

Auf dieser Grundlage ist von der Kommission die Empfehlung zum Verfahren zur grenzüberschreitenden Information und Abstimmung der Raumordnung und Landesplanung im deutsch-niederländischen Grenzgebiet vom 26.4.1979[18] erarbeitet worden. Der Anwendungsbereich dieser Empfehlung umfaßt Planungen innerhalb eines Korridors von 20 km beiderseits der Staatsgrenze (Nr. 1) sowie Planungen außerhalb dieses Bereichs, wenn erhebliche Auswirkungen im Nachbarstaat zu erwarten sind oder wenn vom Nachbarstaat eine Beteiligung gewünscht wird. Die jeweils betroffenen Planungsträger im Nachbarstaat werden über Planungen informiert (Nr. 1.1) und erhalten Gelegenheit zur Stellungnahme innerhalb angemessener Frist, wobei diese Beteiligung frühzeitig, nämlich spätestens dann stattzufinden hat, wenn innerstaatlich das förmli-

---

17 BGBl. II 1977, S. 35, in Kraft seit 1.2.1977.

18 Niedersächsisches MBl. 1981, S. 204.

che Beteiligungsverfahren eingeleitet wird (Nr. 2.1.2). Mit der nachfolgenden grenzüberschreitenden Abstimmung wird eine einvernehmliche Regelung grenzüberschreitender Probleme der Raumordnung und Landesplanung bezweckt (Nr. 1.3). Vergleichbare Regelungen trifft die Empfehlung der deutsch-niederländischen Raumordnungskommission für die grenzüberschreitende Information und Abstimmung der Bauleitplanung der Gemeinden im deutsch-niederländischen Grenzgebiet vom 3.9.1981.[19]

Wie die deutsch-dänische Vereinbarung von 1977 spezifizieren die - rechtlich unverbindlichen - Empfehlungen der Raumordnungskommission den Begriff der Erheblichkeit durch Bestimmung eines bestimmten Korridors entlang der Grenze und fordern eine frühzeitige Abstimmung der Planung durch Information und Konsultation der Nachbarstaaten, ohne allerdings vorzusehen, daß diese Pflichten im Rahmen eines UVP-Verfahrens zu erfüllen sind.

b) Deutsch-niederländisches Memorandum über gegenseitige Unterrichtung und Konsultationen hinsichtlich grenznaher kerntechnischer Einrichtungen vom 28.10.1977

Im deutsch-niederländischen Memorandum über gegenseitige Unterrichtung und Konsultationen hinsichtlich grenznaher kerntechnischer Einrichtungen haben sich der Bundesminister des Innern der Bundesrepublik Deutschland und die Minister für Volksgesundheit und Umweltschutz sowie für Soziale Angelegenheiten der Niederlande am 28.10.1977[20] auf gegenseitige Unterrichtung und Konsultationen bei grenznahen kerntechnischen Einrichtungen verständigt. Nachdem sich die Minister über bestimmte völkerrechtliche Rechtsfolgen geeinigt haben, ist das Memorandum als Verwaltungsabkommen nach Art. 59 Abs. 2 GG zu qualifizieren.

Der Wortlaut entspricht weitgehend der deutsch-dänischen Vereinbarung vom 4.7.1977. Es enthält Regelungen zur Informationspflicht, ohne allerdings eine Verbindung zum UVP-Verfahren herzustellen. Nach Nr. 1 des Memorandums unterrichtet die Partei des Baulandes die Partei des Nachbarlandes über grenznahe kerntechnische Einrichtungen und macht geeignete Unterlagen zugänglich. Nach Nr. 3 des Memorandums "sollen" Mitteilungen nach Nr. 1 frühzeitig erfolgen, nämlich so rechtzeitig, daß etwaige Kommentare und Bemerkungen der Partei des Nachbarlandes bei der Behandlung des Antrags von der Partei des

---

19 Niedersächsisches MBl. 1981, S. 205.

20 Text abgedruckt in: UPR 1983, S. 20 ff.

Baulandes berücksichtigt werden können, bevor eine grundsätzliche Entscheidung getroffen wird.

Zur Spezifizierung des Begriffs der Erheblichkeit wählt das Memorandum wie die deutsch-dänische Vereinbarung von 1977 die sogenannte Korridorlösung. Die Unterrichtung des Nachbarlands erfolgt nach Nr. 2 des Memorandums bei geplanten Anlagen in einem Bereich von ca. 30 km beiderseits der gemeinsamen Grenze. Bei Anlagen in einem Bereich zwischen ca. 30 km und 100 km beiderseits der Grenze wird - ohne Zugänglichmachen von Unterlagen - lediglich informiert. Nur auf begründeten Wunsch der Partei des Nachbarlandes werden geeignete Unterlagen zur Verfügung gestellt.

Im Unterschied zur deutsch-dänischen Vereinbarung von 1977 regelt das Memorandum unter Nr. 2 ausdrücklich, daß die Partei des Nachbarlandes dazu berechtigt ist, ihr zugänglich gemachte unbeschränkt verwendbare Unterlagen in geeigneter Form zu veröffentlichen. Damit ist eine wesentliche Voraussetzung für eine Öffentlichkeitsbeteiligung geschaffen.[21] Welche Folgen die Veröffentlichung nach sich ziehen soll, regelt das Memorandum jedoch nicht.

Das Memorandum sieht in Nr. 8 die Einsetzung einer Kommission vor, in der Beratungen hinsichtlich Standortwahl, Einrichtungsgenehmigung, Stillegung, wesentliche Änderungen solcher Genehmigungen und andere Angelegenheiten im Bereich der Kernenergie stattfinden. Eine Konsultationsverpflichtung regelt das Memorandum nicht.[22]

c) *Entwurf eines deutsch-niederländischen Verwaltungsabkommens zur grenzüberschreitenden Umweltverträglichkeitsprüfung*

Nach Abschluß des Espoo-Übereinkommens machten die Niederlande den Vorstoß, zur Implementierung des Übereinkommens mit der Bundesrepublik Deutschland konkrete Absprachen über die grenzüberschreitende UVP zu treffen. Dabei waren die Niederlande daran interessiert, mit dem Bund als völkerrechtlich Verpflichtetem Vereinbarungen zu treffen und nicht allein mit den Ländern.[23] Der Bund verwies jedoch auf die Länderverantwortung für die

---

21 Vgl. I. Herzog, Die Umweltverträglichkeitsprüfung im grenzüberschreitenden Bereich (1988), S. 58.

22 Vgl. I. Herzog (Anm. 21), S. 59.

23 Vgl. J. Lindemann, Grenzüberschreitende UVP - die Situation in Nordrhein-Westfalen, UVP-report 1992, S. 74.

Durchführung der Verfahren für UVP-pflichtige Vorhaben (Art. 83 GG).[24] Zur Ausarbeitung eines Entwurfs eines deutsch-niederländischen Abkommens wurde daraufhin eine Arbeitsgruppe aus Vertretern der Niederlande, der Bundesrepublik Deutschland sowie der Länder Niedersachsen und Nordrhein-Westfalen gebildet.[25] Anfang 1995 legte diese Arbeitsgruppe einen entsprechenden Abkommensvorschlag vor. Dieser soll als vierseitiges Verwaltungsabkommen zwischen der Bundesrepublik Deutschland, den Niederlanden, Niedersachsen und Nordrhein-Westfalen verabschiedet werden,[26] um sowohl dem Willen der Niederlande, mit dem Bund als dem völkerrechtlich Verpflichteten ein Abkommen zu schließen, als auch der internen Verantwortungsverteilung in der Bundesrepublik Deutschland Rechnung zu tragen. Da der Abschluß des Verwaltungsabkommens vor Ratifizierung des Espoo-Übereinkommens als nicht durchsetzbar erachtet wurde, wurde versucht, den Entwurf als unverbindliche "Empfehlung" zu verabschieden. Auch dieses Vorhaben scheiterte jedoch bislang auf deutscher Seite, da auch eine Verabschiedung als "Empfehlung" vor Ratifizierung des Espoo-Übereinkommens nicht durchzusetzen war.[27]

aa) Anwendungsbereich

Der Entwurf verzichtet zur Klärung der Frage, bei welchen Vorhaben eine Beteiligung des Nachbarstaats erfolgt, auf einen Katalog von Vorhaben, sondern sieht eine Einzelfallprüfung vor. Immer dann, wenn in einem Land eine UVP durchgeführt wird und das entsprechende Projekt erhebliche Auswirkungen auf den Nachbarstaat haben kann, wird dieser beteiligt. Die Entscheidung über die Betroffenheit des Nachbarstaates obliegt dabei der verfahrensführenden Behörde des Ursprungsstaates. Unabhängig davon wird dem Nachbarstaat die Möglichkeit eingeräumt, bei Projekten in Grenznähe selbst über die Betroffenheit zu entscheiden. Dazu wird der Nachbarstaat bei allen Vorhaben in einer Entfernung von bis zu fünf Kilometern, bei größeren Vorhaben, die in einer Liste genau festgelegt werden, in einer Entfernung von bis zu 20 Kilometern von der Grenze kurz darüber informiert, daß eine UVP stattfindet, jedoch keine Betroffenheit des Nachbarstaates erkennbar ist (sogenannte "Postkarten-

24 Vgl. J. Lindemann (Anm. 23), S. 74.

25 Vgl. J. Lindemann, Die grenzüberschreitende Umweltverträglichkeitsprüfung, Rechtsgrundlagen, deutsch-niederländisches Konzept, aktueller Sachstand, UVP-report 1997, S. 215.

26 Vgl. J. Lindemann (Anm. 23), S. 75.

27 Vgl. dazu J. Lindemann (Anm. 25), S. 216.

information").[28] Nach einem Runderlaß des Ministeriums für Umwelt, Raumordnung und Landwirtschaft des Landes Nordrhein-Westfalen vom 3.7.1991[29] sind bei UVP-pflichtigen Vorhaben in einer Entfernung von bis zu fünf Kilometern von der niederländischen oder belgischen Grenze den niederländischen bzw. belgischen Behörden schon jetzt die Unterlagen in demselben Umfang und zu demselben Zeitpunkt wie den deutschen Trägern öffentlicher Belange zuzusenden. Diese Zusendungspflicht entfällt nur, wenn erhebliche Umweltauswirkungen im Einzelfall ohne nähere Prüfung ausgeschlossen werden können.[30]

Der nach dem Espoo-Übereinkommen vorzunehmende Doppeltest für Anhang I Projekte wird in dem Entwurf auf diese Weise auf eine Prüfung der Erheblichkeit der grenzüberschreitenden Umweltauswirkungen im Einzelfall beschränkt.[31] Folglich ist vor Durchführung des Espoo-Übereinkommens im deutschen Recht nicht gewährleistet, daß der Anwendungsbereich des Entwurfs dem des Espoo-Übereinkommens entspricht, da nach dem Espoo-Übereinkommen eine UVP für einige Projekte durchzuführen ist, die bislang nach deutschem Recht nicht UVP-pflichtig sind.[32] Dies wird allerdings inzwischen dadurch ausgeglichen, daß von der unmittelbar anzuwendenden UVP-Änderungsrichtlinie alle in Anhang I des Espoo-Übereinkommens aufgezählten Projekte erfaßt sind.[33] Bestimmungen, die der verfahrensführenden Behörde bei der Beurteilung der Erheblichkeit der grenzüberschreitenden Umweltauswirkungen helfen (Einschaltung einer Untersuchungskommission nach Anhang IV und Kriterien nach Anhang III Espoo-Übereinkommen) fehlen in dem Entwurf.

Wenn der betroffene Nachbarstaat anderer Auffassung als der Ursprungsstaat ist, eröffnet ihm die "Postkarteninformation" eine gute Möglichkeit, mit dem Ursprungsstaat in Konsultationen darüber einzutreten, ob erhebliche grenzüberschreitende Umweltauswirkungen eines Projekts wahrscheinlich sind oder nicht.[34]

---

28 Vgl. J. Lindemann (Anm. 25), S. 215.

29 MBl. Nordrhein-Westfalen 1991, S. 1078.

30 Vgl. W. Erbguth/A. Schink, Gesetz über die Umweltverträglichkeitsprüfung (1996), § 8 Rn. 9.

31 Art. 2 Abs. 3 Espoo-Übereinkommen

32 Vgl. dazu Kapitel E II. 1 a) aa).

33 Vgl. dazu Kapitel E VI.

34 Art. 3 Abs. 7 und Art. 2 Abs. 5 Espoo-Übereinkommen.

bb) Benachrichtigung des betroffenen Nachbarstaats

Der Entwurf sieht über geltendes Völkergewohnheitsrecht hinausgehend vor, daß eine Benachrichtigung des betroffenen Staats im Rahmen des UVP-Verfahrens zu erfolgen hat. Die Benachrichtigung findet nach der Entwurf unabhängig davon statt, ob im umgekehrten Fall im Nachbarstaat eine UVP durchgeführt würde.[35] Auf das Erfordernis der Gleichwertigkeit kommt es also nach dem Entwurf wie auch nach dem Espoo-Übereinkommen[36] nicht an.

Den Ablauf des grenzüberschreitenden UVP-Verfahrens regelt der Entwurf im Detail, wobei bei niederländischen Vorhaben das niederländische UVP-Verfahren den Ausgangspunkt bildet, bei deutschen Vorhaben das deutsche UVP-Verfahren, also das jeweilige nationale Verfahrensrecht. Das niederländische Recht sieht im Gegensatz zum deutschen Recht ein obligatorisches Scoping-Verfahren mit Beteiligung der Öffentlichkeit vor. Der Entwurf empfiehlt daher, auch bei deutschen Projekten einen Scoping-Termin unter Einbeziehung der Niederlande abzuhalten, allerdings ohne Beteiligung der niederländischen Bevölkerung.[37] Für den Fall, daß dieser Verfahrensschritt entfällt, ist nach dem Entwurf eine Lösung zu finden, um die Niederlande möglichst frühzeitig zu beteiligen.

Der Entwurf bestimmt mit detaillierten Regelungen, die über das Espoo-Übereinkommen hinausgehen, wer die für die Benachrichtigung zuständige Behörde auf der jeweiligen Seite ist. Da der Weg über die Umweltministerien viel Zeit in Anspruch nimmt und dazu führen kann, daß die Unterlagen zu spät bei der zuständigen Behörde des Nachbarstaates eintreffen, legt der Entwurf sogenannte Anlaufstellen fest, die im Nachbarstaat für die verfahrensführende Behörde des Ursprungsstaates Ansprechpartner sind. Dies sind in Deutschland die Bezirksregierungen, bei denen die meisten UVP-pflichtigen Verfahren anhängig sind, in den Niederlanden die Provinzverwaltungen. Die Ministerien werden lediglich darüber informiert, daß eine grenzüberschreitende UVP stattfindet.[38]

---

35 Vgl. J. Lindemann (Anm. 25), S. 215.

36 Art. 3 Espoo-Übereinkommen.

37 Vgl. J. Lindemann (Anm. 25), S. 215 ff.

38 Vgl. J. Lindemann (Anm. 25), S. 216.

cc) Beteiligung der Behörden und der Öffentlichkeit des betroffenen Nachbarstaats

Der Entwurf trifft entsprechend dem Espoo-Übereinkommen Regelungen für eine gleichwertige Beteiligung der Behörden und der Öffentlichkeit des Nachbarstaats im Rahmen des UVP-Verfahrens.

Im Arbeitskreis wurde in diesem Zusammenhang lange darüber diskutiert, ob die verfahrensführende Behörde des Ursprungsstaats oder die Anlaufstelle bzw. eine andere Stelle im Nachbarstaat die Beteiligung des Nachbarstaats organisieren soll. Das Problem wurde schließlich durch die Regelung gelöst, daß die einzelnen Fachbereiche selbst festzulegen haben, ob die Anlaufstelle des Nachbarlandes die notwendige Behörden- und Öffentlichkeitsbeteiligung durchführt oder ob die verfahrensführende Behörde des Ursprungsstaates diese mit Unterstützung der Anlaufstelle übernimmt. Der Entwurf sieht vor, daß die Information der Behörden und der Öffentlichkeit des Nachbarstaates parallel zur Beteiligung im Ursprungsstaat erfolgt, um Zeitverzögerungen zu vermeiden.[39]

Der Entwurf enthält auch Regelungen für einen nach niederländischem bzw. deutschem Recht durchzuführenden Erörterungstermin.

dd) Sprach- und Übersetzungsregelungen

Die Arbeitsgruppe war der Auffassung, daß eine gleichwertige Beteiligung der Behörden und der Öffentlichkeit des Nachbarstaates im grenzüberschreitenden UVP-Verfahren nur dann gewährleistet ist, wenn diese die für sie relevanten Informationen auch in ihrer eigenen Sprache einsehen können. Daher sieht der Entwurf Übersetzungspflichten vor, die im Espoo-Übereinkommen fehlen. Der Entwurf bestimmt dabei, welche Unterlagen zu übersetzen sind und wer für diese Übersetzungen jeweils verantwortlich ist.

Die Unterlagen, die zur Festlegung des voraussichtlichen Untersuchungsrahmens sowie für die Beteiligung selbst nötig sind, werden übersetzt, wenn sie für den Nachbarstaat relevant sind. Beizufügen ist ferner eine Zusammenfassung in der Sprache des Nachbarstaates. Verantwortlich für diese Übersetzungen ist der Vorhabenträger. Soweit es erforderlich ist, Einwendungen von Behörden und der Öffentlichkeit des Nachbarstaates zu übersetzen, übernimmt dies die

---

39 So J. Lindemann (Anm. 25), S. 216.

verfahrensführende Behörde des Ursprungsstaates. Diese ist auch dafür verantwortlich, daß im Erörterungstermin für die Behörden und die Bevölkerung des Nachbarstaates eine Übersetzungshilfe, also ein Dolmetscher zur Verfügung steht. Die verfahrensführende Behörde des Ursprungsstaates sorgt nach der vorgeschlagenen Vereinbarung schließlich dafür, daß der Entscheidungstenor, die Nebenbestimmungen, soweit der Nachbarstaat betroffen sein kann, sowie die für den Nachbarstaat relevante Begründung der abschließenden Entscheidung über die Zulassung des Projekts übersetzt werden.[40]

Damit geht die Empfehlung über das hinaus, was derzeit nach deutschem Recht vorgesehen ist. Dies hat zur Folge, daß von privaten Vorhabenträgern eine Übersetzung rechtlich nicht eingefordert werden kann bzw. die für den zusätzlichen Aufwand anfallenden Kosten nicht dem Vorhabenträger in Rechnung gestellt werden können.[41] Insoweit besteht also gesetzlicher Regelungsbedarf.

ee) Konsultationen

Der Entwurf verpflichtet zur Abhaltung von Konsultationen, wenn dies von einem Staat gewünscht wird. Über die völkergewohnheitsrechtliche Konsultationspflicht hinausgehend sieht er vor, daß diese Pflicht im Rahmen des UVP-Verfahrens zu erfüllen ist.

Um zu verhindern, daß es gleich zu einer Behandlung auf Regierungsebene kommt, ist in dem Entwurf vorgesehen, daß zunächst in einem Vorgespräch auf der Ebene der verfahrensführenden Behörde, der Anlaufstelle sowie der betroffenen Behörden und Stellen versucht wird, Informationsprobleme zu klären und Streitpunkte möglichst aus der Welt zu schaffen.[42]

ff) Endgültige Entscheidung

Der Entwurf sieht vor, daß die verfahrensführende deutsche Behörde die endgültige Entscheidung der Anlaufstelle übersendet. Übermittelt wird der ins Niederländische übersetzte Entscheidungstenor, die Nebenbestimmungen,

---

40 Vgl. J. Lindemann (Anm. 25), S. 216.

41 Vgl. B. Heidrich/H. Dieckschäfer, Grenzüberschreitende UVP zwischen Niedersachsen und den Niederlanden, UVP-report 1997, S. 218.

42 Vgl. J. Lindemann (Anm. 25), S. 216.

soweit sie für die Niederlande relevant sein können, und die Begründung, soweit die niederländische Seite davon betroffen ist. Nach dem Entwurf kann die individuelle Bekanntmachung durch eine öffentliche Bekanntmachung in den Niederlanden ersetzt werden.[43]

gg) Nachkontrolle

Beide Seiten sprechen nach dem Entwurf auf Verlangen einer Seite über die Durchführung einer Nachkontrolle.

hh) Kosten

Die Vereinbarung trifft schließlich noch eine Kostenregelung und geht insoweit über die Regelungen des Espoo-Übereinkommens hinaus. Die externen Kosten (z.B. Kosten für Bekanntmachung) muß der Ursprungsstaat tragen. Die Kosten für die Beteiligung der Behörden und der Stellen des Nachbarstaates sowie die Verwaltungskosten der Anlaufstellen soll der betroffene Nachbarstaat selbst tragen.[44]

ii) Erprobung des Entwurfs eines deutsch-niederländischen Verwaltungsabkommens über die grenzüberschreitende UVP beim Projekt Garzweiler II

Die Vorschläge der Arbeitsgruppe haben sich bereits beim Braunkohlenplanverfahren Garzweiler II bewährt, an dem die Niederlande beteiligt wurden.[45] Im Jahr 1991 hatte der damalige Bundesumweltminister Töpfer bezüglich des geplanten Tagebauvorhabens Garzweiler II auf eine Anfrage des niederländischen Umweltministers Alders - dieser hatte seinerseits die Anfrage von drei niederländischen Abgeordneten zu beantworten - zugesagt, daß die UVP nach den Regelungen des Espoo-Übereinkommens durchgeführt wird.[46]

---

43 So J. Lindmann (Anm. 25), S. 216.

44 Vgl. auch J. Lindemann (Anm. 25), S. 216.

45 Vgl. J. Lindemann (Anm. 25), S. 216.

46 Vgl. den Hinweis bei H. Hardt, Die grenzüberschreitende UVP im deutsch-niederländischen Grenzraum, UVP-report 1992, S. 80; die Antwort des niederländi-

Die für das Projekt Garzweiler II notwendige UVP nach §§ 24 ff. des nordrhein-westfälischen Landesplanungsgesetzes (LPLG NW)[47] wurde im Braunkohlenplanverfahren durchgeführt, wobei zuständiges Organ der Braukohlenausschuß als Sonderausschuß des Bezirksplanungsrates des Regierungsbezirks Köln war. Die Beteiligung der Niederlande richtete sich dabei nach § 57a Abs. 6 BBergG und § 3 UVP-V Bergbau (§ 33 LPlG NW). Schon im Vorfeld des UVP-Verfahrens wurden die niederländischen Behörden beteiligt. So wurden bei der Erarbeitung des Grundwassermodells Venloer Scholle, das die Auswirkungen des Tagebaus Garzweiler II auf das Grundwasser errechnete, niederländische Fachleute beteiligt. Auch wurden den Niederlanden die Leitentscheidungen der Landesplanungsbehörde unmittelbar zugesandt.[48] Der Kreis der 116 Behörden und Stellen, die vom Braunkohlenausschuß im Rahmen der UVP beteiligt wurden, umfaßte sieben Behörden und Stellen in den Niederlanden.[49] Diese konnten Bedenken und Anregungen zu dem Entwurf des Braunkohlenplans vorbringen. Hierzu wurden die Angaben des Bergbautreibenden, der Rheinbraun AG, zur Prüfung der Umweltverträglichkeit sowie zur überschlägigen Beurteilung und Prüfung der Sozialverträglichkeit mit zugänglich gemacht. Die beteiligten Gemeinden - auch die niederländische Gemeinde Roerdalen - legten den Entwurf des Braunkohlenplans und die vorgenannten Angaben des Bergbautreibenden öffentlich aus.[50] Ein Teil der Unterlagen, nämlich die allgemeinverständliche Zusammenfassung, Auszüge aus den Angaben zum Wasserhaushalt und zu den Auswirkungen auf das Grundwasser, wurden von den deutschen Stellen zuvor ins Niederländische übersetzt.

Im Juli 1993 wurde von der Provinzregierung Limburg in den Niederlanden ein informatorischer Anhörungstermin durchgeführt. 1994 führte die Bezirksplanungsbehörde insgesamt zwei Erörterungstermine mit den beteiligten Behörden und Stellen durch, wobei bei der zweiten Erörterung der anzustrebende Ausgleich der Meinungen im Vordergrund stand. An beiden Terminen konnten auch niederländische Bürger teilnehmen.

---

schen Umweltministers Alders auf die Fragen der Abgeordneten Te Veldhuis, Blauw und Van Rey zu Garzweiler II vom 5. Juli 1991 ist in auszugsweiser Übersetzung abgedruckt in: UVP-report 1992, S. 84.

47 Gesetz vom 29.6.1994, GVBl. Nordrhein-Westfalen, S. 474, berichtigt, S. 702.

48 Vgl. J. Lindemann (Anm. 23), S. 76.

49 Bezirksregierung Köln, Braunkohlenplan Garzweiler II (kein Erscheinungsjahr), S. 260.

50 Bezirksregierung Köln (Anm. 49), S. 261.

Nach der anschließenden Gesamtbewertung der Auswirkungen auf die Umwelt kam die Bezirksplanbehörde im Braunkohlenplan zu dem Ergebnis, daß keine relevante Beeinflussung der Niederlande vorliegt.[51] Gemäß § 34 LPlG NW wurde der durch Beschluß des Braunkohlenausschusses vom 20.12.1994 aufgestellte Braunkohlenplan Garzweiler II durch das Ministerium für Umwelt, Raumordnung und Landwirtschaft des Landes Nordrhein-Westfalen am 31.3.1995 genehmigt und im Anschluß bei der Bezirksplanungsbehörde Düsseldorf wie auch bei der Provinzregierung Limburg in den Niederlanden zur Einsichtnahme ausgelegt.

Der Entwurf eines deutsch-niederländischen Verwaltungsabkommens zielt anders als die bislang untersuchten Vereinbarungen auf die Implementierung des Espoo-Übereinkommens ab. Das UVP-Verfahren des Espoo-Übereinkommens wird an das deutsche und niederländische Verwaltungsverfahren angepaßt. In beiden Ländern werden Anlaufstellen für das grenzüberschreitende UVP-Verfahren bestimmt, es werden Vorschriften für die praktische Durchführung der Öffentlichkeitsbeteiligung getroffen und die für die Praxis wichtige Frage geregelt, in welcher Sprache die Information und Stellungnahmen zu erfolgen haben, eine Frage, die das Espoo-Übereinkommen offenläßt. Der Entwurf enthält also Vorschriften für die praktische Anwendung des Espoo-Übereinkommens und entwickelt die Vorgaben des Espoo-Übereinkommens durch Regelung eines auf den deutsch-niederländischen Bereich zugeschnitten grenzüberschreitenden UVP-Verfahrens weiter.

3. Deutschland – Belgien

a) Deutsch-belgisches Abkommen über die Zusammenarbeit auf dem Gebiet der Raumordnung vom 3.2.1971

Das Abkommen zwischen den Regierungen der Bundesrepublik Deutschland und des Königreichs Belgiens über die Zusammenarbeit auf dem Gebiet der Raumordnung vom 3.2.1971[52] sieht in Art. 1 die Einrichtung einer Raumordnungskommission vor. Wie das deutsch-niederländische Raumordnungsabkommen regelt dieses Abkommen weder eine Verpflichtung zur Durchführung

---

51 Bezirksregierung Köln (Anm. 49), S. 415 ff.

52 BGBl. II 1982, S. 85; in Kraft seit 3.2.1971.

einer UVP noch präzise Informations- und Konsultationsverpflichtungen. Letztere werden jedoch in einer - rechtlich unverbindlichen - Empfehlung der deutsch-belgischen Raumordnungskommission angesprochen.

Die Empfehlung zum Verfahren zur grenzüberschreitenden Information und Abstimmung von Planungen der Raumordnung und Landesplanung sowie der Bauleitplanung der Gemeinden im deutsch-belgischen Grenzgebiet vom 6.2.1991[53] findet auf Planungen im deutsch-belgischen Grenzgebiet Anwendung, wobei dieses Grenzgebiet nicht wie in Empfehlungen anderer Raumordnungskommissionen durch einen bestimmten Bereich beiderseits der Grenze definiert wird. Sie kann auch für Planungen außerhalb des Grenzgebiets gelten, sofern im Einzelfall erhebliche Auswirkungen im Nachbarstaat zu erwarten sind oder vom Nachbarstaat eine Beteiligung gewünscht wird. Wie in der Empfehlungen der deutsch-niederländischen Raumordnungskommission wird zwischen Information (Nr. 1.2) und Abstimmung (Nr. 1.3) unterschieden, wobei Informations- und Konsultationspflicht nicht im Rahmen eines UVP-Verfahrens zu erfüllen sind.

Im Grenzgebiet Deutschland - Belgien findet zwar der Runderlaß des Ministeriums für Umwelt, Raumordnung und Landwirtschaft des Landes Nordrhein-Westfalen vom 3.7.1991[54] in bezug auf die grenzüberschreitende Beteiligung von Behörden nach § 8 UVPG Anwendung. Bilaterale Vereinbarungen zwischen der Bundesrepublik Deutschland und Belgien zur Durchführung des Espoo-Übereinkommens sind derzeit aber nicht vorgesehen.[55]

4. Deutschland – Frankreich

a) *Deutsch-französische Vereinbarung über die Zusammenarbeit betreffend kerntechnische Anlagen vom 12.1.1976/29.3.1976*

Durch Briefwechsel zwischen dem Bundesministerium des Innern und dem französischen Ministerium für Forschung und Industrie wurde am 12.1.1976/29.3.1976[56] ein Verwaltungsabkommen über die Zusammenarbeit

53 Text in: Staatskanzlei Rheinland-Pfalz, Materialien zur Zusammenarbeit von Kommunen zwischen Rheinland-Pfalz sowie Frankreich, Luxemburg und Belgien (1997).

54 MBl. Nordrhein-Westfalen 1991, S. 1078.

55 Stand: 1.11.2000.

56 Vgl. den Hinweis bei H.-W. Rengeling, Rechtsprobleme grenzüberschreitender Standortplanung, in: N. Pelzer , Friedliche Kernenergienutzung und Staatsgrenzen in

betreffend kerntechnische Anlagen geschlossen. Auf der Basis dieses Verwaltungsabkommens wurde eine deutsch-französische Kommission zum Zweck des Informationsaustausches und der Zusammenarbeit mit den zuständigen Stellen über die Standortplanung im grenznahen Raum geschaffen. Dieser Informationsaustausch hat jedoch wie in der deutsch-dänischen Vereinbarung von 1977 und dem deutsch-niederländischen Memorandum von 1977 nicht im Rahmen eines UVP-Verfahrens zu erfolgen.

b) Deutsch-französisch-schweizerische Vereinbarung über die Bildung einer Kommission zur Prüfung und Lösung von nachbarschaftlichen Fragen vom 22.10.1975

In Paris wurde durch Notenwechsel vom 22.10.1975 zwischen den Regierungen der Bundesrepublik Deutschland, der Französischen Republik und der Schweizerischen Eidgenossenschaft die Vereinbarung über die Bildung einer Regierungskommission zur Prüfung und Lösung von nachbarschaftlichen Fragen geschlossen.[57] Der Aufgabenkatalog (Nr. 2 der Vereinbarung) zählt 12 Arbeitsgebiete auf, an deren Spitze Raumordung und Umwelt stehen. Nach Nr. 3 der Vereinbarung hat die Regierungskommission Empfehlungen an die Regierungen der Vertragsparteien auszuarbeiten und gegebenenfalls Entwürfe von Übereinkünften vorzubereiten. Nach Nr. 5 der Vereinbarung kann sie Arbeitsgruppen bilden. Die erste Arbeitsgruppe, die die Kommission zur Erfüllung ihrer Aufgaben einrichtete, war die Arbeitsgruppe "Umwelt".[58]

aa) Empfehlung zur gegenseitigen Unterrichtung über neue Projekte vom 15.9.1982

Mit der Empfehlung zur gegenseitigen Unterrichtung über neue Projekte im Zuständigkeitsbereich der deutsch-französisch-schweizerischen Regierungskommission für nachbarschaftliche Fragen vom 15.9.1982[59] begann die Ar-

---

Mitteleuropa (1987), S. 41.

57 BGBl. II 1976, S. 194, in Kraft seit 22.10.1975.

58 Vgl. I. Herzog (Anm. 21), S. 65; T. Bunge, Transboundary co-operation between France and the Federal Republic of Germany, in: C. Flintermann/B. Kwiatkowska/J. G. Lammers, Transboundary Air Pollution (1986), S. 184.

59 Text in UPR 1983, S. 271 ff.

beitsgruppe Umwelt, praktische Verfahrensregeln zu erarbeiten.[60] Vom Richtlinienentwurf der EG zur UVP beeinflußt,[61] regelt die Empfehlung Informationspflichten der Nachbarstaaten.[62] Den Vertragsparteien wird empfohlen, sich gegenseitig über Vorhaben zu informieren, die in den Anhängen der Empfehlung aufgezählt werden und von denen anzunehmen ist, daß sie nachteilige Umweltauswirkungen im Nachbarland haben werden (Nr. 1). In den Anhängen sind Anlagen aufgelistet, die nach innerstaatlichem Recht einer Genehmigung auf regionaler Ebene aufgrund einer vorherigen öffentlichen Anhörung bedürfen. Aus der Entstehungsgeschichte der Empfehlung ergibt sich, daß in Deutschland unter "regionaler Ebene" mittlere und untere Verwaltungsinstanzen (Regierungspräsidien, Landratsämter) gemeint sind.[63] Die Information des Nachbarstaats erfolgt, wenn ein Vorhaben auf dem Gebiet einer Grenzgemeinde geplant ist (Anhang Nr. 2 Nr. 1). Bei Vorhaben außerhalb dieses Gebiets wird informiert, wenn der Bekanntmachungsumkreis einer Grenzgemeinde berührt ist (Anhang Nr. 2 Nr. 2). Damit wird an das französische Recht angeknüpft. Nach dem französischen Gesetz über klassifizierte Anlagen ist ein Bekanntmachungsumkreis von 0,5 bis maximal 5 km um den geplanten Standort festzulegen, der für die verfahrensmäßige Behandlung des Antrags eine gewisse Bedeutung hat.[64] Für alle drei Staaten werden in der Empfehlung die jeweiligen Verbindungsstellen benannt, die für die Informationsübermittlung und -annahme zuständig sind (Nr. 2). Der betroffene Staat hat nach Nr. 3 die Möglichkeit, zur geplanten Anlage eine Stellungnahme abzugeben, die von der Verbindungsstelle "wenn nötig" an die entscheidende Behörde weitergeleitet wird. Nach Nr. 4 der Empfehlung kann der betroffene Staat den "Wunsch" anbringen, ihn über den Inhalt der Entscheidung einschließlich ihrer Nebenbestimmungen zu unterrichten.

Die Empfehlung präzisiert damit die völkergewohnheitsrechtliche Informationspflicht für den deutsch-französisch-schweizerischen Grenzbereich.

---

60 Vgl. auch den Hinweis auf die Empfehlung in der Antwort der Bundesregierung auf die Große Anfrage der Abgeordneten Michael Müller (Düsseldorf), Dietmar Schütz (Oldenburg), Hermann Bachmaier, weiterer Abgeordneter und der Fraktion der SPD - Weiterentwicklung der Umweltverträglichkeitsprüfung zur Sicherung einer nachhaltigen Entwicklung, BT-Drucks. 13/8155, S. 19.

61 R. Pätzold, Deutsch-Französisch-Schweizerische Zusammenarbeit im regionalen Umweltrecht, UPR 1983, S. 257.

62 Vgl. J. Hofer, Psychologie und Politik im Spiel, Grenzüberschreitende Aspekte der UVP im schweizerisch-deutschen Grenzraum, UVP-report 1992, S. 70.

63 Vgl. R. Pätzold (Anm. 61), S. 257.

64 Vgl. R. Pätzold (Anm. 61), S. 258.

bb) Ablösung der Empfehlung vom 15.9.1982 durch die Empfehlung zur gegenseitigen Unterrichtung und zur Konsultation bei neuen Projekten vom 13.3.1996

Auf dem 3. Dreiländer-Kongreß "Umwelt am Oberrhein" vom 7. bis 8.3.1991 in Basel wurde deutlich, daß die Empfehlung vom 15.9.1982 weiterentwickelt werden muß. Die Unterzeichner der gemeinsamen Erklärung, die höchsten politischen Repräsentanten der Dreiländer-Region, erklärten die rechtzeitige und umfassende Information und Konsultation über Vorhaben, welche von Bedeutung für die Umwelt sind, ausdrücklich zum Ziel der Umweltkooperation am Oberrhein. Der dreiseitige Regionalausschuß beschloß daraufhin am 13.5.1991 in Straßburg, die Arbeitsgruppe Umwelt damit zu beauftragen, den Beschluß des 3. Dreiländer-Kongresses "Umwelt am Oberrhein" - auch unter Berücksichtigung des Espoo-Übereinkommens - umzusetzen.[65] Am 30.8.1991 konstituierte sich daher unter baden-württembergischem Vorsitz formell der Expertenausschuß "Gegenseitige Unterrichtung", nachdem dieser bereits im Frühjahr 1991 die Arbeit aufgenommen hatte.[66] Der von dem Expertenausschuß schließlich vorgeschlagenen Neufassung der Empfehlung vom 15.9.1982 stimmte Frankreich am 13.3.1996 zu, so daß die geänderte Empfehlung dieses Datum trägt. Sie ist seit 1.5.1996 anzuwenden und ersetzt die Empfehlung vom 15.9.1982.[67]

---

65 Vgl. den Bericht des Expertenausschusses "Gegenseitige Unterrichtung" über die neue Empfehlung. Nicht veröffentlicht.

66 Die deutsch-französisch-schweizerische Oberrheinkonferenz griff darüber hinaus eine Initiative des deutsch-französischen Umweltrates vom 31.8.1992 auf und betraute den Expertenausschuß "Gegenseitige Unterrichtung" der Arbeitsgruppe Umwelt mit der Erstellung einer Studie über die jeweiligen Genehmigungsverfahren für Industrieanlagen und deren Durchführung im Grenzgebiet, insbesondere hinsichtlich der Unterschiede bei der Umweltverträglichkeitsprüfung. Die Studie wurde unter der Federführung des Umwelt- und Verkehrsministeriums Baden-Württemberg angefertigt. Als Ergebnis stellt die Untersuchung fest, daß Harmonisierungsbedarf weniger im Verfahrensrecht als im materiellen Recht besteht. Nach der Studie ergibt der Rechtsvergleich im Hinblick auf die UVP, daß die UVP-Vorschriften in den drei Staaten keine eigenständigen, hinreichend konkreten Bewertungsmaßstäbe enthalten und mit ihren unbestimmten Rechtsbegriffen - soweit ein Rückgriff auf inhaltsgleiche Spezialregelungen, wie etwas Immissions- und Emissionswerte, nicht möglich ist - erhebliche Spielräume für unterschiedliche Auslegung und Bewertung zulassen. Vgl. Umwelt- und Verkehrsministerium Baden-Württemberg, Rechtsvergleichendes Gutachten über die Genehmigungsvoraussetzungen für Anlagen in Grenznähe nach deutschem, französischem und schweizerischem Recht, S. 259-260; vgl. zu dem Gutachten auch J. Cupei, Genehmigung von Industrieanlagen in Grenzgebieten, UVP-report 1997, S. 17.

67 Vgl. den Bericht des Expertenausschusses "Gegenseitige Unterrichtung" über die neue

(1) Anwendungsbereich

Nach Art. 1 Abs. 1 empfehlen die Vertragsparteien den im Gebiet der Oberrheinkonferenz zuständigen Behörden, sich gegenseitig über die Vorhaben zu informieren und zu konsultieren, die in einem Anhang bestimmt werden und von denen anzunehmen ist, daß sie erhebliche nachteilige Auswirkungen auf die Umwelt jenseits der Staatsgrenze im Vertragsgebiet der Dreiseitigen Regierungskommission haben werden. Es ist also entsprechend dem Espoo-Übereinkommen in einem Doppeltest zu prüfen, ob das Projekt im Anhang der Empfehlung enthalten ist und ob es grenzüberschreitende Auswirkungen haben kann.

Art. 2 der Empfehlung enthält Begriffsbestimmungen, die denen des Espoo-Übereinkommens vergleichbar sind. Definiert werden die Begriffe "Parteien", "Ursprungspartei", "betroffene Parteien", "Vorhaben", "Auswirkung", "grenzüberschreitende Auswirkung", "zuständige Behörde", "die Öffentlichkeit" und "Gebietskörperschaften".

Der Begriff der "Auswirkung" wird wie im Espoo-Übereinkommen[68] sehr weit definiert als "jede Wirkung eines Vorhabens auf die Umwelt, insbesondere auf die Gesundheit und Sicherheit des Menschen, auf die Flora und Fauna, auf Boden, Luft und Wasser, auf das Klima, die Landschaft, sowie auf Sachgüter und das kulturelle Erbe oder die Wechselwirkungen zwischen den vorgenannten Faktoren".

Die grenzüberschreitende Auswirkung ist in Art. 2 Buchstabe f der Empfehlung definiert als jede Auswirkung infolge eines Vorhabens im Zuständigkeitsbereich eines Partners, die ihren Ursprung ganz oder teilweise in dem Zuständigkeitsbereich eines anderen Partners hat. Auf den Standort des geplanten Projekts bzw. den "Bekanntmachungsumkreis" nach französischen Recht wie nach der alten Empfehlung von 1982 kommt es demnach nach der neuen Empfehlung nicht mehr an.

Der Anhang der Empfehlung enthält wie das Espoo-Übereinkommen[69] eine Liste der Vorhaben, die ihren Anwendungsbereich bestimmen. Darin enthalten sind Vorhaben, die einer UVP und einem Verfahren mit Öffentlichkeitsbeteiligung nach dem jeweiligen nationalen Recht in Frankreich, Deutschland und der

---

Empfehlung (Anm. 65).

68 Art. 1 Nr. 7 Espoo-Übereinkommen.

69 Anhang I Espoo-Übereinkommen.

Schweiz unterliegen und bei denen typischerweise erhebliche Auswirkungen auf die Umwelt zu erwarten sind. Im Unterschied zu der Empfehlung von 1982 findet die neue Empfehlung nur auf große Vorhaben Anwendung. Der Anhang unterteilt die Vorhaben in die Projektklassen Rohstoffgewinnung, Energie, Industrie, Infrastrukturvorhaben, Landwirtschaft und Lager. Dabei werden jeweils Schwellenwerte angegeben. Fast alle in Anhang I Espoo-Übereinkommen aufgelisteten Vorhaben werden damit von der Empfehlung erfaßt.[70] Neu ist im Gegensatz zur alten Empfehlung, daß ein Informationsaustausch nur bei großen Vorhaben stattfindet, die unabhängig von ihrem Standort im Gebiet der Oberrheinkonferenz vorhersehbare Auswirkungen auf die Umwelt jenseits der Grenze haben können.

Allerdings findet die Empfehlung im Unterschied zum Espoo-Übereinkommen[71] keine Anwendung auf Projekte, die nicht im Anhang enthalten sind. Die Genehmigungsbehörden können zwar jeweils prüfen, ob im Einzelfall auch andere Vorhaben, die dem Anhang der Empfehlung nicht unterfallen, von grenzüberschreitender Relevanz sein könnten, und die Empfehlung in einem solchen Fall analog anwenden. Geregelt ist dies jedoch nicht.

(2) Benachrichtigung des betroffenen Nachbarstaats

Gemäß Art. 1 Abs. 2 Satz 1 der Empfehlung wird die betroffene Partei informiert, wenn die Ursprungspartei feststellt, daß die Voraussetzungen des Art. 1 Abs. 1 vorliegen. Die Zusammenarbeit findet nach Art. 1 Abs. 2 Satz 2 der Empfehlung auf der Grundlage von Gegenseitigkeit und Gleichwertigkeit statt, während das Espoo-Übereinkommen auf diese Voraussetzungen verzichtet.[72] Zu informieren ist auch auf ein Ersuchen der betroffenen Seite, wenn nach ihrer Einschätzung die Voraussetzungen des Art. 1 Abs. 1 vorliegen. Das Verfahren des Art. 3 Abs. 7 des Espoo-Übereinkommens - zunächst Erörterung, ob eine erhebliche grenzüberschreitende Umweltbeeinträchtigung wahrscheinlich ist, falls darüber keine Einigung erzielt wird, Einschaltung einer Untersuchungskommission - erschien der Arbeitsgruppe zu umständlich.[73]

---

70 Nicht enthalten ist etwa die Abholzung großer Flächen.

71 Art. 2 Abs. 5 Espoo-Übereinkommen.

72 Art. 3 Espoo-Übereinkommen.

73 Vgl. den Bericht des Expertenausschusses "Gegenseitige Unterrichtung" über die neue Empfehlung (Anm. 65).

Nach Art. 3 der Empfehlung übermittelt die zuständige Behörde der betroffenen Partei so rasch wie möglich auf Ersuchen der zuständigen Behörde der Ursprungspartei die Informationen, die für die Bewertung der grenzüberschreitenden Auswirkungen auf die Umwelt im Bereich der betroffenen Partei nützlich sind. Damit wird die betroffene Partei entsprechend Art. 3 Abs. 6 Espoo-Übereinkommen verpflichtet, Informationen zur Beurteilung der voraussichtlichen Auswirkungen des Projekts beizusteuern, da die Ursprungspartei an eigenen Ermittlungen auf dem Gebiet des Nachbarstaats völkerrechtlich durch dessen Gebietshoheit gehindert ist.

Nach Art. 4 Abs. 1 unterrichtet die zuständige Behörde der Ursprungspartei die am nächsten gelegene zuständige Behörde des Nachbarstaats über ein geplantes Vorhaben. Die ausländische Behörde wird dabei der inländischen Behörde gleichgestellt. Sie ist zum selben Zeitpunkt und in derselben Art wie die inländischen Behörden zu benachrichtigen. Das Espoo-Übereinkommen knüpft im Unterschied zu dieser Regelung hinsichtlich des Zeitpunkts der Information nicht an die Benachrichtigung der innerstaatlichen Behörden, sondern der innerstaatlichen Öffentlichkeit an.[74] Nach deutschem Recht kann eine Beteiligung der inländischen Behörden jedoch schon früh im UVP-Verfahren während des Scoping-Verfahrens erfolgen.

Nach Art. 4 Abs. 2 der Empfehlung setzt die zuständige Behörde der Ursprungspartei der betroffenen Partei eine angemessene Frist für die Übermittlung ihrer Stellungnahme zu dem Vorhaben, stellt also eine Beteiligung der betroffenen Partei sicher. Dies entspricht der Regelung des Espoo-Übereinkommens.[75]

(3) Beteiligung der Gebietskörperschaften und der Öffentlichkeit des betroffenen Nachbarstaats

Nach Art. 5 Abs. 1 der Empfehlung "kann" die zuständige Behörde der betroffenen Partei ihre Öffentlichkeit über das Vorhaben informieren. Dabei kann diese unter den gleichen Voraussetzungen wie die Ursprungspartei am Genehmigungsverfahren beteiligt werden (Art. 5 Abs. 2). Nach Art. 6 werden Stellungnahmen der Gebietskörperschaften, soweit diese eine solche abgeben, über die zuständige Behörde der betroffenen Partei übermittelt. Auch die betroffene Partei selbst gibt ihre Stellungnahme über ihre zuständige Behörde ab. Die

---

74 Art. 3 Abs. 1 Espoo-Übereinkommen.

75 Art. 3 Abs. 2 Espoo-Übereinkommen.

Bevölkerung und die Gebietskörperschaften des Nachbarstaats erhalten damit im Unterschied zu der Empfehlung von 1982 Gelegenheit, sich am Genehmigungsverfahren zu beteiligen. Nach dem Wortlaut der Empfehlung steht es aber - im Gegensatz zum Espoo-Übereinkommen[76] - im Ermessen der betroffenen Partei, ob sie ihre Öffentlichkeit beteiligt. Der fakultative Charakter dieser Regelung hängt offensichtlich mit dem frühen Abschluß der Empfehlung - vor Ratifizierung des Espoo-Übereinkommens durch Deutschland, Frankreich und die Schweiz - zusammen.[77]

Die betroffene Partei gibt nach Art. 7 über ihre zuständige Behörde gegebenenfalls die Stellungnahme ihrer Behörden ab.

(4) Sprach- und Übersetzungsregelungen

Die Empfehlung spricht die für die Praxis wichtige Frage an, in welcher Sprache Information und Stellungnahme zu erfolgen haben. Das Espoo-Übereinkommen läßt diese Frage offen. Nach Art. 4 Abs. 3 der Empfehlung bemüht sich die Behörde der Ursprungspartei, der betroffenen Partei eine Übersetzung der nicht-technischen Zusammenfassung zu übermitteln. Im übrigen übermittelt jede Partei ihre Stellungnahmen und sonstigen Äußerungen in der eigenen Sprache. Den Anmerkungen des Expertenausschusses "Gegenseitige Unterrichtung" zu der neuen Empfehlung ist zu entnehmen, daß es nicht möglich war, eine Pflicht zur Übersetzung der nicht-technischen Zusammenfassung vorzusehen, da es hierfür keine Rechtsgrundlage gibt und auch das Espoo-Übereinkommen diese Frage nicht regelt.[78]

(5) Konsultationen

Art. 8 der Empfehlung regelt, daß zwischen den zuständigen Behörden Konsultationen stattfinden. Diese sind nach Art. 8 Abs. 1 Satz 1 durchzuführen, wenn das Informationsverfahren des Art. 4 durchgeführt ist und eine der Parteien es wünscht, also nicht wie nach dem Espoo-Übereinkommen[79] in

---

76 Art. Art. 3 Abs. 8, Art. 4 Abs. 2 Espoo-Übereinkommen.

77 Inzwischen ist das Übereinkommen von der Schweiz ratifiziert worden.

78 Nicht veröffentlicht.

79 Art. 5 Espoo-Übereinkommen.

jedem Fall. Wenn keine Konsultationen gewünscht werden, besteht aber offensichtlich kein Konsultationsbedarf, so daß diese Regelung mit den Anforderungen des Übereinkommens vereinbar ist.

Hinsichtlich der näheren Ausgestaltung der Konsultation bestimmt die Empfehlung in Art. 8 Abs. 2, daß die zuständige Behörde der Ursprungspartei den zeitlichen Rahmen und die Form der Konsultationen festlegt. Nach Rücksprache mit der betroffenen Partei bestimmt sie den Kreis der zu beteiligenden Behörden und gegebenenfalls der Gebietskörperschaften. Es ist also nicht wie nach dem Espoo-Übereinkommen eine entsprechende Vereinbarung für den Ablauf der Konsultationen zu treffen. Damit kann kein Streit über diesen Punkt entstehen.

(6) Endgültige Entscheidung

Nach Art. 9 Abs. 1 der Empfehlung hat die Ursprungspartei sicherzustellen, daß bei der endgültigen Entscheidung über das Vorhaben die übermittelten Stellungnahmen und das Ergebnis der Konsultationen im Rahmen des innerstaatlichen Rechts berücksichtigt werden. Dies entspricht der Regelung des Espoo-Übereinkommens.[80]

Gemäß Art. 9 Abs. 2 der Empfehlung muß die Entscheidung der betroffenen Partei zugeleitet werden. Eine Mitteilung von Gründen soll aber nur gegebenenfalls erfolgen. Dies ist so zu verstehen, daß die Mitteilung nur dann erfolgen kann, wenn das jeweilige nationale Recht eine Begründungspflicht vorsieht. Die französische Verwaltung kennt diese bisher nicht, insbesondere nicht die Auseinandersetzung mit Einwänden. Die Regelung der Empfehlung bleibt hinter den Anforderungen des Espoo-Übereinkommens zurück, nach denen eine Mitteilung von Gründen immer zu erfolgen hat.[81]

Eine Vorschrift über eine Nachkontrolle enthält die Empfehlung nicht.

Die Empfehlung hat wie der Entwurf eines deutsch-niederländischen Verwaltungsabkommens zur grenzübeschreitenden UVP zum Ziel, das Espoo-Übereinkommen zu implementieren. Die Vorgaben des Übereinkommens werden durch die Empfehlung an die traditionelle grenzüberschreitende Zusammenarbeit im deutsch-französisch-schweizerischen Grenzbereich anpaßt

80 Art. 6 Abs. 1 Espoo-Übereinkommen.

81 Art. 6 Abs. 2 Espoo-Übereinkommen.

und für die praktische Arbeit handhabbar gemacht. Dabei trifft die Empfehlung - wenn auch sehr zurückhaltende - Regelungen zur Übersetzung von Informationen und Stellungnahmen, die im Espoo-Übereinkommen fehlen. Nach der Empfehlung ist eine Beteiligung der ausländischen Öffentlichkeit anders als nach dem Espoo-Übereinkommen nicht obligatorisch, sondern die Parteien "bemühen" sich lediglich um diese. Diese Regelung hängt wohl damit zusammen, daß die Empfehlung frühzeitig - vor Ratifizierung des Espoo-Übereinkommens durch Deutschland, Frankreich und die Schweiz - verabschiedet wurde und eine zwingendere Formulierung in diesem Zeitpunkt nicht durchsetzbar war.

cc) Empfehlung zur gegenseitigen Unterrichtung über Planungs- und Umweltschutzvorhaben vom 20.6.1984

Die Empfehlung vom 20.6.1984 zur gegenseitigen Unterrichtung über Planungs- und Umweltschutzvorhaben im Zuständigkeitsbereich der deutsch-französisch-schweizerischen Regierungskommission enthält Regelungen, die den Regelungen der Empfehlung vom 15.9.1982 vergleichbar sind. Die Empfehlung vom 20.6.1984 bleibt durch die Neufassung der Empfehlung zur gegenseitigen Unterrichtung und zur Konsultation bei neuen Projekten unberührt. Eine Neufassung ist bislang nicht erfolgt.[82]

c) Deutsch-französisch-luxemburgische Vereinbarung über die Zusammenarbeit in den Grenzgebieten vom 16.10.1980

In Bonn wurde am 16.10.1980 durch Notenwechsel die Vereinbarung zwischen den Regierungen der Bundesrepublik Deutschland, der Französischen Republik und dem Großherzogtum Luxemburg über die Zusammenarbeit in den Grenzgebieten geschlossen.[83] In dieser Vereinbarung kommen die drei Regierungen überein, die grenzüberschreitende Zusammenarbeit weiter auszubauen. Zu diesem Zweck wird nach Nr. 2 der Vereinbarung eine Regierungskommission gebildet, unter der noch eine Regionalkommission arbeitet (Nr. 2). Aufgabe der Regierungskommission ist das Ausarbeiten von Empfehlungen und das Vorbereiten von Entwürfen von Übereinkünften (Nr. 4). Die Vereinbarung bezieht sich auf Tätigkeiten von gemeinsamem Interesse (Nr. 1). Obwohl der Umwelt-

---

82 Stand: 1.11.2000.

83 BGBl. II 1980, S. 1426. Die Vereinbarung ist am gleichen Tag in Kraft getreten.

schutz nicht gesondert aufgeführt wird, hat die Zusammenarbeit in der Regierungskommission im Bereich des Umweltschutzes eine lange Vorgeschichte. Bereits 1970 wurde eine bilaterale deutsch-französische Kommission für regionale Zusammenarbeit gebildet, der 1971 auch Luxemburg beitrat. Die Regierungskommission wurde bereits damals von einer Regionalkommission unterstützt (Saar-Lor-Lux Kommission).[84] Beide Kommissionen wurden erst durch die Vereinbarung von 1980 vertraglich abgesichert.[85] Bereits 1973 hatte die Saar-Lor-Lux-Kommission eine ständige Arbeitsgruppe "Umweltfragen" eingerichtet.[86]

aa) Empfehlung zur gegenseitigen Unterrichtung über Neu- und Änderungsvorhaben bei genehmigungsbedürftigen Anlagen vom 26.4.1986

Nach der Empfehlung vom 26.4.1986 zur gegenseitigen Unterrichtung über Neu- und Änderungsvorhaben bei genehmigungsbedürftigen Anlagen[87] informieren sich die Parteien gegenseitig über Vorhaben, die geeignet erscheinen, nachteilige Auswirkungen auf die Umwelt des Nachbarstaats hervorzurufen (Art. 1). Als solche Vorhaben identifiziert die Empfehlung wie die Empfehlung der deutsch-französisch-schweizerischen Regierungskommission von 1982 Anlagen, die nach innerstaatlichem Recht einer Genehmigung auf regionaler Ebene aufgrund einer vorherigen Anhörung bedürfen (Art. 2). Nach Art. 3 Abs. 1 werden die Antragsunterlagen insbesondere dann übermittelt, wenn die Anlage bis zu einer Entfernung von 15 km beiderseits der Grenze zum Nachbarstaat liegt, was hilft, die Erheblichkeit der Umweltauswirkungen zu beurteilen. Zu übermitteln sind die Antragsunterlagen, die öffentlich zur Einsicht ausgelegt werden (Art. 3 Abs. 2). Die Übermittlung erfolgt baldmöglichst und spätestens am Tag der Eröffnung der öffentlichen Anhörung auf nationalem Staatsgebiet. Die Empfehlung bestimmt auch die Behörden, die für die Information jeweils

---

84 I. Herzog (Anm. 21), S. 61; T. Bunge, Transboundary co-operation between France and the Federal Republic of Germany, in: C. Flintermann/B. Kwiatkowska/J. G. Lammers (Anm. 58), S. 185.

85 A. Wagner, Umweltschutz in der Saar-Lor-Lux-Zusammenarbeit, in: M. Bothe/M. Prieur/G. Ress, Rechtsfragen grenzüberschreitender Umweltbelastungen (1984), S. 267 ff.

86 I. Herzog (Anm. 21), S. 61.

87 Text in: Staatskanzlei Rheinland-Pfalz (Anm. 53).

zuständig sind. Von ausländischen Behörden vorgetragene Einwendungen sind an die zuständigen Dienststellen zur Weiterleitung an die Genehmigungsbehörde zu übersenden (Art. 5).

Die Empfehlung beschränkt sich damit wie die alte Empfehlung der deutsch-französisch-schweizerischen Regierungskommission von 1982 auf eine den spezifischen Gegebenheiten des Grenzgebiets angepaßte Regelung zur Benachrichtigung des betroffenen Nachbarstaats. Eine Neufassung der Empfehlung im Hinblick auf die Regelungen des Espoo-Übereinkommens ist bislang nicht erfolgt.[88]

5. Deutschland – Luxemburg

a) *Deutsch-französisch-luxemburgische Vereinbarung über die Zusammenarbeit in den Grenzgebieten vom 16.10.1980*

Im deutsch-luxemburgischen Grenzraum findet die schon behandelte, von der deutsch-französisch-luxemburgischen Regierungskommission erlassene Empfehlung zur gegenseitigen Unterrichtung über Neu- und Änderungsvorhaben bei genehmigungsbedürftigen Anlagen vom 26.4.1986 Anwendung.[89]

6. Deutschland – Schweiz

a) *Deutsch-schweizerisches Abkommen zur Gründung einer deutsch-schweizerischen Raumordnungskommission vom 28.8.1973*

Am 28.8.1973 unterzeichneten der deutsche Bundesminister für Raumordnung und Städtebau und der schweizerische Minister für Raumplanung ein gemeinsames Abkommen zur Gründung einer deutsch-schweizerischen Raumordnungskommission.[90] Diese Kommission hat vielfach Empfehlungen zu Energieversorgung, Landschaftspflege, Straßenverkehr und zur grenzüberschreitenden Abstimmung der Bauleitplanung erlassen.

---

88 Stand: 1.11.2000.

89 Text in: Staatskanzlei Rheinland-Pfalz (Anm. 53).

90 Protokoll im Bulletin der Bundesregierung 1973, Nr. 104, S. 1047.

Am 28.4.1980 erließ sie eine Empfehlung zur grenzüberschreitenden Abstimmung der Bauleitplanungen/Ortsplanungen der Gemeinden im deutsch-schweizerischen Grenzgebiet, die Empfehlungen anderer Raumordnungskommissionen ähnelt. Nur pauschal und ohne Bezug zur UVP wird darin festgestellt, daß die Zusammenarbeit eine frühzeitige Unterrichtung über bestehende Planungsabsichten erfordert (Punkt 2).

Die Empfehlung der Kommission über die gegenseitige Zusammenarbeit und Konsultation im Zusammenhang mit umweltbeeinträchtigenden Anlagen im deutsch-schweizerischen Grenzgebiet vom 18.11.1982[91] bezieht sich auf grenzüberschreitende Behördeninformation für grenznah beantragte oder geplante Projekte.[92] Die Kommission empfiehlt jedoch nur pauschal, die bereits bestehende grenzüberschreitende Zusammenarbeit durch den Abschluß von Informations- und Kooperationsabsprachen zwischen den dafür zuständigen Stellen zu verstärken (Punkt II).

b) *Deutsch-schweizerisches Vereinbarung über die gegenseitige Unterrichtung beim Bau und Betrieb grenznaher kerntechnischer Einrichtungen vom 10.8.1982*

Am 10.8.1982 wurde zwischen der Regierung der Bundesrepublik Deutschland und der Regierung der Schweizerischen Eidgenossenschaft die Vereinbarung über die gegenseitige Unterrichtung beim Bau und Betrieb grenznaher kerntechnischer Einrichtungen geschlossen.[93] Sie entspricht den deutsch-dänischen und deutsch-niederländischen Abkommen.[94] Die Vereinbarung regelt in Art. 1, daß sich die Vertragsparteien gegenseitig über den Bau grenznaher kerntechnischer Einrichtungen unterrichten und sich die dazu geeigneten Unterlagen zugänglich machen, ohne zu bestimmen, daß die Unterrichtung im Rahmen eines UVP-Verfahrens stattzufinden hat.

Nach Art. 2 Abs. 1 betrifft die Unterrichtung kerntechnische Einrichtungen in einem Bereich von 20 km beiderseits der gemeinsamen Grenze. Nach Art. 2 Abs. 2 kann auf begründeten Wunsch eine Unterrichtung auch über kerntechnische Einrichtungen außerhalb eines Bereichs von 20 km stattfinden. Der

91 Text in UPR 1983, S. 272.

92 R. Pätzold (Anm. 61), S. 256 ff.

93 BGBl. II 1983, S. 743, in Kraft seit 19.9.1983.

94 Vgl. Kapitel F I. 1. und 2. b).

Anwendungsbereich wird auf diese Weise durch Bestimmung eines Korridors beiderseits der Grenze spezifiziert.

Zur Durchführung der Vereinbarung wird nach Art. 8 eine deutsch-schweizerische Kommission für die Sicherheit kerntechnischer Einrichtungen geschaffen, in der Konsultationen abgehalten werden können. Diese sind allerdings nicht obligatorisch.

c) *Deutsch-französisch-schweizerische Vereinbarung über die Bildung einer Kommission zur Prüfung und Lösung nachbarschaftlicher Fragen vom 22.10.1975*

Für den deutsch-schweizerischen Grenzraum findet die schon behandelte, auf Grundlage der deutsch-französisch-schweizerischen Vereinbarung über die Bildung einer Kommission zur Prüfung und Lösung nachbarschaftlicher Fragen vom 22.10.1975[95] ergangene Empfehlung vom 13.3.1996 Anwendung.[96]

7. Deutschland – Österreich

a) *Deutsch-österreichisches Abkommen über die Zusammenarbeit auf dem Gebiet der Raumordnung vom 11.12.1973*

Am 11.12.1973 wurde zwischen den Regierungen der Bundesrepublik Deutschland und der Bundesrepublik Österreich ein Abkommen über die Zusammenarbeit auf dem Gebiet der Raumordnung abgeschlossen.[97] Wie auch in vielen anderen Vereinbarungen dieser Art wird in Art. 1 eine gemeinsame Raumordnungskommission gebildet. Diese hat Vorschläge und Empfehlungen betreffend die Raumordnung auszuarbeiten und auf eine Koordinierung und Abstimmung der Maßnahmen der Raumordnung in der Bundesrepublik Deutschland und der Republik Österreich hinzuwirken.

In der Empfehlung zur grenzüberschreitenden Abstimmung der Raumordnung der Gemeinden/Bauleitplanung in den Gebieten nahe der gemeinsamen Staats-

---

95 BGBl. II 1976, S. 194, in Kraft seit 22.10.1975.

96 Nicht veröffentlicht.

97 BGBl. II 1974, S. 1110, in Kraft seit 1.3.1974.

grenze (Grenzraum) vom 4.12.1981[98] empfiehlt die Raumordnungskommission, die kommunalen Flächennutzungspläne und Bebauungspläne der im Grenzraum gelegenen Gemeinden so weit wie möglich aufeinander abzustimmen. Zur Abstimmung der Pläne sollen rechtzeitige Informationen über die Planungsabsichten und ausreichende Konsultationen stattfinden. Die Empfehlung bleibt damit sehr allgemein und setzt Informationen und Konsultationen zudem nicht in Beziehung zu einem UVP-Verfahren.

8. Deutschland – Tschechien

a) Deutsch-tschechisch-slowakischer Vertrag über gute Nachbarschaft und freundschaftliche Zusammenarbeit vom 27.2.1992

Am 27.2.1992 unterzeichneten die Bundesrepublik Deutschland und die Tschechische und Slowakische Föderative Republik einen Vertrag über gute Nachbarschaft und freundschaftliche Zusammenarbeit.[99] Gemäß Art. 17 Abs. 1 des Vertrages bekräftigen die Parteien pauschal ihre Entschlossenheit, die Zusammenarbeit auf dem Gebiet des Umweltschutzes auf der Grundlage bestehender Übereinkünfte fortzuführen und auch vertraglich weiter auszubauen. Nach Art. 17 Abs. 2 des Vertrages widmen sie ihre besondere Aufmerksamkeit dem Umweltschutz in den Grenzregionen und dem grenzüberschreitenden Umweltschutz. Am 24.10.1996 wurde daraufhin ein deutsch-tschechisches Abkommen über die Zusammenarbeit auf dem Gebiet des Umweltschutzes geschlossen.

b) Deutsch-tschechisches Abkommen über die Zusammenarbeit auf dem Gebiet des Umweltschutzes vom 24.10.1996

Im Abkommen zwischen der Regierung der Bundesrepublik Deutschland und der Regierung der Tschechischen Republik über die Zusammenarbeit auf dem Gebiet des Umweltschutzes vom 24.10.1996[100] wird auf die UVP und insbesondere auch das Espoo-Übereinkommen eingegangen. Art. 4 Abs. 1 wiederholt zunächst wie Art. 2 Abs. 1 Espoo-Übereinkommen die völkergewohnheits-

---

98 GMBl. 1982, S. 41.

99 BGBl. II 1992, S. 462, in Kraft seit 14.9.1992.

100 BGBl. II 1998, S. 2587, in Kraft seit 2.1.1999.

rechtliche Pflicht, erhebliche grenzüberschreitende Umweltbeeinträchtigungen zu vermeiden. Art. 4 Abs. 2 verpflichtet die Vertragspartei, auf deren Hoheitsgebiet eine Tätigkeit beabsichtigt ist, von der voraussichtlich erhebliche grenzüberschreitende Beeinträchtigungen ausgehen werden, eine UVP durchzuführen, wobei die möglichen Beeinträchtigungen der Umwelt auf dem Hoheitsgebiet der anderen Vertragspartei zu prüfen sind. Die andere Vertragspartei ist über die beabsichtigte Tätigkeit so bald wie möglich, spätestens jedoch zu dem Zeitpunkt, zu dem sie ihre eigene Öffentlichkeit unterrichtet, zu benachrichtigen. Dabei sind die erforderlichen Angaben mitzuteilen und sachgemäße Konsultationen anzubieten. In Art. 4 Abs. 3 wird die bei Abschluß des Espoo-Übereinkommens verabschiedete Resolution[101] bekräftigt, in der sich die Parteien verpflichtet haben, das Übereinkommen auch schon vor seinem Inkrafttreten in größtmöglichem Umfang umzusetzen.

Damit werden nur einige Vorgaben des Espoo-Übereinkommens implementiert, so das Erfordernis einer grenzüberschreitenden UVP bei Projekten mit potentiell erheblichen grenzüberschreitenden Umweltauswirkungen, die Information des Nachbarstaats im Rahmen der UVP und das Abhalten von Konsultationen. Bemerkenswert ist jedoch, daß sich das Abkommen nicht auf die bloße Wiederholung der völkergewohnheitsrechtlichen Informations- und Konsultationspflichten beschränkt, sondern vorsieht, daß diese im Rahmen eines UVP-Verfahrens erfüllt werden. Damit geht das Abkommen über geltendes Gewohnheitsrecht und auch über die Regelungen der vor Abschluß des Espoo-Übereinkommens verabschiedeten Vereinbarungen und Empfehlungen, die Informations- (und Konsultations-)pflichten ohne Bezug zu einem UVP-Verfahren regeln, hinaus. Inhaltlich bleibt das Abkommen deutlich hinter dem Espoo-Übereinkommen zurück, da weder die UVP-Pflicht noch die Informations- und Konsultationspflichten präzisiert werden.

c) Geplantes deutsch-tschechisches Verwaltungsabkommen zur grenzüberschreitenden UVP

Seit Februar 1999 besteht im deutsch-tschechischen Grenzraum eine Arbeitsgruppe UVP, die eine deutsch-tschechische Vereinbarung zur grenzüberschreitenden UVP ausarbeiten soll.[102] An dieser Arbeitsgruppe sind Vertreter der

---

101 Resolution vom 25.2.1991, ECE, Senior Advisers to ECE Governments on Environmental and Water Problems, 11.3.1991, UN-Doc. ECE/ENVWA/19.

102 Vgl. den Hinweis in: Freistaat Sachsen, Staatsministerium für Umwelt und Landwirtschaft, Umwelt ohne Grenzen (1999), S. 15.

Bundesrepublik Deutschland, des Freistaats Sachsen und des Freistaats Bayern sowie der Tschechischen Republik beteiligt. Wie im deutsch-niederländischen Grenzbereich ist beabsichtigt, ein vierseitiges Verwaltungsabkommen zur grenzüberschreitenden UVP abzuschließen. Ein Entwurf liegt jedoch noch nicht vor.[103]

9. Deutschland – Polen

a) *Deutsch-polnischer Vertrag über gute Nachbarschaft und freundschaftliche Zusammenarbeit vom 17.6.1991*

Am 17.6.1991 unterzeichneten die Bundesrepublik Deutschland und die Republik Polen den Vertrag über gute Nachbarschaft und freundschaftliche Zusammenarbeit.[104] Er regelt in Art. 16 Abs. 1 nur pauschal, daß die Vertragsparteien der Abwehr drohender Gefahren für die Umwelt und der Erhaltung der natürlichen Lebensgrundlagen auch im Interesse künftiger Generationen große Bedeutung beimessen. Gemäß Art. 16 Abs. 2 soll im Vordergrund der Zusammenarbeit die Erfassung und Beseitigung von Umweltbelastungen in der Grenzregion stehen.

b) *Deutsch-polnisches Abkommen über die Zusammenarbeit auf dem Gebiet des Umweltschutzes vom 7.4.1994*

Das Abkommen zwischen den Regierungen der Bundesrepublik Deutschland und der Republik Polen über die Zusammenarbeit auf dem Gebiet des Umweltschutzes vom 7.4.1994[105] löst das deutsch-polnische Abkommen über die Zusammenarbeit auf dem Gebiet des Umweltschutzes vom 10.11.1989[106] ab. Durch dieses war bereits eine Arbeitsgruppe von Vertretern beider Seiten eingerichtet worden, zu deren Themenbereich auch die UVP gehörte. Das Abkommen vom 7.4.1994 enthält UVP-Regelungen, die dem deutsch-tschechischen Abkommen über die Zusammenarbeit auf dem Gebiet des Umweltschutzes vergleichbar sind. Gemäß Art. 5 Abs. 2 werden Umweltver-

---

103 Stand: 1.11.2000.

104 BGBl. II 1991, S. 1315, in Kraft seit 16.1.1992.

105 BGBl. II 1998, S. 282, in Kraft seit 31.8.1998.

106 BGBl. II 1990, S. 262.

träglichkeitsprüfungen für Tätigkeiten mit erheblichen grenzüberschreitenden Auswirkungen durchgeführt. Hierbei werden nach Art. 5 Abs. 2 Satz 2 auch die möglichen Beeinträchtigungen auf die Umwelt der anderen Vertragspartei geprüft. Nach Art. 5 Abs. 2 Satz 3 wird die betroffene Vertragspartei über die beabsichtigte Tätigkeit so bald wie möglich, spätestens jedoch zu dem Zeitpunkt, zu dem sie ihre eigene Öffentlichkeit unterrichtet, benachrichtigt; ihr werden die erforderlichen Angaben mitgeteilt und sachgemäße Konsultationen angeboten.

Nach Art. 5 Abs. 3 richten sich die Einzelheiten der Information, der Konsultation sowie die diesem Verfahren unterliegenden Tätigkeiten nach dem Espoo-Übereinkommen, sobald das Übereinkommen auf beide Vertragsparteien Anwendung findet. Bis zu diesem Zeitpunkt werden beide Vertragsparteien das Übereinkommen in größtmöglichem Umfang und in Übereinstimmung mit ihrem innerstaatlichen Recht vorläufig anwenden.

Auch dieses Abkommen wiederholt die völkergewohnheitsrechtlichen Informations- und Konsultationspflichten. Es bestimmt wie das deutsch-tschechische Umweltabkommen von 1996, daß diese Pflichten im Rahmen der UVP zu erfüllen sind. Damit geht es über bestehendes Völkergewohnheitsrecht und die Regelungen der vor Abschluß des Espoo-Übereinkommens verabschiedeten Vereinbarungen und Empfehlungen hinaus, die Informations- (und Konsultations-)pflichten regeln, ohne einen Zusammenhang mit der UVP herzustellen.

Nach Art. 5 Abs. 4 werden die Vertragsparteien möglichst bald nach Inkrafttreten des Abkommens die Tätigkeiten auflisten, die in die grenzüberschreitende UVP einzubeziehen sind, und Verfahren der gegenseitigen Information und Konsultation gemäß den Vorschriften des in Absatz 3 genannten Übereinkommens vereinbaren. Damit wird offensichtlich Bezug genommen, auf ein im deutsch-polnischen Grenzgebiet geplantes Verwaltungsabkommen zur grenzüberschreitenden UVP.[107] Dem Wortlaut wie auch der gesetzgeberischen Begründung zu dem Vertrag[108] ist nicht eindeutig zu entnehmen, ob sich die Parteien in rechtlich bindender Weise verpflichten wollten, eine Vereinbarung über die grenzüberschreitende UVP abzuschließen ("pactum de contrahendo"). Nachdem in der Begründung ausgeführt wird, daß entsprechende Vereinbarun-

107 Vgl. dazu unten unter d).

108 BT-Drucks. 151/97, S. 11 ff.

gen getroffen werden "sollen", und der Vorschrift klare Verpflichtungen nicht entnommen werden können, ist von einer nicht bindenden Wirkung dieser Vorschrift auszugehen.[109]

In Art. 7 geht das Abkommen auf Schäden ein, die durch grenzüberschreitende Umwelteinwirkungen entstanden sind. Die Rechtsfolgen richten sich nach dem jeweils geltenden Recht der Vertragsparteien (Abs. 1). Die Vertragsparteien gewährleisten jedoch den Staatsangehörigen der jeweils anderen Vertragspartei den ungehinderten und gleichen Zugang zu ihren Gerichten nach Maßgabe ihres jeweils geltenden Rechts einschließlich der für sie verbindlichen internationalen Übereinkünfte (Abs. 2). Maßgebend für den Zugang zu den Gerichten bleibt damit zwar das geltende Recht.[110] Das Übereinkommen stimmt insoweit mit dem Espoo-Übereinkommen überein, das bestimmt, daß der ausländischen Öffentlichkeit die gleichen Beteiligungsrechte wie der inländischen Öffentlichkeit einzuräumen sind.[111]

c) *Geplantes deutsch-polnisches Verwaltungsabkommen zur grenzüberschreitenden UVP*

Die deutsch-polnische Arbeitsgruppe "Grenzüberschreitende UVP", die auf einer Sitzung des deutsch-polnischen Umweltrates im Dezember 1992 in Misdroy in Polen ins Leben gerufen wurde, soll eine Methodik für die Durchführung grenzüberschreitender Umweltverträglichkeitsprüfungen erarbeiten.[112] An der Arbeitsgruppe sind Vertreter der Bundesrepublik Deutschland, des Freistaats Sachen, der Länder Mecklenburg-Vorpommern und Brandenburg sowie der Republik Polen beteiligt. Die Arbeitsgruppe berät über wesentliche Regelungsinhalte, die eine bilaterale Vereinbarung zur grenzüberschreitenden UVP enthalten soll, insbesondere den Entwurf einer Vereinbarung zur Durchführung grenzüberschreitender Umweltverträglichkeitsprüfungen. Die von der Arbeitsgruppe ausgearbeitete Vereinbarung ist bislang jedoch noch nicht zeichnungsreif.[113]

---

109 Vgl. zum pactum de contrahendo U. Beyerlin, Pactum de contrahendo, pactum de negotiando, in: R. Bernhard, EPL 7 (1984), S. 371 ff.

110 Vgl. BT-Drucks. 151/97, S. 12.

111 Art. 2 Abs. 6 Espoo-Übereinkommen.

112 Vgl. Ministerium für Umwelt, Naturschutz und Raumordnung des Landes Brandenburg, UVP im Land Brandenburg (1996), S. 26.

113 Stand: 1.11.2000. Vgl. zu der geplanten Vereinbarung auch R. Kolodziejski, Grenz-

Zur fachlichen Unterstützung der Arbeitsgruppentätigkeit wurde vom Umweltbundesamt im April 1994 die Erarbeitung eines Verfahrensvorschlags zur Durchführung grenzüberschreitender Umweltverträglichkeitsprüfungen (Deutschtschland - Polen) in Auftrag gegeben. Die entsprechende Studie wurde von deutschen und polnischen Experten[114] erarbeitet und 1996 veröffentlicht.[115] Sie enthält eine umfangreiche Analyse und Darstellung der deutschen und polnischen administrativen, gesetzlichen und fachlichen Grundlagen für die Durchführung einer UVP. Auch werden geplante und in Durchführung befindliche Vorhaben im deutsch-polnischen Grenzraum sowie bisherige Erfahrungen beider Länder bei der Durchführung der grenzüberschreitenden UVP mit ihren jeweiligen Nachbarländern dargestellt. Schließlich werden in der Studie drei Varianten eines bilateralen Verfahrens zur Durchführung einer grenzüberschreitenden UVP zwischen Deutschland und Polen vorgeschlagen. Das Espoo-Übereinkommen stellt dabei die Grundlage für die Hauptvariante, die "gutnachbarliche Vorgehensweise" dar, da das Übereinkommen nach der zu erwartenden Ratifikation durch beide Staaten[116] eine verbindliche Basis für die Zusammenarbeit zwischen Deutschland und Polen auf dem Gebiet der grenzüberschreitenden UVP bilden wird.[117]

Die Studie empfiehlt zur Bestimmung der Erheblichkeit potentieller Umweltauswirkungen neben einer umfassenden Liste von Projekten, die nach deutschem und polnischem Recht UVP-pflichtig sind, eine territoriale Abgrenzung, z.B. durch generelle Abstandsregelungen, um so die Zahl der für eine grenzüberschreitende UVP in Betracht zu ziehenden Vorhaben durch Ausschluß von solchen mit vorhersehbaren räumlich begrenzten Auswirkungen auf ein sinnvolles Maß zu beschränken.[118] Eine Spezifizierung überläßt die Studie einem zu erstellenden bilateralen Übereinkommen, stellt aber klar, daß eine solche

---

übergreifende Umweltverträglichkeitsprüfungen im deutsch-polnischen Grenzraum, Wirtschaft und Recht in Osteuropa 1996, S. 10.

114 Die Projektleitung und ingenieurtechnische Bearbeitung oblag der Holinger Gmbh auf deutscher Seite, der EkoKonsult und der Hydro Mel auf polnischer Seite; zusätzlich wurde ein projektbegleitender Beirat mit Experten von deutschen und polnischen Behörden berufen.

115 Vgl. Umweltbundesamt, Grenzüberschreitende Umweltverträglichkeitsprüfungen (Deutschland - Polen) (1996).

116 Polen hat des Espoo-Übereinkommen inzwischen ratifiziert.

117 So Umweltbundesamt (Anm. 115), S. 103.

118 Vgl. Umweltbundesamt (Anm. 115), S. 212 ff.

Abgrenzung nur eine Hilfestellung bei der Einstufung des Erheblichkeit der Umweltauswirkungen ist und grenzüberschreitende Umweltverträglichkeitsprüfungen außerhalb der Abgrenzung nicht ausschließt.[119]

Die Studie macht noch weitergehende, vom Espoo-Übereinkommen nicht vorgesehene, Vorschläge für das grenzüberschreitende deutsch-polnische UVP-Verfahren: die Abhaltung eines zweisprachigen Scoping-Termins mit Öffentlichkeitsbeteiligung, die Erstellung einer Umweltverträglichkeitsstudie (UVS) - im Idealfall durch ein deutsch-polnisches Gutachterteam, welches die größte Gewähr zur adäquaten Einbeziehung von Informationen, Daten und Auffassungen der betroffenen Seite bietet, - und die Abhaltung eines zweisprachigen Erörterungstermins auf dem Gebiet des Ursprungsstaats.[120]

Als Hauptproblembereiche im deutsch-polnischen Verhältnis identifiziert die Studie Kostenfragen, Sprach- und Übersetzungsprobleme sowie Fristen für Information, Einwendungen und Stellungnahmen.[121] Zur Lösung des Kostenproblems schlägt sie vor, daß die verursachende Seite grundsätzlich alle im Zusammenhang mit der grenzüberschreitenden UVP unumgänglichen Übersetzungen von Unterlagen übernimmt. Dabei empfiehlt die Studie, daß der Vorhabenträger die Übersetzungskosten trägt. Die Studie empfiehlt weiter, daß die federführende Behörde der betroffenen Seite der Zulassungsbehörde einen Hinweis geben soll, wenn Stellungnahmen und Einwendungen gleiche Inhalte aufweisen, um so Übersetzungskosten zu mindern. Auch Dolmetscherkosten sollen grundsätzlich von der verursachenden Seite getragen werden. Für den Scoping- und den Erörterungstermin sowie Konsultationen nach Vorlage der Umweltverträglichkeitsstudie sind die Kosten nach der Studie vom Vorhabenträger zu erbringen.[122]

Zu dem Punkt Sprach- und Übersetzungsprobleme schlägt die Studie unter anderem die Erarbeitung eines deutsch-polnischen Begriffs- und Definitionskatalogs vor, um Übersetzungsprobleme in bezug auf in Deutschland und Polen unterschiedlich verwendete Fachbegriffe zu vermeiden.[123]

---

119 Vgl. Umweltbundesamt (Anm. 115), S. 122.

120 Vgl. die gutnachbarschaftliche Vorgehensweise auf Grundlage des Espoo-Übereinkommens, in: Umweltbundesamt (Anm. 115), S. 114 ff.

121 Vgl. Umweltbundesamt (Anm. 115), S. 124.

122 Vgl. Umweltbundesamt (Anm. 115), S. 125.

123 Vgl. Umweltbundesamt (Anm. 115), S. 126.

Hinsichtlich der Fristenproblematik macht die Studie keinen Vorschlag, da entsprechende polnische Regelungen zum Zeitpunkt der Anfertigung der Studie noch nicht verabschiedet waren. Es wird aber festgestellt, daß bilaterale Regelungen in jedem Fall erforderlich sind. Da in Deutschland im Unterschied zu Polen bereits zum Scoping-Termin eine Beteiligung der Öffentlichkeit möglich ist, stellt die Studie auch insoweit die Notwendigkeit einer bilateralen Regelung fest.[124]

10. Deutschland - Nicht-Nachbarstaaten

Die Bundesrepublik Deutschland hat mit einer Reihe von Staaten, die keine unmittelbaren Nachbarstaaten sind, Abkommen über die Zusammenarbeit auf dem Gebiet des Umweltrechts geschlossen. Keines dieser Abkommen regelt die spezielle Frage der UVP. So bestehen z.B. ein deutsch-albanisches Abkommen über die Zusammenarbeit auf dem Gebiet des Umweltrechts vom 13.10.1992,[125] ein deutsch-litauisches Abkommen über die Zusammenarbeit auf dem Gebiet des Umweltrechts vom 16.4.1993,[126] ein deutsch-lettisches Abkommen über die Zusammenarbeit auf dem Gebiet des Umweltrechts vom 14.4.1993,[127] ein deutsch-ungarisches Abkommen über die Zusammenarbeit auf dem Gebiet des Umweltrechts vom 9.5.1993,[128] ein deutsch-ukrainisches Abkommen über die Zusammenarbeit auf dem Gebiet des Umweltrechts vom 10.6.1993[129] und ein deutsch-bulgarisches Abkommen über die Zusammenarbeit auf dem Gebiet des Umweltrechts vom 11.6.1993.[130] In diesen Übereinkommen verpflichten sich die Parteien jeweils, die bilaterale Zusammenarbeit auf dem Gebiet des Umweltschutzes aufzunehmen bzw. zu intensivieren. Insbesondere Expertentreffen und fachwissenschaftliche Veranstaltungen sollen dazu beitragen. Das am 14.7.1997 unterzeichnete deutsch-slowakische Umweltabkommen, das am

124 Vgl. Umweltbundesamt (Anm. 115), S. 126 f.

125 BGBl. II 1993, S. 60, in Kraft seit 13.10.1992.

126 BGBl. II 1993, S. 899, in Kraft seit 16.4.1993.

127 BGBl. II 1993, S. 901, in Kraft seit 14.4.1993.

128 BGBl. II 1993, S. 1822, in Kraft seit 9.5.1993.

129 BGBl. II 1993, S. 1826, in Kraft seit 10.6.1993.

130 BGBl. II 1993, S. 1824, in Kraft seit 11.6.1993.

selben Tag in Kraft trat, sieht eine auf bestimmte Projekte bezogene deutsch-slowakische Kooperation vor, die sich nicht ausdrücklich auf UVP-Verfahren bezieht.[131]

II. Ergebnis

Vor Abschluß des Espoo-Übereinkommens verabschiedete Vereinbarungen sind zur Durchführung des Übereinkommens ohne entsprechende Neufassung nur bedingt geeignet, da sie regelmäßig nur eine Informationsverpflichtung ohne Bezug zum UVP-Verfahren vorsehen, z.B. die deutsch-dänische, deutsch-niederländische und deutsch-schweizerische Vereinbarung zur gegenseitigen Unterrichtung beim Bau kerntechnischer Anlagen von 1977 bzw. 1982 sowie die Empfehlung der Saar-Lor-Lux-Regierungskommission zur gegenseitigen Unterrichtung bei genehmigungsbedürftigen Neu- und Änderungsvorhaben von 1986. Erkennbar ist in diesen Vereinbarungen wie im Espoo-Übereinkommen das Bemühen, den unbestimmten Begriff der Erheblichkeit zu spezifizieren. Dies geschieht häufig durch Bestimmung eines bestimmten Gebietsstreifens beiderseits der Grenze. Eine solche Regelung kann in Ergänzung des Espoo-Übereinkommens die Zahl der für die grenzüberschreitende UVP in Betracht zu ziehenden Vorhaben auf ein sinnvolles Maß zu beschränken. Um den Anforderungen des Espoo-Übereinkommens gerecht zu werden, müssen derartige Vereinbarungen aber klarstellen, daß grenzüberschreitende Umweltverträglichkeitsprüfungen außerhalb des Gebietsstreifens nicht ausgeschlossen sind, wie es etwa in der Empfehlung der Saar-Lor-Lux-Regierungskommission von 1986 geschehen ist.

Die neugefaßte Empfehlung zur Information und Konsultation bei neuen Projekten der deutsch-französisch-schweizerischen Regierungskommission vom 13.3.1996 ist die einzige bilaterale Regelung zur Implementierung des Espoo-Übereinkommens, die derzeit schon anzuwenden ist. Die Empfehlung implementiert wie der seit 1995 vorliegende Entwurf eines vierseitigen Verwaltungsabkommens im deutsch-niederländischen Bereich die Hauptvorschriften des Espoo-Übereinkommens und paßt das UVP-Verfahren des Espoo-Übereinkommens der Zusammenarbeit der Behörden im Grenzbereich an. Beide Instrumente regeln die für die Praxis wichtigen, vom Espoo-Übereinkommen offen gelassenen Fragen, welche Behörden im Rahmen des grenzüberschreitenden UVP-Verfahrens zuständig sind und in welcher Sprache die Informationen

131 Vgl. Umwelt Nr. 11/1997, S. 450.

und Stellungnahmen zu erfolgen haben. Dabei wird darauf verwiesen, daß dem Projektträger Übersetzungskosten nicht auferlegt werden können, da eine entsprechende Rechtsgrundlage im deutschen Recht fehlt.

Eine Studie des Umweltbundesamtes, die die Arbeiten an einem Verwaltungsabkommen im deutsch-polnischen Grenzbereich unterstützen soll, enthält ebenfalls Regelungen zur Weiterentwicklung des Espoo-Übereinkommens. Sie empfiehlt das Abhalten eines zweisprachigen Scoping-Termins mit Beteiligung der Öffentlichkeit von Urspungsstaat und betroffenem Staat, die Erstellung einer separaten Umweltverträglichkeitsstudie, im Idealfall durch eine deutsch-polnisches Gutachterteam, und die Anberaumung eines zweisprachigen Erörterungstermins. Die Einführung derartiger Regelungen würde eine Fortenwicklung des Espoo-Übereinkommens darstellen. Der Abschluß eines entsprechenden bilateralen deutsch-polnischen Verwaltungsabkommens läßt allerdings noch auf sich warten.

Im Verhältnis der Bundesrepublik Deutschland zu ihren Nachbarstaaten sind gute Ansätze erkennbar, das Espoo-Übereinkommen durch bilaterale Vereinbarungen zu implementieren, die auf die jeweilige Region zugeschnittene grenzüberschreitende UVP-Verfahren regeln und geeignet sind, die eher generellen Vorschriften des Espoo-Übereinkommens durch detaillierte Regelungen, auch in praktischen Fragen, zu präzisieren und fortzuentwickeln.

G. Zusammenfassung der Ergebnisse

1. Das Espoo-Übereinkommen ist das erste verbindliche völkerrechtliche Instrument, das die UVP speziell für grenzüberschreitende Umweltauswirkungen regelt. Es beansprucht Anwendung im gesamten europäischen Raum, hat also einen regionalen Anwendungsbereich. Da die UVP in der Europäischen Gemeinschaft durch die UVP-Richtlinie von 1985 und die UVP-Änderungsrichtlinie von 1997 nur ansatzweise für den grenzüberschreitenden Bereich geregelt ist, bedeutet das Espoo-Übereinkommen in den EG-Mitgliedstaaten eine Weiterentwicklung der grenzüberschreitenden UVP. In den mittel- und osteuropäischen Staaten führt es erstmals Vorschriften zur grenzüberschreitenden UVP ein.

2. Das Espoo-Übereinkommen setzt das Instrument der UVP im Rahmen der grenzüberschreitenden Zusammenarbeit im Umweltbereich ein. Die UVP erweist sich als ein geeignetes Mittel zur Verwirklichung der völkergewohnheitsrechtlichen Pflicht, erhebliche grenzüberschreitende Umweltbeeinträchtigungen zu vermeiden, da sie sicherstellt, daß durch Kooperation (Information und Konsultation) von betroffenen Parteien sowie durch Beteiligung der betroffenen ausländischen Behörden und der Öffentlichkeit wahrscheinliche grenzüberschreitende Umweltauswirkungen geplanter Projekte verläßlich abgeschätzt und Maßnahmen zur Verminderung oder Vermeidung grenzüberschreitender Umweltbelastungen erörtert werden.

3. Das Espoo-Übereinkommen kodifiziert einerseits völkergewohnheitsrechtliche Pflichten des grenzüberschreitenden Umweltschutzes, andererseits entwickelt es diese Pflichten auch weiter. Die Pflicht zur grenzüberschreitenden UVP selbst stellt eine im Entstehen begriffene völkergewohnheitsrechtliche Pflicht dar. Hinsichtlich des Inhalts dieser im Entstehen begriffenen Pflicht ist der völkerrechtlichen Praxis zu entnehmen, daß erhebliche grenzüberschreitende Umweltauswirkungen wahrscheinlich sein müssen und diese bei der endgültigen Entscheidung über die Zulassung des geplanten Projekts zu berücksichtigen sind. Das Espoo-Übereinkommen stellt nicht nur ein Indiz dafür dar, daß eine völkergewohnheitsrechtliche Pflicht zur UVP im Entstehen begriffen ist, sondern es trägt auch zur inhaltlichen Weiterentwicklung dieser Pflicht bei, indem es das grenzüberschreitende UVP-Verfahren ausführlich regelt.

4. Das Espoo-Übereinkommen ist bestrebt, dem unbestimmten Begriff der Erheblichkeit von grenzüberschreitenden Umweltbeeinträchtigungen Konturen zu verleihen. Es spezifiziert den Begriff der Erheblichkeit durch eine Liste von Projekten, von denen anzunehmen ist, daß sie in der Regel erhebliche grenz-

überschreitende Umweltauswirkungen haben. Potentiell betroffenen Staaten gibt das Übereinkommen die Möglichkeit, ein UVP-Verfahren im Ursprungsstaat dadurch zu initiieren, daß bei Streit über die Erheblichkeit grenzüberschreitender Umweltauswirkungen eines aufgelisteten Projekts eine Untersuchungskommission eingeschaltet werden kann, die ein Gutachten zur Frage der Erheblichkeit der Umweltauswirkungen anfertigt. Für nicht aufgelistete Projekte stellt das Übereinkommen Kriterien zur Verfügung, anhand derer die Erheblichkeit der Auswirkungen dieser Projekte beurteilt werden kann. Ferner können betroffene Parteien die Aufnahme von Konsultationen über die Erheblichkeit der Umweltauswirkungen solcher Projekte verlangen.

5. Das Espoo-Übereinkommen regelt präzise Informations- und Konsultationspflichten, die den Parteien schon das geltende Völkergewohnheitsrecht auferlegt. Es bestimmt, daß diese völkergewohnheitsrechtlichen Pflichten im Rahmen des UVP-Verfahrens erfüllt werden müssen und geht damit über geltendes Völkergewohnheitsrecht hinaus.

6. Das Espoo-Übereinkommen regelt eine breite und obligatorische Beteiligung der ausländischen Behörden und Öffentlichkeit. Die Pflicht zur Gleichbehandlung der in- und ausländischen Öffentlichkeit stellt noch keine völkergewohnheitsrechtliche Pflicht dar. Das Espoo-Übereinkommen trägt mit seinen Regelungen zur Entwicklung einer solchen völkergewohnheitsrechtlichen Verpflichtung bei. Es entwickelt diese Pflicht insbesondere dadurch weiter, daß es bestimmt, daß sie im Rahmen des UVP-Verfahrens zu erfüllen ist. Zu kritisieren ist, daß die Art und Weise der Öffentlichkeitsbeteiligung den Parteien überlassen bleibt, kein Klagerecht für die betroffene ausländische Öffentlichkeit vorgesehen ist und Regelungen zur Übersetzung von Informationen und Stellungnahmen fehlen.

7. Im EG-Bereich implementiert die UVP-Änderungsrichtlinie die Hauptbestimmungen des Espoo-Übereinkommens. In ihren Anhängen übernimmt sie die von Anhang I des Espoo-Übereinkommens erfaßten Vorhaben. Sie setzt die Bestimmungen des Espoo-Übereinkommens zur Übermittlung von Angaben über das geplante Projekt an potentiell betroffene Staaten, zur Einbeziehung der betroffenen Öffentlichkeit und Behörden und zu Konsultationen zwischen den betroffenen Staaten um. Dem Espoo-Übereinkommen entsprechend sind die erhaltenen Stellungnahmen und Ergebnisse der Konsultationen bei der endgültigen Entscheidung zu berücksichtigen. Detaillierte Umsetzungsbestimmungen bleiben nach der UVP-Änderungsrichtlinie den EG-Mitgliedstaaten vorbehalten. Defizite der UVP-Änderungsrichtlinie sind, daß die Mechanismen des Espoo-Übereinkommens zur Spezifizierung des unbestimmten Begriffs der Erheblichkeit der grenzüberschreitenden Umweltauswirkungen nicht implementiert werden, daß die Alternativenprüfung weniger streng als im Espoo-

Übereinkommen ist, da nicht daran angeknüpft wird, daß die Prüfung sachlich erforderlich ist, sondern daran, daß der Projektträger Alternativen geprüft hat, und daß keine Nachkontrolle nach Durchführung des Projekts geregelt ist. Die IVU-Richtlinie ist nicht mit der UVP-Änderungsrichtlinie und dem Espoo-Übereinkommen abgestimmt, obwohl das Ziel der IVU-Richtlinie die Vermeidung von erheblichen Umweltbelastungen ist und sich ihr Anwendungsbereich zumindest teilweise mit dem der UVP-Änderungsrichtlinie überschneidet. Insoweit erscheint eine Novelle dieser Richtlinie angezeigt.

8. Das Espoo-Übereinkommen wurde bislang noch nicht von der Bundesrepublik Deutschland ratifiziert. Für den Fall der Ratifizierung besteht Anpassungsbedarf im deutschen Recht, da dessen Vorschriften zur UVP den Anforderungen des Espoo-Übereinkommens in mehrfacher Hinsicht nicht entsprechen. Schon jetzt ist der deutsche Gesetzgeber rechtlich zur Umsetzung von den Bestimmungen des Übereinkommens, die die UVP-Änderungsrichtlinie umsetzt, verpflichtet. Auch den Anforderungen der UVP-Änderungsrichtlinie entspricht das bestehende deutsche Recht - mit Ausnahme des bayerischen Gesetzes zur Umsetzung der UVP-Richtlinie, das die Vorgaben der UVP-Änderungsrichtlinie für nach bayerischem Landesrecht UVP-pflichtige Projekte umsetzt - in verschiedener Hinsicht nicht. Das deutsche Recht bleibt hinsichtlich des Anwendungsbereichs der UVP hinter dem Espoo-Übereinkommen und der UVP-Änderungsrichtlinie zurück, da weniger Projekte in die UVP-Pflicht einbezogen werden. Die im deutschen Recht geltenden Regelungen zur Benachrichtigung betroffener Mitgliedstaaten stellen im Unterschied zu den Regelungen im Espoo-Übereinkommen und in der UVP-Änderungsrichtlinie nicht sicher, daß ausländische Staaten an dem UVP-Verfahren beteiligt werden. Eine Benachrichtigung von Nicht-EG-Mitgliedstaaten findet, anders als im Espoo-Übereinkommen, nur bei Gegenseitigkeit und Gleichwertigkeit statt. Nur im Bergrecht ist eine Konsultationspflicht geregelt, ansonsten ergibt sich die Konsultationspflicht im deutschen Recht im Unterschied zu Espoo-Übereinkommen und UVP-Änderungsrichtlinie aus Völkergewohnheitsrecht oder bilateralen Vereinbarungen. Im Gegensatz zu UVP-Änderungsrichtlinie und Espoo-Übereinkommen sieht das deutsche Recht eine Beteiligung der ausländischen Öffentlichkeit nicht vor. Die erforderlichen Änderungen im deutschen Recht werden aller Voraussicht nach wie die Regelungen der UVP-Änderungsrichtlinie nur einen generellen Rahmen vorgeben. Detaillierte Umsetzungsbestimmungen bleiben bilateralen Vereinbarungen mit den Nachbarstaaten überlassen.

9. Das Espoo-Übereinkommen erlaubt den Parteien, es durch bestehende oder neu zu schaffende bi- und multilaterale Vereinbarungen durchzuführen. Insbesondere bilaterale Vereinbarungen sind zur Implementierung des Espoo-Übereinkommens geeignet, da schon der Begriff "grenzüberschreitend" impli-

ziert, daß an der grenzüberschreitenden UVP in der Regel zwei Nachbarstaaten beteiligt sind und einseitige Regelungen damit wenig nützlich sind. Auch können bilaterale Vereinbarungen Bestimmungen für die grenzüberschreitende UVP schaffen, die über den generellen Rahmen des Espoo-Übereinkommens hinausgehen, da eine Einigung zwischen zwei Staaten sehr viel leichter zu erzielen ist als auf multilateraler Ebene. Die bereits vor Unterzeichnung des Espoo-Übereinkommens geschlossenen Vereinbarungen zwischen der Bundesrepublik Deutschland und anderen Vertragsparteien über eine grenzüberschreitende Zusammenarbeit bei geplanten Vorhaben sind zur Durchführung des Espoo-Übereinkommens nur bedingt geeignet, da sie nur Informationspflichten vorsehen. Am ehesten entspricht die Empfehlung der deutsch-französisch-luxemburgischen Regierungskommission zur gegenseitigen Unterrichtung bei genehmigungsbedürftigen Neu- und Änderungsvorhaben von 1986 den Anforderungen des Espoo-Übereinkommens. Auch diese Empfehlung regelt allerdings lediglich eine Informationspflicht. Die einzige jetzt schon anwendbare Vereinbarung, die das Espoo-Übereinkommen implementiert, ist die Empfehlung der deutsch-französisch-schweizerischen Regierungskommission über gegenseitige Unterrichtung bei bestimmten genehmigungsbedürftigen Anlagen von 1996. Noch nicht verabschiedet ist der Entwurf eines deutsch-niederländischen Verwaltungsabkommens zur grenzüberschreitenden UVP von 1995. Beide Vereinbarungen passen die Bestimmungen des Espoo-Übereinkommens den innerstaatlichen Verfahrensregeln auf beiden Seiten an und regeln die für die Praxis wichtige Frage der Übersetzung von Informationen und Stellungnahmen, die das Espoo-Übereinkommen offen läßt. Eine Studie des Umweltbundesamtes zum deutsch-polnischen Verfahren bei der grenzüberschreitenden UVP von 1996 macht über die Regelungen des Espoo-Übereinkommens hinausgehende Vorschläge für das grenzüberschreitende UVP-Verfahren. Sie empfiehlt das Erstellen einer Umweltverträglichkeitsstudie durch ein deutsch-polnisches Gutachterteam, die Abhaltung eines zweisprachigen Scoping-Termins mit Öffentlichkeitsbeteiligung und die Durchführung eines zweisprachigen Erörterungstermins. In bi- (und trilateralen) Vereinbarungen der Bundesrepublik Deutschland mit ihren Nachbarstaaten sind also gute Ansätze für eine Weiterentwicklung der Regelungen des Espoo-Übereinkommens erkennbar.

Literaturverzeichnis

Ago, Roberto: La Science Juridique en Face du Droit International, Recueil des Cours de l'Academie de droit international de la Haye 1956 II, S. 857 ff.

Akehurst, Michael: Custom as a Source of International Law, BYIL 1974-75, S. 1 ff.

Arnold, Rainer: Der Abschluß gemischter Verträge durch die Europäischen Gemeinschaften, AVR 1981, S. 419 ff.

Battis, Ulrich: Umweltverträglichkeitsprüfung in der Bauleitplanung, NuR 1995, S. 448 ff.

Baumgärtner, Wilfried: Die unmittelbaren Auswirkungen des Investitionserleichterungs- und Wohnbaulandgesetzes auf die Umweltverträglichkeitsprüfung (UVP), in: Pfaff-Schley, Herbert (Hrsg.), Die Umweltverträglichkeitsprüfung, Probleme in der Planungspraxis und ihre Ursachen, Berlin, Heidelberg, New York 1996, S. 1 ff.

Becker, Bernd: Einführung in Inhalt, Bedeutung und Probleme der Umsetzung der Richtlinie 96/61/EG des Rates der Europäischen Union vom 24. September 1996 über die integrierte Vermeidung und Verminderung der Umweltverschmutzung, DVBl. 1997, S. 588 ff.

- Überblick über die umfassende Änderung der Richtlinie über die Umweltverträglichkeitsprüfung, NVwZ 1997, S. 1167 ff.

Bernhard, Rudolf: Customary International Law, in: Bernhard, Rudolf (ed.), Encyclopedia of Public International Law, Instalment 1, North Holland, Amsterdam, New York, Oxford, Tokyo 1992, S. 902 ff.

Beyerlin, Ulrich/Ehrmann, Markus: Fünf Jahre nach dem Erdgipfel von Rio - eine kritische Bestandsaufnahme der Sondergeneralversammlung vom Juni 1997, UPR 1997, S. 356 ff.

- und *Marauhn, Thilo:* Abrüstung und Umweltschutz - eine völkerrechtliche Interessenkollission?, Bochumer Schriften zur Friedenssicherung und zum humanitären Völkerrecht, Band 23, Bochum 1994.

- und *Marauhn, Thilo:* Rechtsetzung und Rechtsdurchsetzung im Umweltvölkerrecht nach der Rio-Konferenz 1992, Umweltbundesamt Berichte 3/97, Berlin 1997.

- Die Beteiligung ausländischer Grenznachbarn an umweltrechtlichen Verwaltungsverfahren und Möglichkeiten zu ihrer vertraglichen Regelung auf "euroregionaler" Ebene, NuR 1985, S. 173 ff.

- Grenzüberschreitender Umweltschutz und allgemeines Völkerrecht, in: Festschrift für Karl Doehring, herausgegeben von Kay Hailbronner, Georg Ress und Torsten Stein, Berlin, Heidelberg, New York, London, Paris, Tokyo, Hong Kong 1989, S. 37 ff.

- Neighbour States, in: Rudolf Bernhard (ed.), Encylopedia of Public International Law, Instalment 10, North-Holland, Amsterdam, New York, Oxford, Tokyo 1987, S. 310 ff.

- Pactum de contrahendo, pactum de negotiando, in: Rudolf Bernhard (ed.), Encyclopedia of Public International Law, Instalment 7, North-Holland, Amsterdam, New York, Oxford, Tokyo 1984, S. 371 ff.

- Rechtsprobleme der lokalen grenzüberschreitenden Zusammenarbeit, Berlin, Heidelberg, New York, London, Paris, Tokyo 1988.

- Rio-Konferenz 1992: Beginn einer neuen globalen Umweltrechtsordnung?, ZaöRV 1994, S. 124 ff.

- Staatliche Souveränität und internationale Umweltschutzkooperation, Gedanken zur Entwicklung des Umweltvölkerrechts, in: Festschrift für Rudolf Bernhard, herausgegeben von Ulrich Beyerlin, Michael Bothe, Rainer Hofmann und Ernst-Ulrich Petersmann, Berlin, Heidelberg, New York, London, Paris, Tokyo, Hong Kong, Barcelona, Budapest 1995, S. 937 ff.

- Umweltschutz und lokale grenzüberschreitende Zusammenarbeit (rechtliche Grundlagen), in: Bothe, Michael/Prieur, Michel/Ress, Georg (Hrsg.): Rechtsfragen grenzüberschreitender Umweltbelastungen, Berlin 1984, S. 293 ff.

Bezirksregierung Köln: Braunkohlenplan Garzweiler II, Textliche Darstellung und Erläuterungsbericht (kein Erscheinungsjahr).

Birnie, Patricia W./Boyle, Alan E.: International Law and the Environment, Oxford 1992.

Bohne, Eberhard: Die integrierte Genehmigung als Grundlage der Vereinheitlichung und Vereinfachung des Zulassungsrechts und seine Verknüpfung mit dem Umweltaudit, in: Rengeling, Hans-Werner (Hrsg.), Integrierter und betrieblicher Umweltschutz, Köln, Berlin, Bonn, München 1995, S. 105 ff.

Bonine, John E.: UNEP: Environmental Impact Assessment - Principles developed, EPL 17 (1987), S. 5 ff.

Bothe, Michael/Gündling, Lothar: Neuere Tendenzen des Umweltrechts im internationalen Vergleich, Umweltbundesamt Berichte 2/90, Berlin 1990.

- und *Prieur, Michel/Ress, Georg:* Rechtsfragen grenzüberschreitender Umweltbelastungen, Berlin 1984.

- Developments and Problems of Co-operation with regard to transboundary Air Pollution in Western Europe, in: Flinterman, Cees/Kwiatkowska, Barbara/Lammers, Johan G. (eds.), Transboundary Air Pollution, Dordrecht, Boston, Lancaster 1986, S. 117 ff.

Brunnée, Jutta: Entwicklungen im Umweltvölkerrecht am Beispiel des sauren Regens und der Ozonschichtzerstörung, Mainz 1989.

Bryde, Brun-Otto: Umweltschutz durch allgemeines Völkerrecht?, AVR 1993, S. 1 ff.

Bundesministerium für Umwelt, Naturschutz und Reaktorsicherheit (Hrsg.): Umweltgesetzbuch (UGB-KomE), Entwurf der Unabhängigen Sachverständigenkommission zum Umweltgesetzbuch beim Bundesministerium für Umwelt, Naturschutz und Reaktorsicherheit, Berlin 1997.

Bunge, Thomas: Die Umweltverträglichkeitsprüfung im Verwaltungsverfahren, Zur Umsetzung der Richtlinie der Europäischen Gemeinschaften vom 27. Juni 1985 (85/337/EWG) in der Bundesrepublik Deutschland, Köln 1986.

- Die Umweltverträglichkeitsprüfung von Projekten: Verfahrensrechtliche Erfordernisse auf der Basis der EG-Richtlinie vom 27. Juni 1985, DVBl. 1987, S. 819 ff.

- Internationale und europäische Regeln über die Umweltverträglichkeitsprüfung - die Arbeiten der OECD, der EG, des UNEP und der ECE, ZAU 1990, S. 356 ff.

- Kommentar zum UVPG, in: Storm, Peter-Christoph/Bunge, Thomas (Hrsg.), Handbuch der Umweltverträglichkeitsprüfung (HdUVP), ergänzbare Sammlung der Rechtsgrundlagen, Prüfungsinhalte und -methoden für Behörden, Unternehmen, Sachverständige und deren juristische Praxis, Loseblatt, Berlin 1988 ff. (Stand Januar 2000), Kennziffer 0600.

- Transboundary co-operation between France and the Federal Republic of Germany, in: Flintermann, Cees/Kwiatkowska, Barbara/Lammers, Johan G. (eds.), Transboundary Air Pollution, Dordrecht, Boston, Lancaster 1986, S. 181 ff.

- Umweltverträglichkeitsprüfung, in: Kimminich, Otto/von Lersner, Heinrich/Storm, Peter-Christoph (Hrsg.), Handwörterbuch des Umweltrechts, 2. Aufl., Berlin 1994, Band II, Sp. 2478 ff.

- Zur Weiterentwicklung der UVP, in: Schmidt, Alexander (Hrsg.), Das Umweltrecht der Zukunft, Berlin 1996, S. 25 ff.

- Zweck, Inhalt und Verfahren von Umweltverträglichkeitsprüfungen, in: Storm, Peter-Christoph/Bunge, Thomas (Hrsg.), Handbuch der Umweltverträglichkeitsprüfung (HdUVP), ergänzbare Sammlung der Rechtsgrundlagen, Prüfungsinhalte und -methoden für Behörden, Unternehmen, Sachverständige und deren juristische Praxis, Loseblatt, Berlin 1988 ff. (Stand Januar 2000), Kennziffer 0100.

Burhenne, Wolfgang E. (Hrsg.): Internationales Umweltrecht, Multilaterale Verträge, Berlin 1974 ff. (6 Bände).

Cerny, R. J./Sheate, W. R.: Strategic Environmental Impact Assessment: Amending the EA Directive, EPL 22 (1992), S. 154 ff.

Connelly, Robert G.: The United Nations Convention on Environmental Impact Assessment in a Transboundary Context (The Espoo Convention), A Historical Perspective, Paper for the Seminar on The History, Effectiveness and Practical Application of the UN ECE Convention on Environmental Impact Assessment in a Transboundary Context, held on May 16, 1998 in Oslo, Norway (unveröffentlicht).

Cupei, Jürgen: Die Richtlinie über die Umweltverträglichkeitsprüfung (UVP) bei bestimmten öffentlichen und privaten Projekten, NuR 1985, S. 297 ff.

- Genehmigung von Industrieanlagen in Grenzgebieten, Eine Untersuchung auf Initiative des Deutsch-Französischen Umweltrates, UVP-report 1997, S. 17 ff.

- Umweltverträglichkeitsprüfung (UVP), Die Richtlinie des Rates der Europäischen Gemeinschaften, DVBl. 1985, S. 813 ff.

- Umweltverträglichkeitsprüfung - Ein Beitrag zur Strukturierung der Diskussion, zugleich eine Erläuterung der EG-Richtlinie, Köln, Berlin, Bonn, München 1986.

Doehring, Karl: Gewohnheitsrecht aus Verträgen, ZaöRV 1976, S. 77 ff.

- Völkerrecht, Ein Lehrbuch, Heidelberg 1999.

Dohle, Rolf: Anwendungsprobleme eines Gesetzes zur Umweltverträglichkeitsprüfung (UVP-Gesetz), NVwZ 1989, S. 697 ff.

Dolde, Klaus: Die EG-Richtlinie über die integrierte Vermeidung und Verminderung der Umweltverschmutzung (IVU-Richtlinie) - Auswirkungen auf das deutsche Umweltrecht, NVwZ 1997, S. 313 ff.

Dörr, Oliver: Die Entwicklung der ungeschriebenen Außenkompetenzen der EG, EuZW 1996, S. 39 ff.

Droste-Hülshoff, Wilderich von/Heuser, Olaf: Aspekte der Umweltverträglichkeitsprüfung im deutsch-französischen Grenzraum (Oberrhein), UVP-report 1992, S. 77 ff.

Durst, Matthias: Die UVP in parallelen und konzentrierten Verfahren, Eine Untersuchung unter besonderer Berücksichtigung europarechtlicher Vorgaben am Beispiel immissionsschutzrechtlicher und gentechnischer Anlagen, Frankfurt am Main 1998.

Ebbesson, Jonas: Innovative Elements and Expected Effectiveness of the EIA Convention, Paper for the Seminar on The History, Effectiveness and Practical Application of the UN ECE Convention on Environmental Impact Assessment in a Transboundary Context, held on May 16, 1998 in Oslo, Norway (unveröffentlicht).

- Svensk tillämpning av den nordiska miljöskyddskonventionen, Stockholm 1992.

Eberhardt, Alfred: Das Konzept der deutschen Umweltverträglichkeitsprüfung im Lichte der Arbeit internationaler Organisationen, NuR 1991, S. 1 ff.

Economic Commission for Europe (ed.): Application of Environmental Impact Assessment, Highways and Dams, New York 1987.

- Application of Environmental Impact Assessment to Policies, Plans and Programmes, New York 1992.

- Current Policies, Strategies and Aspects of Environmental Impact Assessment in a Transboundary Context, New York und Genf 1996.

- Post-project analysis in environmental impact assessment, New York 1990.

- Protecting our environment. How environmental impact assessment can help, New York und Genf 1998.

Epiney, Astrid/Scheyli, Martin: Strukturprinzipien des Umweltvölkerrechts, Baden-Baden 1998.

- Das "Verbot erheblicher grenzüberschreitender Umweltbeeinträchtigungen": Relikt oder konkretisierungsfähige Grundnorm? AVR 1995, S. 309 ff.

- Zur Stellung des Völkerrechts in der EU, EuZW 1999, S. 5 ff.

Erbguth, Wilfried/Schink, Alexander: Gesetz über die Umweltverträglichkeitsprüfung, Kommentar, 2. vollständig überarbeitete Auflage, München 1996.

Experts Group on Environmental Law of the World Commission on Environment and Development: Environmental Protection and Sustainable Development, Legal Principles and Recommendations, London, Dordrecht, Boston 1986.

Feldmann, Franz-Josef: Die Umsetzung der UVP-Änderungsrichtlinie im Ersten Buch zum UGB, in: Rengeling, Hans-Werner (Hrsg.), Auf dem Weg zum Umweltgesetzbuch I, Zur Umsetzung der IVU- und der UVP-Änderungsrichtlinie, Köln, Berlin, Bonn, München 1999, S. 193 ff.

- Umweltverträglichkeitsprüfung: EG-Richtlinie und ihre Umsetzung in Deutschland, in: Rengeling, Hans-Werner (Hrsg.), Handbuch zum europäischen und deutschen Umweltrecht, Band I, Allgemeines Umweltrecht, Köln, Berlin, Bonn, München 1998, S. 1035 ff.

Feldmann, Liselotte: Die Anforderungen der UVP-Änderungsrichtlinie 97/11/EG, in: Rengeling, Hans-Werner (Hrsg.), Auf dem Weg zum Umweltgesetzbuch I, Zur Umsetzung der IVU- und der UVP-Änderungsrichtlinie, Köln, Berlin, Bonn, München 1999, S. 7 ff.

Feldt, Walter: Änderung der europäischen UVP-Richtlinie, UVP-report 1997, S. 5 ff.

Fischer, Kristian: Die Einwirkung des europäischen auf das nationale Umweltrecht, JuS 1999, S. 320 ff.

Flintermann, Cees/Kwiatkowska, Barbara/Lammers, Johan G. (eds.): Transboundary Air Pollution, Dordrecht, Boston, Lancaster 1986.

Freistaat Sachsen, Staatsministerium für Umwelt und Landwirtschaft: Umwelt ohne Grenzen, Dresden 1999.

Frenz, Walter: Europäisches Umweltrecht, München 1997.

Geiger, Rudolf: Vertragsschlußkompetenzen der Europäischen Gemeinschaft und auswärtige Gewalt der Mitgliedstaaten, JZ 1995, S. 973 ff.

Grabitz, Eberhard/Hilf, Meinhard: Kommentar zur Europäischen Union, Vertrag über die Europäische Union, Vertrag zur Gründung der Europäischen Gemeinschaft, Loseblatt, München, Stand Oktober 1999.

- und *Zacker, Christian:* Die neuen Umweltkompetenzen der EG, NVwZ 1989, S. 297 ff.

Groeben, Hans von der/Thiesing, Jochen/Ehlermann, Claus-Dieter (Hrsg.): Kommentar zum EU/EG-Vertrag, Band 5, 5. Auflage, Baden-Baden 1997.

Gündling, Lothar: Verantwortlichkeit der Staaten für grenzüberschreitende Umweltbeeinträchtigungen, ZaöRV 1985, S. 265 ff.

Hagenath, Evelyn: Prozeduraler Umweltschutz: Zur Leistungsfähigkeit eines rechtlichen Regulierungsinstruments, Baden-Baden 1996.

Hailbronner, Kai/Klein, Eckart/Magiera, Siegfried/Müller-Graf, Peter Christian (Hrsg.): Handkommentar zum Vertrag über die Europäische Union (EUV/EGV), Köln, Berlin, Bonn, München, Stand Januar 1999.

Handl, Günther: Grenzüberschreitendes nukleares Risiko und völkerrechtlicher Schutzanspruch, Berlin 1992.

Hardt, Helmut: Die grenzüberschreitende UVP im deutsch-niederländischen Grenzraum, UVP-report 1992, S. 79 ff.

Hasche, Frank/Schulte, Martin: Die Entwicklung des Umwelt- und Technikrechts im Jahre 1997, in: Jahrbuch UTR 1998, S. 359 ff.

Heidrich, Bernd/Dieckschäfer, Helmut: Grenzüberschreitende UVP zwischen Niedersachsen und den Niederlanden, UVP-report 1997, S. 217 ff.

Heintschel von Heinegg, Wolff: EG im Verhältnis zu internationalen Organisationen und Einrichtungen - zugleich zur Vertragsschlußkompetenz der Gemeinschaften im Bereich des Umweltschutzes, in: Rengeling, Hans-Werner (Hrsg.), Handbuch zum europäischen und deutschen Umweltrecht, Band I, Allgemeines Umweltrecht, Köln, Berlin, Bonn, München 1998, S. 648 ff.

- Umweltvölkerrecht, in: Rengeling, Hans-Werner (Hrsg.), Handbuch zum europäischen und deutschen Umweltrecht, Band I, Allgemeines Umweltrecht, Köln, Berlin, Bonn, München 1998, S. 693 ff.

Herzog, Ingrid: Die Umweltverträglichkeitsprüfung im grenzüberschreitenden Bereich, Osnabrück 1988.

Hession, M./Macrory, R.: The legal Framework of European Community Participation in International Environmental Agreements, New Europe Law Review 1994, S. 59 ff.

Heusel, Wolfgang: Weiches Völkerrecht, Eine vergleichende Untersuchung typischer Erscheinungsformen, Baden-Baden 1991.

Hilf, Meinhard/Tomuschat, Christian (Hrsg.): EG und Drittstaatsbeziehungen nach 1992, Referate der Jahrestagung des Arbeitskreises Europäische Integration e.V. in Bonn vom 15. bis 17. November 1990, Baden-Baden 1991.

Hinds, Caroline: Das Prinzip "sic utere tuo ut alienum non laedas" und seine Bedeutung im internationalen Umweltrecht, AVR 1992, S. 298 ff.

Hofer, Jürg: Psychologie und Politik im Spiel, Grenzüberschreitende Aspekte der UVP im schweizerisch-deutschen Grenzraum, UVP-report 1992, S. 70 ff.

Hohmann, Harald: Ergebnisse des Erdgipfels von Rio, Weiterentwicklungen des Umweltvölkerrechts durch die UN-Umweltkonferenz von 1992, NVwZ 1993, S. 311 ff.

- Präventive Rechtspflichten und -prinzipien des modernen Umweltvölkerrechts, Zum Stand des Umweltvölkerrechts zwischen Umweltnutzung und Umweltschutz, Berlin 1992.

Hoppe, Werner (Hrsg.): Gesetz über die Umweltverträglichkeitsprüfung (UVPG), Kommentar, Köln, Berlin, Bonn, München 1995.

Hund, Susanne: Die Einbeziehung der Öffentlichkeit im Rahmen der Umweltverträglichkeitsprüfung, Rechtsvergleichende Studie über die Gesetzeslage Deutschlands und Österreichs, Konstanz 1997.

Hundertmark, Ulrich: Die Durchführung der Umweltverträglichkeitsprüfung, Eine verwaltungs- und verfassungsrechtliche Analyse der Zuständigkeiten und Bindungswirkungen, Beiträge zur Umweltgestaltung, Band A 105, Berlin 1988.

Ipsen, Knut: Völkerrecht, 4. Aufl., München 1999.

Jans, Jan Hendrik: Grenzüberschreitendes Umweltrecht im niederländisch/deutschen Grenzgebiet, Köln, Berlin, Bonn, München 1990.

Jarass, Hans D./Kloepfer, Michael/Kunig, Philip/Papier, Hans-Jürgen/Peine, Franz Joseph/Rehbinder, Eckhard/Salzwedel, Jürgen/Schmidt-Aßmann, Eberhard: Umweltgesetzbuch, Besonderer Teil, Umweltbundesamt Berichte 4/94, Berlin 1994.

- Folgen der innerstaatlichen Wirkung von EG-Richtlinien, NJW 1991, S. 2665 ff.

- Umweltverträglichkeitsprüfung bei Industrievorhaben, Eine rechts- und verwaltungswissenschaftliche Untersuchung, Köln, Berlin, Bonn, München 1986.

- Voraussetzungen der innerstaatlichen Wirkung des EG-Rechts, NJW 1990, S. 2420 ff.

Jörissen, Juliane/Coenen, Reinhard/Franz, Peter: Die Umweltverträglichkeitsprüfung in den USA, Analyse US-amerikanischer Erfahrungen und deren Relevanz für die Implementation der UVP-Richtlinie der EG in der Bundesrepublik Deutschland, Beiträge zur Umweltgestaltung, Band A 103, Berlin 1988.

Kennedy, William V./Lummert, Rüdiger: Umweltverträglichkeitsprüfung in der Fernstraßenplanung, ZfU 1981, S. 455 ff.

Kilian, Michael: Gleiches Recht auf Zugang, in: Kimminich, Otto/von Lersner, Heinrich/Storm, Peter-Christoph (Hrsg.), Handwörterbuch des Umweltrechts, HdUR, Band II, 2. Auflage, Berlin 1994, Sp. 892 ff.

Kimminich, Otto/von Lersner, Heinrich/Storm, Peter-Christoph (Hrsg.): Handwörterbuch des Umweltrechts, HdUR, Band I und II, 2. Auflage, Berlin 1994.

- Umweltvölkerrecht, in: Kimminich, Otto/von Lersner, Heinrich/Storm, Peter-Christoph (Hrsg.), Handwörterbuch des Umweltrechts, HdUR, Band II, 2. Auflage, Berlin 1994, Sp. 2510 ff.

Kiss, Alexandre/Shelton, Dinah: International Environmental Law, New York, London 1991.

Klein, Eberhard: Umweltschutz im völkerrechtlichen Nachbarrecht, Berlin 1976.

Klein, Eckart/Kimms, Frank: Kompetenz zum Abschluß umweltschutzrechtlicher Verträge, Jahrbuch UTR 1996, S. 53 ff.

Kloepfer, Michael/Durner, Wolfgang: Der Umweltgesetzbuch-Entwurf der Sachverständigenkommission (UGB-KomE), DVBl. 1997, S. 1081 ff.

- und *Rehbinder, Eckard/Schmidt-Aßmann, Eberhard/Kunig, Philip:* Umweltgesetzbuch, Allgemeiner Teil, Umweltbundesamt Berichte 7/90, Berlin 1991.

Koch, Hans-Joachim/ Verheyen, Roda: Klimaschutz im deutschen Anlagengenehmigungsrecht: völkerrechtlicher Rahmen, europarechtliche Vorgaben, innerstaatlicher Anpassungsbedarf, NuR 1999, S. 1 ff.

Kolodziejski, Renata: Grenzübergreifende Umweltverträglichkeitsprüfungen im deutsch-polnischen Grenzraum, Wirtschaft und Recht in Osteuropa 1996, S. 8 ff.

Krämer, Ludwig: Der Richtlinienvorschlag über die integrierte Vermeidung und Verminderung von Umweltverschmutzung, in: Rengeling, Hans-Werner (Hrsg.) Integrierter und betrieblicher Umweltschutz, Köln, Berlin, Bonn, München 1995, S. 51 ff.

Krautzberger, Michael: Naturschutzrechtliche Eingriffsregelung und Städtebaurecht, Zur Neuregelung im Bau- und Raumordnungsgesetz 1998, NuR 1998, S. 455 ff.

Krings, Michael/Schweitzer, Thomas: Die Entwicklung des Europäischen Umweltrechts, Jahrbuch UTR 1996, S. 559 ff.

Krück, Hans: Völkerrechtliche Verträge im Recht der Europäischen Gemeinschaften, Abschlußkompetenzen, Bindungswirkung, Kollisionen, Berlin, Heidelberg, New York 1977.

Kunig, Philip: Nachbarrechtliche Staatenverpflichtungen bei Gefährdungen und Schädigungen der Umwelt, in: Umweltschutz im Völkerrecht und Kollisionsrecht, BerDGVR 32 (1992), S. 9 ff.

Ladeur, Karl-Heinz: Die Umsetzung der EG-Richtlinie zur Umweltverträglichkeitsprüfung in nationales Recht und ihre Koordination mit dem allgemeinen Verwaltungsrecht - Das Beispiel Frankreichs und Deutschlands, zugleich ein Beitrag zur Bedeutung der richtlinienkonformen Auslegung, UPR 1996, S. 419 ff.

Landel, Christoph: Die Umweltverträglichkeitsprüfung in parallelen Zulassungsverfahren, Berlin 1995.

Lappe, Thomas Michael: Grenzüberschreitender Umweltschutz, Das Modell der Nordischen Umweltschutzkonvention im Vergleich mit dem deutschen Umweltrecht, NuR 1993, S. 213 ff.

Lechler, Helmut: Die Pflege der auswärtigen Beziehungen in der Europäischen Union, AVR 1994, S. 1 ff.

Lindemann, Jürgen: Die grenzüberschreitende Umweltverträglichkeitsprüfung, Rechtsgrundlagen, deutsch-niederländisches Konzept, aktueller Sachstand, UVP-report 1997, S. 215 ff.

- Grenzüberschreitende UVP - die Situation in Nordrhein-Westfalen, UVP-report 1992, S. 73 ff.

Lücke, Jörg: Universales Verfassungsrecht, Völkerrecht und Schutz der Umwelt, AVR 1997, S. 1 ff.

Macrory, R.: The Enforcement of Community Environmental Laws: Some Critical Issues, CMLR 1992, S. 347 ff.

Madders, Kevin J.: Trail Smelter Arbitration, in: Bernhard, Rudolf (ed.): Encyclopedia of Public International Law, Instalment 2, Amsterdam, North-Holland, New York, Oxford 1981, S. 276 ff.

Mayen, Thomas: Die Umweltverträglichkeitsprüfung nach dem UVP-Gesetz und der UVP-Verwaltungsvorschrift, NWwZ 1996, S. 319 ff.

Mayer-Rutz, Eckart: Das Übereinkommen der ECE über die Umweltverträglichkeitsprüfung im grenzüberschreitenden Rahmen, UVP-report 1992, S. 68 ff.

McHugh, Paul D.: The European Community Directive - An Alternative Environmental Impact Assessment Procedure, Natural Resources Journal 1994, S. 589 ff.

Meyer, P.: Die "Commission tripartite", in: Bothe, Michael/Prieur, Michel/ Ress, Georg, Rechtsfragen grenzüberschreitender Umweltbelastungen, Berlin 1984, S. 263 ff.

Mezger, Gabriele: Umweltverträglichkeitsprüfung, Umweltschutz und räumliche Nutzung in den USA, Berlin 1989.

Ministerium für Umwelt, Naturschutz und Raumordnung des Landes Brandenburg: UVP - Umweltverträglichkeitsprüfung im Land Brandenburg, 2. Auflage, Potsdam 1996.

Nollkaemper, André: The Legal Regime for Transboundary Water Pollution: Between Discretion and Constraint, Dordrecht, Boston, London, 1993.

OECD: OECD and the Environment, Paris 1986

Okresek, Wolf: Genehmigungsverfahren von grenzüberschreitenden Großprojekten, ÖJZ 1990, S. 441 ff.

Oppermann, Thomas/Kilian, Michael: Gleichstellung ausländischer Grenznachbarn in Deutschen Umweltverfahren?, Umweltbundesamt Berichte 8/81, Berlin 1981.

- Europarecht, Ein Studienbuch, 2. Auflage, München 1999.

- Grenzüberschreitende Umweltbelastung, in: Kimminich, Otto/von Lersner, Heinrich/Storm, Peter-Christoph (Hrsg.), Handwörterbuch des Umweltrechts, HdUR, Band I, 2. Auflage, Berlin 1994, Sp. 906 ff.

Ott, Andrea: GATT und WTO im Gemeinschaftsrecht - Die Integration des Völkervertragsrechts in die Europäische Gemeinschaftsordnung am Beispiel des GATT-Vertrags und der WTO-Übereinkünfte, Köln, Berlin, München 1997.

Ott, Hermann E.: Umweltregime im Völkerrecht, Baden-Baden 1998.

Pätzold, Ralf: Deutsch-Französisch-Schweizerische Zusammenarbeit im regionalen Umweltrecht, UPR 1983, S. 256 ff.

Pelzer, Norbert (Hrsg.): Friedliche Kernernergienutzung und Staatsgrenzen in Mitteleuropa, Tagungsbericht der AIDN/INLA Regionaltagung in Regensburg 1986, Baden-Baden 1987.

Pfaff-Schley, Herbert (Hrsg.): Die Umweltverträglichkeitsprüfung, Probleme in der Planungspraxis und ihre Ursachen, Heidelberg, New York 1996.

Pineschi, Laura: Environmental Impact Assessment, in: Scovazzi, T./Treves, T. (eds.), World Treaties for the Protection of the Environment, Mailand 1992, S. 485 ff.

Püchel, Gerald: Die materiell-rechtlichen Anforderungen der EG-Richtlinie zur Umweltverträglichkeitsprüfung, Eine Untersuchung der Auswirkungen auf die Zulassung gemäß §§ 4 ff. und §§ 17 ff. FStrG, Münster 1989.

Randelzhofer, Albrecht/ Simma, Bruno: Kernkraftwerk an der Grenze, Eine "ultra-hazardous activity" im Schnittpunkt von internationalem Nachbarrecht und Umweltschutz, in: Festschrift für Friedrich Berber zum 75. Geburtstag, herausgegeben von Dieter Blumenwitz und Albrecht Randelzhofer, München 1973, S. 389 ff.

- und *Harndt, Raimund:* Grenzüberschreitende Zusammenarbeit bei der Umweltverträglichkeitsprüfung, Ein Beitrag zur Auslegung von Art. 7 der EWG-Richtlinie über die Umweltverträglichkeitsprüfung mit einer Darstellung des französischen, belgischen, niederländischen und dänischen Umweltverfahrensrechts, Umweltbundesamt Berichte 2/89, Berlin 1989.

- Umweltschutz im Völkerrecht, Grundstrukturen und Prinzipien, Jura 1992, S. 1 ff.

Rat von Sachverständigen für Umweltfragen: Stellungnahme des Rates von Sachverständigen für Umweltfragen zur Umsetzung der EG-Richtlinie über die Umweltverträglichkeitsprüfung in das nationale Recht, DVBl. 1991, S. 20 ff.

Rauschning, Dietrich: Allgemeine Völkerrechtsregeln zum Schutz gegen grenzüberschreitende Umweltbeeinträchtigungen, in: Staatsrecht - Völkerrecht - Europarecht, Festschrift für Hans-Jürgen Schlochauer zum 75. Geburtstag, herausgegeben von Ingo von Münch, Berlin, New York 1981, S. 557 ff.

- Klagebefugnis von Auslandsbewohnern gegen eine inländische Atomanlagengenehmigung, AVR, 1987, S. 312 ff.

Rengeling, Hans-Werner (Hrsg.): Auf dem Weg zum Umweltgesetzbuch I, Zur Umsetzung von IVU- und UVP-Änderungsrichtlinie, Köln, Berlin, Bonn, München 1999.

- *(Hrsg.):* Handbuch zum europäischen und deutschen Umweltrecht, Eine systematische Darstellung des europäischen Umweltrechts mit seinen Auswirkungen auf das deutsche Recht und mit rechtspolitischen Reflexionen, Band I, Allgemeines Umweltrecht, Köln, Berlin, Bonn, München 1998.

- *(Hrsg.):* Integrierter und betrieblicher Umweltschutz, Köln, Berlin, Bonn, München 1995.

- und *Gellermann, Martin:* Gestaltung des europäischen Umweltrechts und seine Implementation im deutschen Rechtsraum, Jahrbuch UTR 1996, S. 1 ff.

- Rechtsprobleme grenzüberschreitender Standortplanung, in: Pelzer, Norbert, Friedliche Kernenergienutzung und Staatsgrenzen in Mitteleuropa, Tagungsbericht der AIDN/INLA Regionaltagung in Regensburg 1986, Baden-Baden 1987, S. 31 ff.

Ritter, Markus: Umweltverträglichkeitsprüfung und konzentriertes Genehmigungsverfahren nach dem UVP-G, Wien, New York 1995.

Robinson, Nicholas A. (ed.): Agenda 21: Earth's Action Plan, New York, London, Rom 1993.

Rogalla, Dieter/Schulz, Christian: Umweltgefährdende Anlagen in Grenznähe aus völkerrechtlicher Sicht, NuR 1987, S. 193 ff.

Rüster, Bernd/Simma, Bruno/Bock, Michael (eds.): International Protection of the Environment, Treaties and related Documents, Dobbs Ferry 1975-1982 (Bd. I-XVII: Bernd Rüster/Bruno Simma, Bd. XVIII-XXX: Bernd Rüster/Bruno Simma/Michael Bock).

Sand, Peter: Internationales Umweltrecht im Umweltprogramm der Vereinten Nationen, NuR 1985, S. 170 ff.

Sands, Philippe: Principles of International Environmental Law I, Frameworks, Standards and Implementation, Manchester 1995.

Schink, Alexander: Auswirkungen des EG-Rechts auf die Umweltverträglichkeitsprüfung nach deutschem Recht, NVwZ 1999, S. 11 ff.

- Gemeinschaftsrechtliche Fortentwicklung der UVP, DVBl. 1995, S. 73 ff.

- Kodifikation des Umweltrechts - Zum Entwurf der Sachverständigenkommission Umweltgesetzbuch (UGB-KomE), DÖV 1999, S. 1 ff.

Schmidt, Alexander (Hrsg.): Das Umweltrecht der Zukunft, Berlin 1986.

Schmidt-Bleek, F.: Economic Commission for Europe, in: Kimminich, Otto/v. Lersner, Heinrich/Storm, Peter-Christoph (Hrsg.): Handwörterbuch des Umweltrechts, HdUR, Band I, 2. Auflage, Berlin 1994.

Schmidt-Preuß, Matthias: Integrative Anforderungen an das Verfahren der Vorhabenzulassung - Anwendung und Umsetzung der IVU-Richtlinie, NWwZ 2000, S. 252 ff.

Schnabl, Gernot: Die Richtlinie 96/61/EG des Rates über die integrierte Vermeidung und Verminderung der Umweltverschmutzung, in: Rengeling, Hans-Werner (Hrsg.), Auf dem Weg zum Umweltgesetzbuch I, Zur Umsetzung der IVU- und der UVP-Änderungsrichtlinie, Köln, Berlin, Bonn, München 1999, S. 1 ff.

Schneider, Jens-Peter: Nachvollziehende Amtsermittlung bei der Umweltverträglichkeitsprüfung. Zum Verhältnis zwischen dem privaten Träger des Vorhabens und der zuständigen Behörde bei der Sachverhaltsermittlung nach dem UVPG, Berlin 1991.

Schoeneberg, Jörg: Umweltverträglichkeitsprüfung, München 1993.

Schrader, Christian: Die Vorhabengenehmigung im Kommissionsentwurf für ein Umweltgesetzbuch, NuR 1998, S. 285 ff.

Schrage, Wiek: Die ECE-Konvention über die Umweltverträglichkeitsprüfung im grenzüberschreitenden Rahmen, in: Storm, Peter-Christoph/Bunge, Thomas (Hrsg.), Handbuch der Umweltverträglichkeitsprüfung (HdUVP), ergänzbare Sammlung der Rechtsgrundlagen, Prüfungsinhalte und -methoden für Behörden, Unternehmen, Sachverständige und deren juristische Praxis, Loseblatt, Berlin 1988 ff. (Stand Juli 1999), Kennziffer 1905.

- Übereinkommen über die UVP im grenzüberschreitenden Rahmen, UVP-report 1997, S. 212 ff.

Schulte, Martin A./Uwer, Dirk: Die Entwicklung des Umwelt- und Technikrechts im Jahre 1995, Jahrbuch UTR 1996, S. 501 ff.

Schweitzer, Michael: Überblick zum Verhältnis: Völkerrecht - Europäisches Gemeinschaftsrecht - nationales Recht, in: Rengeling, Hans-Werner (Hrsg.), Handbuch zum europäischen und deutschen Umweltrecht, Band I, Allgemeines Umweltrecht, Köln, Berlin, Bonn, München 1998, S. 623 ff.

Sellner, Dieter/Schnutenhaus, Jörn: Die geplante EG-Richtlinie zu "Integrated Pollution Prevention and Control", NVwZ 1993 S. 828.

Sendler, Horst: Zur Umsetzung der IVU- und der UVP-Änderungsrichtlinie durch ein Umweltgesetzbuch I, in: Jahrbuch UTR 1998, S. 7 ff.

Sheate, W. R.: Amending the EC Directive (85/337/EEC) on Environmental Impact Assessment, EurEnvLRev 1995, S. 77 ff.

Soell, Hermann/Dirnberger, Franz: Wieviel Umweltverträglichkeit garantiert die UVP? Bestandsaufnahme und Bewertung des Gesetzes zur Umsetzung der EG-Richtlinie über die Umweltverträglichkeitsprüfung, NVwZ 1990, S. 705 ff.

Staatskanzlei Rheinland-Pfalz (Hrsg.): Materialien zur Zusammenarbeit von Kommunen zwischen Rheinland-Pfalz sowie Frankreich, Luxemburg und Belgien, Mainz 1997.

Stein, Klaus: Der gemischte Vertrag im Recht der Außenbeziehungen der Europäischen Wirtschaftsgemeinschaft, Berlin 1986.

Steinberg, Rudolf/Koepfer, Isabell: IVU-Richtlinie und immissionsschutzrechtliche Genehmigung, DVBl. 1997, S. 974 ff.

Steinberg, Rudolf: Chancen zur Effektuierung der Umweltverträglichkeitsprüfung durch die Gerichte, DÖV 1996, S. 221 ff.

- Probleme der Europäisierung des deutschen Umweltrechts, AöR 1995, S. 549 ff.

Storm, Peter-Christoph/Bunge, Thomas (Hrsg.): Handbuch der Umweltverträglichkeitsprüfung (HdUVP), ergänzbare Sammlung der Rechtsgrundlagen, Prüfungsinhalte und -methoden für Behörden, Unternehmen, Sachverständige und deren juristische Praxis, Loseblatt, Berlin 1988 ff. (Stand Januar 2000).

- Bericht der Arbeitsgruppe "Begriffe Information, Konsultation, Verhandlung, Kooperation, Abstimmung", in: Bothe, Michael/Prieur,

Michel/Ress, Georg (Hrsg.): Rechtsfragen grenzüberschreitender Umweltbelastungen, Berlin 1982, S. 279 ff.

Tilleman, W. A.: Public Participation in the Environmental Impact Assessment Process: A Comparative Study of Impact Assessment in Canada, The United States and the European Community, Columbia Journal of Transnational Law 1995, S. 337 ff.

Tomuschat, Christian: Völkerrechtliche Grundlagen der Drittlandsbeziehungen der EG, in: Hilf, Meinhard/Tomuschat, Christian, EG und Drittstaatsbeziehungen nach 1992, Referate der Jahrestagung des Arbeitskreises Europäische Integration e.V. in Bonn vom 15. bis 17. November 1990, Baden-Baden 1991, S. 139 ff.

Umwelt- und Verkehrsministerium Baden-Württemberg (Hrsg.): Rechtsvergleichendes Gutachten über die Genehmigungsvoraussetzungen für Anlagen in Grenznähe nach deutschem, französischem und schweizerischem Recht (kein Erscheinungsjahr).

Umweltbundesamt (Hrsg.): Texte 1/96: Grenzüberschreitende Umweltverträglichkeitsprüfung (Deutschland - Polen). Ein Vorschlag für die Durchführung des Verfahrens sowie Arbeitshilfen für Behörden, Gutachter, Verbände und Öffentlichkeit, Umweltbundesamt, Texte 1/96, Berlin 1996.

Vallendar, Willi: Die UVP-Novelle zur 9. BImSchV, UPR 1992, S. 212 ff.

Vedder, Christoph Wilhelm: Die auswärtige Gewalt des Europa der Neun, Göttingen 1980.

Verdross, Alfred/Simma, Bruno: Universelles Völkerrecht, Theorie und Praxis, 3. Auflage, Berlin 1984.

Vogelsang, Martin: Vom Nachbarrecht zum Umweltrecht: der Wandel des Umweltvölkerrechts - am Beispiel der UNEP-Guidelines über die Nutzung gemeinsamer geteilter Ressourcen, UPR 1992, S. 419 ff.

Wagner, A.: Umweltschutz in der Saar-Lor-Lux-Zusammenarbeit, in: Bothe, Michael/Prieur, Michel/Ress, Georg (Hrsg.): Rechtsfragen grenzüberschreitender Umweltbelastungen, Berlin 1984, S. 267 ff.

Wagner, Dieter: Concise Revision of the Report of the Commission of the Implementation of Directive 85/337/EEC on the Assessment of the Effects of Certain Public and Private Projects on the Environment, Update 1995/96, Final Report, Köln 1997.

- Nachhaltige Entwicklung - ein UVP-Thema, Anmerkungen zu zehn Jahren UVP-Förderverein mit Blick auf die Nachhaltigkeit, UVP-report 1997, S. 62 ff.

Wasielewski, Andreas: Stand der Umsetzung der UVP-Änderungs- und der IVU-Richtlinie, NVwZ 2000, S. 15 ff.

- Verhältnis der Vorhabengenehmigung im "UGB-I" zum fortgeltenden Genehmigungsrecht, in: Rengeling, Hans-Werner (Hrsg.), Auf dem Weg zum Umweltgesetzbuch I, Zur Umsetzung der IVU- und der UVP-Änderungsrichtlinie, Köln, Berlin, Bonn, München 1999, S. 213 ff.

Weber, Albrecht/Hellmann, Ulrich: Das Gesetz über die Umweltverträglichkeitsprüfung (UVP-Gesetz), NJW 1990, S. 1625 ff.

Weber, Albrecht: Die Umweltverträglichkeitsrichtlinie im deutschen Recht, Köln, Berlin, Bonn, München 1989.

Willner, Klaus Rainer: Das neue baden-württembergische Landesgesetz über die Umweltverträglichkeitsprüfung (LUVPG), VBlBW 1992, S. 281ff.

Winter, Gerd: Direktwirkung von EG-Richtlinien, DVBl. 1991, S. 657 ff.

- Internationale Bezüge in den Vorschriften des UGB-KomE, Jahrbuch UTR 1998, S. 137 ff.

Wolfrum, R.: Purposes and Principles of International Environmental Law, GYIL 1990, S. 308 ff.

- Die Europäische Gemeinschaft als Partei seerechtlicher Verträge, AVR 1994, S. 317 ff.

- Die grenzüberschreitende Luftverschmutzung im Schnittpunkt von nationalem Recht und Völkerrecht, DVBl. 1984, S. 493 ff.

Wood, Christofer: Environmental Impact Assessment, A Comparative Review, Essex 1995.

World Commission on Environment and Development (WCED), Our Common Future, Oxford, New York 1987.

Zach, Michael/Rhein, Kay-Uwe: Die UVP im Planaufstellungsverfahren, das Beispiel des Braunkohlenplanaufstellungsverfahrens in NRW, UVP-report 1997, S. 37 ff.

Ziekow, Jan: Strategische Umweltverträglichkeitsprüfung - ein neuer Anlauf, UPR 1999, S. 287 ff.

Zöttl, Johannes: Die EG-Richtlinie über die integrierte Vermeidung und Verminderung der Umweltverschmutzung, NuR 1997, S. 157 ff.

- Integrierter Umweltschutz in der neuesten Rechtsentwicklung: Die EG-Richtlinie über die integrierte Vermeidung und Verminderung der Umweltverschmutzung und ihre Umsetzung in deutsches Recht, Baden-Baden 1998.

Anhang: Übereinkommen über die Umweltverträglichkeitsprüfung im grenzüberschreitenden Rahmen

DIE PARTEIEN DIESES ÜBEREINKOMMENS -

IN ANBETRACHT der Wechselwirkungen zwischen wirtschaftlichen Aktivitäten und deren Umweltfolgen,

IN BEKRÄFTIGUNG der Notwendigkeit, eine umweltgerechte und nachhaltige Entwicklung zu gewährleisten,

ENTSCHLOSSEN, die internationale Zusammenarbeit bei der Umweltverträglichkeitsprüfung insbesondere im grenzüberschreitenden Rahmen zu fördern,

IN DEM BEWUSSTSEIN, daß es notwendig und wichtig ist, Vorsorgemaßnahmen zu treffen und erhebliche, nachteilige Umweltauswirkungen im allgemeinen und besonders im grenzüberschreitenden Rahmen zu vermeiden, zu vermindern und zu überwachen,

UNTER HINWEIS auf die einschlägigen Bestimmungen der Charta der Vereinten Nationen, der Erklärung der Stockholmer Konferenz über die Umwelt des Menschen, der Schlußakte der Konferenz über Sicherheit und Zusammenarbeit in Europa (KSZE) und der Schlußdokumente der Madrider und der Wiener Folgekonferenz der KSZE-Staaten,

IN ANERKENNUNG der laufenden Bemühungen der Staaten, durch innerstaatliche Rechts- und Verwaltungsvorschriften und innerstaatliche Maßnahmen die Durchführung der Umweltverträglichkeitsprüfung sicherzustellen,

IN DEM BEWUSSTSEIN der Notwendigkeit, Umweltfaktoren frühzeitig bei der Entscheidungsfindung ausdrücklich zu berücksichtigen, indem die Umweltverträglichkeitsprüfung auf allen geeigneten Verwaltungsebenen als ein notwendiges Mittel genutzt wird, um die den Entscheidungsträgern vorgelegten Informationen zu verbessern, damit umweltverträgliche Entscheidungen getroffen werden können, bei denen sorgfältig darauf geachtet wird, daß erhebliche nachteilige Auswirkungen, insbesondere im grenzüberschreitenden Rahmen minimiert werden,

EINGEDENK der Bemühungen internationaler Organisationen, die Anwendung der Umweltverträglichkeitsprüfung auf nationaler wie auch internationaler Ebene zu fördern, und unter Berücksichtigung der unter Leitung der UN-

Wirtschaftskommission für Europa (ECE) durchgeführten Arbeit an der Umweltverträglichkeitsprüfung, insbesondere der auf dem Seminar über Umweltverträglichkeitsprüfung (September 1987 in Warschau, Polen) erzielten Ergebnisse, sowie in Beachtung der vom Verwaltungsrat des UN-Umweltprogramms (UNEP) verabschiedeten Ziele und Grundsätze für die Umweltverträglichkeitsprüfung und der Ministererklärung über umweltgerechte und dauerhafte Entwicklung (Mai 1990 in Bergen, Norwegen) -

SIND WIE FOLGT ÜBEREINGEKOMMEN:

Artikel 1

Begriffsbestimmungen

Im Sinne dieses Übereinkommens bedeutet

1. "Parteien" die Vertragsparteien dieses Übereinkommens, soweit im Text nicht anders definiert;
2. "Ursprungspartei" die Vertragspartei oder -parteien dieses Übereinkommens, in deren Zuständigkeitsbereich ein Projekt geplant ist;
3. "betroffene Partei" die Vertragspartei oder -parteien dieses Übereinkommens, die wahrscheinlich von den grenzüberschreitenden Auswirkungen eines geplanten Projekts betroffen wird bzw. werden;
4. "beteiligte Parteien" die Ursprungspartei und die betroffene Partei einer Umweltverträglichkeitsprüfung nach diesem Übereinkommen;
5. "geplantes Projekt" jedes Projekt oder jede größere Änderung eines Projekts, das der Entscheidung einer zuständigen Behörde nach einem geltenden innerstaatlichen Verfahren unterliegt;
6. "Umweltverträglichkeitsprüfung" ein innerstaatliches Verfahren zur Beurteilung der voraussichtlichen Auswirkungen eines geplanten Projekts auf die Umwelt
7. "Auswirkungen" jede Wirkung eines geplanten Projekts auf die Umwelt u. a. auf die Gesundheit und Sicherheit des Menschen, auf Flora und Fauna, auf Boden, Luft und Wasser, auf das Klima, die Landschaft und auf Denkmäler oder sonstige bauliche Anlagen oder die Wechselwirkung zwischen

diesen Faktoren; hierzu gehören auch Wirkungen auf das kulturelle Erbe oder sozioökonomische Gegebenheiten infolge von Veränderungen an diesen Faktoren;

8. "grenzüberschreitende Auswirkung" jede nicht nur globale Auswirkung eines geplanten Projekts innerhalb des Zuständigkeitsbereichs einer Partei, deren realer Ursprung ganz oder teilweise im Zuständigkeitsbereich einer anderen Partei liegt;

9. "zuständige Behörde" die nationale Behörde bzw. Behörden, die von einer Partei für die Wahrnehmung der Aufgaben nach diesem Übereinkommen für zuständig erklärt worden ist bzw. sind, und/oder die Behörde bzw. Behörden, der bzw. denen von einer Partei Befugnisse zur Entscheidung über ein geplantes Projekt übertragen worden sind;

10. "die Öffentlichkeit" eine oder mehrere natürliche oder juristische Personen.

Artikel 2

Allgemeine Bestimmungen

(1) Die Parteien ergreifen einzeln oder gemeinsam alle zweckmäßigen und wirksamen Maßnahmen zur Vermeidung, Verminderung und Überwachung erheblicher, grenzüberschreitender nachteiliger Auswirkungen eines geplanten Projekts.

(2) Jede Partei ergreift die erforderlichen rechtlichen, administrativen oder sonstigen Maßnahmen zur Durchführung dieses Übereinkommens; dazu gehört bei den in Anhang I angeführten geplanten Projekten, die erhebliche, grenzüberschreitende nachteilige Auswirkungen zur Folge haben können, die Schaffung eines Verfahrens zur Umweltverträglichkeitsprüfung, das eine Beteiligung der Öffentlichkeit sowie die Ausarbeitung der in Anhang II beschriebenen Dokumentation zur Umweltverträglichkeitsprüfung ermöglicht.

(3) Die Ursprungspartei stellt sicher, daß eine Umweltverträglichkeitsprüfung entsprechend diesem Übereinkommen durchgeführt wird, bevor über die Genehmigung oder Durchführung eines in Anhang I angeführten geplanten Projekts, das voraussichtlich erhebliche, grenzüberschreitende nachteilige Auswirkungen zur Folge hat, entschieden wird.

(4) Die Ursprungspartei stellt entsprechend diesem Übereinkommen sicher, daß die betroffenen Parteien von einem in Anhang I angeführten geplanten Projekt,

das voraussichtlich erhebliche, grenzüberschreitende nachteilige Auswirkungen zur Folge hat, in Kenntnis gesetzt werden.

(5) Die beteiligten Parteien nehmen auf Veranlassung einer dieser Parteien Gespräche darüber auf, ob nicht in Anhang I angeführte geplante Projekte erhebliche grenzüberschreitende Auswirkungen haben könnten und daher so behandelt werden sollten, als seien sie darin angeführt. Falls sich diese Parteien hierauf einigen, sind die Projekte entsprechend zu behandeln. Anhang III enthält eine allgemeine Anleitung zur Festlegung von Kriterien für die Ermittlung erheblicher, nachteiliger Auswirkungen.

(6) Entsprechend diesem Übereinkommen gibt die Ursprungspartei der Öffentlichkeit in den voraussichtlich betroffenen Gebieten Gelegenheit, an den relevanten Verfahren zur Umweltverträglichkeitsprüfung des geplanten Projekts mitzuwirken und stellt sicher, daß die Öffentlichkeit der betroffenen Partei gleichwertige Möglichkeiten hierzu erhält wie die Öffentlichkeit der Ursprungspartei.

(7) Die nach diesem Übereinkommen erforderlichen Umweltverträglichkeitsprüfungen sind zumindest auf Projektebene durchzuführen. In angemessenem Umfang werden die Parteien bestrebt sein, die Grundsätze der Umweltverträglichkeitsprüfung auf Politiken, Pläne und Programme anzuwenden.

(8) Dieses Übereinkommen berührt nicht das Recht der Parteien, innerstaatliche Gesetze, Verordnungen, Verwaltungsvorschriften oder geltende Rechtspraktiken zum Schutz von Informationen anzuwenden, deren Weitergabe der Wahrung von Geschäftsgeheimnissen oder der nationalen Sicherheit abträglich wäre.

(9) Dieses Übereinkommen berührt nicht das Recht einzelner Parteien, durch bi- oder multilaterale Übereinkommen strengere als die in diesem Übereinkommen festgelegte Maßnahmen zu ergreifen, soweit dies zweckmäßig ist.

(10) Dieses Übereinkommen berührt nicht die völkerrechtlichen Verpflichtungen der Parteien in bezug auf Projekte, die grenzüberschreitende Auswirkungen haben oder voraussichtlich haben werden.

Artikel 3

Benachrichtigung

(1) Zur Gewährleistung angemessener und effektiver Konsultationen gemäß Artikel 5 benachrichtigt die Ursprungspartei bei einem in Anhang I angeführten

geplanten Projekt, das voraussichtlich erhebliche, grenzüberschreitenden nachteilige Auswirkungen hat, jede ihres Erachtens möglicherweise betroffenen Partei so bald wie möglich, spätestens aber zu dem Zeitpunkt, zu dem sie ihre eigene Öffentlichkeit über das geplante Projekt informiert.

(2) Die Benachrichtigung hat unter anderem folgendes zu enthalten:

a) Angaben über das geplante Projekt, einschließlich aller verfügbaren Informationen über seine möglichen grenzüberschreitenden Auswirkungen;

b) Angaben über die Art der möglichen Entscheidung und

c) die Angabe einer angemessenen Frist für die Übermittlung einer Stellungnahme gemäß Absatz 2 unter Berücksichtigung der Art des geplanten Projekts;

und kann die in Absatz 5 dieses Artikels angeführten Angaben umfassen.

(3) Die betroffene Partei bestätigt der Ursprungspartei innerhalb der in der Benachrichtigung angegebenen Frist den Eingang der Benachrichtigung und gibt an, ob sie an dem Verfahren der Umweltverträglichkeitsprüfung mitwirken will.

(4) Falls die betroffene Partei mitteilt, daß sie am Verfahren der Umweltverträglichkeitsprüfung mitwirken will oder sie sich nicht innerhalb der in der Benachrichtigung angegebenen Frist äußert, finden die nachstehenden Absätze 5, 6, 7 und 8 sowie die Artikel 4 bis 7 keine Anwendung. Unter diesen Umständen bleibt das Recht der Ursprungspartei, darüber zu entscheiden, ob sie eine Umweltverträglichkeitsprüfung auf Grund ihrer innerstaatlichen Rechtsvorschriften und Praktiken durchführen will, unberührt.

(5) Die Ursprungspartei übermittelt, sofern dies noch nicht geschehen ist, der betroffenen Partei nach Eingang eine Mitteilung derselben, daß die an dem Verfahren der Umweltverträglichkeitsprüfung mitzuwirken wünscht, folgendes:

a) geeignete Informationen über das Verfahren der Umweltverträglichkeitsprüfung unter Angabe eines Zeitplans für die Übermittlung von Stellungnahmen und

b) geeignete Informationen über das geplante Projekt und dessen möglicherweise erhebliche, grenzüberschreitende nachteilige Auswirkungen.

(6) Die betroffene Partei übermittelt der Ursprungspartei auf deren Ersuchen die zumutbarerweise zu beschaffenden Informationen über die möglicherweise betroffene Umwelt im Zuständigkeitsbereich der betroffenen Partei, soweit

solche Angaben für die Ausarbeitung der Dokumentation zur Umweltverträglichkeitsprüfung erforderlich sind. Die Informationen sind umgehend, gegebenenfalls über eine gemeinsame Stelle, soweit eine solche eingerichtet ist, zu übermitteln.

(7) Ist eine Partei der Auffassung, daß sie von erheblichen, grenzüberschreitenden nachteiligen Auswirkungen eines in Anhang I angeführten geplanten Projekts betroffen wäre, und ist keine Benachrichtigung gemäß Absatz 1 dieses Artikels ergangen, tauschen die beteiligten Parteien auf Ersuchen der betroffenen Partei ausreichende Informationen aus, um die Frage der Wahrscheinlichkeit erheblicher, grenzüberschreitender nachteiliger Auswirkungen zu erörtern. Falls diese Parteien übereinstimmend die Wahrscheinlichkeit erheblicher, grenzüberschreitender nachteiliger Auswirkungen bejahen, finden die Bestimmungen dieses Übereinkommens entsprechende Anwendung. Falls sich die Parteien nicht darüber einigen können, ob erhebliche grenzüberschreitende nachteilige Auswirkungen wahrscheinlich sind, kann jede dieser Parteien die Angelegenheit einer Untersuchungskommission entsprechend Anhang IV zur Stellungnahme über die Wahrscheinlichkeit erheblicher, grenzüberschreitender nachteiliger Auswirkungen vorlegen, sofern sie sich nicht auf ein anderes Verfahren zur Regelung dieser Frage einigen.

(8) Die beteiligten Parteien stellen sicher, daß die Öffentlichkeit der betroffenen Partei in den voraussichtlich betroffenen Gebieten über das geplante Projekt informiert wird und Gelegenheit zur Stellungnahme und zur Äußerung von Einwänden sowie zur Übermittlungen dieser Stellungnahmen und Einwände entweder direkt an die zuständige Behörde der Ursprungspartei oder - soweit zweckmäßig - über die Ursprungspartei selbst, enthält.

Artikel 4

Ausarbeitung der Dokumentation zur Umweltverträglichkeitsprüfung

(1) Die der zuständigen Behörde der Ursprungspartei vorzulegende Dokumentation zur Umweltverträglichkeitsprüfung muß mindestens die in Anhang II angeführten Angaben enthalten.

(2) Die Ursprungspartei übermittelt der betroffenen Partei - gegebenenfalls über eine gemeinsame Stelle, soweit eine solche besteht - die Dokumentation zur Umweltverträglichkeitsprüfung. Die beteiligten Parteien veranlassen die Verteilung der Dokumentation an die Behörden und die Öffentlichkeit der betroffenen Partei in den voraussichtlich betroffenen Gebieten sowie die Übermittlung von Stellungnahmen an die zuständige Behörde der Ursprungs-

partei auf direktem Wege oder gegebenenfalls über die Ursprungspartei selbst innerhalb eines angemessenen Zeitraums vor der endgültigen Entscheidung über das geplante Projekt.

Artikel 5

Konsultationen auf Grundlage der Dokumentation zur Umweltverträglichkeitsprüfung

Nach Fertigstellung der Dokumentation zur Umweltverträglichkeitsprüfung führt die Ursprungspartei ohne unnötige Verzögerung Konsultationen mit der betroffenen Partei, unter anderem über die möglichen grenzüberschreitenden Auswirkungen des geplanten Projekts und über deren Verminderung oder Vermeidung. Gegenstand der Beratungen können sein:

a) mögliche Alternativen zu dem geplanten Projekt, einschließlich der Unterlassung, sowie mögliche Maßnahmen zur Verminderung erheblicher, grenzüberschreitender nachteiliger Auswirkungen und zur Überwachung der Folgen solcher Maßnahmen auf Kosten der Ursprungspartei;

b) andere Möglichkeiten für eine gegenseitige Unterstützung bei der Verminderung erheblicher, grenzüberschreitender nachteiliger Auswirkungen des geplanten Projekts und

c) sonstige geeignete Angelegenheiten im Zusammenhang mit dem geplanten Projekt.

Bei der Aufnahme von Konsultationen vereinbaren die Parteien einen angemessenen zeitlichen Rahmen. Die Konsultationen können in einem gemeinsamen Gremium geführt werden.

Artikel 6

Endgültige Entscheidung

(1) Die Parteien stellen sicher, daß bei der endgültigen Entscheidung über das geplante Projekt das Ergebnis der Umweltverträglichkeitsprüfung einschließlich der Dokumentation zur Umweltverträglichkeitsprüfung, die gemäß Artikel 3 Absatz 8 und Artikel 4 Absatz 2 dazu übermittelten Stellungnahmen sowie das Ergebnis der Konsultationen gemäß Artikel 5 angemessen berücksichtigt werden.

(2) Die Ursprungspartei übermittelt der betroffenen Partei die endgültige Entscheidung über das geplante Projekt zusammen mit den für die Entscheidung maßgebenden Gründen und Überlegungen.

(3) Falls einer beteiligten Partei über die erheblichen grenzüberschreitenden Auswirkungen eines geplanten Projekts zusätzlich Informationen, die zum Zeitpunkt der Entscheidung über das betreffende Projekt noch nicht vorlagen und die sich wesentlich auf die Entscheidung hätten auswirken können, bekannt werden, bevor mit der Durchführung des Projekts begonnen wird, informiert diese Partei unverzüglich die anderen(n) beteiligte(n) Partei(ein). Auf Ersuchen einer der beteiligten Parteien werden Beratungen über die Frage durchgeführt, ob die Entscheidung zu überprüfen ist.

Artikel 7

Nachkontrolle

(1) Die beteiligten Parteien legen auf Ersuchen einer dieser Parteien fest, ob und - wenn ja - in welchem Umfang eine Nachkontrolle vorzunehmen ist, wobei die voraussichtlichen, erheblichen, grenzüberschreitenden nachteiligen Auswirkungen des Projekts, für das eine Umweltverträglichkeitsprüfung entsprechend diesem Übereinkommen durchgeführt wurde, zu berücksichtigen sind. Jede Nachkontrolle hat insbesondere eine Kontrolle des realisierten Projekts und die Feststellung etwaiger grenzüberschreitender nachteiliger Auswirkungen zu beinhalten. Die Kontrolle und die Feststellung können im Hinblick auf die in Anhang V angegebenen Ziele durchgeführt werden.

(2) Wenn die Ursprungspartei oder die betroffene Partei auf Grund der Nachkontrolle ausreichenden Grund zur Annahme hat, daß erhebliche, grenzüberschreitende nachteilige Auswirkungen gegeben sind, oder wenn Faktoren, die zu solchen Auswirkungen führen können, festgestellt worden sind, informiert sie die andere Partei unverzüglich. Die beteiligten Parteien beraten daraufhin über die notwendigen Maßnahmen zur Verminderung oder Vermeidung der Auswirkungen.

Artikel 8

Bilaterale und multilaterale Zusammenarbeit

Die Parteien können weiterhin die bereits geschlossenen bilateralen und multilateralen Übereinkommen und sonstige Vereinbarungen anwenden oder neue schließen, um ihre Verpflichtungen aus diesem Übereinkommen zu erfüllen. In diese Übereinkommen und sonstigen Vereinbarungen können Regelungen zu den in Anhang VI angeführten Bereichen aufgenommen werden.

Artikel 9

Forschungsprogramme

Die Parteien prüfen besonders die Frage der Einführung bzw. Intensivierung gezielter Forschungsprogramme, um

a) die bestehenden qualitativen und quantitativen Methoden zur Prüfung der Auswirkungen geplanter Projekte zu verbessern;

b) zu einem besseren Verständnis der Ursache-Wirkung-Beziehungen und ihrer Rolle in einem integrierten Umweltmanagement zu gelangen;

c) in dem Bestreben, Auswirkungen weitestgehend zu vermindern bzw. zu vermeiden, die wirksame Durchführung der Entscheidungen über geplante Projekte zu untersuchen und zu überwachen;

d) Methoden zur Förderung kreativer Lösungsansätze bei der Suche nach umweltgerechten Alternativen zu geplanten Projekten, Produktions- und Verbrauchsstrukturen zu entwickeln;

e) Methoden für die Umsetzung der Grundsätze der Umweltverträglichkeitsprüfung auf volkswirtschaftlicher Ebene zu entwickeln.

Die Ergebnisse der vorgenannten Programme werden zwischen den Parteien ausgetauscht.

Artikel 10

Status der Anhänge

Die Anhänge dieses Übereinkommen sind Bestandteil des Übereinkommens.

Artikel 11

Konferenzen der Parteien

(1) Die Parteien kommen nach Möglichkeit anläßlich der jährlichen Tagungen der Höheren Regierungsberater für Umwelt- und Wasserfragen der ECE-Regierungen zu einer Konferenz zusammen. Die erste Konferenz der Parteien wird spätestens ein Jahr nach Inkrafttreten dieses Übereinkommens einberufen. Danach werden Konferenzen der Parteien zu den auf einer solchen Konferenz als notwendig erachteten Zeitpunkten oder auf schriftlichen Antrag einer der Parteien unter der Voraussetzung abgehalten, daß der Antrag innerhalb von sechs Monaten nach seiner Übermittlung an die Parteien durch das Sekretariat mindestens von einem Drittel der Parteien befürwortet wird.

(2) Die Parteien überprüfen ständig die Durchführung des Übereinkommens; zu diesem Zweck unternehmen sie folgende Schritte:

a) Überprüfung der Maßnahmen und methodischen Konzepte der Parteien in bezug auf die Umweltverträglichkeitsprüfung im Hinblick auf eine weitere Verbesserung der Verfahren zur Umweltverträglichkeitsprüfung im grenzüberschreitenden Rahmen;

b) Austausch von Informationen über Erfahrungen mit dem Abschluß und der Durchführung bilateraler und multilateraler Übereinkommen oder sonstiger Vereinbarungen über die Anwendung der Umweltverträglichkeitsprüfung im grenzüberschreitenden Rahmen, denen eine oder mehrere der Parteien beigetreten sind;

c) Gewinnung kompetenter internationaler Gremien und wissenschaftlicher Ausschüsse für eine Mitwirkung bei methodischen und fachlichen Fragen in Zusammenhang mit der Verwirklichung der Ziele dieses Übereinkommens;

d) Erörterung und einvernehmliche Verabschiedung einer Geschäftsordnung für ihre Konferenzen auf ihrer ersten Konferenz;

e) Erörterung und, soweit erforderlich, Beschlußfassung über Änderungsvorschläge zu diesem Übereinkommen;

f) Erörterung und Durchführung weiterer Maßnahmen, die zur Verwirklichung der Ziele dieses Übereinkommens notwendig sein können.

Artikel 12

Stimmrecht

(1) Jede Partei dieses Übereinkommens hat eine Stimme.

(2) Vorbehaltlich des vorstehenden Absatzes 1 entspricht die Stimmenzahl der regionalen Organisationen im Bereich der wirtschaftlichen Zusammenarbeit bei den in ihren Zuständigkeitsbereich fallenden Angelegenheiten der Zahl ihrer Mitgliedstaaten, die Parteien dieses Übereinkommens sind. Diese Organisationen üben ihr Stimmrecht nicht aus, wenn ihre Mitgliedstaaten jeweils für sich das Stimmrecht wahrnehmen, und umgekehrt.

Artikel 13

Sekretariat

Der Exekutivsekretär der Wirtschaftskommission für Europa nimmt die folgenden Sekretariatsaufgaben wahr:

a) Einberufung und Vorbereitung der Konferenzen der Parteien;

b) Weitergabe von entsprechend diesem Übereinkommen übermittelten Berichten und sonstigen Informationen an die Parteien und

c) Wahrnehmung sonstiger Aufgaben, die nach diesem Übereinkommen vorgesehen sind oder gegebenenfalls von den Parteien festgelegt werden.

Artikel 14

Änderungen des Übereinkommens

(1) Jede Partei kann Änderungen zu diesem Übereinkommen vorschlagen.

(2) Änderungsvorschläge sind in schriftlicher Form dem Sekretariat zuzuleiten, das diese allen Parteien übermittelt. Die Änderungsvorschläge werden auf der nächsten Konferenz der Parteien erörtert, vorausgesetzt, daß diese Vorschläge mindestens neunzig Tage vorher vom Sekretariat an die Parteien verteilt worden sind.

(3) Die Parteien bemühen sich nach besten Kräften, über jeden Änderungsvorschlag zu diesem Übereinkommen einen Konsens zu erzielen. Wenn alle

Möglichkeiten zur Herbeiführung eines Konsenses erschöpft sind und keine Einigung erzielt wurde, wird die Änderung notfalls im Abstimmungswege durch eine Dreiviertel-Mehrheit der auf der Konferenz vertretenen und abstimmenden Parteien angenommen.

(4) Die entsprechend Absatz 3 dieses Artikels beschlossenen Änderungen dieses Übereinkommens werden vom Depositar allen Parteien zur Ratifizierung, Genehmigung oder Annahme vorgelegt. Für die Parteien, dies ratifiziert, genehmigt oder angenommen haben, treten sie am neunzigsten Tage, nachdem von mindesten drei Vierteil der Parteien eine Ratifikations- oder Genehmigungsurkunde oder Annahmeerklärung beim Depositar hinterlegt wurde, in Kraft.

(5) Im Sinne dieses Artikels sind "vertretene und abstimmende Parteien" die Parteien, die anwesend sind und entweder eine Ja- oder Nein-Stimme abgeben.

(6) Das in Absatz 3 dieses Artikels beschriebene Abstimmungsverfahren soll einer Regelung für künftige Übereinkommen, die innerhalb der Wirtschaftskommission für Europa ausgehandelt werden, in keiner Weise vorgreifen.

Artikel 15

Streitbeilegung

(1) Bei Streitigkeiten zwischen zwei oder mehreren Parteien über die Auslegung oder Anwendung dieses Übereinkommens bemühen sich diese um eine Lösung auf dem Verhandlungswege oder durch andere, für die Streitparteien annehmbare Mittel zur Streitbeilegung.

(2) Bei der Unterzeichnung, Ratifikation, Annahme oder Genehmigung dieses Übereinkommens bzw. beim Beitritt oder jederzeit danach kann eine Partei gegenüber dem Depositar schriftlich erklären, daß sie im Fall einer Streitigkeit, die nicht entsprechend dem vorstehenden Absatz 1 beigelegt wird, eines oder beide der folgenden Mittel zur Streitbeilegung als verbindlich gegenüber jeder Partei, die dieselbe Verpflichtung eingeht, anerkennt:

a) Vorbringen der Streitigkeit vor dem Internationalen Gerichtshof;

b) Schiedsverfahren nach Anhang VII.

(3) Falls sich die Streitparteien mit beiden der im vorstehenden Absatz 2 genannten Mittel zur Streitbeilegung einverstanden erklärt haben, kann die

Streitigkeit nur vor dem Internationalen Gerichtshof vorgebracht werden, sofern die Parteien nichts anderes vereinbaren.

Artikel 16

Unterzeichnung

Dieses Übereinkommen liegt in der Zeit vom 25. Februar bis zum 1. März 1991 in Espoo (Finnland) und danach bis zum 2. September am Sitz der Vereinten Nationen in New York zur Unterzeichnung durch die Mitgliedstaaten der Wirtschaftskommission für Europa und durch die Staaten, die nach Absatz 8 der Entschließung 36 (IV) des Wirtschafts- und Sozialrates vom 28. März 1947 den Status beratender Mitglieder bei der Wirtschaftskommission für Europa haben, sowie durch regionale Organisationen im Bereich der wirtschaftlichen Zusammenarbeit, die von souveränen Mitgliedstaaten der Wirtschaftskommission für Europa gegründet worden sind und denen ihre Mitgliedstaaten die Zuständigkeit für Angelegenheiten übertragen haben, für die dieses Übereinkommens maßgebend ist, einschließlich der Befugnis zum Abschluß von Verträgen über diese Angelegenheiten.

Artikel 17

Ratifikation, Annahme, Genehmigung, Beitritt

(1) Dieses Übereinkommen bedarf der Ratifikation, Annahme oder Genehmigung durch die Unterzeichnerstaaten und die regionalen Organisationen im Bereich der wirtschaftlichen Zusammenarbeit.

(2) Dieses Übereinkommen liegt ab dem 3. September 1991 für die in Artikel 16 genannten Staaten und Organisationen im Bereich der wirtschaftlichen Zusammenarbeit zum Beitritt auf.

(3) Die Ratifikations- oder Genehmigungsurkunden, Annahme oder Beitrittserklärungen werden beim Generalsekretär der Vereinten Nationen hinterlegt, der die Aufgaben des Depositars wahrnimmt.

(4) Für jede der in Artikel 16 genannten Organisationen im Bereich der wirtschaftlichen Zusammenarbeit, die diesem Übereinkommen beitritt, ohne daß einer ihrer Mitgliedstaaten Partei des Übereinkommens ist, sind die Verpflichtungen aus diesem Übereinkommen verbindlich. Bei Organisationen, von denen ein oder mehrere Mitgliedstaat/en oder Partei/en des Übereinkommens ist bzw.

sind, entscheiden die Organisationen und ihre Mitgliedstaaten über ihre jeweilige Zuständigkeit für die Erfüllung ihrer Verpflichtungen aus dem Übereinkommen. In diesen Fällen üben die Organisationen und die Mitgliedstaaten ihre Rechte aus diesem Übereinkommen nicht gleichzeitig aus.

(5) In ihren Ratifikations- oder Genehmigungsurkunden, Annahme- oder Beitrittserklärungen geben die in Artikel 16 genannten regionalen Organisationen im Bereich der wirtschaftlichen Zusammenarbeit den Umfang ihrer Zuständigkeit für die unter dieses Übereinkommen fallenden Angelegenheiten an. Sie unterrichten außerdem den Depositar von jeder relevanten Änderung des Umfangs ihrer Zuständigkeit.

Artikel 18

Inkrafttreten

(1) Dieses Übereinkommen tritt am neunzigsten Tage nach Hinterlegung der sechzehnten Ratifikations- oder Genehmigungsurkunde, Annahme- oder Beitrittserklärung in Kraft.

(2) Im Sinne des vorstehenden Absatzes 1 wird eine von einer regionalen Organisation im Bereich der wirtschaftlichen Zusammenarbeit hinterlegt Urkunde nicht zusätzlich zu den von ihren Mitgliedstaaten hinterlegten Urkunden gezählt.

(3) Für jeden in Artikel 16 genannten Staat oder Zusammenschluß, der nach Hinterlegung der sechzehnten Ratifikations- oder Genehmigungsurkunde, Annahme oder Beitrittserklärung dieses Übereinkommen ratifiziert, annimmt, genehmigt oder ihm beitritt, tritt das Übereinkommen am neunzigsten Tag nach Hinterlegung seiner Ratifikations- oder Genehmigungsurkunde, Annahme- oder Beitrittserklärung in Kraft.

Artikel 19

Rücktritt

Eine Partei kann jederzeit nach einem Zeitraum von vier Jahren, nachdem dieses Übereinkommen für sie in Kraft getreten ist, durch eine schriftliche Mitteilung an den Depositar von dem Übereinkommen zurücktreten. Der Rücktritt wird am neunzigsten Tage nach Eingang der Mitteilung beim Depositar wirksam. Ein solcher Rücktritt berührt nicht die Anwendung der Artikel 3 bis 6 des Übereinkommens auf ein geplantes Projekt, über das vor Inkrafttreten des Rücktritts eine Benachrichtigung nach Artikel 3 Absatz 1 erfolgt ist oder ein Antrag nach Artikel 3 Absatz 7 gestellt wurde.

Artikel 20

Verbindlicher Wortlaut

Die Urschrift dieses Übereinkommens, deren englischer, französischer und russischer Wortlaut gleichermaßen verbindlich sind, wird beim Generalsekretär der Vereinten Nationen hinterlegt.

ZU URKUND DESSEN haben die hierzu gehörig befugten Unterzeichneten dieses Übereinkommen unterzeichnet.

GESCHEHEN zu Espoo (Finnland) am fünfundzwanzigsten Februar neunzehnhunderteinundneunzig.

Anhang I

Liste der Projekte

1. Erdölraffinerien (ausgenommen Unternehmen, die nur Schmiermittel aus Erdöl herstellen) sowie Anlagen zur Vergasung und Verflüssigung von täglich mindestens 500 Tonnen Kohle oder bituminösem Schiefer.

2. Wärmekraftwerke und sonstige Verbrennungsanlagen mit einer Wärmeleistung von mindestens 300 MW sowie Kernkraftwerke und sonstige Kernreaktoren (ausgenommen Forschungseinrichtungen für die Erzeugung und Bearbeitung von spalt- und bruthaltigen Stoffen, deren Höchstleistung 1 kW thermische Dauerleistung nicht übersteigt).

3. Anlagen, die ausschließlich für die Erzeugung oder Anreicherung von Kernbrennstoffen, die Wiederaufarbeitung bestrahlter Kernbrennstoffe oder die Lagerung, Entsorgung und Behandlung radioaktiver Abfälle bestimmt sind.

4. Größere Anlagen für das Erschmelzen von Gußeisen und Stahl und für die Erzeugung von Nichteisenmetallen.

5. Anlagen zur Gewinnung von Asbest sowie zur Be- und Verarbeitung von Asbesterzeugnissen, und zwar mit einer Jahresproduktion von mehr als 20 000 Tonnen Fertigerzeugnissen im Fall von Asbestzementerzeugnissen, von mehr als 50 Tonnen Fertigerzeugnissen im Fall von Asbestzementerzeugnissen, von mehr als 50 Tonnen Fertigerzeugnissen im Fall von Reibungsbelägen sowie mit einem Jahreseinsatz von Mehr als 200 Tonnen Asbest bei anderen Verwendungszwecken.

6. Integrierte chemische Anlagen.

7. Bau von Autobahnen, Schnellstraßen[1] und Eisenbahnfernverkehrsstrecken sowie von Flugplätzen mit einer Start- Landebahn-Grundlänge von 2 100 m und mehr.

8. Öl- und Gaspipelines großen Durchmessers.

9. Seehandelshäfen sowie Binnenschiffahrtswege und -häfen, die Schiffen mit mehr als 1 350 Tonnen zugänglich sind.

10. Abfallbeseitigungsanlagen zur Verbrennung, chemischen Behandlung oder Deponielagerung giftiger und gefährlicher Abfälle.

11. Große Talsperren und Stauseen.

12. Maßnahmen zur Grundwasserentnahme, soweit die jährlich Wasserabzugsmenge mindestens 10 Millionen Kubikmeter beträgt.

13. Herstellung von Zellstoff und Papier im Umfang von mindestens 200 luftgetrockneten Tonnen täglich.

---

1 Im Sinne dieses Übereinkommens ist

- "Autobahn" eine Straße, die für den Verkehr mit Kraftfahrzeugen bestimmt und gebaut ist, zu der von den angrenzenden Grundstücken aus keine unmittelbare Zufahrt besteht und die:

a) außer an einzelnen Stellen oder vorübergehend für beide Verkehrsrichtungen besondere Fahrbahnen hat, die durch einen nicht für den Verkehr bestimmten Geländestreifen oder in Ausnahmefällen durch andere Mittel voneinander getrennt sind,

b) keine höhengleiche Kreuzung mit Straßen, Eisenbahn- oder Straßenbahnschienen oder Gehwegen hat,

c) als Autobahn besonders gekennzeichnet ist;

- "Schnellstraße" eine Straße, die ausschließlich für den Verkehr mit Kraftfahrzeugen bestimmt und nur über Kreuzungen oder verkehrsgeregelte Einmündungen zugänglich ist, und auf der besonders das Anhalten und Parken auf der Fahrbahn verboten ist.

14. Größere Anlagen für den Bergbau, die Förderung vor Ort sowie die Veredelung von Erzen und Kohle.

15. Kohlenwasserstoffförderung auf See.

16. Größere Anlagen zur Lagerung von Mineralöl, erdölchemischen oder chemischen Erzeugnissen.

17. Rodung großer Flächen.

Anhang II

Inhalt der Dokumentation zur Umweltverträglichkeitsprüfung

Entsprechend Artikel 4 hat die Dokumentation zur Umweltverträglichkeitsprüfung mindestens folgende Angaben zu enthalten:

a) eine Beschreibung des geplanten Projekts und seines Zwecks;

b) gegebenenfalls eine Beschreibung vertretbarer Alternativen (beispielsweise für den Standort oder in technologischer Hinsicht) zu dem geplanten Projekt, einschließlich der Unterlassung;

c) eine Beschreibung der Umwelt, die durch das geplante Projekt und seine Alternativen voraussichtlich erheblich beeinträchtigt wird;

d) eine Beschreibung der möglichen Umweltauswirkungen des geplanten Projekts und seiner Alternativen sowie eine Abschätzung ihres Ausmaßes;

e) eine Beschreibung der Maßnahmen zur Verminderung der nachteiligen Umweltauswirkungen auf ein Minimum;

f) die ausdrücklich Angabe der Prognosemethoden und der zugrunde liegenden Annahmen sowie der verwendeten einschlägigen Umweltdaten;

g) Angabe von Wissenslücken und Unsicherheiten, die bei der Zusammenstellung der geforderten Angaben festgestellt wurden;

h) gegebenenfalls eine Übersicht über die Überwachungs- und Managementprogramme sowie etwaige Pläne für eine Nachkontrolle und

i) eine nichttechnische Zusammenfassung, gegebenenfalls mit Anschauungsmaterial (Karten, Diagramme usw.).

Anhang III

Allgemeine Kriterien als Anhaltspunkte bei der Ermittlung der Umweltrelevanz nicht in Anhang I angeführter Projekte

1. Bei der Prüfung geplanter Projekte, auf die Artikel 2 Absatz 5 Anwendung findet, können die beteiligten Parteien prüfen, ob das Projekt voraussichtlich erhebliche, grenzüberschreitende nachteilige Auswirkungen haben wird, insbesondere anhand eines oder mehrerer der folgenden Kriterien:

a) **Größe:** geplante Projekte, die für ihre Art Großanlagen sind;

b) **Standort:** geplante Projekte, die in oder nahe einem empfindlichen oder für die Umwelt besonders wichtigen Gebiet (wie die im Ramsar-Übereinkommen ausgewiesenen Feuchtgebiete oder wie Nationalparks, Naturschutzgebiete, Orte von besonderem wissenschaftlichen Interesse oder Orte von archäologischer, kultureller oder geschichtlicher Bedeutung) verwirklicht werden sollen oder an Orten, an denen die geplante Entwicklung voraussichtlich erhebliche Folgen für die Bevölkerung hätte;

c) **Auswirkungen:** geplante Projekte mit besonders vielschichtigen und potentiell nachteiligen Auswirkungen; dazu gehören Projekte, die ernste Folgen für den Menschen oder für wertvolle Arten oder Organismen haben, Projekte, welche die tatsächliche oder mögliche Nutzung eines betroffenen Gebiets gefährden sowie Projekte, die eine zusätzliche Belastung verursachen, welche die Aufnahmefähigkeit der Umwelt überfordert.

2. Die beteiligten Parteien prüfen zu diesem Zweck die Projekte, die in der Nähe einer Staatsgrenze durchgeführt werden sollen, sowie weiter entfernt geplante Projekte, die erhebliche grenzüberschreitende Wirkungen in großer Entfernung vom Durchführungsort auslösen könnten.

Anhang IV

Untersuchungsverfahren

1. Die ersuchende(n) Partei(en) teilt (teilen) dem Sekretariat mit, daß sie die Frage, ob eines der in Anhang I angeführten Projekte voraussichtlich erhebliche, grenzüberschreitende nachteilige Auswirkungen haben wird, einer nach diesem Anhang eingesetzten Untersuchungskommission zur Prüfung vorlegt (vorlegen). In dieser Mitteilung ist der Gegenstand der Untersuchung anzugeben. Das Sekretariat unterrichtet hiervon unverzüglich alle Parteien des Übereinkommens.

2. Die Untersuchungskommission besteht aus drei Mitgliedern. Die ersuchende Partei sowie die andere an dem Untersuchungsverfahren beteiligte Partei benennen jeweils einen wissenschaftlichen oder technischen Sachverständigen, die zusammen einvernehmlich den dritten Sachverständigen bestimmen, der den Vorsitz in der Untersuchungskommission führt. Letzterer darf weder Staatsangehöriger einer der an dem Untersuchungsverfahren beteiligten Parteien sein noch seinen gewöhnlichen Wohnsitz im Gebiet einer dieser Parteien haben noch bei einer von ihnen beschäftigt sein oder in irgendeiner anderen Eigenschaft mit der Angelegenheit befaßt gewesen sein.

3. Wenn der Vorsitzende der Untersuchungskommission nicht innerhalb von zwei Monaten nach der Benennung des zweiten Sachverständigen bestimmt worden ist, benennt der Exekutivsekretär der Wirtschaftskommission für Europa den Vorsitzenden auf Ersuchen einer der beiden Parteien innerhalb der nächsten zwei Monate.

4. Wenn eine der an dem Untersuchungsverfahren beteiligten Parteien nicht innerhalb eines Monates nach Erhalt der Mitteilung des Sekretariats einen Sachverständigen benennt, kann die andere Partei den Exekutivsekretär der Wirtschaftskommission für Europa hiervon unterrichten, der dann innerhalb der nächsten zwei Monate den Vorsitzenden der Untersuchungskommission bestellt. nach seiner Bestellung ersucht der Vorsitzende der Untersuchungskommission die Partei, die noch keinen Sachverständigen benannt hat, dies innerhalb eines Monats zu tun. Danach unterrichtet der Vorsitzende den Exekutivsekretär der Wirtschaftskommission für Europa, der die Benennung innerhalb der nächsten zwei Monate vornimmt.

5. Die Untersuchungskommission gibt sich eine Geschäftsordnung.

6. Die Untersuchungskommission kann alle zur Erfüllung ihrer Aufgaben erforderlichen Maßnahmen ergreifen.

7. Die an dem Untersuchungsverfahren beteiligten Parteien haben die Arbeit der Untersuchungskommission zu erleichtern und insbesondere unter Nutzung aller verfügbaren Mittel

a) ihr alle sachdienlichen Unterlagen, Einrichtungen und Informationen zur Verfügung zu stellen und

b) es ihr bei Bedarf zu ermöglichen, Zeugen oder Sachverständige hinzuzuziehen und deren Aussagen entgegenzunehmen.

8. Die Parteien und die Sachverständigen haben die Vertraulichkeit aller Informationen zu wahren, die sie während der Tätigkeit der Untersuchungskommission vertraulich erhalten.

9. Falls eine der am Untersuchungsverfahren beteiligten Parteien nicht vor der Untersuchungskommission erscheint oder ihren Fall nicht darstellt, kann die andere Partei die Untersuchungskommission ersuchen, das Verfahren fortzusetzen und die Arbeit abzuschließen. Die Abwesenheit einer Partei oder das Versäumnis einer Partei, ihren Fall darzustellen, stellt kein Hindernis für die Fortsetzung der Arbeit der Untersuchungskommission dar.

10. Soweit die Untersuchungskommission auf Grund des besonderen Sachverhalts keine andere Regelung trifft, sind die Kosten der Untersuchungskommission einschließlich der Bezahlung ihrer Mitglieder von den am Untersuchungsverfahren beteiligten Parteien zu gleichen Teilen zu tragen. Die Untersuchungskommission hat über ihre gesamten Aufwendungen Buch zu führen und den Parteien eine abschließende Kostenaufstellung vorzulegen.

11. Jede Partei, die tatsächlich Interesse am Gegenstand des Untersuchungsverfahren hat und von einem Gutachten in dieser Angelegenheit berührt sein könnte, kann mit Zustimmung der Untersuchungskommission dem Verfahren beitreten.

12. Die verfahrensrechtlichen Entscheidungen der Untersuchungskommission werden mit der Mehrheit der Stimmen ihrer Mitglieder getroffen. Das abschließende Gutachten der Untersuchungskommission hat die Meinung der Mehrheit ihrer Mitglieder widerzuspiegeln und etwaige abweichende Ansichten wiederzugeben.

13. Die Untersuchungskommission legt ihr abschließendes Gutachten innerhalb von zwei Monaten nach ihrer Einsetzung vor, sofern sie nicht die Verlängerung dieser Frist um höchstens zwei Monate als notwendig erachtet.

14. Das abschließende Gutachten der Untersuchungskommission hat sich auf anerkannte wissenschaftliche Grundsätze zu stützen. Die Untersuchungskommission übermittelt das abschließende Gutachten den am Untersuchungsverfahren beteiligten Parteien und dem Sekretariat.

Anhang V

Nachkontrolle

Die Ziele umfassen:

a) Kontrolle der Einhaltung der in der Genehmigung gestellten Bedingungen sowie der Wirksamkeit von Maßnahmen zur Verminderung der Auswirkungen;

b) Beurteilung von Auswirkungen im Hinblick auf ein ordnungsgemäßes Management und um Unsicherheiten zu begegnen;

c) Überprüfung früherer Vorhersagen, um die Erfahrungen an künftige gleichartige Projekte weiterzugeben.

Anhang VI

Bereiche für die bilaterale und multilaterale Zusammenarbeit

1. Die beteiligten Parteien können, soweit dies zweckmäßig ist, institutionelle Regelungen treffen oder den Bereich bestehender institutioneller Regelungen im Rahmen bi- oder multilateraler Übereinkommen erweitern, um diesem Übereinkommen volle Wirksamkeit zu verleihen.

2. Bi- und multilaterale Übereinkommen oder sonstige Vereinbarungen können folgendes umfassen:

a) zusätzliche Vorschriften für die Durchführung dieses Übereinkommens, wobei die besonderen Gegebenheiten in der betreffenden Teilregion zu berücksichtigen sind;

b) institutionelle, administrative und sonstige Regelungen, die auf der Basis der Gegenseitigkeit und Gleichwertigkeit zu treffen sind;

c) Abstimmung ihrer Umweltpolitik und ihrer Umweltschutzmaßnahmen zur Gewährleistung möglichst einheitlicher Normen und Methoden bei der Durchführung der Umweltverträglichkeitsprüfung;

d) Entwicklung, Verbesserung oder Vereinheitlichung von Methoden zur Feststellung, Messung Vorhersage und Beurteilung von Auswirkungen sowie für die Nachkontrolle;

e) Entwicklung oder Verbesserung von Methoden und Programmen für die Sammlung, Analyse, Speicherung und rechtzeitige Verteilung vergleichbarer Daten über Umweltqualität als Beitrag zur Umweltverträglichkeitsprüfung;

f) die Festlegung von Schwellenwerten und genaueren Kriterien für die Erheblichkeit grenzüberschreitender Auswirkungen in bezug auf den Standort, die Art oder den Umfang geplanter Projekte, für die eine Umweltverträglichkeitsprüfung nach diesem Übereinkommen durchgeführt werden soll, sowie die Festlegung von Belastungsgrenzen für grenzüberschreitende Umweltbelastungen;

g) gegebenenfalls gemeinsame Durchführung von Umweltverträglichkeitsprüfungen, Ausarbeitung gemeinsamer Überwachungsprogramme, einheitliche Eichung von Überwachungsinstrumenten und Vereinheitlichung der Methoden zur Gewährleistung der Kompatibilität der erhaltenen Daten und Informationen.

Anhang VII

Schiedsverfahren

1. Die klagende(n) Vertragspartei(en) teilt (teilen) dem Sekretariat mit, daß sich die Parteien darauf geeinigt haben, die Streitigkeit im Wege des Schiedsverfahrens gemäß Artikel 15 Absatz 2 dieses Übereinkommens zu regeln. In der Mitteilung sind der Gegenstand des Schiedsverfahrens, insbesondere die Artikel dieses Übereinkommens anzugeben, deren Auslegung oder Anwendung streitig ist. Das Sekretariat leitet die Information an alle Parteien dieses Übereinkommens weiter.

2. Das Schiedsgericht besteht aus drei Mitgliedern. Die klagende(n) Vertragspartei(en) und die Gegenpartei(en) benennen jeweils einen Schiedsrichter, die zusammen einvernehmlich den dritten Schiedsrichter bestimmen, der den Vorsitz im Schiedsgericht führt. Letzterer darf weder Staatsangehöriger der Streitparteien sein noch seinen gewöhnlichen Wohnsitz im Gebiet einer dieser Parteien haben noch bei einer von ihnen beschäftigt sein oder in irgendeiner anderen Eigenschaft mit dem betreffenden Fall befaßt gewesen sein.

3. Wenn der Vorsitzende des Schiedsgerichts nicht innerhalb von zwei Monaten nach Benennung des zweiten Schiedsrichters bestimmt worden ist, benennt der Exekutivsekretär der Wirtschaftskommission für Europa den Vorsitzenden auf Ersuchen einer der Streitparteien innerhalb der nächsten zwei Monate.

4. Wenn eine der Streitparteien nicht innerhalb von zwei Monaten nach Erhalt des entsprechenden Ersuchens einen Schiedsrichter benennt, kann die andere Partei den Exekutivsekretär der Wirtschaftskommission von Europa hiervon unterrichten, der dann innerhalb der nächsten zwei Monate den Vorsitzenden des Schiedsgerichts bestellt. Nach seiner Bestellung ersucht der Vorsitzende des Schiedsgerichts die Partei, die noch keinen Schiedsrichter benannt hat, dies innerhalb von zwei Monaten zu tun. Danach unterrichtet der Vorsitzende den Exekutivsekretär der Wirtschaftskommission für Europa, der die Benennung innerhalb der nächsten zwei Monate vornimmt.

5. Das Schiedsgericht trifft seine Entscheidung in Übereinstimmung mit dem Völkerrecht und diesem Übereinkommen.

6. Jedes nach diesem Anhang eingesetzte Schiedsgericht gibt sich eine Geschäftsordnung.

7. Die verfahrensrechtlichen und materiellrechtlichen Entscheidungen des Schiedsgerichts werden mit der Mehrheit der Stimmen seiner Mitglieder getroffen.

8. Das Schiedsgericht kann alle zur Ermittlung des Sachverhalts erforderlichen Maßnahmen ergreifen.

9. Die Streitparteien haben die Arbeit des Schiedsgerichts zu erleichtern und insbesondere unter Nutzung aller verfügbaren Mittel

a) ihm alle sachdienlichen Unterlagen, Einrichtungen und Informationen zur Verfügung zu stellen und

b) es ihm bei Bedarf zu ermöglichen, Zeugen oder Sachverständige hinzuzuziehen und deren Aussagen entgegenzunehmen.

10. Die Parteien und die Schiedsrichter haben die Vertraulichkeit aller Informationen zu wahren, die sie während des Schiedsverfahrens vertraulich erhalten.

11. Das Schiedsgericht kann auf Ersuchen einer der Parteien zwischenzeitlich Schutzmaßnahmen empfehlen.

12. Falls eine der Streitparteien nicht vor dem Schiedsgericht erscheint oder ihren Fall nicht darstellt, kann die andere Partei das Schiedsgericht ersuchen, das Verfahren fortzusetzen und seine endgültige Entscheidung zu treffen. Die Abwesenheit einer Partei oder das Versäumnis einer Partei, ihren Fall darzustellen, stellt kein Hindernis für das weitere Verfahren dar. Vor seiner endgültigen Entscheidung muß sich das Schiedsgericht davon überzeugt haben, daß die Forderung sachlich und rechtlich begründet ist.

13. Das Schiedsgericht kann über Gegenansprüche, die sich unmittelbar aus dem Gegenstand der Streitigkeit ergeben, verhandeln und entscheiden.

14. Soweit das Schiedsgericht auf Grund des besonderen Sachverhalts keine andere Regelung trifft, sind die Kosten des Schiedsgerichts, einschließlich der Vergütung seiner Mitglieder, von den Streitparteien zu gleichen Teilen zu tragen. Das Gericht hat über seine gesamten Aufwendungen Buch zu führen und den Parteien eine abschließende Kostenaufstellung vorzulegen.

15. Jede Partei, die ein rechtliches Interesse am Gegenstand der Streitigkeit hat und von einer Entscheidung über diesen Fall berührt sein könnte, kann mit Zustimmung des Schiedsgerichts dem Verfahren beitreten.

16. Das Schiedsgericht gibt seinen Schiedsspruch innerhalb von fünf Monaten nach seiner Einsetzung bekannt, sofern es nicht eine Verlängerung dieser Frist um höchstens fünf Monate als notwendig erachtet.

17. Dem Schiedsspruch des Schiedsgerichts ist eine Begründung beizufügen. Er ist endgültig und für alle Streitparteien verbindlich. Das Schiedsgericht teilt seinen Schiedsspruch dem Sekretariat mit. Das Sekretariat leitet die Information an alle Parteien dieses Übereinkommens weiter.

18. Jeder Streit zwischen den Parteien über die Auslegung oder Durchführung des Schiedsspruchs kann von jeder Partei dem Schiedsgericht, das den Schiedsspruch gefällt hat, oder wenn letzteres nicht damit befaßt werden kann, einem anderen Gericht vorgelegt werden, das zu diesem Zweck in derselben Weise wie das erste gebildet wird.

FSC
www.fsc.org
MIX
Papier | Fördert gute Waldnutzung
FSC® C083411

Kolibri 360 GmbH
Ferdinand-Jühlke-Straße 7
99095 Erfurt, Deutschland
produktsicherheit@kolibri360.de

Druck:
CPI Druckdienstleistungen GmbH
im Auftrag der
Kolibri 360 GmbH
Ferdinand-Jühlke-Str. 7
99095 Erfurt